NOTHING EVER DIES

Vietnam and Memory of War

아무것도 사라지지 않는다

– 베트남과 전쟁의 기억

비엣 타인 응우옌 지음 | 부희령 옮김

더봄

일러두기

1. '역주'와 *는 모두 옮긴이주다.
2. 장편 문학작품은 《 》, 연속간행물·영화·방송 등은 〈 〉로 표기했다.
3. 베트남어 이름이나 고유명사는 최대한 현지 발음에 따랐다.

베트남의 역사는 외국 세력의 지배에 저항하여 독립 국가를 세우기 위한 전쟁의 역사라고도 할 수 있다. 베트남은 중국의 식민지로 1,000여 년, 프랑스의 식민지로 100여 년을 보냈다. 1945년 태평양 전쟁 중에 프랑스를 밀어내고 들어온 일본의 지배를 받다가, 그해 8월 15일에 일본이 연합군에 항복하면서, 베트남은 우리나라와 비슷한 운명을 겪기 시작한다. 분할 점령을 시도하는 연합군과 베트남을 되찾으려는 프랑스에 대항하여 호찌민이 이끄는 비엣민을 중심으로 저항하다가, 마침내 하노이에서 공산주의 정권인 베트남민주공화국이 수립된다. 이후로 인도차이나 전쟁이라 불리는 독립 전쟁이 이어지고 마침내 1954년에 프랑스를 완전히 몰아낸다. 그리고 북위 17도 선을 기준으로 북쪽은 베트남민주공화국, 남쪽은 미국의 지원을 받는 베트남공화국으로 나뉘게 된다. 베트남 전쟁, 혹은 미국 전쟁이라고 불리는 그 전쟁은 1964년에 발발하여 1975년 4월 30일 사이공 함락으로 종결된다. 이듬해인 1976년 통일된 베트남사회주의공화국이 세워진다.

저자인 비엣 타인 응우옌은 베트남에서 태어났으나 사이공이 함락되던 네 살 때 해상 난민이 되어 미국으로 탈출했다. 그는 자신이 미국인으로 교육받고 자랐으며, 의식, 무의식에서 영어를 모국어로 선택했다고 말한다. 자라면서 주위의 베트남 이민자들이 구사하는 엉터리 영어를 들으며 미국인의 눈으로 동족들을 꺼림칙하게 바라볼 수밖에 없었지만, 〈지옥의 묵시록〉 같은 할리우드 영화를 보면서 미군에 의해 베트남인들이 살해당할 때 환호하는 관객들 속에서는 분노로 부들부들 떨 수밖에 없었다고도 고백한다. 그의 정체성에 혼란을 더해주는 또 하나의 요소는 배신자의 위치다. 응우옌의 부모는 원래 북베트남 출신이지만, 남북으로 분단된 해인 1954년에 남베트남으로 내려왔다. 대부분의 농민들이 불교도인 나라에서 신실한 가톨릭교도였다는 사실로 미루어 볼 때, 그들은 친서구적 지식인 계층이었을 확률이 높다. 그래서 미국이 전쟁에서 패하자 난민의 신분으로 태평양을 건넜을 것이다. 응우옌은 여러 차례 베트남을 방문했으나, 자신이 태어난 도시에는 한 번도 가지 않았다. 그 이유는 그곳을 떠나기 전 어떤 사건을 겪은 아버지가 아들이 그곳에 가는 것을 금지했기 때문이라고 설명한다. 응우옌은 아버지가 두려워하는 위험이 무엇인지, 과연 그것이 실체가 있는 것인지 알 수 없지만, 아버지의 절박한 금지령을 어길 수 없었다고 담담하게 말한다.

이 책은 그 전쟁, 미국을 비롯한 서구인들이 '베트남 전쟁'이라고 부르고 베트남에서는 '미국 전쟁'이라 부르는 전쟁을 중심으로 기억

아무것도 사라지지 않는다

의 문제를 다룬다. 전쟁을 기억하는 방식에 대해 윤리적, 산업적, 미학적 측면에서 접근하지만, 그 모든 논의를 꿰뚫는 논리의 토대가 되는 것은 윤리적 측면이다. 즉 '자신뿐 아니라 타자를 기억하는 윤리'가 기준이 된다. 여러 겹의 정체성을 지니고 있으면서 동시에 어느 집단에도 완전히 통합되지 않는 타자의 정체성으로 살아왔을 저자의 입장에서는 충분히, 절박하게 할 수 있는 이야기다. 그런 맥락에서 저자는 '베트남 전쟁'도 '미국 전쟁'도 올바른 호칭이 아니라고 주장한다. 그래서 본문에서는 '그 전쟁'이나 '나의 전쟁'이라는 호칭을 사용하고 있다. 산업의 측면에서 저자가 경고하는 것은 전쟁기계에 포섭된 시민들이 결국은 전쟁을 피해 도망가는 난민의 신세로 전락하거나, 영원히 멈추지 않을 전쟁의 지속에 일조하는 일이다. 그렇게 되지 않기 위해서는 무엇보다도, 자신 안에 있는 비인간성을 직시해야 한다. 미학의 측면에서 저자가 강조하는 것은 우리가 인간인 동시에 비인간임을 맑고 복합적인 시선으로 바라보고 재현하는 일이다.

전쟁을 기억하는 방식은 왜 중요한가? 공정한 기억이 이루어져야 공정한 망각도 가능하기 때문이다. 망각이 없으면 평화도 없기 때문이다. 그래서 기억의 윤리적, 산업적, 미학적 측면은 결국 의식의 한 지평에서 만나기 마련이다. 저자는 기억의 지평을 확장해야 한다고 주장한다. 우리가 늘 인간인 동시에 비인간임을 인식하면서 자신만을 기억하는 윤리를 뛰어넘고, 전쟁기계의 기억에 저항하고, 불가능할지도 모르지만 평화를 상상하는 능력을 포기하지 않는 것, 바로 그것이다.

책의 제목은 서두에 나오듯, 토니 모리슨의 소설 《빌러비드》의 한 구절 "아무것도 사라지지 않는다^{Nothing ever dies}"에서 따왔다. 번역을 시작하기 직전 나는 응우옌이 2016년도에 퓰리처상을 받은 소설 《동조자》Sympathizer를 읽었다. 그리고 '아무것도 아닌 것'으로 번역되는 'Nothing'이라는 단어가 맥락에 따라 복합적인 의미를 지니고 있음을 깨달았다. 《동조자》의 주인공은 전쟁이 끝난 뒤 미국으로 탈출했다가 베트남으로 돌아온다. 그리고 재교육 수용소에 수감되어 고문을 당한다. 그곳에서 주인공의 절친한 친구이기도 한 정치위원은 계속 묻는다. "독립과 자유보다 더 중요한 것은 무엇인가?" 주인공은 답을 찾지 못하다가 어느 순간 깨닫는다. "Nothing!"이라고. 그 의미는 두 가지로 해석될 수 있다. '독립과 자유보다 더 중요한 것은 아무것도 없다.' 혹은 '독립과 자유보다 더 중요한 것은 아무것도 아닌 것이다.' 후자의 의미라면, Nothing은 특정되지 않은 보편으로서의 개인을 가리키는 말일 수 있다. 그리고 이 책의 제목이 의미하는 바는 그렇게 아무것도 아닌 개인이야말로 영원히 사라지지 않는다는 것일지도 모른다.

외국어 이름은 원칙적으로 국립국어원의 외래어 표기법을 따랐다. 베트남어는 원음에 충실하게 표기하려 했으나, 베트남계 미국인의 이름은 베트남 식 이름이라고 해도, 국립국어원의 영어 표기 원칙을 따랐다. 마지막으로 고백하자면, 번역 작업이 쉬운 책은 아니었다. 저자가 사용하는 어휘에 복잡한 개념어들이 많았고, 또한 체험하지 않으면 이해하기 힘든 감정과 사유를 설명하고 있기 때문이다. 그러나 고통이 몸에 새겨지지 않으면 배움도 없다고 했다. 번역하면서 많은 것을 배웠고, 깨달았다. 독자들도 같은 경험을 하기 바란다.

아무것도 사라지지 않는다

CONTENTS

덴버는 자기 손톱을 주워들었다. "이게 아직도 여기 있네. 잠깐만, 그렇다면 사라지는 건 없다는 거잖아."

세스는 덴버의 얼굴을 똑바로 바라보았다. "아무것도 사라지지 않아." 세스가 말했다.

토니 모리슨 Toni Morrison 《빌러비드》Beloved

프롤로그

나는 베트남에서 태어났으나 미국에서 자랐다. 나는 미국이 저지른 짓에 실망했지만 미국의 변명을 믿고 싶어 하는 베트남인이다. 베트남을 어떻게 이해해야 할지 잘 모르지만 그래도 베트남을 알고 싶어 하는 미국인인 것 같다. 보통 미국인들은 베트남을 사안에 따라 명예롭거나 불명예스럽게 규정되는 전쟁 이름과 혼동한다. 이런 오해 때문에 두 혁명의 상속자이면서 두 나라에 발을 걸친 채 살고 있는 나의 정체성은 혼란스러울 수밖에 없다.

오랜 시간 동안 혼란에서 벗어나려 애썼다. 나뿐만 아니라 세상 사람들의 혼란까지도 정리해 주고 싶었다. 덕분에 어쨌든 미국인에게 만큼은 베트남 전쟁의 의미를 간결하게 설명해 줄 수 있는 해답을 찾아냈다. 마틴 루터 킹 주니어Martin Luther King Jr.의 연설에서였다. "미국인의 영혼에 온통 독이 퍼져 있다면, 그 독성분의 일부분은 분명 '베트남'일 것이다."[1] 대부분의 미국인들은 꿈에 대한 설교로 킹 목사를 기억한다. 하지만 이 연설은 일종의 예언이었다. "베트남 전쟁은 미국의 정신을 깊이 좀먹어 들어가는 질병의 징후이다. 만약 이 냉엄한 현실을 무시한다면, 우리는 '다음 세대를 걱정하는 성직자와 평신도' 위원회를 조직해야 할 것이다. 그들은 과테말라와 페루를 걱정하게 될 것이다. 타일랜드와 캄보디아를 걱정하게 될 것이다. 모잠비크와 남아프리카를 걱정하게 될 것이다. 미국인의 삶에 중요하고 진지한 변화가 일어나지 않는다면, 우리는 이런 나라들뿐 아니라 다른 수많은 나라들을 위해 행진해야 할 것이고 끊임없이 집회에 참석해야 할 것이다."[2] 정확하게 일 년 뒤, 그는 암살당했다.

그는 이라크와 아프가니스탄을 언급하지 않았으나, 미국인들은 그 이후에 일어난 두 나라와의 분쟁이 베트남 전쟁과 연관성이 높다고 보았다.[3] 베트남은 이라크나 아프가니스탄 어느 경우에도 해당되지 않지만, 미국인들은 그 전쟁에서 유사성을 찾곤 했다. 베트남을 빠져나오기 힘든 수렁이나 증후군, 전쟁으로 간주한다고 해도 베트남의 현실을 설명하지는 못한다. 뿐만 아니라 현재 이라크와 아프가니스탄의 곤경도 설명하지 못한다. 그런 논의들은 다만 미국의 공포를 드러낼 뿐이다. 미국인들은 전쟁에서 지는 것을 최악의 사태로 여긴다. 오늘 이라크와 아프가니스탄에서 승리하는 것은 내일 소말리아, 파키스탄, 예멘 같은 나라에서도 승리할 수 있음을 의미한다. 그렇기 때문에 미국인들이 '베트남 전쟁'이라는 사건을 기억하는 것이다. 사실 베트남 전쟁은 그 이전과 이후로 길게 이어지는 여러 잔혹한 전쟁들 중 하나일 뿐이다. 여느 전쟁과 마찬가지로 그 전쟁의 정체성은 전쟁 그 자체의 정체성과 명확히 구별할 수 없다.

아무것도 사라지지 않는다

킹 목사는, "인종 차별 문제, 경제적 착취 문제 그리고 전쟁 문제는 모두 연결되어 있다"고 말했다.[4] 그의 예언은 혀끝에서 나오는 게 아니었다. 성서의 내용과는 별로 상관도 없었고, 희망을 주려는 말도 아니었다. 그는 산꼭대기를 올려다보지 말고 저 아래 평지를 보라고 했다. 공장으로, 밭으로, 빈민가로, 실직자들의 행렬로, 뗏목으로, 논으로, 진흙탕에서 피어나는 연꽃으로, 미군 병사들이 아름답다고 했던 베트남의 자연풍경으로, 베트남인들이 아름다운 나라라고 했던 미국으로 눈을 돌리라고 호소했다. 그런 곳이 바로 전쟁의 기억을 간직한 장소들이다. 가장 심각한 문제는 전쟁의 기억이 저 머나먼 곳에서만 생성되는 게 아니라 바로 여기서도 만들어진다는 것이다. 왜냐하면 전쟁은 단지 총을 쏘아대는 일이 아니라 사람들이 총탄을 만들고, 운반하고, 무엇보다 돈을 주고 총알을 사는 일이기 때문이다. 그래서 중요하다. 킹 목사가 백인과 흑인의 "잔혹한 연대"라고 불렀던, 제정신을 잃고 현혹된 시민들이 저지르는 일이다.[5]

킹 목사는 미국에 대해 이야기하면서 동시에 베트남을 언급한다. 둘 다 혁명으로 세워진 나라들이지만, 혁명 정신에 제대로 부응하지 못하고 있다. 언덕 위에 서 있는 멋진 도시처럼 선망하던 미국에 대한 환상이 이제는 감상에 지나지 않게 되었지만, 전쟁 당시의 베트남은 완전히 사라졌다. 혁명가 체 게바라Che Guevara가 "제2의, 제3의 베트남이 지구 위에 꽃처럼 피어난다면 미래가 얼마나 가깝고 밝을 것인가"[6]라고 말했던 바로 그 나라 말이다. 체 게바라는 미국의 점령에 대항하여 벌인 베트남 전쟁이 아메리카와 아프리카 그리고 아시아에서 자유와 독립을 꿈꾸는 사람들에게 희망을 불어넣을 것이라고 말했다. 그러나 오늘날 베트남과 미국 혁명은 자국의 동맥경화를 해결하기 위해 소환하는 기억일 뿐이다. 두 나라의 혁명을 적어도 한쪽, 혹은 양쪽 다 계승했다고 생각하는 사람으로서, 혹은 어떤 식으로든 두 혁명에 영향을 받은 사람으로서, 기억하는 방식과 잊는 방식을 알아야만 했다. 그래야 우리 삶 속에 혁명의 심장이 다시 뛰게 할 수 있을 것이다. 그것이 바로 이 책의 과제이고, 내가 바라는 최소한의 희망이다.

아무것도 사라지지 않는다

공정한 기억

이 책은 전쟁과 기억 그리고 정체성에 대한 이야기다. 모든 전쟁은 두 번 치러진다는 발상으로 이 책을 쓰기 시작했다. 전쟁은 처음에는 전쟁터에서 싸우고, 두 번째로는 기억 속에서 싸운다. 어떤 전쟁에 대해서도 이런 주장을 입증할 수 있다. 그러나 전쟁과 기억 문제에서 개인적으로 나에게 환유 작용을 하는 이 전쟁을 어떤 이들은 베트남 전쟁이라 부르고, 또 다른 이들은 미국 전쟁이라 부른다. 이렇게 상충하는 호명은 이 전쟁이 어떻게 알려져야 하고 기억되어야 하는지 그 정체성이 명확하지 않음을 보여준다. 20세기에 일어난 많은 재앙 이후에 전쟁과 짝지어 나타나는 기억의 문제는 흔히 볼 수 있는 현상이다. 자신의 죽음을 기억하고 축성해 달라고 호소하는 수백만의 사망자들이 있으며, 혹시 유령의 존재를 믿는다면, 위로까지 필요하다.[1] 전쟁과 그 기억에서 무엇보다도 가장 시급한 문제는, 이제는 스스로 말할 기회조차 없는 죽은 이들을 기억하는 방식이다. 죽은 이들의 침묵은 죄책감에 시달리는 살아남은 사람들에게 강렬하게 그들을 위해 외치라고 다그친다.

이 어둡고 슬픈 역사와 분리될 수 없는 더욱 복잡한 질문들이 있다. 살아 있는 이들을 어떻게 기억해야 할 것이며, 그들은 전쟁 중에 무슨 일을 했는가? 죽은 이들이 목숨까지 바쳐야 했던 국가와 민족을 어떻게 기억해야 할 것인가? 우리는 전쟁 그 자체, 즉 일반적인 전쟁과 개개인에게 영향을 미친 특정한 전쟁 모두를 어떻게 기억해야 할 것인가? 이런 질문은, 과거의 전쟁을 아무리 불완전하게 제대로 처리하지 않은 나라라고 하더라도, 다시는 새로운 전쟁을 치르지 않을 수 있는 방법을 제시해줄 수 있다. 전쟁을 어떻게 기억하느냐의 문제는 국가 정체성의 핵심이다. 국가란 것은 언제나 폭력에 의해 영토를 정복하고 사람들을 복속시키면서 세워지는 것이다.[2] 시민들에게는, 미사여구로 영광스럽고 모호한 신화를 제시함으로써 피로 얼룩진 과거를 덮어버린다. 국가 건립을 위한 전투들은 대부분 국가를 지키고, 평화와 정의, 자유 그리고 다른 고귀한 이념을 지키기 위한 것으로 국민에게 기억되기 마련이다. 이런 방식으로 미화되면서, 과거의 전쟁은 현재의 전쟁을 정당화한다. 국민들이 기꺼이 전투에 참여하거나 세금을 내고, 깃발을 흔들고, 투표하도록 만든다. 그리고 국가 구성원이라는 자신의 정체성을 확인시켜주는 모든 의무와 의식을 행하도록 한다.

전쟁의 정체성에는 "국가 정신의 기원"이라고 소설가 밥 샤코치스 Bob Shacochis가 표현한 또 다른 정체성이 있다.[3] 전쟁마다 뚜렷한 정체성이 있는데 그 나라 국민들은 흘낏 보기만 해도 알아볼 수 있게 낯

아무것도 사라지지 않는다

익은, 세심하게 그려진 얼굴 같은 것이다. 어떤 전쟁이든 한두 가지 세부사항을 떠올리면 무슨 전쟁인지 금방 기억할 수 있다. 그래서 많은 미국인들이 2차대전을 '좋은 전쟁'으로 기억하는 반면, 베트남에서 벌어진 비극에 대해서는 나쁜 전쟁, 치유와 회복이 필요한 병리적 증상, 헤어나지 못할 수렁, 심각한 손실을 떠올린다. 많은 이들이 전쟁을 마치 개인처럼 서로 분리되어 있고 개성이 뚜렷한 것으로 기억한다. 그렇게 전쟁은 별개의 사건이 된다. 시작을 선포하는 순간과 포성이 멈추는 순간의 날짜를 역사책과 신문기사, 추모하는 현수막에 기록하는 것으로 시공간에 뚜렷하게 경계를 짓는다. 그러나 모든 전쟁의 시작은 앞이 보이지 않는 어둠이고 끝은 결론이 나지 않은 채 이어가기 마련이다. 앞선 전쟁이 지속되어 나중 전쟁의 조짐이 되는 경우가 많다. 또 그 전쟁의 이름을 딴 지역에서만 일어나는 게 아니라, 이웃한 나라로 번져나가기도 한다. 전투가 벌어지고 있는 공간에서도 일어나지만, 전장에서 멀리 떨어진 회의실에서도 일어난다. 전쟁은 개인들만큼 복잡하지만, 개인의 이름과 마찬가지로 이름이 우리에게 주는 정보는 거의 없다. '필리핀-미국 전쟁'이라는 명칭은 마치 두 나라가 대등하게 싸우고 있는 것처럼 느껴지지만, 실상은 미국이 필리핀을 점령하고 대학살을 선동한 전쟁이다. '한국 전쟁'이라는 이름은 한국인들 사이에 일어난 분쟁을 함축하고 있지만, 중국과 미국이 공정한 개입을 넘어서는 역할을 했다. '베트남 전쟁'의 경우, 미국인들이 그 이름을 만들었으며, 수없이 반복해서 말하는 것으로 두 명사의 기이한 접합이 일상 단어가 되어버렸다. 너무 일상적이라서, 심지어 '베트남'이라고 줄여서 불러도, 많은 이들이 그 전쟁을 가리키는 말임을 알아차린다. 실제로 그런 식으로 쓰이는 경우가 흔하다. 이에 대해 많은 사람들이 '베트남'은 국가이지 전쟁이 아니라고 항의해왔다. 그러나 이러한 호소가 있기 오래전부터 (전쟁에서 승리한 쪽) 베트남인들 중 몇몇은 이미 '미국 전쟁'이라는 호칭을 사용하기 시작했다.[4] 그러나 '베트남 전쟁'이 그 정체성을 오해하게 만드는 부적절한 이름이라면, '미국 전쟁'이라는 이름은 적절한가?

그 이름은 베트남인들이 전쟁의 모든 측면에서 다양하게, 즉 승리와 재앙에서부터 영광과 범죄에 이르기까지 주체로 행동했다고 변명하려 한다. 특히 외국에 침략 당했음을 강조하는 호칭이다. 스스로를 피해자로 생각하면서, 편리하게도 서로에게 저질렀던 일들을 잊고자 한다. 서쪽으로 전쟁을 확장하여 캄보디아와 라오스를 끌어들였고, 전쟁이 끝난 뒤 통일된 베트남이 그 나라들에 영향력을 행사하면서 지배하려 하고, 심지어 침략했던 기억을 쉽게 잊는다.[5] '미국 전쟁'이라는 이름이 지닌 양가兩價(서로 반대되는 두 개의 가치)적 의미는 '베트남 전쟁'이라는 호칭에서 드러나는 이중성과 잘 들어맞는다. 물론 그 이름에는 미국의 패배와 굴욕이 담겨 있기도 하지만, 미국이 승리한 부분과 현실부정의 요소들도 엿보인다. 이름은 전쟁이 어느 시공간에서 일어났는지 한정짓기 때문이다. 공간적으로 보면, 어느 쪽 이름도 베트남과 미국 이외의 나라들이 전쟁에 참여했음을 나타내지 않는다. 베트남의 내부와 외부 양쪽에서 전쟁이 있었음을 보여주지 않는다. 시간상으로 보면, 앞서서 일어난 다른 '미국 전쟁'들이 있었고(필리핀, 태평양 군도 그리고 한국에서), 동시에 일어난 전쟁들도 있었으며(캄보디아, 라오스 그리고 도미니카공화국에서), 그 다음에 일어난 전쟁들도 있었다(그라나다, 파나마, 쿠웨이트, 이라크 그리고 아프가니스탄에서). 이러한 전쟁들은 미국이 태평양과 아시아 그리고 궁극적으로는 중동, 넓게 보

아무것도 사라지지 않는다

면 동양에 대한 지배권을 확보하고자 오랜 세월에 걸쳐 애쓴 노력의 일환이었다.[6] 금세기를 가르는 이정표 역할을 하는 두 시기가 있다. 1898년에 미국은 쿠바와 필리핀, 푸에르토리코, 하와이를 점령했다. 이후로 2001년 9.11 사태와 그로 인한 중동 분쟁으로 예기치 못한 저항에 부딪히기 전까지 미국은 자국의 이익을 위해 해외로 세력을 확장했다. 그렇듯이 진짜 '미국 전쟁'은 미국의 시대라 할 수 있는 20세기 내내 지속되었다. 주기적으로 일어난 몇 차례의 강력한 분쟁과 소소한 교란들로 이루어진 길고 평탄하지 못했던 세력 확장의 시도들, 언제나 대비 태세를 갖춘 전쟁기계의 소음이 멈추지 않는 시기였다. 그 결과 미국은 "전시戰時가 일상이 되었다."[7]

그래서 '베트남 전쟁'이냐 '미국 전쟁'이냐를 따지는 것은 논제 자체가 잘못되었다. 그 이름들은 전쟁으로 인한 사상자들, 경제적 손실 그리고 자본이 얻는 이득의 문제를 덮어버린다. 캄보디아와 라오스를 불태운 전쟁도 마찬가지다. 베트남인들과 미국인들 모두 그것을 인정하지도 기억하지도 않으려 한다. 북베트남인들은 캄보디아와 라오스를 경유하여 군대와 군수품을 보냈고, 미국은 이러한 시도를 저지하기 위해 폭격을 퍼부었다. 두 나라에서는 내전까지 일어났고, 저널리스트인 윌리엄 쇼크로스가 "여흥"이라고 비꼬았던 그 전쟁으로 인해, 라오스에서는 거의 40만 명, 캄보디아에서는 70만 명이 목숨을 잃었다. 폭격으로 인해 폐허가 되고 정치적으로 불안정했던 캄보디아에서는, 마치 전쟁의 부록과도 같았던 1975년부터 1979년 사이 크메르루주 정권 시기에 인구의 1/3에 달하는 200만 명 이상의 사람들이 죽었다. 일부에서는 인구의 1/4인 170만 명이 사망했다고도 한다. 베트남 전 지역에서의 사망자 수가 인구의 1/10에 이르렀던 반면 미국인

사망자 수는 전체 인구의 0.035퍼센트였다.[8]

　전쟁의 비용과 결과를 기록할 때는, '부록'과 '여흥'의 기록도 집어 넣는 것이 마땅하다. 그럼에도 불구하고 그 전쟁의 이름이 '베트남 전쟁'이었든 '미국 전쟁'이었든, '부록'과 '여흥'에 관련된 모든 것이 기록에서 지워졌다. 기록에 포함된 피해의 내용은 1965년부터 1975년 사이에, 베트남에서 300만 명이 사망했다는 것이다. 캄보디아와 라오스에서 일어난 '여흥'에서 희생된 사람은 약 400만 명 이상이며, 전쟁의 '부록'에 해당하는 기간에 죽은 이들까지 합치면 거의 600만 명에 이른다. 어느 특정한 이름을 거부하는 것은, 다른 전쟁들과 마찬가지로, 이 전쟁 역시 날짜와 국경에 의해 단순하고 깔끔하게 규정할 수 없는 혼란스러운 사건이기 때문이다. 이따금씩 내가 그냥 단순히 '그 전쟁'이라고 부르면서 붙여진 이름을 거부하는 이유는 다른 방식으로 다시 상상하고 기억하기 위한 공간을 마련하려는 목적이다. 또한 전쟁을 경험한 이들이 이미 알고 있는 것, 즉 그들이 겪은 전쟁은 늘 그저 그런 전쟁이었으므로 이름이 필요 없다는 사실을 받아들이려는 것이다. 또 다른 전쟁을 경험한 작가인 나탈리아 긴츠부르그Natalia Ginzburg 는 말한다. "우리는 이 전쟁을 결코 치유하지 못할 것이다. 소용없는 일이다. 우리는 결코 다시 편안해지지 못할 것이고, 평화롭게 삶을 생각하고, 계획하고, 정돈하지 못할 것이다. 우리가 살던 집들이 어떤 꼴을 당했는지 보라. 우리가 어떤 꼴을 당했는지 보라. 우리는 결코 다시 편안히 쉴 수 없을 것이다."[9]

　분명히 나의 전쟁이기도 한, 각기 다른 이름으로 불리는 이 전쟁은 미국과 베트남 두 편으로만 나뉘어 싸운 전쟁이 아니다. 현실적으로 보면, 두 나라 또한 내부적으로 분열되었다. 미국은 주전론자와 반

아무것도 사라지지 않는다

전론자들로 나뉘었고, 베트남은 북과 남으로, 또 지리적으로 반드시 일치하지는 않는 이념에 따라 공산주의자와 반공주의자로 나뉘었다. 이 전쟁에는 다른 나라도 개입했다. 큰 타격을 받은 캄보디아와 라오스뿐만 아니라, 한국도 참전했다. 전쟁을 기억할 때나 스스로를 회상하는 양상을 보면, 나 역시 그렇겠지만, 총체적으로 모든 기억을 떠올리려고 하지 않는다. 내가 다른 참전국들을 언급하지 않고 지나간 이유이기도 하다(오스트레일리아, 뉴질랜드, 필리핀, 타이, 러시아, 북한, 중국……).[10] 그러나 이야기를 확장시켜 베트남과 미국 이외의 다른 나라 사람들을 포함시키는 것은, 기억해야 할 필요성과 모든 것을 기억할 수 없는 불가능성 양쪽을 다 제시하려는 시도이다. 망각은 피할 수 없는 일이며, 모든 책에는 여백이 있다. 그러나 가능한 한 많은 것을 기억하고 싶어 하는 나의 욕구는 많은 전쟁의 기억들 대부분이, 적어도 대중에게 유포되는 내용은 포괄적이지 못한 것에 대한 반발일 것이다. 대중은 국가와 민족이 조작하는 대로 기억한다. 대부분의 경우 국가와 민족은 내가 '자신만을 기억하는 윤리'라고 이름 붙인 것만 받아들인다. 이러한 윤리는 나라마다 차이가 있다. 베트남인들은 미국인들보다 여성과 시민을 더 많이 기억하고, 반면에 미국인들은 비교적 자발적으로 적에 대해 더 많이 기억한다. 그리고 양쪽 다 상실, 우울, 쓰라림 그리고 분노의 분위기를 풍기는 남베트남인들을 외면하려 한다. 적어도 미국은 자국의 해안으로 탈출한 남베트남인들에게 그들의 이민사를 이야기할 수 있는 제한된 기회를 주기는 했다. 그렇게 남베트남인들은 아메리칸 드림 속으로 비집고 들어갔다.[11] 베트남 정부는 그들을 재교육 수용소로 보내거나 새로운 경제 구역에 기주하게 한 다음, 기억 속에서 삭제했다. 추방된 남베트남인들 대부분이 자신만의 기억을 주장하는 것은 당연할 수도 있다.

전쟁에서 패하고 망명한 베트남인들까지 포함해서, 두 나라와 그들의 다양한 구성원들에게 타자를 기억하는 대안적 윤리는 당연히 그래야 하는 규칙이 아니라 특별한 예외다. 타자를 기억하는 윤리는 더 관습적인 윤리인 자신만 기억하는 윤리가 변화해야 가능하다. 자기편에서만 생각하는 것에서 더 많은 타자를 기억하는 것으로 범위를 확장한다. 그렇게 해서 가깝고 친한 사람과 멀고 두려운 사람의 경계를 허문다. 윤리적 스펙트럼의 양쪽 끝에서 끝까지, 즉 자신만을 기억하는 윤리에서부터 타인을 기억하는 윤리에 이르기까지를 탐구하면서, 나의 기억 속 전쟁에 등장하는 인물들, 즉 남자와 여자, 젊은이와 노인, 병사와 시민, 다수자와 소수자 그리고 승자와 패자, 그리고 양 극단과 범주들 사이에 속하는 많은 이들을 한 줄로 늘어세워 보았다. 전쟁은 많은 것을 포괄한다. 전쟁은 한 나라 안에 있는 다양한 지역의 삶과 분리될 수 없기 때문이다. 전쟁을 단순히 전투라고만 생각하고 그 주체를 기본적으로 남성 병사들로만 상상하면, 전쟁의 정체성을 이해하고 전쟁기계*의 장점을 활용하기 힘들다.

전쟁에 대한 좀더 포괄적인 기억은 모리스 알박스^{Maurice Halbwachs}가 명명한 '집단 기억'을 구축하려는 투쟁의 결과물이기도 하다. 개인

---

* 들뢰즈의 전쟁기계. 파시즘 이후의 형태. 이것은 <공포>의 평화 또는 <생존>의 평화로서, 평화를 직접적인 목표로 삼는 전쟁기계이다. 이 전쟁기계는 지금 지구 전체를 통제하고 이를 둘러싸고 있는 매끈한 공간을 형성하고 있다. 총력전 자체를 초월해 훨씬 더 무시무시한 형태의 평화가 출현하고 있는 것이다. 이 전쟁기계는 목적, 즉 세계 질서를 스스로 받아들이며, 이제 국가들은 이 새로운 전쟁기계에 적합한 목표나 수단밖에 갖고 있지 않게 된다. …… 전쟁기계를 전유專有하고, 이 기계를 자기 목적에 맞게 변형시킨 국가는 이번에는 스스로를 목적으로 설정하고 (다른?) 국가들을 역으로 전유하고 점점 더 많은 정치적 기능을 수행하게 된 전쟁기계를 다시 풀어놓는다. 《천 개의 고원》, p808 ─역주

아무것도 사라지지 않는다

의 기억은 자기가 속한 공동체에서 물려받은 기존의 기억으로 만들어진다. 즉 우리의 기억은 타인을 통해 이루어진다.[12] 비평가 제임스 영James Young은 이것을 수정하여 '수집된 기억'이라는 모델을 만들었다. 서로 다른 집단의 기억들을 취합하여 미국의 다원주의 체제를 보장해주는 기억을 만드는 모델이다.[13] 집단과 기억들 사이에 잠재적으로 일치하지 않는 부분이 있다고 해도, 새크번 버코비츠Sacvan Bercovitch가 미국의 신화라고 부른 '의례적인 합의'에 의해 길들여진다.[14] '집단 기억'이든 '수집된 기억'이든, 이러한 모델은 집단의 크기와 상관없이 명확하게 규정된 집단을 대상으로 하는 경우에만 신뢰할 수 있다. 이와 마찬가지로, 제한된 정체성을 지닌 시민이 오직 자신의 가족, 부족, 그리고 국가에만 적용되는 편협한 기억만을 고수할 때 전쟁이 일어난다. 미국의 포용력은 미국적이지 않다고 규정된 것은 무조건 배제한다. 그래서 오늘날까지도 미국의 전쟁 기억에서 베트남인들은 대체로 지워지거나 흐릿해진 상태로 남아 있으며, 캄보디아인이나 라오스인들은 언급조차 하지 않는다. 전쟁에 반대하는 이들은 오래전에 우리가 망각한 이들까지 포함하는 광범위한 정체성으로 인간을 규정하기를 요구한다. 그렇듯 포괄적인 규정으로 분쟁의 가능성이 줄어들기를 바라는 것이다.

자신의 기억을 더 넓히거나 혹은 다른 이들의 기억까지 포괄하고자 하다 보면 개인적이면서 정치적인 문제에 부딪히게 된다. 개인의 기억이나 집단의 기억 어느 쪽도 완전하게 담을 수 없기 때문이다. 기억의 총합은 가능하지도 않고 실제적이지도 않다. 언제나 잊히는 것이 있기 마련이다. 우리는 아무리 애를 써도 잊을 수밖에 없다. 그리고 무엇인가에 강렬하게 관심을 쏟으면 기억을 적극적으로 억압하게 되어 망각이 일어난다. 밀란 쿤데라Milan Kundera가 '조직적인 망각의 사막'[15]이라고 불렀던 현상이 일어난다. 이 사막에서는 물만큼 중요한 게 기억이다. 기억은 권력투쟁의 전략적 자원이기 때문이다. 전쟁은 기억과 그 태생적 짝패인 망각(비록 부재不在처럼 보이지만, 실제로는 근원인)을 통제하지 않으면 지속할 수 없다. 할 수만 있다면, 국가는 기억과 망각을 모두 계발하고 독점하려 한다. 시민들에게 그들 국가의 기억만을 남기고 다른 기억은 잊어버리도록 독려한다. 전쟁에 결정적 기여를 할 민족주의와 인종, 민족, 종교의 공동체 안에서만 순환하는 자기중심적 논리를 구축하기 위해서다. 자신의 기억만 남기고 타자의 기억을 잊게 하는 이러한 지배적 논리의 힘이 너무 강해서 이미 소외된 사람들조차 기회만 주어진다면 기꺼이 타자를 잊는다. 기억 전쟁에서 패배한 사람들 이야기를 보면, 망각의 죄로부터 결백한 사람은 없다.

기억이라는 전략적 자원을 둘러싸고 권력자와 약자 사이에서 벌어지는 싸움은 격렬하고 심지어 폭력적일 수 있는 반면, 국가와 그 지지자들이 관습적 방식과 관습적이지 않은 방식을 가지고 충돌하는 것은 대부분 사소한 분쟁이다. 지배계층은 정부와 군대, 경찰 그리고 감시 체제와 내란기도 진압 기술을 갖춘 보안 조직을 통제한다. 또한 이러한 지배계층, 즉 정치가, 독재자, 기업과 지식 엘리트들이 언론에 미치는 직접적, 간접적 영향력은 막강하다. 그들은 학계, 대학, 전문가, 싱크탱크 그리고 교육 기관에도 대단한 영향력을 행사한다. 일반적으로, 이러한 지배계층은 전쟁기계를 통제하는 힘이 견고하다. 또한 자기 것만을 고수하는 그들의 기억 윤리는 전쟁기계를 작동시킬 수 있는 2진법 부호이다. 쉽게 세상을 우리 편과 반대편 그리고 선과 악으

아무것도 사라지지 않는다

로 나누어, 동맹을 구축하고 적을 공격대상으로 삼는다. 한편으로는 의식, 퍼레이드, 연설, 기념비, 진부한 이야기 그리고 '전쟁 실화'를 통해, 시민들에게 지속적으로 국가적 영웅과 전사자를 기억하도록 강요한다. 적과 죽은 이들을 잊어버리면, 시민들은 쉽게 그 요구에 부응할 수 있다.

전쟁에 반대하는 이들은 그와는 다른 윤리로 타자를 기억한다. 적과 피해자들, 약자와 소외된 이들, 주변인들과 소수자들, 여성과 어린이들, 환경과 동물들, 멀리 있는 이들과 악마로 낙인찍힌 이들도 기억해야 한다고 말한다. 그들 모두 전쟁의 고통을 겪지만, 민족주의적 전쟁의 기억에서는 대부분 지워지는 게 보통이다. 전쟁의 의미에 대한 투쟁이 한 국가 내부와 여러 국가들 사이에서 일어날 때, 전쟁에 반대하고 타자를 기억하는 이들은 상상력을 위해 싸운다. 국가를 위해 싸우는 것이 아니다. 상상력으로부터 새로운 정체성이 자랄 수 있으며, 민족주의적 정체성과 전쟁에 부여했던 정체성을 대체할 대안도 나온다. 그런데 타자를 기억하는 일은 어느 정도는 칭찬할 만한 일이지만 동시에 위험하거나 기만적일 수도 있다. 타자에 대한 기억이 단순히 자신의 기억을 반전시킨 거울이 되어, 그 속에서 타자는 선하고 훌륭한데 우리는 사악하고 흠결이 있는 것으로 보이게 될지도 모르기 때문이다. 이렇게 자신만을 기억하거나 아니면 타자만을 기억하는 서로 상충적인 윤리는 너무 단순한 기억 윤리이다. 이 책에서 탐색하고 논의하는 것은 복합적인 기억 윤리이며, 자신과 타자를 둘 다 기억하고자 애쓰는 공정한 기억이다. 한편으로는 기억의 수명 주기와 생산력, 즉 기억이 어떻게 전파되고 잊히는지, 어떻게 진화하고 변하는지도 주의 깊게 살펴볼 것이다.[16]

공정하게 기억하려는 윤리적 실천에 예술은 결정적 역할을 한다. 이 책에 수록된 글, 사진, 영상, 기록 그리고 기념비들은 갖가지 형태의 기억과 증언이다. 때로는 사적이고, 지엽적이며, 덧없고, 사소하지만, 때로는 역사적이고, 공적이며, 지속적이고, 획기적이기도 하다. 나는 이러한 예술 작품들에 주목했다. 공식적인 문건과 연설이 잊히고, 역사책이 무시되고, 권력자들이 먼지가 되어도, 예술은 남기 때문이다. 예술은 상상력의 산물이고, 상상력은 인류의 불멸성을 가장 훌륭하게 드러내는 것이다. 인간적이고 또 비인간적인 행위와 욕망이 모두 기록되어 있는 명판이기도 하다. 권력자들은 예술의 잠재적이고 지속적인 성질과 기억에 미치는 영향력을 두려워한다. 그래서 예술을 아예 묵살하거나, 협조하게 만들거나, 억압할 방법을 찾는다. 그런 시도는 종종 성공을 거두기도 한다. 그래서 예술이 노골적으로 국수주의 경향을 띠거나 선전선동으로 활용되는 경우가 이따금 있다. 하지만 대개는 암묵적으로 그러하다. 이 책에서 나는 권력자의 가치를 지지하는 이들의 작품에서부터 그러한 가치를 전복하고자 했던 이들의 작품까지, 전쟁과 그 기억에 관한 다양한 예술 작품들을 탐구할 것이다. 아무리 많은 예술가들이 권력에 연루되어 있다고 하더라도, 나는 여전히 낙관한다. 아직 도래하지 않은 시대에, 사람들이 나의 전쟁과 또 다른 전쟁들을 기억하는 것은 권력과 전쟁에 저항했던 가장 뛰어나지만 드문 예술 작품들을 통해서일 것이다(역사책 한두 권과 함께).

기억과 망각이 단지 예술 작품에만 영향을 받는 것은 아니다. 예술을 포획하고 통제하여 상업화하려는 산업에도 영향을 받는다. 향수에 사로잡힌 소비자들에게 기억을 판매하면서 역사를 이용하는 총체적 기억 산업이 존재한다.[17] 자본주의는 무엇이든 상품으로 만들 수 있다. 기억과 망각도 마찬가지다. 기억 애호가들은 기념품과 수집품들을 만들어낸다. 향수에 젖은 취미 활동가들은 특정 시대의 의상을 입고 전투를 재현한다. 관광객들은 전장과 역사적 장소들, 박물관을 찾는다. 텔레비전 채널에서는 시각적으로는 고화질이지만 기억에 있어서는 해상도가 낮은 다큐멘터리나 오락물을 내보낸다. 향수를 자극하는 정서와 자민족중심주의는 기억 산업의 핵심이다. 그것은 전쟁 경험을 숭배의 대상으로, 병사들을 건드리지 못할 기억의 마스코트로 바꾸어 놓는다. 우리는 그 속에서 소위 선량한 전쟁에서 싸웠던 위대한 세대에 대한 미국의 페티시를 발견한다. 평론가들은 이러한 기억 산업을 조롱하면서 사회가 너무 많은 것을 기억하는 증거라고 비판한다. 또한 현재의 어려움과 미래의 가능성을 무시하면서, 기억을 한 번 쓰고 잊어버리는 상품이나 경험으로 만들어버린다고 지적한다.[18] 그러나 그런 비판은 소위 기억 산업이라는 것을 단순히 사회 전반에 만연하는 기억을 산업화하려는 징후로 오해하는 것이다. 기억의 산업화는 자본주의 사회의 한 부분으로 전쟁의 산업화와 나란히 진행된다. 전쟁에서 실제로 사용되는 무기의 화력은 전쟁의 정체성을 정의하고 정교하게 하는 기억의 화력과 일치한다.

따라서 펜타곤이 베트남에서 벌인 소모적 전쟁은 할리우드 영화 〈지옥의 묵시록〉 그리고 전 세계의 영화 스크린 속에서 다시 한 번 베트남전을 치르면서 정치적 캠페인으로 되살아났다. 이러한 캠페인은 걸프전 당시 미국이 저지른 폭격에 대한 '충격과 경외감'을 무마시키는 방식의 전조 증상이었다. 전 세계를 빈틈없이 장악한 미국 언론은 그 당시 엄청난 구경거리처럼 그 사건을 보도했다. 이라크와 아프가니스탄에서 벌인 미국 전쟁도 같은 식으로 선전되었다. 〈제로 다크 서

티)Zero Dark Thirty나 〈아메리칸 스나이퍼〉American Sniper와 같은 영화의 성공이 바로 그런 조짐일 것이다. 제로 다크 서티는 CIA 요원의 시각으로 CIA가 자행했던 고문과 오사마 빈 라덴을 살해하는 장면을 보여준다. 아메리칸 스나이퍼는 이라크인 160명을 살해한 병사가 주인공이다. 병사의 시각과 소총의 조준기를 통해 그의 경험을 보여준다. 미국인들은 영화를 통해 참수, 자살 폭탄, 대량 처형, 난민들의 물결, 전쟁을 바라보는 드론의 시각 같은 공포스러운 장면을 얼마나 많이 보았는지 모른다. 물리적으로 그 현장에 있지 않아도 되는 시청자들은 한 발짝 뒤로 물러난 상태에서 윤리적으로 마비된 상태가 된다. 그리고 잔혹한 오락을 구경하듯 뉴스를 본다. 이 상태를 저술가 기 드보르Guy Debord는 '스펙타클의 사회'라고 불렀다. 온갖 공포가 다 드러나 있으나, 보통 시민들은 저항할 일이 전혀 없는 사회이다.

만약 아메리칸 스나이퍼 같은 화려한 전쟁 영화를 따로 떼어놓고 본다면, 그저 기억 산업의 일부처럼 보일 것이다. 그러나 그 영화를 할리우드라는 군산복합체에 속해 있는 것으로 보면, '기억 관련 산업'의 체계 속에 있음을 알 수 있다. 이 산업의 궁극적 목표는 전쟁기계를 공급하고 권력과 불평등을 재생산하는 것이다.[19] 전쟁과 기억을 작동시키는 테크놀로지 역시 동일한 군산복합체에 의존한다. 그들은 현재와 미래의 적들보다 유리한 위치를 점하기 위해 기억과 망각의 영역을 통제하는 힘을 장악하려 한다. 그런데 군산복합체는 그렇게 단순하지 않으며, 겉만 번드레한 값싼 물건이나, 휴가, 사회적 유산 혹은 오락을 파는 기억 산업만으로 유지되는 것이 아니다. 기억 산업은 키치, 감상주의 그리고 구경거리를 생산하는 것뿐이다. 하지만 '기억 관련 산업'은 기억을 전략적 자원으로 활용한다. '기억 산업'과 '기억 관련 산업'은 동일하지 않다. 기억 산업이 기억 관련 산업의 일부분일 뿐이라는 것을 깨닫게 되면, 기억이란 것이 단순히 개인이 경험하는 이미지들이 아니라 우리가 타자와 공유하는 대량 생산된 환상임을 알게 된다. 기억은 수집되거나 집단적인 것일 뿐 아니라, 기업적이고 자본주의적인 것이다. 기억은 징후이며 권력의 산물이고, 권력에 봉사한다. 게다가 모든 나라와 민족이 경제적으로 동일한 수준이 아닌 것처럼, 기억도 마찬가지다. 바비 젤리저^{Barbie Zelizer}가 썼다시피, "모든 이들이 기억의 생산에 참여하지만, 동등하게 기여하는 것은 아니다."[20] 이러한 불평등의 한 징후는 미국이 실제로는 그 전쟁에서 패배했지만, 베트남을 제외한 거의 전 세계 문화 전선에서 벌어지는 기억 전쟁에서는 승리했다는 점이다. 미국은 영화제작, 도서 출판, 미술계 그리고 역사 기록물의 제작에서 우위를 점했다.

그러나 산업화된 기억의 현장을 확인하는 것만으로는 강대국의 산업이 어떻게 약소국의 산업보다 청중과 소비자들에게 더 환영받는지 보여주기에 충분하지 않다. 언어는 산업화된 기억이 순환하는 회로가 되기 때문에, 영어로 제작된 상품이 베트남어로 제작된 것보다 더 접근성이 좋고, 적어도 쉽게 번역이 된다. 그러는 동안 미국의 기억은 베트남의 기억이 미치지 못하는 뛰어난 스타일로 윤색되었다. 한국은 미국의 가장 중요한 동맹이었기에, 심지어 그 전쟁에 대한 한국의 기억도 국제적 흐름에 더 적절하게 상품화되어 유통되었다. 베트남, 라오스 그리고 캄보디아는 훨씬 더 약소국이기 때문에, 그들의 기억은 국지적이며, 기껏해야 나라 안에서 유통되고 영향을 미칠 뿐이다. 이런 약소국의 기억을 해외로 수출한다고 해도, 거의 대부분이 예술가들이나 디아스포라 또는 망명자들의 공동체라는 좁은 범위에서 유통된다. 이런 공동체는 고향의 기억을 확장하거나 증폭시키지 못한다. 그들이 이식된 나라에서 기억을 생산한다고 해도 대부분 공동체 밖에서는 보이지 않고, 들리지 않고, 읽히지 않는 기억으로 남기 때문이다. 따라서 전쟁의 속편인 기억하게 만드는 전쟁에서, 약소국과 약소민족은 뒤처질 수밖에 없다. 왜냐하면 기억 전쟁은 자국의 영토에서만 싸우는 게 아니라 자신에게 불리한 전 세계에서 전투를 벌이기 때문이다.

산업권력이 기억을 활용하는 데 관심을 기울이게 되면서, 과도한 기억의 흐름에 더 많은 기억을 집어넣는 단순한 방식에서 벗어났다. 기억이 범람하는 현상은 정신적 외상을 입힌 사건들에서 자주 나타나며, 그 원인은 과거를 너무 많이 반추해서가 아니라 과거를 충분히 성찰하지 않은 때문이다. 공정한 기억은 과거를 철저히 성찰하기를 요구한다. 그렇지 않으면 프로이트가 말했듯이, 성찰하지 않은 과거에서 비롯된 행동으로 지탄받게 될 것이다.[21] 하지만 이것이 진실이라고 해도, 여전히 충분하지 않다. 심리치료나 개인의 노력을 통해 과거를 성찰하는 것은 매우 가끔 일어나는 경우이다. 전쟁 상황처럼, 과거의 조건이 개인을 넘어서는 경우가 많기 때문이다. 트라우마에 해당하는 엄청난 역사적 사건은 생존자, 목격자 그리고 다음 세대가 모두 힘을 모아 집단성과 공동체 안에서, 투쟁과 연대를 통해 과거를 철저히 파헤쳐야 한다. 한 무리의 사람들이 기억에 접근하려는 이러한 노력은 과거뿐만 아니라 현재와의 대결도 포함되어야 한다. 현재의 물질적 불평등이 기억의 기호를 불평등하게 형성하기 때문이다.

그러므로 기억의 혁명은 사회적, 경제적, 정치적 삶의 다른 측면에서의 혁명 없이는 불가능하다. 그 역도 마찬가지다. 어떤 학자들은 우리가 너무 많은 것을 기억하면, 과거의 수렁에서 헤어날 수 없어 앞으로 나아가지 못하리라는 의견을 제시한다. 너무 많은 것을 기억하거나 그릇되게 기억하는 것은 정체성 정치의 일부이다. 핍박을 당했다는 정서로 사람들을 선동하는 부정적 정치다. 혹은 비평가들이 그렇게 주장한다. 여기에 비판적인 학자들은 정체성 정치가 사람들로 하여금 스스로를 개인으로 여기기보다는 박해받는 집단의 일원이라고 믿도록 부추기며, 한 나라를 내부에서 분열시키거나 슬픔과 억울함의 옛 역사를 되살려 이웃나라와 반목하도록 사람들을 선동한다고 지적한다. 국가의 정체성을 훼손하고, 우리를 현실 정치, 경제와 계급에 대한 관심, 돈과 유동성, 나라와 민족, 국가의 중요한 것들로부터 멀어지게 한다고 비판한다.[22] 그러나 우리가 과거를 잊고 경제적 그리고 계급적 불평등에 초점을 맞춰야 한다고 주장하는 이들은 공정한 기억 없이는 불평등이 해소될 수 없다는 것을 모른다.[23] 이러한 기억은 민족주의가 정체성 정치의 가장 강력한 형태임을 인식하고, 전쟁에 대비하기 위해 완전무장을 하고 군비를 확충하면서 국가의 모든 자원, 즉 기억과 전사자까지 활용하려 한다.

공정한 기억은 약자와 정복당한 자, 소수자, 적 그리고 잊힌 자들을 회상하는 것으로 부정적 정체성 정치에 반대한다. 공정한 기억에서 단지 스스로를 윤리적으로 돌아보는 것만으로는 과거에 대한 성찰로 부족하다. 동시에 타자도 윤리적으로 떠올려야만 한다. 양쪽 모두에게 윤리적 접근이 필요하다. 또한 망각은 불가피한 일이기 때문에 망각도 윤리적으로 이루어져야 한다. 모든 개인과 집단은 전략적 망각에 노력을 기울여야 한다. 우리가 기억해야 하고 살아야 한다면, 반드시 잊어야 하기 때문이다.[24] 공정한 기억은 잊힌 것들을 되살리려는 노력을 지속한다. 그것들은 우연히 그리고 고의적으로, 사리사욕으로 인해, 트라우마의 영향으로 쇠약해져서, 자국 군인의 영웅적 행위 같은 것을 과도하게 기억하려는 산만함 때문에 잊혀졌다. 과도한 기억은 과거에 대해 공정하게 접근하는 게 아니다. 그것은 철학자 폴 리쾨르Paul Ricoeur가 권력자들이 '모욕적으로 소환한 기억'25)이라고 정의를 내린, 불공정한 기억에 이르게 한다.

부당하고 반복적인 기억에 대처하기 위해 끊임없이 반추해온 사건을 잊어야 하는 것은 아니다. 우리가 어떻게 그 사건을 기억하는지, 누가 기억 관련 산업을 통제하고 누가 기억을 남용하는지 다시 따져보는 것이다. 공정한 기억에 대한 연구는 과도한 기억의 문제를 두 가지 방식으로 다룬다. 먼저 수동적인 방식으로는, 시간이 흐르면 인간은 반드시 죽기 때문에 결국은 해결된다는 것이다. 목격자들도 언젠가는 사라지기 때문이다. "망각하지 않고는, 결코 살아갈26) 수 없다"는 니체Nietzsche의 주장을 증명하듯이, 단단했던 기억도 먼지 한 줌으로 변한다. 또 다른 방식은, 논란이 분분한 사건을 윤리적으로 기억하려고 투쟁해서 니체의 주장을 능동적으로 실현하는 것이다. 상상력을 작동시키고, 기억을 창조적으로 활용하고 모든 예술 활동을 기획하는 것은 공정한 기억에 매우 중요하다. 그러나 그것만으로 충족되는 것은 아니다. 권력과 결부되지 않은 예술과 윤리적 실천만으로는 변화를 가져올 수 없다. 약자와 가난한 자, 주변인, 소수자 그리고 낙인찍힌 자, 그리고 그들의 지지자들이 기억 관련 산업에 영향을 미치거나 그것을 장악할 수 있을 때만 공정한 기억이 가능하다. 리쾨르가 '각성하는 망각'이라고 부른 이러한 투쟁은 화해와 용서에 이르는 길이며, 자기 자신과 타자 모두를 회상하는 윤리적 기억을 통해서만 이

아무것도 사라지지 않는다

루어진다.[27]

윤리적 실천은 필연적으로 정체성에 의문을 제기한다. 만약 자신의 기억을 깊이 긍정하는 것으로 정체성을 지탱하고 있다면, 타자의 기억은 그러한 긍정을 위협하기 때문이다. 전쟁을 공정하게 기억하기 위한 작업이 이루어진다면, 그것은 전쟁의 정체성에 대한 도전이 되기도 한다. 권위자들이 제시한 적의 정체성을 받아들이지 않게 되면, 동일한 권위자들이 부여한 전쟁의 정체성을 받아들이기도 힘들게 된다. 자신만을 기억하는 것과 타자를 기억하는 것 사이에서 타협하는 일은 경쟁하는 기억들이 화해하도록 하는 것이 아니다. 다른 기억을 배제하고 오직 한쪽의 기억에만 윤리적으로 굴복하는 것으로도 충분하지 않다. 두 가지 윤리적 접근 방식을 모두 취하는 공정한 기억이, 우리 마음을 더 편안하게 하거나 우리의 행동, 우리가 누락시킨 것들 혹은 적들과 화해하게 하지는 않을 것이다. 공정한 기억이 과거의 공포와 갈등을 깨닫고 망각할 수 있게 할지는 모르지만, 오히려 우리 내면에, 우리와 가깝고 소중한 것 안에 도저히 받아들일 수 없는 것들이 있다는 비극적 자각에 이르게 될지도 모른다. 윤리적 기억은 괴물들이 이상한 나라에서 전쟁을 일으키는 게 아님을 밝혀낸다. 전쟁은 익숙한 땅 위에서 친구와 이웃들이 거름을 줘서 자라는 것이며, 아들과 딸, 아내와 아버지들이 나서서 싸우는 것이다. 전쟁의 정체성을 양면적으로 자각하는 것은 스스로의 정체성이 지닌 양면성을 드러내는 것이며, 국가가 수행한 전쟁과 총체적으로 분리될 수 없는 것이다. 우리는 전쟁의 대가를 치렀으며, 이익도 얻었고, 상처도 입었다. 그 전쟁이 지닌 고귀함이나 영웅적인 것 모두를 우리 안에서 발견할 수 있듯이, 사악함이나 끔찍함 역시 모두 우리 안에 있다.

전쟁에 있어서 기억과 망각의 기본적인 변증법은 단순히 어떤 사건이나 사람을 기억하고, 또 어떤 사건이나 사람을 잊을지 선택하는 문제가 아니다. 기억과 망각의 기본적인 변증법은 우리의 인간성을 기억하고 비인간성을 잊는 것이다. 역으로 상대의 비인간성을 기억하고 인간성을 잊는 것이기도 하다. 그 대신 공정한 기억은 윤리적 기억에서 변증법의 마지막 단계를 요구한다. 자신의 기억을 상대방의 기억으로 움직이는 것뿐만 아니라, 인간 내부에서 비인간성이 어떻게 서식하는지 보고 기억하는 윤리적 인식으로 나아가는 것이다. 이처럼 인간성을 연구하는 일은 동시에 비인간성을 연구하는 일이다. 지금은 잊었으나, 타자를 향해 휘두른 야만 위에 문명이 세워졌음을, 여전히 그 안에서 어둠의 심장이 뛰고 있음을 연구해야 한다. 호르헤 루이스 보르헤스Jorge Luis Borges가 기억한다는 것을 유령의 성질을 지닌 동사로 본 것도 놀라운 일은 아니다.[28] 기억은 유령 같은 타자들에게 홀리는 게 아니다. 우리가 저질러왔고, 목격했고, 용납한 공포에 사로잡히는 것이며, 우리가 이득을 얻기 위해 취한 말 못할 것들에게 홀리는 것이다. 전쟁에 대해 말하면서 제대로 기억할 수 없을 때, 과거의 곤혹스러운 무게를 우리는 명백히 느낀다. 사로잡혀 있으면서 사로잡은 채, 인간적이면서 비인간적인 모습으로, 전쟁은 우리 곁에 그리고 우리 안에 남아 있다. 잊을 수는 없으나 기억하기도 괴로운 유령의 모습으로.

아무것도 사라지지 않는다

ETHICS

1.
자신만을 기억하는 것에 대하여

베트남에서 고속도로를 따라 달리다 보면, 길옆의 묘지들이 눈에 띈다. 주의해서 살펴보면 알아볼 수 있다. 묘지들의 표지는 오벨리스크나 기념비 또는 조각상이다. 보통은 세 영웅의 조각상이고, 여성 영웅이 포함되어 있을 때도 있다. 멀리서도 보일 정도로 높이 솟아 있으며 돌기둥에는 죽은 이들의 이름이 빼곡히 새겨져 있다. 20세기에 들어 나라의 통일과 해방을 위한 전쟁에서 목숨을 바친 순국선열을 기리는 공동묘지가 생겼다. 이러한 묘지는 미국에도 있다. 미국의 프리웨이를 따라 달리면서 주의 깊게 살피다 보면, 묘지를 심심치 않게 발견할 수 있을 것이다. 미국은 나라를 위해 희생된 전사들을 위해 오래전부터 그런 장소를 마련했을 것이다. 지금 나는 베트남의 경우를 눈으로 확인하고 있다. 왜냐하면 모터바이크와 버스, 기차나 자동차를 타고 다니면서 죽은 이들이 모여 있는 장소를 찾아다니는 중이기 때문이다. 이러한 묘지들은 지도에까지 변화를 가져왔다. 물론 미국이었다면 불가능한 일이다. 하지만 이 나라의 면적은 캘리포니아 주보다는 좁고 뉴멕시코 주보다는 조금 넓은 정도일 뿐인데 승리한 쪽의 확인된 사망자만 백만 명 이상이기에 그런 일이 가능하게 된 것이다. 죽은 승리자들은 마을 근처에서 쉬고 있고, 그들의 안식처는 자신만을 기억하는 윤리를 지닌 이 나라에서 가장 눈에 잘 띄는 음울한 기념물로 조성되어 있다.

이러한 묘지 가운데 가장 볼만한 곳은 쯔엉선Truong Son 국립묘지다. 그곳은 죽은 이들의 수도라고 할 수 있으며, 5만 명이 넘는 사람이 매장되어 있다. 그 숫자는 워싱턴 D.C.의 베트남 참전용사 기념관에서 추모하고 있는 미국인 전사자들의 숫자와 거의 동일하다. 이 국립묘지는 꽝찌Quang Tri 성의 성도인 동하Dong Ha 시 외곽에 자리 잡고 있다. 가장 두드러진 특징은 레 주언Le Duan의 거대한 하얀 조각상이다. 그는 호찌민Ho Chi Minh의 건강과 영향력이 쇠퇴하면서 공산당의 지도자로 부상했다. 높이가 약 50미터인 그 조각상은 도시 중심에 있는 연병장을 굽어보며 서 있다. 호찌민의 고향 근처 베트남 북부의 도시 빈에 있는 호찌민 조각상과 비슷한 모습이다. 아마도 이런 조각상은 애초에 만들어진 의도대로 지역 주민들에게 경외심을 불러일으킬 것이다. 나나 다른 외부인들에게는 조각상의 웅장함이 공산주의 원리와 어긋나 보여 부조리하게 느껴진다. 그러나 만인이 평등하다는 민주주의의 나라에서도 거대한 링컨을 왕좌에 앉혀 놓고, 남근을 연상시키는 뾰족한 백색의 워싱턴 기념탑을 바라보게 만들지 않았던가. 이념과 상관없이, 인간성 안에 있는 무엇은 대중의 수평적인 긍정과 더불어 우뚝 솟은 영웅과 기념탑이 필요한 것 같다. 꽝찌 성은 레 주언이

아무것도 사라지지 않는다

쯔엉선 순국선열 묘지

태어난 곳이며 가공할 폭격과 전쟁의 현장이었다. 그곳에는 민주적인 기념물도 있다. 살아 있을 때처럼 죽어서도 가지런히 대오를 정렬한 전몰자 수만 명의 묘지가 그것이다. 죽은 이들은 예전에는 꼿꼿하게 서 있었고, 이제는 나란히 누워 있다.

　꽝찌 성은 나라를 둘로 가른 비무장지대였다. 근처에는 미국인들과 전 세계 많은 나라 사람들에게 호찌민 트레일로 알려진 전설적인 쯔엉선 길이 있다. 전쟁을 기억하고 가까이 두게 하는 풍경이다. 땅속에는 전쟁의 잔여물인 불발탄, 탄피, 터지지 않은 지뢰가 묻혀 있다. 그것들은 잊을 만하면 깨어나 자신의 소임을 다하려고 하다가 7,000명이 넘는 지역 주민들의 목숨을 빼앗았고, 그보다 더 많은 사람을 장애인으로 만들었다. 공식적으로 전쟁이 종료된 이후의 일이다. 이렇게 사고로 사망한 이들을 추모하는 기념물은 없다. 팔다리를 잃은 꽝찌 성 시민들이 부착하고 다니는 의족이나 의수 같은 보형물이 있을 뿐이다. 청결하고 효과적인 실험실 안에서, 외국 서비스 기관에서 파견된 전문가들이 지역 기술자들에게 의족이나 의수 제작법을 가르친다. 우리 여행의 동행인 사진작가가 그런 보형물들의 사진을 찍으려고 시도했으나 만족스러운 각도를 찾을 수 없었다. 모든 전쟁이 이처럼 인간적인 상황을 낳는다. 받아들이기 쉬운 프레임이 나오지 않는다. 팔 다리가 절단되고, 맹인이 되고, 우울증에 걸리고, 자살 충동에 시달리고, 미쳐버리고, 직업을 잃고, 노숙자가 되어서, 이런 부작용과 후유증을 떠안은 채, 전쟁을 생생하게 기억하는 시민들은 대부분 차라리 그 기억을 잊고 싶어 하거나 편협한 방식으로만 기억하고자 한다.[1]

망자의 도시는 시간과 공간에서 기억을 격리시키기 위해 만들어진 것이다. 죽은 이들을 매장하면 퍼져나갈 기억도 매장되기 때문이다. 노르망디에 있는 미군묘지에 대해 마르크 오제Marc Augé가 썼듯이, "이렇게 정렬된 아름다움에서 감동을 느끼지 않는 사람은 없으나, 그 벅찬 감정은 형태의 조화로움에서 비롯된 것이다. 그것은 격렬한 전투나 인간의 두려움을 불러일으키는 것이 아니며, 그곳에 묻혀 있는 병사들이 살아서 경험한 과거의 현실을 전혀 복원하지 못하고 있다."[2] 아름답고 고요한 전쟁 묘지들은 수많은 사진으로 기록된 명백한 사실을 숨기고 있다. 죽은 이들이 기이한 각도로 사지가 꺾이고 조각난 채 산더미처럼 쌓여 있었다는 것, 그들의 생명을 앗아간 인위적 힘의 폭력적 속도가 진흙투성이 옷들을 찢어발겼다는 것. 그들의 묘비를 밀란 쿤데라Milan Kundera는 '감상적인 망각의 꽃'이라 불렀다.[3] 전몰장병추모일이나 사적인 기념일이 되면, 대부분 10대이거나 20대 초반에 죽은 병사들의 비석 앞에 가족들이 모일 것이다. 그러나 그 며칠을 제외한 나머지 시간 동안 그들은 오직 소떼처럼 무덤 사이를 헤매며 일하는 묘지 관리자들의 관심을 받을 뿐이다.

죽은 이들의 수도는 낮 시간에는 평화롭고 경건한 장소이다. 살아 있는 이들이 활동하는 도시의 번잡함과 소음에서 멀리 떨어져 있다. 날씨는 흐리지만 우울하지 않고, 화려한 처마와 붉은 지붕의 사원은 고요하고, 무덤은 단정하게 손질되어 있다. 죽은 이들의 수도가 지닌 여러 특징은 규모가 작은 묘지에서도 나타나는데, 가장 중요한 곳은 공산당 영웅들이 안장되어 있는 하노이의 마이 디크^{Mai Dich} 국립묘지다. 문이 달린 담장 뒤로, 19개의 인공조명이 잘 닦인 대로를 비추고 있고, 레 주언의 묘와 유사한 검은 대리석 무덤들이 늘어서 있다. 부유한 동네다. 공산당의 국민시인인 또 흐우^{To Huu}, 노벨평화상 수상자인 헨리 키신저와 베트남 평화협정을 체결한 레 득 토^{Le Duc Tho}(키신저는 평화상을 받아들였으나, 레 득 토는 거절했다. 1973년에는 아직 평화롭지 않다는 이유였다)가 안장되어 있다.

불이 환하게 밝혀진 대로는 잘 손질된 중앙 정원으로 뻗어 있다. 정원에 우뚝 서 있는 오벨리스크에는 '조국은 당신의 희생을 기억한다'^{To Quoc Ghi Cong}라는 글귀가 새겨져 있다. 이 글귀는 명예롭게 죽은 이들이 안장된 장소에 모두 새겨져 있다. 공산당은 이러한 유해의 골수에서 활력을 끌어내고, 유해들 대부분은 마이 디크보다 웅장하지 않은 묘지에 묻혀 있다.[4] 더 많은 프롤레타리아들이 묻혀 있는 이러한 묘지에는 보 자인^{Vô Danh, 無名}이라고 적혀 있는 무덤들이 많다. '무명용사'라는 의미다. 죽은 이들 대부분은 고향에서 멀리 떨어진 곳에서 죽었고, 무례한 대우를 받지는 않으나, 초라한 환경에 둘러싸여 있는 경우가 많으며, 친척들이 방문하기에는 너무 먼 곳에서, 순국선열들에게 정복당했다고 여기는 주민들의 달갑지 않은 시선 아래 누워 있다. 지역 묘지는 손질이 안 된 채 방치되어 있고, 풀이 시들어가면서 맨땅이 드러난 묘지들이 많으며, 묘비와 사당에 새겨진 이름들은 흐릿해진 상태다.

죽은 이들로 이루어진 군중은 이런 묘지에 부동의 사실처럼 누워 있다. 패배자들과 방관자들이 섞여 있을지도 모르지만 그래도 백만 명의 군중이다. 사실들은 기억이 아니라 기억의 메커니즘에 의해 해석되고, 수정되어 이야기의 자리에 놓인다. 그 이야기들마저 살아 있는 이들의 이해관계에 맞게 때때로 윤색된다. "기억은 사라진다"고 작가인 조안 디디온Joan Didion은 말한다. "기억은 조정되고, 우리가 기억한다고 생각하는 것과 일치하도록 순응하기 마련이다."[5] 기억은 변하기 쉽고 영향을 잘 받기 때문에 윤리적 감각이 필요하다. 적절하게 기억하기 위한 지침이 요구된다. 특히 죽은 이들을 기억하는 일에서는 더욱 절실하게 필요한 일이다. 그들은 우리를 위해 혹은 우리가 속한 공동체를 위해 목숨을 버렸는지 모른다. 우리의 이름으로 우리가, 혹은 다른 누군가가 그들의 목숨을 빼앗았는지 모른다. 죽은 이들을 올바르게 기억하는 일은 혈연, 출신, 신분, 공동체, 연민이나 감정이입 등으로 친족이라고 받아들이는 모든 이에게로 확장되어야 한다. 이것은 철학자 아비샤이 마갈릿Avishai Margalit이 가깝고도 소중한 관계라고 부르는 것이다. 가족, 친구 그리고 같은 나라 사람들은, 마갈릿의 표현에 의하면, '두터운' 관계에 있기 때문에 자연스럽게 연대감을 갖는다.[6]

자연적 친연성의 느낌은 자신만을 기억하는 윤리가 지닌 엄청난 능력이다. 우리의 감정을 이끌어내고, 마음이 따뜻해지는 상태에서

아무것도 사라지지 않는다

피를 끓어오르게 하는 기분까지 다양한 감정을 자극하는 능력이다. 사적인 세계의 사랑이든 공적인 세계의 애국심이든, 이런 윤리와 연관되면 감정은 깊어지고 반응은 빨라지는 격렬한 상태가 된다. 우리가 당연하게 여기는 관계에서 나오는 윤리이기 때문에, 우리가 기억하는 이들에게 무조건 충의를 품게 한다. 이러한 윤리가 만들어내는 영웅담에 대해서는 더욱 그러하다. 전쟁에서는 우리 편을 숭고하고, 도덕적이며, 고통스럽고, 피해자였다고 기억하는 게 보통이다. 억지로 대면하게 되는 상황이 오기 전까지는, 영웅들에 대해 불편한 의문을 갖는 일은 상상조차 할 수 없거나 배경 뒤로 숨겨진다. 혹시라도 우리 편 사람들이 법과 도덕적으로 용납할 수 없는 행동을 저질렀음을 받아들여야 할 때면, 그러한 행동과 그 행위자들에 대해 정상참작이 가능할 만한 상황 탓을 하며 변명하기도 한다. 최악의 경우는, 그러한 행동들은 적이 먼저 부도덕한 행위를 해서 불가피하게 저지른 정당방위였다고 단순화하는 것이다. 그렇게 함으로써 계속해서 우리 편 사람들을 인간이라고 생각한다. 복잡한 감정과 경험, 관점을 지닌 사람들로 이해하고 공감해야 한다고 여긴다. 저쪽 편 사람들, 적이거나 적어도 친구가 아닌 낯선 이들에게는 그러한 복잡성이 결여된 것처럼 느낀다. 소설가 E. M. 포스터의 표현을 인용하자면, 저들은 우리에게 '평면적' 인물로 지각된다.[7] 우리 편 사람들은 보통 '입체적'이고, 3차원이며, 모든 각도에서 볼 수 있고, 살집이 두툼하고, 뼈가 있으며, 감정이 있고, 역사가 있는 것으로 감지된다. 우리 편 사람들이 무엇인가를 느낄 때, 우리도 그것을 느낀다.

영웅적 윤리 속에서 우뚝 솟은 입체적 인물들 중에 우리 편이라고 해도 그들이 긍정적이기만 하면 예외적으로 평면적 인물도 가능하지만 어쨌든 묘지에 있는 죽은 이들보다 더 평면적 인물은 없다. 그들은 스스로 만들어낸 것이 아닌 서사 속에서 하나의 캐릭터로 자리매김하고 있다. 그들은 여전히 조국은 용사들의 희생을 기억해 줄 것이라는 연설을 계속하는 장군들과 정치가들에게 순종하고 있다. 슬프지만, 승리한 베트남 용사들의 영웅담은 자신만을 기억하는 윤리의 전형적인 사례이다. 순국선열 묘지를 전쟁을 기억하는 기념물과 추모비, 박물관과 통합하여, 그곳에서는 죽은 이와 살아 있는 이들이 모두 입체적이면서도 평면적으로 보인다.[8] 현재 베트남의 서사와 기억 속에서 가장 위대하고 평면적인 인물은 바로 호 아저씨다. 역사적 인물인 호찌민이 그 삶과 전기 속에서 입체적이고 복합적인 반면, 어디서나 볼 수 있는 허구적 인물인 호 아저씨의 이미지는 평면적이며, 베트남에서 통용되는 화폐 속에서 가장 눈에 띄는 모습이다.[9] 이러한 호 아저씨는 순수하고, 성실하며, 희생적이다. 고통스럽고 영광스러운 혁명의 나날이 품고 있던 이상을 모두 구현한 인물이다. 그는 절대적으로 매력적인 캐릭터라서, 심지어 전쟁에서 패한 쪽 사람들조차 그를 아저씨라고 부르는 것을 묵인할 정도이다. 설득력 있고, 위대하며, 영웅적인 호 아저씨는 평면적 인물도 입체적 인물보다 미학적으로 꼭 더 나쁜 건 아니라는 포스터의 주장을 증명한다. 평면적 인물이든 입체적 인물이든 단지 서로 다른 목적에 쓰일 뿐이다. 이렇게 밋밋해진 호 아저씨는 혁명이 반드시 기억해야 할 사람이며, 지속적으로 자신만을 기억하는 영웅적 윤리를 강조하는 이미지와 아이콘이다. 그 속에서 인민들은 오직 공산당과 국가와 조국이라는 정체성에 동화된다.

베트남에서는 평면적이고 영웅적인 인물이 흔할 뿐 아니라 유행이기도 하다. 온 나라에 퍼져 있는 영웅적 인물들은 시민들에게 고상하게 행동하고 나라를 위해 일하도록 장려하는 광고판의 주인공으로 등장한다. 이런 광고판은 전쟁 때의 선전 포스터, 즉 도덕적이며 늘 미소를 짓고 있는, 조각처럼 잘 생기고 용감한, 인민들에게 단결과 전투를 호소하는 혁명의 영웅과 여성 영웅들이 등장하는 포스터에서 비롯되었다. 평면적 인물들은 박물관과 미술관도 장악하고 있다. 하노이의 미술관에서부터 사이공의 전쟁유물박물관에 이르기까지, 공유되는 서사들은 어이없을 정도로 동일하다. 국립박물관 어디에서나 프랑스와 미국 같은 외국 침략자들이 국토를 점령하고 인민을 공포에 떨게 했다는 서사를 발견할 수 있다. 공산주의 혁명가들은 막대한 희생을 치르면서 인민을 동원하고 조직했다. 호 아저씨의 지도 아래 공산당은 인민을 승리로 이끌었다. 그 후 호 아저씨는 세상을 떠났지만, 그의 가호 아래, 공산당은 전면적 전쟁을 끝내고 이제는 국가 경제를 발전시키기 위해 공동의 산업에 총력을 기울인다. 하노이에 있는 초라한 혁명 박물관이 이런 이야기를 온 나라에 퍼뜨린다. 식민지의 잔혹 행위와 전설적인 혁명가들을 기록한 흑백의 다큐멘터리 사진에서 시작하여, 어쩐지 측은해 보이는 경제적 성과물인 직물과 재봉틀과 전기밥솥을 유리창 뒤에 전시하는 것으로 마무리하는 식이다.

베트남의 중간 즈음에 선 미Sơn Mỹ 박물관이라는 규모가 작은 박물관이 있다. 그곳은 미군 중대가 하루 만에 500여 명을 살해하고 일부는 강간을 자행한 비극적 사건인 미라이Mỹ Lai학살을 기억하기 위해 세워진 곳이다. 그 사건의 후일담은 다른 공통적 서사와 동일하다. 승리한 혁명 덕분에 전쟁으로 폐허가 된 마을과 지역의 풍경이 푸른 들판과 새로 건설한 다리, 활기찬 학교 그리고 행복한 사람들로 바뀌었다. 박물관을 가득 채운 사진들은 실제 인물들을 촬영한 것이지만,

그 아래 붙어 있는 설명은 인물들을 평면적으로 규정하고 있다. 선미 박물관에 있는 로널드 해벌Ronald Haeberle이 찍은 유명한 사진 아래에는 다음과 같이 적혀 있다. '미군 병사들에게 살해당하기 직전 판야나무 아래 서 있는 마을 여성들과 아이들의 마지막 순간.' 복잡한 삶과 복합적인 역사 속에 살았던 민간인들과 병사들이 실제로 어떤 사람들이었든, 그 짤막한 설명 속에서는 혁명과 공산당이 정당화되는 드라마에 등장하는 피해자와 악당으로만 존재한다. '찬란한 본보기인 호 아저씨의 추종자들'에서부터 '독립과 자유보다 더 귀중한 것은 없다'에 이르기까지, 사진 설명은 슬로건이 메아리치는 장르다. 이러한 슬로건들은 공산당 서사의 한 사례이며, 이제 민족과 국가의 공식적 서사가 되어가고 있다.

사진 설명, 슬로건, 공식적 기념물을 거쳐도, 입체적 인물들은 그대로 존재하면서 자신만을 기억하는 윤리의 일부분이 되기도 한다. 그들은 지배적으로 통용되는 서사에서 벗어나 얼마 안 되는 예술 작품 속에서 걷고 숨 쉰다. 그리고 독자와 관람객에게 다가가는 방식을 발견한다. 바오 닌Bao Ninh의 《전쟁의 슬픔》이 바로 그런 작품이다. 아무리 조국 해방을 위한 숭고한 전쟁이라 해도, 그 속에서 싸우는 병사들에게는 얼마나 잔혹한 시간이었는지를 처음으로 묘사한 획기적 소설이다. 그 소설은 전쟁이 끝나고 몇 달 뒤, 영혼들이 울부짖고 있는 정글에서 실종자와 사망자를 수색하는 장면으로 시작한다. 주인공인 병사 끼엔의 귀에는 죽은 이들의 목소리가 너무 잘 들린다. 유능한 자원봉사자로 시작하였으나 나중에는 시체 수집가가 된 그는, '전쟁 때문에 망가진' 사람이다.[10] 자기 소대의 유일한 생존자인 그는 죽은 전우들뿐만 아니라 자신이 죽인 여자와 남자들까지 선명하게 기

아무것도 사라지지 않는다

억하고 있다. 전쟁 이후의 삶이 썩어가는 듯한 환멸만 아니었다면, 그래도 그는 공포를 견딜 수 있었을지도 모른다. "흥, 평화? 평화라는 것도 그저 우리 형제들의 피와 살을 먹고 자란 나무일 뿐이지." 시신들을 싣다가 트럭 운전수가 중얼거린다. 끼엔은 죽은 사람들 사이에서 잠들어 있었다. "예전에 사람들이 쓰고 있던 가면이 몽땅 벗겨진 것뿐이야. 이제 그 추악한 얼굴이 드러나기 시작했지. 피를 얼마나 많이 뿌렸는데……. 도대체 무엇을 위해서였지?"[11] 이것은 환멸을 느끼는 병사들의 보편적인 질문이다.

끼엔은 죽은 이들에게 둘러싸여서 죽음과 환멸을 이해하고자 노력하다가 작가가 된다. 그는 과거라는 시간에 소설적 구성을 부여하고자 몰두하지만, "무자비하게도 펜은 그의 뜻을 따르지 않는다. 페이지마다 죽은 이들의 이야기가 차례차례 되살아나고, 이야기들은 빙글빙글 돌면서 전쟁 중의 밀림 속 깊은 곳으로 되돌아갔다. 그리고 용광로 같은 전쟁의 기억에 고요히 불을 지폈다."[12] 이 용광로에서 튀어나온 이미지들은 소용돌이치다가 소설이 결말에 이르러서야 해결된다. 그에게는 트라우마 같은 두 가지 기억이 남아 있다.[13] 첫 번째는 캄보디아의 안전지대로 그의 부하들을 안내한 여성 호아Hoa가 맞이한 운명이다. 미군이 그들을 추적할 때, 그녀는 뒤에 남아 미끼 역할을 하면서 미군의 추적견을 죽였다. 마침내 그녀가 사로잡히고, 흑인과 백인으로 뒤섞인 미군들이 그녀를 강간했다. 끼엔은 멀리서 그 장면을 지켜보면서도 두려움 때문에 그녀를 구하지 못했다. 그 끔찍한 광경을 보면서 끼엔은 옛날에 목격한 또 다른 장면을 기억해 낸다. 아직 10대 소년이었던 끼엔이 아름다운 여자 친구 프엉과 함께 기차를 타고 피난을 갔을 때 벌어졌던 사건이다. 그는 그녀를 너무 헌신적으로 아꼈기에 그녀가 여러 번 원했음에도 육체적 사랑을 나눌 수 없었다. 이러한 순수함은 강인함이라기보다는 나약함의 징후였다. 적어도 그가 인식하는 자신의 남성성은 그러했다. 그의 나약함은 기차에서 그녀를 보호하지 못해서 병사들에게 집단 강간을 당하게 방치했을 때 드러난다. 몇 년이 지난 뒤, "그는 갑자기 기억해냈다. 그가 화물칸에서 보았다고 생각한 장면과 그곳에서 일어날 수밖에 없었던 장면을. 전쟁이 그에게 남긴 첫 번째 상처로 기억해야 할 일이었다. 바로 그 순간부터, 프엉을 폭력적으로 빼앗겼을 때부터, 정말로 핏물이 흐르기 시작했고, 그의 삶은 피비린내 나는 고통과 패배 속으로 빠져들게 되었다."[14]

이미 벌어진 강간에서 프엉을 구해내기에는 이미 늦었고 너무 두려웠던 10대의 끼엔은 다음 차례를 기다리던 해병을 살해한다. 첫 살인이었다. 이후로 그는 솜씨 좋은 살인자가 되어갔으나, 그러한 파괴적인 능력을 지녔음에도 불구하고 호아를 구하려 하지 않았다. 그리고 끼엔 내면에 있는 살인 충동과 유사한 충동으로 강간을 저지르는 남자들에 의해 "여전히 그곳에서 일어나고 있을 일"로부터 프엉을 구해낼 수도 없었다. 만약 그가 살인을 그만두었다면, 다른 남자들도 강간을 멈추었을 것이다. 극단적으로 보면, 성적 행동과 살인은 구분하기 어렵다. 강간은 숨겨져 있는 트라우마다. 전쟁은 병사의 모험이며 남자다운 경험일 뿐이고, 혹은 전쟁은 여기 가족들이 살고 있는 지역과 분리된 저 먼 곳의 이야기라는 남성적 허구가 파괴되는 절정에서 폭로되는 것이다. "네가 알 수나 있어?" 강간을 당한 뒤에 프엉은 울부짖는다. "이건 다친 게 아니야! 붕대를 감을 수도 없다고!"[15] 소설의 결말 부분에 나오는 성폭력의 충격적 이미지들은 소설의 앞부분에

아무것도 사라지지 않는다

나오는 좀 더 부드러운 언어들, 끼엔이 "병사의 가슴 속 전쟁의 슬픔은 이상한 방식으로 사랑의 슬픔과 닮아 있다"라고 생각할 때의 언어를 완전히 태워서 잿더미로 만들어버린다. "그것은 땅거미가 내릴 때 세상이 커다란 서글픔에 잠기는 듯 느껴지는 향수 같은 것이다. 그것은 슬픔이고, 상실이며, 과거로 되돌아가려는 열망에 사로잡히게 만드는 고통이다."[16] 소설은 이렇게 과거로 돌아가는 여정이며, 과거 속에서 종이처럼 얇은 전쟁과 사랑의 추상화는 뜨거운 기억의 용광로에 던져지고, 로맨스와 순수 그리고 애국심과 같은 혈기 왕성했던 이상들이 어떻게 강간, 학살, 트라우마로 변해서 잿더미가 되는지를 보여준다.

그러나 이러한 인상적인 소설의 입체적 인물들과 국립묘지, 박물관 그리고 선전물의 평면적 인물들 사이에는 어떤 관계가 있는가? 입체적인 인물들은 이따금씩 반영웅적이고, 평면적 인물들은 대부분 영웅적이지만, 양쪽 모두 한쪽만 기억하는 윤리를 내세운다. 우리가 기억하는 이들이 성자이든 혹은 너무 인간적이든 상관없이, 자신들의 기억만 기억하는 윤리의 힘은 가족, 국가, 종교 그리고 인종이 공유하는 정체성을 강화한다. 자신만을 기억하는 윤리에서는, 잔혹한 일을 저질렀을 때조차 자기편을 무시하는 것보다 기억하는 게 더 장려된다. 모든 전쟁 혹은 분쟁의 패자들이 단언하듯, 무시되고, 지워지고, 삭제되는 것보다 나쁜 일은 없다. 기억 투쟁에서는, 기억되는 것, 기억할 수 있는 것만이 승리다. 자신과 자신의 기억이 괴롭고, 고통을 주고, 심지어 악마처럼 보인다고 할지라도. 이런 윤리적 맥락에서 반영웅적 캐릭터는 절반은 밝고, 절반은 어두운, 명암만 표현되는 불명료한 세상 속에 놓인다. 당연하게도, 소설의 결말에서 작가인 끼엔은 자신의 아파트를 나와서 그늘 속으로 사라진다. 자신의 원고만을 남긴 채. 소설의 마지막에서, 끼엔의 원고를 발견한 익명의 인물은 전사이자 작가인 그가 왜 사라져야만 했는지 설명한다. "나는 고통스럽지만 영광스러웠던 과거를 바라보는 그의 통찰과 낙관주의를 선망합니다. 좋은 시절이었습니다. 우리가 무엇을 위해 살고 싸워야 하는지, 왜 고통받고 희생해야 하는지 알았던 시절이었습니다. 우리 모두가 젊고, 너무나 순수하고, 너무나 진지했던 시절이었습니다."[17] 전쟁과 공산당은 소설의 곳곳에서 비난을 받지만, 스스로를 희생한 청년들과 진실한 애국자들은 비난을 받지 않는다. 과거를 돌아볼 때는 이상주의자이고 현재에서는 냉소적인 두 가지 입장을 취하고 있는 끼엔은 전쟁의 영광스러운 밝은 측면만 언급되는 전후의 사회에서 살아가기에 적합한 인물이 아니다. 전쟁에서 살아 남은 많은 남성과 여성들처럼, 그는 우울과 상실, 슬픔의 어두운 경계선에 머문다.

적어도 이러한 혁명 용사들은 고향에서는 어떤 방식으로든, 비록 불충분하게라도 기억된다. 반면에 전쟁에서 패배한 쪽 사람들은 기억되지 않는다. 쯔엉선 국립묘지를 출발하여 1A 고속도로를 따라 더 남쪽으로 향하다 보면, 그들을 발견할 수 있다. 1A 고속도로는 베트남의 동맥 역할을 하는 시끄럽고 느린 2차선 도로인데, 해안을 따라 내려가서 저지대 안쪽을 가로지른다. 베트남을 관통하는 이 도로는 호찌민 시, 혹은 여전히 많은 이들이 반동적으로, 감상적으로 혹은 서정적 이유로 선호하는 이름인(그 자체가 기억과 망각의 이름이며, 베트남 민족이 용맹하게 남쪽으로 내려와 도시를 정복하고 붙인 이름이며, 잔혹한 제국주의라기보다는 건국의 위업으로 기억하는 역사적 이름이기도 한) 사이공 시의 외곽에 이르게 된다. 하늘에 언제나 스모그가 드리워져 있는 사이공

아무것도 사라지지 않는다

변두리의 산업지대를 지나면, 고속도로 변에 넓은 순국선열 묘지가 나타난다. 고속도로 저편에 슬픔에 찬 눈빛으로 순교자들을 바라보는 어머니 상이 우뚝 서 있다. 그녀가 보고 있는 공장, 광고판 그리고 길가에 늘어선 집들의 혼잡한 풍경은 예전에 그곳에 무엇이 있었는지 알기 전까지는 그다지 특별하지 않다. 그곳은 아주 오래전에 승리가 도래하기 전, 전쟁이 지속되던 시절에 국립묘지가 있던 자리다. 고속도로 반대편에 또 다른 조각상이 있었는데, 그다지 크지 않은 6미터 높이로 시름에 젖은 얼굴을 한 베트남공화국 군대의 병사가 길 위에 앉아 있었다.[18] 조각상 뒤로 남쪽 군대의 국립묘지가 넓게 펼쳐져 있었다.

애도하는 병사가 아직 대지를 둘러보고 있던 시절에, 그곳은 황량하고 한적한 곳이었다. 그래서 병사의 뒤에 있는 묘지와 탑들이 길에서 훤히 보였다. 그 시절 이 장소에 대해 언론인 마이클 헤르Michael Herr는 다음과 같이 썼다.

이곳에 베트남 전쟁 전몰자 기념탑이 있다. 이 나라에 거의 남아 있지 않은 우아한 조형물이다. 길 건너편에 서 있는 수수한 탑인데 층계참이 길고 경사가 완만한 계단이 있어 위까지 올라갈 수 있다. 어느 일요일에 나는 엔지니어 한 무리가 오후의 햇살 속에서 웃고 소리치며 할리 데이비슨을 타고 빠른 속도로 탑의 계단을 오르는 것을 보았다. 베트남 사람들은 그들을 다른 미국인들과 구분해서 특별한 이름으로 불렀다. 번역하자면 '끔찍한 종자들'이라고나 할까. 아니, 그 정도로는 원래 베트남어에 담겨 있던 증오를 모두 표현하지 못한다.[19]

호찌민 시 순국선열 묘지

아무것도 사라지지 않는다

애도하는 병사, 동상, 호찌민 시

　30년 이상 세월이 흐른 뒤, 풍경은 변했으나 묘지를 훼손하는 행위는 멈추지 않고 있다. 전쟁이 끝나고 정권이 무너지고 나면 흔히 그렇듯이, 애도하는 병사로 알려졌던 조각상은 사라졌다. 묘지는 남아 있으나 아무런 표지도 없으며, 고속도로에서는 보이지도 않는다. 고속도로를 빠져나와 백 미터쯤 달리다 보면, 마침내 묘지의 입구가 나타난다. 웃자란 초록색 나뭇잎들로 뒤덮인 추모의 문 빛바랜 기둥에는 희생과 투쟁의 필요성을 역설하는 글자들이 새겨져 있다. 노동자들이 쇠락한 계단에 앉아 담배를 피우면서 정오의 휴식 시간을 보내고 있었다. 계단 맨 위에는 또 다른 노동자가 기둥과 파란색 칠이 벗겨진 탑의 문틀 사이에 해먹을 걸어 놓고 누워서 졸고 있고, 탑의 하얀 벽에는 그래피티가 가득 그려져 있었다. 탑의 안쪽은 임시변통의 성물이 놓여 있는 나무 탁자 말고는 아무것도 없이 비어 있었다. 탁자는 꽃병에 담긴 꽃과 향을 꽂은 항아리로 꾸며져 있었다. 처음에 들어가 보니, 방 한쪽 구석이 마치 누군가가 무엇을 태운 것처럼 새카맣게 그을려 있었다. 밤에 추워서 불을 피웠거나 죽은 사람을 위해 종이를 태워 제를 올린 것 같았다. 그것 말고는 눈에 띄는 게 아무것도 없었다.

실제 묘지는 서쪽으로 몇 백 미터 더 가야 있다. 묘지로 가는 길을 알려주는 표지판도 눈에 띄지 않고, 점심시간에는 들어갈 수 없다. 빗장이 걸린 문은 닫혀 있고, 비어 있는 사무실에 언제 사람이 돌아올지 알려주는 안내문도 없다. 더운 날씨에 먼 거리를 찾아온 나는 짜증이 났다. 이제껏 살아오는 동안, 베트남인들에게 내 앞을 가로막는 일은 그냥 놔두지 말라는 교훈을 배웠다. 나는 닫혀 있는 문 아래로 기어들어갔다. 내가 발견한 황량하고 훼손된 묘지는 고속도로 건너편에 있는 승자들을 추모하는 묘지의 비밀스런 사촌이다. 땅과 높이가 거의 비슷한 동일한 형태의 무덤들이 늘어서 있었으나, 이곳의 무덤들은 사랑받지 못하고, 칠이 벗겨지고, 외면당한 채 우거진 초록색 잡초와 그늘진 나무 숲속에 자리 잡고 있다. 묘지 중앙에는 공장 굴뚝과 닮은, 회색의 거대한 오벨리스크가 미완성 상태로 방치되어 있다. 무덤 대부분은 석판과 묘석만 남은 채 버려져 있으나, 몇 개 안 되는 무덤이 최근에 다시 조성되었다. 화강암과 대리석으로 꾸며진 그 무덤들은 깔끔하게 손질되고 무덤 주인의 사진이 새로 붙여졌다. 버려진 무덤이 다시 조성된 무덤보다 훨씬 많다. 누군가가 버려진 무덤 주인의 눈과 얼굴을 긁어내어 사진을 훼손했다. 시간이 없어서 얼굴이 훼손된 사진의 숫자를 헤아려보지 못했다. 묘지에 불법 침입한 것이 걱정이 되어 문으로 돌아갔을 때 경비원이 돌아와 있었다. 샌

아무것도 사라지지 않는다

베트남공화국 국립묘지의 얼굴 사진이 훼손된 묘비

들을 신고 반팔 셔츠를 입은 몇 안 되는 공무원들이 나를 보고 어리둥절해했다. 그들은 나의 여권 정보를 장부에 기입했다. 다음 해 다시 그곳을 방문했을 때, 밑에 공간이 있고 빗장이 달려 있던 문은 바퀴 달린 푸른색의 금속제 문으로 바뀌어 있었다. 그래서 이번에는 문 아래로 기어 들어갈 수 없었다. 문 옆에 새로 설치된 간판에는 비엔 호아Bien Hoa 국립묘지라고 적혀 있었는데, 전쟁 중에 베트남공화국 국립묘지였을 때의 이름과는 다른 이름이었다. 나는 여권을 보여주었고, 이번에는 무덤에서 무덤으로 돌아다니는 동안 경비원 하나가 오토바이를 타고 내 뒤를 따라다녔다.

이렇게 부서져가는 묘석들과 방치된 묘지를 보니, 몇 년 전 도서관에서 우연히 마주친 책의 대출카드에서 마지막 대출 날짜가 수십 년 전임을 확인했을 때와 똑같은 감정이 솟구쳤다. 잊힌 사람들과 잊힌 책들은 비슷한 감상을 자아낸다. 책 역시 존재하다가 사라지기 때문이다. 바오닌은 끼엔의 소설이 어떻게 자기만의 자율성을 가지게 되었는지 썼다. 그 소설은 "자기만의 논리와 자기만의 흐름이 있는 것 같다. 자체적인 구조 위에서, 자기만의 시간을 가지고, 스스로 우회해가는 것 같다."[20]《전쟁의 슬픔》과 여기 비엔 호아 국립묘지의 우울함을 완화시키는 것은 책과 죽은 이들이 그들만의 방식대로 살아간 정신이다. "끼엔은 그저 작가일 뿐이다. 소설은 그에게 써야 할 책임을 맡겼고, 그는 순순히 받아들였다."[21] 소설가가 사라지고 난 뒤에도, 책은 남는다. 묘지의 경우, 그대로 놔두는 것도 위험하지만, 불도저로 밀어버리기도 너무 위험하다. 적어도 완전히 없애버릴 수는 없다. 언젠가는 죽은 이들을 이용해서 패전국의 망명자들과 화해할지도 모르기 때문에, 국가는 그들을 소중한 자원으로 남겨 두는 것이다.

아무것도 사라지지 않는다

망명자들도 자기 몫의 기억을 요구한다. 그들은 이 묘지를 새롭게 조성할 계획을 추진했고, 그들의 경험을 기념하는 유일한 박물관인 보트 피플과 베트남공화국 박물관에 기억을 전시하고자 했다. 그 박물관은 캘리포니아의 산호세 역사공원에 자리하고 있다. 내가 자란 도시는 베트남이 아닌 곳에 있는 공동체 중에 규모가 두 번째로 큰 곳이기도 하다. 베트남 박물관으로도 불리는 그 박물관은 2층짜리 빅토리아풍의 작은 건물이다. 누군가의 집에 보관되어 있던 잡다한 전시물과 역사적 유물로 넘쳐나는 그곳은 망명자들의 기억에 대한 적절한 은유처럼 느껴진다. 그곳의 개방 시간은 불규칙해서 내가 처음에 두 번 방문했을 때마다 문이 잠겨 있었다. 나는 유리창을 통해 공화당 제복을 입은 마네킹과 남쪽 군인의 실물보다 약간 더 커 보이는 청동 조각상을 보았다. 예전에 응접실이었음직한 곳에 그 모든 것이 모여 있었다. 세 번째로 방문했을 때에야 비로소 부부가 관리하는 박물관의 문이 열려 있었다. 몇 개 안 되는 방의 분위기나 자막과 설명은 죽은 병사들, 잊힌 영웅들에 대한 슬픈 기억과 애도였다. 내 생각에는 그저 바다로 탈출한 난민들이지만, 그들의 고통과 영웅주의에 숭고함을 부여하고자 하는 서구 언론의 용어인 '보트 피플'에 대한 전시도 있다. 병사는 전투에 임하는 자세가 아니었다. 대신에 그는 동료의 무덤 앞에 무릎을 꿇고 있으며, 근처에 국립묘지의 작은 입체 모형이 있다. 전쟁에 승리했더라면 가능했을 잘 손질되고 푸른 수목이 우거진 묘지다. 화해의 순간까지, 국가와 당은 망명자와 그들의 죽음을 배제할 것이다. 자신만을 기억하는 윤리에서는 상대편을 배제하고 잊어야 하기 때문이다.

그러나 이러한 망각은 기억(이따금 잊히지 않는 것에 대해 생각하는 것)

을 불러일으키기도 한다. 특히나 망각이 우연한 게 아니라 고의적이고, 전략적이며, 심지어 악의적인 경우에 그렇다. 달리 말하면 기억을 하지 않는 것이다. 따라서 어느 전쟁이나 분쟁이든 그것이 종결되고 난 뒤, 패자나 기억되지 못하는 이들은, 비록 승자만큼은 아니지만, 분명히 스스로 기억할 방법을 탐색할 것이다. 베트남과 이 전쟁으로부터 달아난 난민들 또한 고국이 그들의 존재를 지우고 억압하고 있음을 알면서도, 자신만을 기억하는 윤리에 사로잡혀 있었다. 전쟁에 진 사람들이 집단 기억으로 만들어낸 가장 대단한 업적은 박물관이나 기념관 혹은 소설 작품이 아니라 해외에 흩어져 있는 공동체들이다. 가장 크고 유명한 곳은 캘리포니아 오렌지카운티에 있는 리틀 사이공이며, 전 세계에 이와 유사한 공동체들이 존재하고 있다. 학자인 카린 아귈라 산 후안Karin Aguilar-San Juan은 그것을 '전략적 기억 프로젝트'라고 부른다.[22] 리틀 사이공 주민들은 자본주의와 선택의 자유가 있는 세상에서 '베트남인들의 아메리칸 드림'을 구현하고 있다고 여긴다.[23] 리틀 사이공의 볼사 거리는 난민들의 거주지에서 가장 유명한 도로다. 1A 고속도로보다 넓은 8차선 도로이고, 양옆의 보도는 떠나온 고국의 어느 길보다 편리하며, 보도를 따라 늘어선 식당들은 청결하고, 거의 대부분 고향보다 더 고향의 맛을 제대로 낸다. 전쟁이 끝난 뒤 10년 이상, 아마도 20년 동안, 고향 땅이 실패한 집산주의적 경제 정책, 폭발적인 인플레이션, 생필품 배급제, 그리고 지속되는 '베트남에 대한 미국 전쟁'의 일부였던 미국의 금수조치에 시달리는 동안, 리틀 사이공의 쇼핑몰은 더 화려해졌고, 연예사업도 활기를 띠었다.[24] 리틀 사이공은 자본주의의 승리이자 공산주의에 대한 힐책이었고, 이런 방식으로 남베트남 정부와 그들의 미국 측 조언자들이 그토록 바랐던 최종적 전략적 촌락의 역할을 뒤늦게 해냈다.

원래 전략적 촌락 프로그램은 농민들에게 그들에게 가장 이익인 것이 남베트남 정부와 미국인들의 이익과 일치한다고 설득하기 위한 것이었다. 그들은 강제로 촌락들을 요새화된 진지로 이주시켰고, 그 것은 농민들의 도움을 차단함으로써 게릴라들을 고립시키려는 의도 였다. 결과적으로 게릴라들이 촌락으로 내려온 반면 주민들은 정부 가 그들을 자기들의 농장과 조상 대대로 살아온 집에서 강제로 대피 시키는 것에 분노했다. 이러한 전략적 촌락 프로젝트는 막무가내 식의 지나친 통치 행위였으나, 리틀 사이공은 미국식 자본주의와 민주주의 가 온화하고 정교하게 작용한 사례이다. 호찌민 시가 지금은 리틀 사 이공보다 특권층이 살기에 더 좋은 곳으로 바뀌었다면, 그것은 공산 당이 리틀 사이공의 자본주의적 관행과 소비자 이념을 차용했기 때 문이다. 리틀 사이공은 전략적 촌락으로 존재하면서, 수년 동안 고국 의 인민들에게, 해양 난민으로, 미국 혼혈인으로, 재교육 수용소의 생 존자로, 이민 정책을 통해서 재회하는 가족 구성원으로, 미국 시민의 배우자로, 미국으로 건너오라고 손짓했다. 모두들 공산주의자의 통 치 아래 자신의 고향에서 주변인으로 살거나 처벌을 당한 이들이었 다. 그들은 풍요로움과 주류 사회 진입을 약속하는 나라로 달아나거 나 이민을 가는 길을 선택했다. 그러나 전략적 촌락으로서 리틀 사이 공은 단지 물질적 부동산만은 아니었다. 미국식 협약의 비공식적 용 어에 의하면, 그곳은 기억의 부동산이기도 했다. 소수집단이 더 많은 부를 축적하고, 더 많은 재산을 모으고, 영향력이 점점 더 늘어나고, 점점 더 주목받게 될수록, 많은 미국인들이 그들을 긍정적으로 인식 하고 기억하게 된다. 소속감은 그리움을 사라지게 한다. 한 사회의 일원이 되는 것으로 망각은 보상받는다. 이렇게 미국이라는 정치적 통일체의 일원으로 인정받는 것은 단지 경제적 성공만으로 가능한 게 아니라, 정치적 문화적으로 자신을 표현할 권리를 획득하는 것을 통해 가능해진다. 공산주의 체제에서는 난민과 망명자들에게 허락되지 않던 것이다. 기억과 자기표현은 분리될 수 없다. 스스로를 표현하는 것은, '우리를 기억하라'고 말하는 것이기도 하다.

미국으로 이주한 베트남인들은 그들이 결집하는 숫자에서 힘과 이익이 나온다는 것을 이해했다. 그래서 다른 새로운 이민자들과 마찬가지로, 스스로 방어하기 위해 소수민족 거주지로, 부도심의 교외로, 전략적 촌락으로 모여들었다. 이러한 신흥 아메리칸 드림의 풍경은 배제된 지역인 게토(원뜻은 유대인 거주구역이었으나 지금은 빈민가로 의미가 변화함_역주), 바리오(스페인어 사용자 거주구역_역주) 그리고 미국의 악몽인 인디언 보호구역과는 구별된다. 소수민족 거주지, 교외, 촌락, 게토, 바리오 그리고 보호구역은 '기억의 장'lieux de memoire의 사례들이다. 학자인 피에르 노라Pierre Nora는 이러한 장소들이 현대 사회에서는 역사를 대신한다고 말한다.[25] 미국 사회는 수세기에 걸쳐 전쟁, 착취, 도용, 차별을 통해 이와 같은 '기억의 장'을 만들었다. 그곳 거주민들에게 자신의 위치를 일깨워주는 관행도 한몫 했다. 거주민들은 미국인들에게 기억될지도 모른다는 한 조각 희망이라도 품으려면, 먼저 스스로를 기억해야 한다는 사실을 깨달았다. 베트남 난민들에게 가장 중요한 기념일은 4월 30일, 사이공이 함락된 날이다. 그들은 그날을 검은 4월이라고 부른다(베트남인들에게 애도의 색은 하얀 색임에도, 이 날을 하얀 4월이라고 부르지 않는다. 주위에 있는 백인들, 많은 경우에 세심하게 배려해주고 적어도 예의 바르게 행동하는 그들을 불쾌하게 하거나 혼란스럽게 만들 수 있기 때문이다). 검은 4월의 날에는, 베트남공화국 군대의 퇴역 군인 수백 명이 프리덤 파크에 세워진 베트남 전쟁 기념물 주위로 모여든다. 그 공원은 오렌지카운티의 가든 그로브를 가로지르는 올 아메리칸 웨이 도로변에 있다. 퇴역 군인들은 공산주의자들의 잔혹 행위와 보트 피플을 괴롭히는 사진들을 가져와서 전시한다. 죽은 병사들을 기리는 사당도 화환으로 장식한다. 지역 정치가들, 전직 장군과 제독들이 차례로 연설을 한다. 2003년에 열린 기념식에서 연설자들 중 한 사람이 이라크의 침공은 베트남 전쟁의 연장선상에 있다고 주장했다. 미국은 다시 한 번 자유를 수호하는 중이라고 했고, 그러한 주장에 아무도 이의를 제기하지 않았다. 의장대가 미국과 베트남공화국 국기를 앞세우고 옛날 군복을 재현하여 차려 입은 퇴역 군인들 앞에서 행진할 때 두 나라의 국가가 연주되었다. 퇴역 군인들은 노인들이며, 기념비의 헌정식에는 수천 명의 지지자가 모여들었다. 그 다음 해부터는 수백 명이 모였다. 그들은 맹렬한 애국심을 보여준다. 장관이지만 아직은 볼품없는, 블라디미르 나보코프가 "망명자들의 우울과 영광"이라고 했던 그 정서를 무심코 드러낸다.[26]

우울과 영광은 망명자들, 난민의 후손들, 이민자들 그리고 소수민족들이 겪은 상실의 아픔에서 비롯된다. 그들은 그들이 선택했든 상황에 의해서였든 자신의 뿌리인 나라를 잃었고, 이주해온 곳의 원주민들은 그들을 타자로 대하는 경우가 많았다. 이러한 상실감과 타자성 때문에 그들의 기억은 주류 대다수의 기억과는 다르게 굴절된다. 자신만을 기억하는 윤리에 근거한 주류의 기억은 영웅적인 것부터 반영웅적인 것에 이르기까지 다양할 수 있다. 주류로 존재할 때 누리는 힘과 특권이 제공하는 보호는, 항상 그런 것은 아니지만, 반영웅적인 것을 허용하기도 한다. 반면에 권력이 국가를 완전히 장악한 권위주의 사회에서는 역설적으로 권력이 대단히 불안정하기도 하다. 이와 비슷한 양상으로, 스스로 소외되고, 지배당하고, 배제되고, 착취당하거나 억압당하고 있다고 여기는 사람들에게는, 반영웅주의가 발현하기까지 시간이 걸린다. 왜냐하면 강자가 아닌 약자들에게는 힘이 약해 보여도 괜찮은 여유 같은 건 없기 때문이다. 따라서 약자들이 실천하는 자신만을 기억하는 윤리는 먼저 영웅주의로 시작하기 마련이다. 과거에 대한 그들의 열망을 학자인 스베틀라나 보임^{Svetlana Boym}은 '복원형 노스탤지어'라고 불렀다. 과거에 존재했던 것을 온통 도매금으로 재현하려는 욕망이다.[27] 몸을 의탁한 나라에서 약자들은 좀 더 안전함을 느끼게 된 후에야, 혹은 그 나라에서 약속한 미래를 체념하고 난 뒤에야, 반영웅적 분위기가 도덕적으로 결함이 있거나 문화적으로 동화되기 힘든 이야기 속에서 널리 퍼지게 된다. 반영웅적 분위기는 미국에 있는 베트남인들 사이에서 아직 그다지 발달하지 않았다. 가장 눈에 띄는 예외는 작가 린 딘^{Linh Dinh}의 경우인데, 그의 그로테스크한 작품에 대해서는 나중에 다시 언급할 것이다. 그 밖에 베트남계 미국인의 미술, 문학 그리고 영화는 난민들의 고단한 삶이나 잊히지 않는 과거를 묘사하는 경우가 많지만 그렇더라도 그로테스크한 것보다는 아름다운 것을, 반영웅적인 것보다는 영웅적인 것을 선호한다. 집단적으로 베트남계 미국인의 문화는 좋든 나쁘든 우선 베트남인들의 적응성과 아메리칸 드림의 약속을 중요시한다. 어느 정도 양면적이기는 하지만.

미국으로 망명한 베트남인들과 그들의 후손들 대부분은 베트남과 미국에 대한 국가적 차원의 기억 프로젝트와 관련해서, 때로는 그

아무것도 사라지지 않는다

것에 반대해서 그들 편의 기억만 기억하려 한다. 이러한 기억 프로젝트 역시 자신만을 기억하는 윤리에 근거하기 때문에 망명자들을 무시하는 경우가 자주 있고, 망명자들을 주목할 때도 보통은 영웅적인 역할을 할당하지 않는다. 그래서 베트남계 미국인들은, 현재로서는, 스스로를 기억하는 일에 영웅적인 방식을 주장한다. 가장 영웅적인 사람들은 죽은 이들이기 때문에, 이러한 기억의 윤리적 관행에서는 종종 죽은 사람의 신체와 화해하는 것을 상징으로 내세운다. 그러나 가장 다원적 사회인 미국에서도, 약자와 패자는 거부당한다는 것을 스스로 의식한다. 미국 참전용사들은 캔자스시티에 있는 전쟁 기념관에 베트남 참전용사들을 포함시켜 달라는 요청을 거절했다. 워싱턴 D.C.에 있는 베트남 참전용사 기념관에도 베트남 퇴역 군인들에 대한 언급은 없다.[28] 만약 베트남 퇴역 군인들이 알링턴 국립묘지에 묻히게 해달라고 요구하면 틀림없이 거절당할 것이다. 결국 이런 일이 한때 미국의 동지였던 방 파오^{Vang Pao} 장군에게 일어났다. 그는 '비밀 전쟁'(물론 전투에 임했던 몽^{Hmong} 족들에게는 비밀이라고도 할 수 없는 전쟁이다. 마치 '냉전'이 그로 인해 살해되고 죽어간 아시아인들에게는 결코 차갑지 않았던 것처럼)이라고 불렸던 전쟁 기간 동안 라오스에서 CIA를 위해 싸웠던 몽족 병사들의 지휘관이었다. 미국의 이익을 위해 엄청난 숫자의 병사들이 죽어갔고, 미국의 적들이 승리하면서 고향을 잃었기 때문에, 몽족 병사들은 미국 병사들과 나란히 묻힐 자격이 충분했다. 따로 묻혀야 할 이유는 전혀 없었다. 그들의 죽음 또한 미국 시민에게는 비밀로 남을 것이다.

그렇다면 돌아오라. 이것이 미래의 고국이 망명자들에게 보내야 하는 메시지여야 했다. 이런 나라들이 죽은 이들을 대하는 방식이 그러했다. 비엔 호아 국립묘지에는, 죽은 이들이 여전히 국가의 대의명분을 위해 호명될 준비가 된 채 누워 있다. 이번에는 화해를 위해서일 것이다. 꽝찌 성에서는, 불발탄과 지뢰, 탄피를 발굴하는 고된 작업을 하던 중 북군과 남군을 막론하고 병사들의 유골이 발견되기도 했다. 햇볕으로 달궈진 들판에서, 불발탄을 찾아내기 위해 1미터 단위로 탐색을 하던 지뢰 제거반이 남군 병사의 유해 6, 7구를 발견했다. 그들은 지역 묘지에 매장되었다. 그곳에서 그리 멀지 않은 동하Dong Ha에서는, 북군 병사 유해 2구가 최근에 발견되었다. 지뢰 제거를 위한 단체에 속해 있는 나의 가이드는 국가적 화해의 의미는 북군의 유해와 남군의 유해를 구분하지 말아야 한다고 역설했다. 비록 프랑스인이 친할아버지를 살해했고, 미국인이 외할아버지를 살해했지만, 그는 비통함도 우울함도 없이 말한다. 안경을 쓰고 청바지에 티셔츠를 입은 내 가이드의 외모는 해외에서 귀향한 베트남인들과 하나도 다르지 않아 보인다. 그러나 자신이 잃어버린 것과 죽은 친지들을 잊지 못해 적의를 품고 있는 나의 재미 베트남 동포들은, 그리 쉽게 가이드의 정서를 공유하지는 못할 것이다. 난민인 히엔 쫑 응우옌Hien Trong Nguyen이 기억하는 다음과 같은 이야기들이 장애물이 될 것이다.

1974년에 [나의] 형이 죽었을 때, 그는 겨우 스물두 살이었다. 그리고 5년이 지난 뒤, 공산당은 군사 훈련소를 짓기 위해 형이 묻혀 있던 남군 병사들의 묘지를 파헤쳤다. 어머니는 형의 시신을 이장하기로 결정했다. 이후 며칠에 걸쳐서, 부모님과 삼촌, 사촌들 그리고 내가 묘지로 가서 땅을 파서 형의 시신을 꺼냈다. 내가 처음으로 형의 시신을 보았을 때, 그냥 잠들어 있는 것 같은 모습을 보고 놀라움을 금치 못했다. 형의

아무것도 사라지지 않는다

시신은 비닐 백에 싸여 있었고, 관은 물이 스며들지 못하도록 특별히 만들어진 것이었다. 나의 가족은 형의 시신을 꺼내어 모든 피부와 살을 제거하여 뼈만 남게 했다. 피부는 마치 장갑처럼 벗겨졌다. 유골은 깨끗이 씻어서 작은 상자에 보관했다.[29)]

싸움에서 이겼을 때는 쉽게 너그러워진다. 승자는 패자에게 관대하게 대할 때 자신의 이익이 극대화 된다는 것을 알기 때문이다. 물론 이런 이야기를 가이드에게 하지는 않았다. 우리는 카키색 옷을 입은 사람들이 땅속을 탐색하고 있는 것을 바라보고 있었다. 작업 속도는 느렸고, 날씨는 더웠다. 우리 둘 다 살아 남은 이들이 그토록 쉽사리 역사를 잊지는 못하리라는 사실을 알고 있다고 나는 생각했다. 한때 이 땅에서 일어났던 사건은 여전히 많은 이들에게 일어나고 있고, 과거는 땅속에 묻혀 있는 불발탄처럼 폭발할 가능성이 여전히 남아 있었다.

2.
타자를 기억하는 것에 대하여

미국의 수도에는 검은색 벽이 땅에 박힌 채 세워져 있는 곳이 있다. 벽면에는 전쟁에서 싸우다 죽은 미국인 58,000여 명의 이름이 새겨져 있다. 방문객들은 성경 구절을 떠올리면서 죽은 이들의 이름을 보고 그 벽의 힘을 느낀다. "어떤 이들은 후세에 이름을 남겨 아직도 칭송을 받는다. 그러나 어떤 이들은 사람들의 기억에 남지 않고 마치 원래부터 세상에 없었던 것처럼 사라지고 만다. 이 세상에 살았던 흔적이 없으니 그 뒤를 이은 자손들도 마찬가지다."[1] 검은 벽은 한동안 동료 미국인들이 잊고 있었거나 적어도 무시하고 있던 전몰 병사들의 이름을 망각의 늪에서 구해 주었다. 비판하는 사람들은 미학적 측면에서 어두운 수치심을 연상하게 한다고 그 벽을 경멸한다. 그러나 많은 이들은 그것이 미국의 기념물들 중 가장 강렬하다고 느낀다.[2] 마야 린^{Maya Lin}이 설계한 그 벽은 지리적인 '기억의 현장'site of memory이자,

'기억의 시야'sight of memory라는, 언어적이고 시각적인 말장난을 하게 만든다(site of memory와 sight of memory의 영어 발음이 같아서 하는 말_역주). 그 장소에 직접 가보면 많은 것이 보인다. 가장 중요한 세 가지는 죽은 이들의 이름, 다른 이들의 존재, 어두운 거울 같은 벽면에 비치는 방문객 자신의 그림자이다. 그 이름들은 방문객에게 정서적 파장을 불러일으킨다. 참배객이거나 추모자인 방문객들은 병사들의 이름을 불러보고, 때로는 큰 소리로 외치기도 한다. 장소, 이름들, 그리고 방문객들이 어우러져 종교적 의식을 치르는 분위기를 만든다. 눈으로 볼 수 있고 때로는 귀로 들을 수 있는 기억의 경험을 나눈다.

　미국이 전몰자들을 기억할 때 검은 벽이 중요한 역할을 하고 있는 것을 보면, 검은 벽과 그것을 추모하는 행위를 순전히 자신만을 기억하는 윤리의 표현으로 오해하기 쉬울 것이다. 그 벽은 1980년대부터 지금에 이르기까지 수많은 미국인들이 전사한 미국 병사들을 기억하기 위해 애쓴 노력의 중심이면서 상징이다. 또한 남북이 극단적으로 분열되어 싸운 내전을 경험한 미국의 영혼이 내분에 대한 반작용으로 탄생시킨 캠페인이기도 하다. 베트남에서 치른 전쟁에 대한 의견이 갈라지면서 미국 군대와 그 병사들에 대한 존경심이 점점 줄어들었다. 한때는 많은 이들이 여기에 이름을 새긴 병사들을 무고한 이들, 시민들, 자유투사의 목숨을 앗아간 더러운 전쟁의 패배자로 간주하기도 했다. 1970년대에는 많은 사람들이 그 전쟁과 퇴역 군인들에 대해 언급하기가 어려웠다.[3] 몇몇 퇴역 군인들이, 시민의 권리를 얻기 위한 투쟁에 고무되어, 전쟁에 반대하는 발언을 했다. 그리고 스스로를 대변하고 또 인정해 달라고 요구했다. 베트남 참전용사 기념관을 건립하는 캠페인을 이끌었고, 미국인들이 퇴역 군인들을 수치심과 굴욕을 일으키는 타자가 아니라 자국의 병사로 기억해 주기를 바랐다.

기억에 대한 다양한 수술 절차들이 이루어지면서 미국 병사의 상처 입은 명성을 치유했다. 검은 벽이 가장 상징적이다. 땅을 가르고 상처를 냈으나, 흉터가 남았고 봉합이 이루어졌다. 정치가들과 대통령들이 검은 벽을 방문해서, 병사들을 칭송했다. 영화제작자들과 소설가들은 영화와 문학 속에서 여러 번 전쟁을 반복했고, 병사들에게 주인공 역할을 맡겼다.[4] 영웅으로 보이든 반영웅으로 보이든, 종종 그렇듯이, 병사들의 미덕과 실패에 대한 공감과 감정이입이 이루어졌다. 미국 대중들 사이에 미군 병사에 대한 연민이 높아지면서, 세계가 기억의 예술을 어떻게 형성하고 다시 그것이 어떻게 세계를 형성하는지 보여주는 명백한 증거가 되었으며, 애국심의 부활을 도왔다. 1980년대 이후 미국이 점점 호전적으로 변한 근원에는 이러한 애국심이 도사리고 있다. 그것은 수정된 전략을 시험해 보기 위해, 모두 자원입대한 병사들로 이루어진 군대가 그레나다와 파나마에서 소규모의 군사적 모험을 벌일 때부터 시작되었다. 수적으로 훨씬 더 많은 적과 전쟁을 벌인 초기의 결과가 좋았으므로, 미국 대중은 이러한 노력을 용인했다. 용기를 얻은 미국은 쿠웨이트에서 사담 후세인의 군대를 불시에 공격했다. 걸프전에서는 이전에 치른 전쟁에서 몇몇 미국인들이 얻은 교훈을 실전에 적용했다. 게릴라전과 국가 건립을 방지하는 것. 미국의 기술적 우위를 강화하는 것. 종래의 육해공 전투에 압도적인 무력을 행사하는 것. 사담 후세인의 군대가 엄청난 장관을 이루며 철수하자 조지 부시George H. W. Bush 대통령은 다음과 같이 선언할 수 있었다. "신의 이름으로, 우리는 베트남 신드롬을 영원히 떨쳐버렸습니다."[5]

대통령과 정치평론가들은 베트남 전쟁에서 패배한 이후 미국인들을 괴롭혀 온 실패에 대한 두려움과 전쟁에 대한 도덕적 혐오가 바로 '베트남 신드롬'이라는 사실을 이해하고 있었다. 수치심을 느끼는 미군 병사들과 반전 운동이 그 증상이었다. 두 가지 증상 모두 전후의 기억 수술로 치유되어야만 했고, 그러면서 부재가 존재만큼 언급되기 시작했다. 검은 벽에 이름이 오른 미군 병사들은 구원되었다. 검은 벽을 가장 예리하게 비평한 마리타 스터큰Marita Sturken에 의하면, 기념물에 이름이 오르지 않은 사람은 잊히기 쉬운 부상자들, 트라우마에 시달리는 퇴역군인들, 혹은 노숙자가 되었거나 자살한 이들이었다. 총괄적으로 보면, 전쟁이 끝난 뒤에 죽거나 상처를 입은 이들의 숫자가 전시에 죽은 이들보다 많다. 하지만 다른 국가들과 마찬가지로, 미국이라는 국가도 그들과 그들의 불행을 쉽게 수용하지 못했다. 국가는 우선 전쟁을 빨리 끝내고 싶었고, 상처는 벌어진 채 감염되기보다는, 관습적인 '무용담'으로 이해되는 방식으로 기억에 뜸을 뜬다. 무용담의 한 가지 판본은 전쟁이 끝난 뒤, 광고 회사에서 만들었나 싶게 귀에 쏙 들어오는 다음과 같은 슬로건이다. "전쟁은 반대하나 군대는 지지한다." 역사학자인 크리스티안 애피Christian Appy는 그 슬로건이 "반전에 대한 혐오의 기세를 꺾기 위한 곤봉으로 자주 사용되었다"라고 했다.[6]

그 슬로건을 듣는 사람들은 은연중에 베트남에서 전쟁이 일어나는 동안 많은 미국인들이 자국의 군대를 지지하지 않았던 기억을 떠올린다. 그러면 지금은 현재 전쟁을 치르고 있는 군대를 지지해야 할 것 같다. 골치 아픈 문제들이 드러나지 않도록 억눌러야 할 것도 같다. 문제가 되는 외교 정책의 측면에서만 전쟁을 반대한다면, 혹은 미국의 군사적 모험에 세금을 지출하는 것에만 동의하지 않는다면, 군대를 지지해도 괜찮을 것 같다. 그러나 만약 무고한 사람들을 죽이기 때문에 전쟁에 반대한다면, 누구에게라도 피해를 입힐 수밖에 없는 군대를 어떻게 지지할 수 있겠는가? 살인에 대한 도덕적 책임감을 견딜 수 있을까? 투표나 태도, 행동을 통해 암묵적으로 지지했던 전쟁에 대해 정치적 책임을 감수하지 않을 수 있을까? 특히 책임감의 문제를 해결하려면 베트남 전쟁에서 싸웠던 군대처럼 병사들 대다수를 징집하는 군대 말고 모두 지원병으로 이루어진 군대가 필요하다. 마틴 루터 킹 주니어는 다양한 인종의 병사들로 징집된 군대가 베트남인들을 적대하는 '잔혹한 연대'로 행동했다고 규정했다. 자원입대자들의 군대였다면 쉽게 그런 판정을 할 수 있었을까?

병사들을 판정하지 않으려 하는 슬로건은 민간인에 대해서도 판정하지 않는다. 슬로건 뒤에 숨어 있는 것은 군대에 대한 지지뿐 아니라 슬로건을 외치는 동료 민간인들에 대한 면죄부다. 군대가 결백하다면, 이러한 민간인들도 결백하다. 죽은 미국인들도 결코 헛되이 죽지 않았다. 이것은 살아 있는 이들과 죽은 이들이 창조해낸 기억이 미래에 도래할 전쟁 캠페인에서 전략적 자원이 된다는 증거이다. 이 슬로건은 죽은 이들의 기억으로 만들어졌다. 예전에는 죽은 이들이 전쟁에 반대한다고 소리 높여 외치는 것 같았다. 그러나 이제는 당연히 죽은 이들까지 다시 새로운 전쟁들을 치러야 할 우리 군대를 지지한다고 외치는 것처럼 보인다. 이것은 적어도 살아 있는 사람들이 말하는 것이고, 살아 있는 사람들이 말해서 중요해진 것이다. 독일의 학자인 얀 아스만Jan Assman은 이렇게 썼다. "만약 '우리가 기억하는 것이 우리'라고 한다면, 기억의 진실은 그것이 형성하는 정체성 안에 있다. …… 만약 '우리가 기억하는 것이 우리'라고 한다면, 우리 스스로에

아무것도 사라지지 않는다

대해 말할 수 있는 이야기가 바로 우리다."[7] 군대를 지지하는 이야기는 미국이 치르는 전쟁에 정당성을 부여하면서 그 의도가 결백하다고 믿는 미국인의 정체성을 긍정한다. 이러한 정체성이야말로 진정한 "베트남 신드롬"이다. 미국이 영원히 결백한 나라라는 상상을 선택하는 기억이다.

그레이엄 그린은 그의 소설 《조용한 미국인》에서 냉철한 이상주의자이며, 거의 결벽증에 가까운 CIA 요원 앨든 파일을 등장시켜, 베트남 신드롬을 진단하면서 동시에 조롱했다. 반공산주의자들인 '제3의 세력'을 지원한다는 명목으로, 앨든 파일은 프랑스 점령 이후이자 미국 점령 이전인 1950년대의 베트남으로 폭탄을 밀반입한다. 파일에게는 그런 의도가 없었음에도, 테러리스트들의 폭탄 공격을 받은 제3의 세력들은 그가 밀반입한 폭탄으로 민간인들을 살해하려 하고, 실제로 그렇게 한다. 그린이 말하고자 하는 요점은 미국의 개입이 불러온 치명적이고 명백한 결과들에 대해 결백함이나 의도를 들먹이는 것은 모두 변명이라는 것이다. 이러한 베트남 신드롬을 지닌 미국인들은 위험할 정도로 단순하다. 전쟁에 반대하는 온갖 거부에도 불구하고, 미국인들은 공포보다는 전쟁을 더 사랑한다. 그렇지 않고서야 미국이 자신의 세기에 치른 수많은 전쟁들을 어떻게 설명할 것인가? 베트남이 미국에게 특별한 이유는 이러한 사랑이 보답을 받지 못했고, 그 전쟁이 불행하고 비극적 사건으로 끝났기 때문이다. 그래서 그린은 소설 속에서 파일의 연인으로 변덕스럽고 수수께끼 같은 프엉을 등장시켰다. 파일은 진심으로 프엉을 사랑했고 그녀와 결혼하고 싶어했지만, 비밀 요원인 비엣 민이 파일을 살해한 뒤에도, 프엉은 크게 괴로워하는 것처럼 보이지 않는다. 한편, 그레나다와 파나마에서의 군사작전이나 쿠웨이트, 이라크 그리고 아프가니스탄에서의 전쟁은 이런 종류의 낭만적 알레고리를 만들어내지 못한다. 그것은 미국인들의 전쟁에 대한 사랑을 다시 일깨우려 했던 미국 지도자들의 노력 덕분일 것이다. 나중에 일어난 전쟁에 참여했던 미국 병사들은 과거와 현재의 갈등을 정서적으로 쉽게 받아들인다. 해병대원이었던 앤소니 수포드Anthony Swofford가 쿠웨이트에서 대기하고 있는 해병대원들을 묘사한 장면이 그 사례이다.

> 우리는 사흘 동안 오락실에 앉아서 맥주를 몽땅 마셔버리고 온갖 영화를 다 본다. 그리고 '충성!'을 외치고, 머리를 맞대고 있다가 서로를 두들겨 팬 뒤 대학살과 폭력, 기만, 강간과 살인, 약탈에 대한 다양한 환상을 지니고 출발한다. 우리는 베트남에 관한 영화를 집중해서 본다. 왜냐하면 그것이 가장 최근의 전쟁이고, 그 전쟁에서 겪은 성공과 실패가 우리가 받은 훈련 지침서를 쓰는데 도움을 주었기 때문이다.[8]

이 병사들은 전쟁을 사랑하거나 적어도 전쟁의 이념을 사랑한다. 놀랄 일도 아니다. 전쟁은 그들의 소명이기 때문이다. 전쟁을 사랑하기 위해, 상대편을 미워한다. 자기편을 사랑하기 위해, 자신만을 기억한다.

검은 벽은 그렇게 노골적으로 기억의 윤리와 연관되어 있지는 않다. 물론 정치적 이해관계로 활용되기는 했다. 만약 검은 벽이 오직 자신만을 기억하려는 요구에 직접적으로 부응하는 것이었다면, 특히 해병대원들의 거친 방식으로 그러했다면, 그다지 설득력 있는 기념물이 아니었을 것이다. 수많은 기념물들이 전쟁과 남성성, 영웅주의 그

아무것도 사라지지 않는다

리고 희생에 대해 속이 빤히 들여다보이게 직접적으로 설득하려 하고 있지만, 검은 벽처럼 관광객들로부터 깊은 애착을 끌어내는 경우는 드물다. 검은 벽의 영향력은 전쟁과 병사들에 대해 완전히 동조하지 않고 양면적으로 깊이 접근함으로써 비롯된다. 병사들은 심지어 형체, 얼굴 혹은 신체로 의인화되어 나타나지도 않는다. 검은 벽은 거울이자 장벽이라는 형태로 양면성을 보여준다. 벽은 죽은 이들의 이름 위로 방문객들의 형체, 얼굴 그리고 신체를 비춰 보여주는 거울이다. 또한 벽은 살아 있는 자와 죽은 자를 분리하는 장벽이기도 하다. 이렇게 벽은 인정과 배제의 느낌, 친근감과 거리감, 산 사람과 죽은 사람 사이의 관계를 직접적으로 드러낸다. 거울과 장벽 모두, 눈길을 끄는 장소이면서 유적지다. 죽은 이들이 살아 있는 이들에게 속해 있음을, 그러나 또한 어떻게 해 볼 도리 없이 낯설다는 것을, 그 벽은 명확하게 포착하고 있다. 그리고 죽은 이들에게 깃들어 있는 죽음의 신비와 공포 같은 낯선 느낌은 살아 있는 이들이 피해갈 수 없는 것이다. 검은 벽 뒤에서 살아 있는 이들을 호출하는 언젠가 반드시 죽을 운명이라는 그 낯선 느낌을 감지할 수밖에 없다. 검은 벽이 강력한 영향력을 지니는 것은 자신의 기억을 구현하는 동시에 낯선 느낌을 불러일으키기 때문이다.

마야 린Maya Lin은 검은 벽을 고안할 때 그녀를 둘러싸고 있는 세계가 자신의 미학을 만들었고, 타자와 자신 둘 다에 대한 기억에 형태를 부여했음을 보여주려 했다고 회상한다. "어떤 이들에게, 나는 진짜 미국인이 아니다." 미국 중서부에서 보낸 어린 시절과 그녀가 선정되었을 때의 논쟁을 떠올리면서 그녀는 강조했다. 기념물 디자인 공모에서 우승했을 때 그녀는 대학생이었다. 몇몇 사람들은 그녀가 선정된 것을 모욕이라고까지 생각했다. 어떻게 여성이고, 청년이며, 중국계 미국인인 작가가 남성인 미국인 군인들을 기리는 추모비를 디자인할 수 있는지 납득하지 못했다. 바로 그 "타자라는 느낌이……, 세상을 보는 나의 방식에 깊이 영향을 주었다. 거리를 두고, 제3자로서 관찰하듯이 보게 만들었다."[9] 20세기 후반에 그녀가 겪은 이러한 경험을 두 보이스[W. E. B. DuBois]는 1903년, 《흑인의 영혼》에서 서술하고 있다.

> 흑인은 베일에 싸였으나 투시 능력을 지닌 채 미국이라는 세계에 태어난, 일곱 번째 아들 같은 존재다. 그 세계는 그에게 자의식을 허용하지 않는다. 다만 베일 저쪽에서 드러난 세상을 통해 자신을 보게 될 뿐이다. 언제나 다른 사람의 눈을 통해 자신을 보는 감각인, 이러한 이중의식은 매우 기이한 느낌을 준다.[10]

아프리카계 미국인들 외에도 많은 소수집단의 구성원 역시 스스로에 대해 이중의식을 갖는다고 주장한다. 미국의 주류 자아, 즉 백인의 자아와 짙은 피부색을 지닌 타자의 자아 사이에서 이러한 차별을 경험한다. 타자로 분류된 집단의 일원이라는 세속적인 방식뿐만 아니라 개인으로서도 의식한다. "일반적으로 흑인은 자신의 이중성을 감지한다. 미국인과 흑인이라는 두 개의 영혼, 두 가지 사고, 화해되지 않는 두 방식의 분투. 하나의 검은 몸속에서 전쟁을 벌이는 두 개의 이상, 그 갈등하는 끈질긴 힘으로 산산조각나지 않고 버틸 수 있다."[11] 검은 벽은 이렇게 세상을 바라보는 마야 린의 분열된 시선에서 비롯된 것이다. 그러나 이중의식의 영향력이 강력한 것은 그것이 보편적이기 때문이다. 그래서 그것이 흑인 특유의 경험에서 비롯된다는 것은

아무것도 사라지지 않는다

베트남 참전용사 추모의 벽, 마야 린, 워싱턴 D.C.

역설적이다.

　소수집단들이 정기적으로 심지어 매일 느끼는 이중의식을 경험해 보지 못한 개인들은, 검은 벽의 힘으로 그것을 느낄 수 있게 된다. 그리고 나서 이중성은 화해한다. 방문객들이 경험하는 이중의식은 스스로를 바라보면서 동시에 죽은 이들이 자신을 바라보는 것처럼 느끼는 것이다. 고전주의자 제임스 테이텀James Tatum은 "죽은 이들의 반란"이라고 표현한, 병사들의 유령이 함께 모여 바라보는 시선을 감지한다.[12] 검은 벽과 만나고 그 느낌에 감동 받은 방문객은 자신의 인종이나 문화와 관계없이 소수자가 된다. 이런 경우에, 소수자로서 한 사람의 정체성은 죽은 이들보다 수적으로 훨씬 많은 살아 있는 이들에게 속한다. 그러나 이중의식의 순간에 사람들 대부분이 도달하는 화해는 추모 기념물에 의한 것이며, 대통령들, 병사들, 퇴역 군인들이 검은 벽을 통해 전달하고자 했던 민족주의적 요구에 의한 것이다. 방문객들은 민족주의적 요구에 따라 죽은 이들을 애도한다. 또한 잠재적으로 갈등의 소지가 될 만한 이중의식을 미국인, 애국자, 존경받는 시민이라는 국가적 정체성의 단일한 의식 속으로 밀어 넣는다.

검은 벽의 디자인과 영향력을 보면, 자신만을 기억하는 윤리와 타자를 기억하는 윤리 사이에 구멍이 많음을 알 수 있다. 자신만을 기억하는 윤리의 가장 조잡한 양상은, 우리와 그들 사이에 선명한 선을 긋는 것이다. 선과 악, 여기와 저기, 살아 있는 이와 죽은 이로 가르는 것이다(적이 아직 죽지 않았다면, 우리가 공격해야 하니까). 사람들이 적에 대항하여 전쟁을 벌이도록 부추기는 것이 바로 이러한 윤리이며, 이것은 철학자 아비샤이 마갈릿^{Avishai Margalit}의 표현에 의하면 가족, 친구 그리고 같은 나라 사람들과의 '두터운' 관계에서 비롯되는 것이다. 두터운 관계는 마갈릿에게는 분명히 자연스러운 것이지만, 실제로 이러한 유대는 자신과 근본적으로 다른 타자와 맺어야만 하는 것이다. 우리는 가족과 친구, 같은 나라 사람들에 대한 사랑을 스스로에게 반복해서 이야기하면서 유대를 단단하게 만든다. 가족이라는 개념은 두터워지는 과정이 모호하다. 가족 내에서 살인, 학대, 폭력 그리고 소아성애와 경쟁심, 증오라는 수많은 소외가 일어나는 증거가 있음에도 불구하고, 많은 이들이 가족의 유대 관계는 자연스러운 것이라고 생각하기 때문이다. 성경에 나오는 카인과 아벨의 이야기는 가까운 사람들을 사랑하는 것만큼 그들을 죽이는 것도 자연스럽다는 사실을 말해준다. 프로이트의 정신분석학에서는 자아와 타자 사이의 간극이 출생 직후인 거울 단계부터 시작된다고 한다. 마야 린의 검은 벽이 거울처럼 반사한다는 사실을 떠올리게 만드는 이야기다. 그러나 타인과 자신으로부터 소외가 일어남에도 불구하고, 다행스럽게도 가족이 우리를 사랑한다는 사실을 발견한다. 그리고 우리도 보답으로 그들을 사랑하는 법을 배운다. 점차로 우리는 가깝고 다정한 사람들의 범위를 넓혀서 낯선 이들을 친구나 이웃, 같은 나라에 사는 사람들로 삼는다. 그러면서 몇몇 사람들은 궁극적 교훈을 얻는다. 바오 닌이 끼엔에 대해 쓴 것처럼. "그는 진정한 희생을, 다른 이들을 구하기 위해 죽을 수 있는 친구들을 이해할 것 같았다."[13] 그러나 애국심이나 민족주의는 타자를 기억하는 윤리를 잊으라고 강요하며, 사랑은 저절로 할 수 있는 게 아니라 습득해야 한다는 사실도 잊게 만든다.

검은 벽과 그것을 둘러싼 논쟁은 자신만을 기억하는 방식과 타자를 기억하는 방식이 언제나 동시에 작용한다는 것을 드러내는 동시에 은폐하기도 한다. 검은 벽은 많은 미국인들에게 몇몇 사람들이 어떻게 파병이 되었는지, 마침내 어떻게 돌아왔는지, 그리고 그들을 어떻게 환영했는지, 어떻게 우정, 가족의 유대감, 애국심, 그리고 시민과 병사들 사이의 좋은 관계를 회복하게 되었는지를 이야기하고 있다. 그러나 검은 벽을 둘러싼 몇 가지 논쟁들이 있었다. 방문객 중에는 검은 벽이 포괄적이지 않거나 많은 것을 반영하지 않는다고 느끼는 이들이 있기 때문이다. 이것은 자신만을 기억하는 윤리의 역설이다. 그 윤리의 맥락에서 성공이란, 다름 아닌 타인들에게 인정받고 있음을 확신하거나 인정받는 것이다. 이것 또한 거울의 문제이며 기억의 시각에 관한 것이다. 거울은 우리를 반영하는가, 아니면 우리가 보고 싶어 하는 이미지를 반영하는가? 거울은 전체를 감지하게 하는가, 아니면 우리를 타자처럼 감지하게 하는가? 몇몇 퇴역 군인들과 지지자들은 검은 벽의 기억 속에서 자신의 모습을 보지 못했다. 배제되고, 타자가 된 기분으로, 그들은 더 나은 재현을 요구했다. 베트남 퇴역 장병 기념물을 찾은 방문객은 검은 벽만 만나는 게 아니라 근처에 있는 두 개의 조각상도 마주치게 된다. 하나는 흑인, 백인 그리고 라틴계 미군 병사들이 지치고 수심에 잠긴 표정으로 벽을 바라보고 있는 모습이고, 또 다른 하나는 간호사 세 명이 부상당한 병사를 돌보고 있는 모습이다. 이렇게 병사들과 간호사들을 표현한 조각상은 영웅적이고, 인간적이면서 구체적이다. 신체도 얼굴도 보이지 않아, 퇴역 군인을 재현하거나 인정하지 않는 것처럼 보이는 검은 벽에 대한 우려를 해결하기 위해 기념물위원회의 권위로 의뢰한 작품들이다. 따라서 이러한 조각상들은 자국의 기억만을 기억하기 위해 존재하는 것이기도 하다.

그래서 이 조각상들은 역사적으로 타자였던 사람들, 즉 소수자와 여성들을 기억하라고 국가에게 요구한다. 검은 벽이 만들어지기 십 년 혹은 이십 년 전만 해도, 기념물과 영화 혹은 미국 병사들이 나오는 소설 속에서 소수자나 여성은 백인 남성과 동등하게 그려지지 않았다. 그 속에 등장하는 경우도 거의 없었다. 존 웨인이나 조지 워싱턴 같은 캐릭터가 미국 병사들을 구현하는 세계 속에, 소수집단이나 여성과 같은 타자들이 끼어드는 것은 자연스럽지 못한 일이었을 것이다. 권력을 지닌 백인 남성 중심의 사회 속에서 여성과 소수집단은 마갈릿에 의하면 '이방인'[14]이고, 폴 리쾨르에 의하면, '먼 타자'[15]라고 불리는 존재들이다. 그러나 검은 벽이 세워진 뒤 30년이 지났지만, 두 개의 조각상은 소수자 없는 미국 군대는 생각조차 할 수 없음을 보여주고 있다. 다양성을 통해 강대국이 된 미국의 이러한 서사가 구현된

아무것도 사라지지 않는다

것은 최초의 흑인 미국 대통령인 버락 오바마에서이다. 그는 전쟁에 대해 다음과 같이 말해야만 했다.

> 베트남 전쟁은 서로 다른 문화적 배경과 피부색 그리고 종교적 신념을 지닌 채, 매우 힘겨운 사명을 완수하기 위해 다 함께 의무를 다했던 이들의 이야기이다. 온 나라 구석구석에서 사랑하는 조국에 봉사하기 위해 따뜻한 가족의 품을 떠나야 했던 미국인들의 이야기다. 용감하게 전선의 화력과 맞섰고, 친구를 구하기 위해 위험한 길에 스스로 몸을 던졌고, 매 순간, 매일, 우리가 소중하게 여기는 자유를 지키기 위해 싸웠던 애국자들의 이야기다.[16)

영웅적이고 애국적인 노력으로 이 전쟁을 재구성하면서 미국 사회와 군대 안에 존재하는 차이들이 화해할 것이라고 낙관한다. 앞으로 30년 이내에, 여성이나 동성애자가 존재하지 않는 미국 군대를 생각하기 어렵게 될 것이다. 비록 그런 사람들이 마갈릿의 표현대로 오늘날 '우리'에게는 이방인이고 먼 타자들이라 하더라도. 마갈릿의 말에 의하면, 윤리는 가깝고 친밀한 사람들 사이의 두터운 관계를 관장하고, '우리'와 우리의 이방인 그리고 먼 타자들 사이의 '얇은' 관계를 통제하는 것은 도덕성이다.[17) 만약 진정으로 마갈릿이 두터움과 얇음 사이의 차이를 자연적인 것으로 받아들인다면, 위에 언급된 기념물들의 사례는 이러한 차이가 불가피한 것이 아니라 획득된 것임을 보여준다. 사람들은 사랑과 증오 둘 다를 학습할 수 있기에, 우리는 가깝고 소중한 사람들의 영역을 확장시켜 타자들을 포용한다. 그리고 예전에는 얇았던 관계를 두텁게 만든다.

'세 용사들', 프레데릭 하트, 워싱턴 D.C.

　　타자와 '우리'의 관계는 종교적 규범이나 도덕적 영역에 속하는 얇은 관계라고 규정하기보다는 포용하고, 대화하고, 인정하고, 희망을 갖는 세속적 행위를 통해 타자를 기억하려고 애쓰는 윤리적 영역에

　　　　　　　　　　　　　　　　　　아무것도 사라지지 않는다

'베트남 여성 추모상', 글레나 구데이커, 워싱턴 D.C.

속하는 관계라고 생각한다. 이방인들과 먼 타자들로부터 거리를 두는 것은, 마갈릿이 설명했듯이, 단지 지리적 작용 때문만은 아니다. 때로는 가까운 이웃을 혐오하고 멀리 있는 이들에게 더욱 친근감을 느끼는 경우도 있다. 예를 들어, 몇몇 미국인이 멕시코와 영국을 대하는 태도가 다른 이유 같은 것이다. 실제로 그런 태도는 학습된 것임에도, 영국에 친근감을 느끼는 이들은 그것을 자연스럽게 여긴다. 자연스럽다는 느낌은 멕시코인보다 영국인이 미국인과 문화적으로 공유하는 바가 많다는 친근감에서 비롯되었음을 망각했기 때문이다. 심리적 친근감과는 반대로, 물리적 근접성은 가깝고 소중하다는 감정이 반드시 생성되는 것은 아니다. 미국인들은 멀리 떨어져 사는 이들을 노예로 만들지는 않았다. 오히려 함께 살거나 이웃에 사는 이들을, 그들의 연인과 사생아들까지 노예로 만들었다. 남자들은 아내나 딸들이 투표권을 갖는 것을 거부했고, 그들의 삶을 제한했다. 오늘날에는, 물론, 노예제도나 대다수를 차지하는 이들의 참정권을 거부하는 선택 자체가 현실적으로 가능하지 않다. 그러나 인종과 성별을 둘러싼 허술하고 부분적인 현재의 화해 상태는 결코 '자연스러운' 것이 아니다. 격렬한 정치적 투쟁으로 미국인들은 이 지점에 이르렀다. 이러한 투쟁에는 타자에 대해 배우면서 함께 살고자 했고, 심지어 타자를 사랑하려는 선택을 한 사람들의 다양하고 친밀한 몸짓과 관계들이 포함되어 있었다. 내가 대접받고 싶은 대로 동료인 인간을 대접하라는 도덕적 요구는, 정치적 노력을 통해, 타자를 공동체의 일원이자 동일한 국가의 정체성을 공유하는 이들이라고 '자연스럽게' 대하는 윤리가 된다.

우리는 이방인들을 친밀하게 사귀면서 때로는 그들의 시각을 받아들이고 긍정하여 정체성을 공유하는 장을 만들기도 하는 습성을 습득한다. 타자를 기억하는 윤리가 노골적으로 정치적일 수밖에 없는 것은 그것이 자연스럽지 않은 것이고 눈에 잘 띄는 것이기 때문이다. 이와 대조적으로, 자신만을 기억하는 윤리의 정치성은 감추어진다. 왜냐하면 그것은 드러난다고 해도 당연해 보이는 혜택을 누리고 있으며, 그래서 눈에 띄지 않기 때문이다. 리쾨르는 상당히 역설적으로 이렇게 말한다. "타자는 항상 이념에 경도되고," 그래서 "정체성의 수호자"가 된다.[18] 뒤집어 보면 타자와 대조적으로 권력을 가진 이들은 스스로 어떤 정체성이나 이념도 없고, 어떤 편견이나 정치성도 갖지 않는다고 믿을 수 있고, 그것은 특권이라는 의미다. 그런 세속적인 문제들은 타자에게 떠넘긴다. 타자는 지저분하고 사소한 걱정과 편협한 영역에 갇혀 있는 자들이며, 원래 신체가 짙은 색이 아니었으나 권력자가 거주하는 탑의 그림자가 드리워지는 바람에 다소 짙은 색으로 변한 자들이다. 권력을 지닌 이들은 스스로를 공정하고, 편협하지 않으며, 정당하고, 객관적이고 보편적이라고 믿는다. 그리고 사실은 그들이 그렇지 않다는 것, 그들의 권력은 타자를 만들어 내고 표적으로 삼아야 유지될 수 있다는 것을 일깨워주는 것들을 별로 좋아하지 않는다. 그래서 누군가가 자국민에게 타자를 기억하라고 요구할 때, 그 사람은 두드러져 보이고, 정치적 행동을 하는 사람이라고 규정된다. 자국민에게 타자를 기억하라고 요청하는 것은 배신자가 될 위험을 무릅쓰는 일이기도 하다. 같은 나라 사람들은 기껏해야 그 사람을 세계시민이라고 부를 것이다. 그 사람이 세계의 시민일지는 모르지만 적어도 자국의 시민은 아니라는 경멸의 어조를 감춘 채.

여성을 겨냥해서 배신자라는 비난을 자주 하는 것은 우연의 일치가 아니다. 여성들은 그 나라의 미래와 과거를 구현하는 아이들과 문화를 품는 사람들이기 때문이다.[19] 베트남 작가이자 퇴역 군인이고 한때 공산당 당원이었던 즈엉 투 후옹Duong Thu Huong의 예를 들어보자. 그녀는 혁명이 승리한 이후 수년 동안 공산당에 대해 환멸을 느졌고, 그래서 소설을 쓰게 되었다. 시작은 《맹인들의 낙원》The Paradise of the Blind이었다. 그 소설은 당이 지주들의 토지를 농민에게 재분배할 방법을 찾으면서, 농민들로 하여금 지주들을 맹렬히 비난하도록 부추겼던, 1950년대의 악명 높은 토지개혁을 성찰한다. 공산당의 그러한 방식 때문에 별로 넓지 않은 토지를 소유했던 지주나 무고한 자영농들까지 동료인 농민들과 열성적인 핵심 당원들의 표적이 되었다. 수천 명의 사람들이 죽었고, 호찌민은 사과했다.[20] 당에 대한 즈엉의 신랄한 비난은 《이름 없는 소설》Novel without a Name 속에서 더 단호하고 동시대적이 되었다. 그 소설에서 그녀는 전쟁이 끝난 뒤의 열혈 핵심 당원들을 "작고 노란 폭군들"이라고 부른다.[21] 그들은 "맹목적이기 때문에 특별히 혈기 왕성했던 것"[22]이지만, 그들을 따랐던 "몽상에 빠진 호전적 양떼"들도 비난받을 여지가 있었다.[23] 이 소설은 또한 중국의 영향력에서 벗어나기 위해 긴 거리를 남하해서, 캄보디아와 참족을 포함한 수많은 부족과 나라들의 영토를 점령해야 했던, 제국주의로 얼룩진 베트남의 역사를 환기한 것으로도 주목을 받았다. 소설의 주인공은 참족의 땅을 방문해서 조상들에 대한 꿈을 꾼다. "조상들은 너를 쫓아오는 북쪽의 야만인들로부터 달아났다. 너는 무기를 들고 남쪽에 살고 있는 사람들과 싸웠다. 그것은 끝나지 않는 범죄의 악순환이었다. …… 역사는 범죄의 구렁텅이로 빠져든다."[24] 공산당은 그녀를 비판했고, 작품을 검열했으며, 공산당에서 타자로 간주되는 사람들을 기억하는 죄를 저질렀다는 이유로 가택 연금했다. 더 심각한 것은, 그녀가 자기편인 사람들이 범죄를 저질렀음을 기억했다는 것이다. 그러나 공산당이 그녀를 배신자로 규정한 반면에, 서구 언론과 독자들은 그녀가 정의로운 발언을 하는 반체제인사이자 공산주의의 편협한 이념에 통제되지 않은 영웅적 작가라고 평가했다. 가택 연금을 당했으나, 그녀의 소설은 해외에서 출간되었다. 서구인들은 적의 적이 쓴 소설을 번역하고 싶어 했기 때문이다.

즈엉 투 후옹의 경우는 타자를 기억함으로써 불러일으키는 곤란함, 위협 그리고 눈에 띄게 부자연스러워 보이는 것에 이르는 전형적 사례이다. 기억이라는 동일한 행위에서 자기편에게 비난받는 사람이 타자들에게는 칭송받을 수 있다는 것도 보여준다. 그러니 비난도 칭송도 순수하지 않다. 둘 다 이쪽 편 아니면 저쪽 편의 이념에서 비롯된 것이기 때문이다. 양쪽 편 모두 -만약 오직 두 편밖에 없다면- 반대쪽은 정치적 놀음을 하고 있지만, 자신들은 이념에 영향 받지 않는다고 말하고 싶어 한다. 정치라는 게 지저분한 단어라는 듯이. 이렇게 지저분한 정치는 타자를 기억하는 것에서 타자를 우리 자신과 마찬가지로 기억하는 것으로 변화시키면서 세탁이 이루어진다. '우리' 속에 포함된 이들끼리 한때 전쟁을 벌였다는 기억이 지워지면 '우리'는 다시 한 번 언급될 수 있다. 이것이 자애로운 연대의 초상인 세 병사의 조각상이 표현한 희망이며, 마틴 루터 킹 목사가 오래전에 내동댕이쳤던 희망이기도 하다. 그는 베트남전 참전용사 기념물의 현장에서 눈에 보이지 않는 타자인 베트남인들을 적대하기 위한 세 병사의 잔인한 연대를 미국인들이 의식해야 한다고 다그쳤다. 사회학자인 폴 퍼셀Paul Fussell 또한 자신만을 기억하는 편안함 속에 있는 동료 미국인들을 거슬리게 하고자 했다. 그는 위대한 전쟁과 현대의 기억에 관해, 과거 60년 동안 본 것에 대해 다음과 같이 썼다.

나의 책을 읽는 미국 독자들 역시 누가 봐도 무의미하고 잔인한 소모전

을 베트남에서 직접 경험했을 것이다. 그 전쟁 때문에 사망자 집계라는 말을 일상에서도 쓰게 됐다……. 나는 그런 미국 독자들이 이 책을 읽고 국^{Gook}(동남아시아인을 가리키는 모욕적인 호칭. 끈적이는, 불쾌한 등의 의미_역주)들에게도 감정이라는 게 있어서, 그들도 죽기 싫어한다는 것을, 우리와 마찬가지로 견딜 수 없는 고통 속에 처하면 신이나 어머니에게 도움을 호소한다는 것을 납득하기 바란다.[25]

내가 바로 퍼셀이 적절하게 이름을 붙여준 타자들, '국'이 아니었을까? 그 이름은 적절한 것인가? 만약 그렇다면, 나는 그 말이 진실이라고 할 수 있다. '국'들도 감정이 있다.

누군가의 눈에 '국'으로 보이는 나는, 타자로 기억되는 것은 신체가 공중분해 되는 것 같은 경험이라는 사실을 증언할 수 있다. 그것은 기억하지 않는 것이다. 기억하지 않는 것은 단순히 기억이 이루어지지 않는 게 아니다. 기억하지 않는 것은 기억하는 것과 동시에 잊어버리는 비윤리적이고 역설적인 행위이다. 혹은 기억되지 않는 대상인 타자의 관점에서는, 보이는 것과 동시에 보이지 않는 것이다. 기억하지 않는 행위는 타자를 투명인간 취급하는 것이다. 랄프 엘리슨$^{Ralph Ellison}$은 《보이지 않는 인간》$^{Invisible\ Man}$의 첫 부분에서 결코 잊을 수 없는 묘사로 그 경험을 서술한다. 유명무실한 영웅인 소설의 화자는 자신을 쳐다보려 하지 않는 백인과 우연히 마주친다. 그는 화가 나서, 폭력을 써서라도 백인이 자신을 보게 하려 한다. 그러나 얻어맞으면서까지 백인은 그가 보이고 싶어 하는 방식대로 그를 보는 것을 거부한다. 타자는 물리적 힘을 사용해야 자신을 보이게 할 수 있기 때문에, 그 결과 표적이 된다. 만약 타자가 자신이 보이는 방식을 바꾸기를 원

아무것도 사라지지 않는다

한다면, 기억하고, 상상하고, 서술하는 것과 같은 심리적 힘을 활용해야만 한다. 기억되지 않는 것을 만족할 수는 없지만, 우리는 타자이기에 우리가 스스로 기억할 수밖에 없음을 깨닫는다. 우리 자신을 이어가는 것, 혹은 저 밖으로 밀려난 우리 자신을 불러 오는 것이다. 우리는 끈적거리는 것들이고, 우리는 구역질나는 것들이고, 우리는 잉여고, 우리는 찌질하고, 우리는 아시아 놈들이고, 우리는 찢어진 눈이고, 우리는 노랑둥이고, 우리는 갈색 놈들이고, 우리는 왜놈들이고, 우리는 짱깨들이고, 우리는 넝마를 머리에 쓰고 다니는 아랍 것들이고, 우리는 사막 출신의 검둥이들이고, 우리는 동양 것들이고, 우리는 다 비슷하게 생겨서 우리끼리도 구별이 잘 안 된다는 것을 알고 있는 우리는, 존재의 조건에서나 자신을 표상하는 것에서 자기 자신이면서 동시에 타자이다. 우리는 정체성이나 이념 없이는 결코 존재하지 못한다. 그것을 좋아하든 말든, 받아들이든 말든 상관없다. 스스로 정체성과 이념을 초월한다고 믿을 수 있는 사람들이 조만간 우리에게 정체성과 이념을 부과하고야 말 것이다. 만약 우리가 목소리를 높여 발언하는 결코 자연스럽지 않은 행동을 저지른다면 말이다.

따라서 아무도 면전에서 나를 '국'이라든가 그에 상응하는 이름으로 부르지는 않는다고 해도, 그 모욕적인 호칭이 이미 나를 표적으로 삼고 있음을 안다. 아무도 나를 그렇게 부를 필요가 없다. '국'에 대한 담론을 통해 이미 미국 문화는 나를 그렇게 불렀으며, 타자로서의 나 또한 방송에서 떠들어대는 대중문화에 의해 중상모략을 당하는 충격을 맛보았다. 인종차별을 깨달았을 때, 처음으로 느낀 그 아픔이 야기한 불안한 상태는 어떤 약이나 수술로도 치유할 수 없었다. 한 가지 예외라면, 사춘기 초기에 접했던 다른 사람들의 기억과 허구를 통해 마주친 기억들이었다. 너무 어린 나이에, 아직 10대도 되기 전에 나는 래리 하인만Larry Heinemann의 《클로즈 쿼터스》(1977)를 읽었고, 〈지옥의 묵시록〉(1979)을 보았다. 나는 《클로즈 쿼터스》에서 미국 병사들이 치아가 없는 베트남 창녀를 집단 강간하면서 그녀의 머리에 총을 겨눈 채 입으로(blowing) 하든지 총으로 머리를 날려버리든지(being blown away) 둘 중 하나를 선택하라고 강요하는 장면을 잊을 수 없다. "그러고 난 뒤, 클레이모어 페이스는 여전히 넋이 나간 상태였으나, 아무도 관심 갖지 않았다."26) 또한 나는 〈지옥의 묵시록〉에서 삼판선에 가득 타고 있는 민간인들을 미국 선원들이 학살하는 장면이나 윌러드 대위가 최후의, 유일한 생존자이자 여성이기도 한 베트남인을 처형할 때 가한 최후의 일격을 결코 잊지 못한다. 베트남 여성은 인종과 문화와 언어와 젠더의 면에서 미국 병사와 완전히 대척점에 있는 '국'이다. 탐욕스러운 욕망과 살인적인 공포 양쪽에서 전적으로 위협적인 대상이며, 신비하고, 매력적이며, 으스스하고, 위험한 나라인 베트남을 구현하고 있는 존재다. 강간과 살인의 장면들은 화해나 전쟁의 공포 없이, 다만 그것을 보여주려는 작가와 예술가들의 의도만 남아 있을 뿐이다. 그러나 허구 또한 역사적 사실만큼 유효한 경험이기도 하다. 철학자 장 보드리야르Jean Baudrillard가 〈지옥의 묵시록〉을 비판했듯이, 이야기들은 전쟁무기만큼이나 많은 것을 말살한다. 그 영화를 보면서 보드리야르는 다음과 같이 생각한다.

베트남 전쟁은 '그 자체로는' 아마도 결코 일어나지 않은 사실일 것이다. 그것은 꿈이다. 네이팜과 열대가 뒤섞인 바로크적 꿈, 그 목적이 전쟁의 승리도 정책의 성패도 아닌 환각제 같은 꿈이다. 그러나 제물로 바쳐진,

아무것도 사라지지 않는다

과도한 병력 배치가 전개되면서 이미 촬영되고 있으며, 이 전쟁의 대량 스펙타클 효과로 완성되는 특급영화, 그것에 의해서만 정화되는 꿈이다.[27]

이야기와 스펙타클의 힘에 대한 보드리야르의 견해가 미학적으로 틀렸다는 것은 아니다. 다만 도덕적으로 그리고 윤리적으로 옳지 않다. 그 전쟁은 분명히 실제로 일어났다. 만약 오직 서구 대중문화의 가공할 힘만을 인정하면서, 그 전쟁이 일어나지 않았다고 제안하려면, 그 전쟁의 스펙타클이란 실제로 죽은 이들의 시신이 아니라, 그저 스크린 위에서만 죽은 엑스트라들로 이루어진 것이어야 한다.

토니 모리슨의 소설 《빌러비드》에서 나온 '재기억'의 개념은, 살아 있는 이들을 공중분해하거나 죽은 이들을 다시 살려내기 위해 이야기의 힘을 정화할 때 유용하다. 뿐만 아니라 그러한 재기억을 해결하기 위해 필요한 일들을 제안할 때도 유용하다. 재기억은 신체적이고 심리적인 타격을 주는 기억이다. 그것은 과거가 사라지지 않고 트라우마와 적대감 속에 집처럼 굳건하게 남아 있는 감각이다. 강한 충격을 주었던 이야기인 《클로즈 쿼터스》나 〈지옥의 묵시록〉 같은 것들이 재기억이다. 그 장면들을 떠올릴 때마다, 나는 독자와 구경꾼이 느끼는 감정을 동시에 다시 한 번 경험하곤 했다. 실비아 충Sylvia Chong이 '동양적 외설'이라고 부르는 것들을 목격할 때마다 강렬한 혐오와 공포, 수치 그리고 분노의 감정이 치솟아 올랐다.[28] 몸은 전율했고 목소리는 떨렸다. 그것은 이러한 작품들이 지닌 미학적 영향력을 입증하는 동시에 그 작품들도, 재기억인 '국'의 담론에 동참하고 있음을 입증하는 것이기도 했다. 내가 그러한 이야기들 속에서 잊혔다거나 내 자신의 반영을 보지 못했다는 것이 아니다. 나는 내 자신을 보았으나, 타자로서, '국'으로서 보았다. 그리고 나는 그것이 바로 다른 이들이 나를 보는 방식임을 의식했다. 영화관에서 깔깔거리는 관객들뿐만 아니라 보드리야르 같은 사상가조차, 전쟁기계의 화력이나 영화의 한 장면 같은 비행대대처럼 더 흥미로운 주제에 사로잡혀 죽은 이들을 추상적 개념으로 사라지게 한다는 것도 알고 있었다.

완전히 잊히거나 아니면 기억되지 않는 것, 이것이 '국'의 담론에서 예전에 인도차이나라 불리던 동남아시아인들과, 불행하게도 그들과 구별되지 않는 외모를 지닌 다른 아시아인들에게 넘겨진 선택지다. 마야 린의 미학적 승리이자 재기억이기도 한 검은 벽은 이런 맥락에서 발언하고 있다. 그럼에도 불구하고 혹은 그렇기 때문에 마야 린 자신이 인종주의적 관점에 노출된다. 엄혹하거나 무관심한 나라에서 살고 있을 때, 가장 안전하게 생존할 방법은 침묵을 지키거나 보이지 않게 숨는 것이다. 또는 린의 표현을 빌자면, 제 삼자가 되어, 치열한 상황에서 멀리 떨어진 채, 거리를 두고 지켜보는 것이다. 그녀 자신의 신체가 기념물에서 보이지 않는다면, 그와 비슷하게 생긴 신체들도 마찬가지일 것이다. 동남아시아인에 속하는 이들의 이름은 기념물 어디에서도 찾아볼 수 없다. 마리타 스터큰Marita Sturken은 이러한 상황을 다음과 같이 분명하게 진술한다.

> 베트남인들은 언급할 수 없는 존재가 되었다. 그들은 협력자, 희생자, 적, 혹은 단순히 그 전쟁이 일어난 땅의 소유자이면서 (아마도) 그 전쟁을 치른 이들로서 그 역할이 현저하게 부재한다. …… 워싱턴 몰(워싱턴 내셔널 몰. 베트남 참전용사 추모비가 있는 공원_역주)의 민족주의적 맥락에

서는, 베트남 참전용사 추모비는 반드시 베트남인들을 "잊어야" 하고, 베트남 참전용사들을 전쟁의 가장 중요한 희생자들로 삼아야 한다. [29]

기억을 연구한 많은 학자들이 지적하듯이, 기념물은 "기억하는 것 자체가 망각하는 것의 한 형태"[30]이며, 기억의 교묘한 속임수다. 베트남 참전용사 추모비는 5만 8,000명의 미국 병사들로 300만의 베트남인들을 대체한 경우이다. 사진작가 필립 존스 그리피스^{Philip Jones} ^{Griffiths}는 말한다. "모두들 단순한 통계 하나를 알아야 한다. 미국 전몰자의 이름이 새겨져 있는 워싱턴 D.C.에 있는 추모비는 약 137미터이다. 같은 간격으로 베트남 전몰자들의 이름을 새겨 넣은 비슷한 추모비를 만든다면, 그것은 아마 15킬로미터에 이를 것이다."[31] 많은 미국인들에게는 이것이 기억의 현실이며, 그 속에서 미국 병사들은 희생자이고, 300만의 베트남인들은 그저 한통속으로 전체주의자들일 뿐이다.

그러나 보이지 않고, 잊히고, 인식되지 않는 이들이 단지 베트남인들만은 아니다. 베트남 전쟁이라는 이름에서는, 심지어 스터큰의 기억과 시야에서조차, 다른 동남아시아인들이 지워졌다(보이지 않는 사람들은 기억할 수 없으며, 그 역도 성립되기 때문이다). 캄보디아와 라오스 출신의 동남아시아 사람들은 자신들의 삶과 죽음을 잊지 않았다. 시인 마이 넹 무아^{Mai Neng Moua}는 자신의 시 〈D.C.〉에서 그것을 보여주고 있다.

나는 여기서 물러서지 않는다
여기 온 것만으로는 부족하다
그들의 이름이 새겨지기를 원한다

그들을 알고 있다는

그들의 용기를 인정한다는

목숨을 바친 희생을 받아들인다는

미국이 보여주는 증거를 원한다

무아는 몽족 병사들을 베트남 참전용사로 인정하고 받아들여주기를 요구했다. 미국에 있는 남베트남 퇴역 군인들의 요구와 동일하다.[32]

나는 그 전쟁에서 죽은 여섯 사람을 알고 있다

할아버지 숩 츠이 부스^{Soob Tseej Vws}

삼촌 숭시 쿠암 부스^{Txooj Kuam Vws}

삼촌 킴 부스^{Kim Vws}

삼촌 루이 무아스^{Looj Muas.}

이 외국 이름들은 반드시 호명되어야 하고, 반드시 새겨져야 하고, 반드시 미국인의 시야가 미치는 풍경 속으로 들어가야만 한다. 인정받고 받아들여지는 것은 오직 기억될 때만 일어나는 일이다. 인정되지 않고 받아들여지지 않는 상태에서는, 잊힌 이들과 기억되지 않는 이들은 스스로 기억해야만 한다. 심지어 무아가 마지못해 인정하듯, 추모비조차 아무것도 보장하지 못한다. 관광객들이 몰려와,

추모비가 마치 신기한 전시물인 양

주위를 둘러싸고

큰 소리로 떠들고, 웃으면서, 생수를 들이킨다

무더운 날씨 속에서

혼돈의 기억을 부산스럽게 만들면서

D.C.에 머무는 동안 꼭 해야 할 특별한 일을 하는 것처럼[33]

미학적이지 않은 작품은 본질적으로 영향력이 크지 않다. 베트남 전쟁의 기억이 없는 외국인들, 젊은이들 혹은 관심이 없는 이들은 감동받지 않거나, 묵살하거나, 심드렁하거나, 지루하거나, 불안할 것이다. 그들과 미래의 방문객 대부분에게, 생생한 전쟁의 기억은 죽고, 검은 벽은 단지 벽으로만 보일 것이다.

그럼에도 불구하고, 무시당할 기념물이라도 있는 것이 아예 없는 것보다는 낫다. 무아의 시에 함축되어 있는 것은 잊히고 기억되지 못한 사람들 사이에서 흔히 보이는 신념이다. 잊힌 존재가 되는 것 혹은 타자를 잊는 것이 부당하다고 저항하는 신념이다. 특히 타자의 기억을 억눌러야 한쪽 편에 이익이 되는 갈등 상황일 때 더욱 그렇다. 그래서 잊히고 기억되지 않은 이들에게 중요한 질문은 이와 같다. 어떻게 하면, 잊히고, 배제되고, 억압되고, 죽고, 유령이 된 이들에게 공정한 과거를 회상할 수 있을까? 타자를 회상하는 윤리의 중심에 이 질문이 있다. 그리고 타자를 잊는 것의 부당함과 타자를 기억하는 것의 정당함을 둘 다 전제한다. 리쾨르는 기념비적인 저작《기억, 역사, 망각》Memory, History, Forgetting에서 타자를 기억하는 윤리를 제안한다. 그 책에서 그는 정의는 언제나 '타자를 향하는' 미덕이라고 논의한다. "기억의 의무는 기억을 통해서, 자신이 아니라 타인을 향해 정의를 행하는 것이다." 그리고 "도덕적 우선권은 피해자에게 있다. …… 여기서 논의되는 피해자는 우리들이 아닌 타자인 피해자다."[34] 한마디로 말해서, 정의는 언제나 타자를 기억하는 것에 있다는 것이다.

기억에 대한 리쾨르의 접근은 강력하고 설득력이 있다. 망각에 몸을 던져 저항한 사람들의 편이거나, 혹은 종속된 사람들이 요구하는 정의를 위해서이다. 저술가 폴 길로이Paul Gilroy도 비슷한 맥락에서 "원칙에 입각해서 타자성의 권리를 드러내야 한다"고 주장한다.[35] 리쾨르나 길로이와 마찬가지로, 나 역시 "고통스러운 역사가 피해자들만의 것은 아니다"라는 생각을 옹호한다. "만약 그렇다면, 그 생생한 기억이 사라질 때 트라우마의 기억도 사라질 것이다." 즉 피해자들에게 가한 부당함을 기억하는 짐을 순전히 피해자들만 짊어지게 해서는 안 된다는 것이다. 기억의 무게를 오로지 상처 입은 쪽에만 올려놓으면 피해자들이 스스로를 피해자로만 보도록 부추기게 된다. 동정의 대상이 되어, 피해자가 되고자 하는 유혹에 이끌리면, 자신의 타자성만을 유일한 정체성으로 착각하게 된다. 가장 눈에 띄면서 가장 폄하되는 정체성 정치다. 물론 그게 유일한 것은 아니지만. 타자를 회상하는 윤리는, 역설적으로 타자인 사람들이 우리와 다른 사람도 아니고 이상적인 사람도 아님을 받아들이는 일이다. 우리가 자신을 주체로 여기는 것만큼 타자들도 자신의 관점에서는 우리와 마찬가지로 자신을 주체로 여긴다.

타자 또한 하나의 주체이기에 잊히는 것에 저항할 것이고 기억의 연대기에 포함되기를 요구할 것이다. 이미 기억의 도구를 확립하여 통제하면서 오직 자신만을 기억하는 것에 만족하는 사람들과 마찬가지로, 타자 역시 언제나 자신의 경험과 역사와 기억을 기억하라고, 결코 잊지 말라고 말할 것이다. 그리고 자신의 이름을 벽에 새기고, 얼굴을

아무것도 사라지지 않는다

조각으로 남기고, 자기 민족의 이야기를 책에 기록하도록 요구할 것
이다. 잊히는 것은 항상 있고 어디에나 이방인은 있기 때문에, 이렇게
타자를 기억하는 방식은 포용과 화해를 향해 영원히 작동하는 기계
여야 한다. 가장 흔히 보이는 자신만을 기억하는 윤리의 궁극적 목적
은 타자를 시민 속으로 편입시키는 것이다. 국가적 의식에서 기념하
는 것이며, 국가의 서사시에 등장하게 하는 것이며, 자신만을 기억하
는 윤리의 양상 속으로 섞여 들어가게 하는 것이다. 그래서 결국 타자
와 자신 사이에 유의미한 차이를 없애는 것이다. 이러한 윤리의 두 번
째 목적은, 특히 이전에 타자로 분류되던 이들을 이제 막 새로운 타자
로 등장하는 이들에게 감정이입하도록 하는 것이다.

　자신만을 기억하는 윤리가 어느 사회에서나 작동하고 있다면, 타
자를 기억하는 윤리는 자신을 기억하는 윤리를 개선한 것이다. 자기
자신을 좀 더 포괄적이고, 개방적이며, 관대하게 보도록 시야를 확장
한다. 그러나 윤리적 모델이 강력하게 작용하지 않는 한, 그것은 언제
든지 전쟁에 봉사할 수 있다. 타자를 기꺼이 기억하고 또 타자가 스스
로를 기억하도록 허용했으므로, 타자에 대해 개방적이고 관용적인 사
회적 캠페인이 윤리적으로 그다지 정교하지 않아도 된다고 정당화 할
수 있다. 미국은 타자를 기억하는 윤리를 두 가지 방식으로 구현한다.
미국의 경계 안에서는 소수집단을 더 넓게 포용하도록 요구하지만,
동시에 국경 밖의 이방인들과는 전쟁을 벌인다. 동남아시아인들은 과
거에는 국경 밖 이방인들이었다. 미국에 이주한 동남아시아인들은 미
국 사회 속에서 여전히 자신을 낯설게 느낀다. 미국인이 일으킨 전쟁
때문에 미국으로 건너오게 된 동남아시아계 난민들과 그 후손들은
전쟁의 참상 속에서 자발적으로 미국 군대와 미국 사회로 편입했다.

미국의 역사가 보여주듯이, 새롭고 두려운 이방인들이 또 나타나면, 타자였지만 좀 더 익숙한 이들을 자기편으로 끌어들인다. 특히 새로운 이방인들과 전쟁을 벌일 때 더욱 그러하다. 테러와의 전쟁에 참전하면서, 예전에 타자였던 이들은 테러리즘과 테러와 맞서 싸우면서, 자기 자신과 동료 미국인들의 눈에 자신이 미국의 구성원임을 인정받기를 바란다.

3.
비인간성에 대하여

미국인이 되기를 소망하는 난민과 그 후손들은 인정받기를 바라고, 인정은 기억과 밀접하게 연관되어 있다. 우리는 우리가 인정하는 사람들을 기억하고, 우리가 기억하는 사람들을 인정한다. 어떤 사람들은, 혹은 대부분의 사람들은, 가까운 이들과 동료들, 그리고 사회와 역사로부터 기억되고 인정받기를 갈망한다. 우리가 그에게 인정 받기를 바랐던, 그런 존경받는 개인이 되기를 원한다. 우리가 살고 있고 고향이라고 부르는 장소, 거기에 소속되어 있다고 주장하면서 시민권을 요청하는 장소의 일부분으로 여겨지기를 원한다. 인정은 기념물과 박물관을 세울 수 있는 기억, 희생자에 대한 추모, 참전용사, 잔학행위, 전투, 전쟁에 대한 기억 그리고 이해집단과 소수민족집단의 정체성, 문화와 인종, 민족과 국가들, 그 모든 것과 함축적으로 혹은 명백하게 엮여 있는 기억을 확보하려는 움직임의 핵심이 된다. 자신과 타자를 인정하는 윤리는 포용력 있는 사회를 이루고 상처를 치유한다. 그러나 그런 윤리는 우리 역시 타자에게 상처를 줄 수 있음을 간과하기도 한다.

우리도 부당하게 타인에게 위해를 가할 수 있다는 사실은 늘 부인하고 싶다. 그런 짓은 우리가 아닌 다른 사람들이 한다고 생각한다. "그게 그렇게 간단하다면 얼마나 좋을까!" 알렉산더 솔제니친Aleksandr Solzhenitsyn은 이의를 제기한다. "이 세상 어딘가에 있는 사악한 사람들만이 대담하게 악행을 저지른다면, 그러면 우리들과 그들을 분리시켜서 처치해버리기만 하면 된다. 하지만 선과 악을 가르는 선은 모든 인간의 심장을 가르고 지나간다. 누가 기꺼이 자기 심장의 한 토막을 없애버리려 할까?"[1] 솔제니친의 말은 타자와 피해자를 기억하는 것이 윤리적이라면, 우리가 잠재적으로 다른 사람들을 해치고, 위해를 가하고, 죽일 수 있음을, 혹은 이런 행동을 저지르도록 공모하거나 눈감아 줄 수 있음을 인정하는 것도 윤리적임을 함축하고 있다. 이것을 인정하지 않으면 우리는 예전의 적과 평화롭게 지낼 수는 있을지언정, 친구 혹은 인간으로도 생각되지 않는 새로운 적과 전쟁을 지속할 것이다. 연민을 빌미로 피해자와 타자를 규정하는 것, 혹은 공감하는 행동에서 피해자와 타자를 규정하는 것은 뜻하지 않은 비인간적 부작용을 낳는다. 그들이 피해자가 될 수밖에 없는 조건을 미래로까지 영속시키는 것이다.[2]

우리도 잠재적으로 비인간일 수 있음을 인식하는 것은, 우리가 인간이므로 궁극적으로는 타자도 인간이어야 한다는 것을 근거로 자신과 타자를 동시에 기억하자는 요청에 모순일지도 모른다. 그러나 아무리 관용적이고 인도주의적인 사회라고 하더라도 평등과 인권에

아무것도 사라지지 않는다

대한 요구는 늘 있으며, 전쟁이나 폭력을 정당화하는 비인간적 타자도 언제나 있다. 자신과 타자를 인간으로만 보면서 잠재적 비인간성을 부정하는 것은 정체성 정치가 궁극적으로 추구하는 것이다. 그것은 민족주의, 자본주의 그리고 인종주의뿐만 아니라 인문학을 통해서도 되돌아온다. 인간으로 존재하는 것은 동시에 비인간으로도 존재하는 것임을 잊지 말아야 한다. 자신의 비인간성은 잊기 쉽고, 혹은 타자에게 쉽게 자신의 비인간성을 전가하게 되기 때문이다. 공정한 기억에 대한 연구는 인간성보다는 비인간성에 대한 작업이다. 문명과 문화의 핵심에 있는 비인간성을 기억하는 게 힘들기 때문이고, 비인간성은 그 단어 자체에도 들어 있는 인간을 반드시 기억해야 하기 때문이다.

우리도 가해자가 될 수 있음을 인지하지 못한다면, 가해의 행동을 그만두지 못하거나 우리 자신이 피해자가 되는 것을 방지하기 어려울 것이다. 마찬가지로 언제나 기억하고 결코 잊지 않겠다는 슬로건은 표면적으로는 이의를 제기하기 힘든 반면에, 이따금, 심지어는 자주, 경건함이나 감상, 위선으로 오염된다. 언제나 기억하고 결코 잊지 않겠다고 말할 때는, 보통은 우리 자신, 친구들과 동료가 당한 일을 의미한다. 우리가 저질렀거나 용인해 온 잔혹한 일은 언급하지 않고 기억하지 않을수록 유리하다. 게다가 정말로 기억하고 결코 잊지 않고 싶은 것은 우리의 인간성과 타자의 비인간성이다. 이러한 성향은 자신만을 기억하는 윤리와 쉽게 결합한다. 타자를 기억하는 윤리에서 우리는 타자를 인간으로 보는 경우가 많고, 그것은 이견의 여지없이 선한 것이다. 그러나 반대로, 인식의 윤리에서는 타자가 우리와 마찬가지로 인간이면서 동시에 비인간이라고 말한다. 우리가 타자에게 위해를 가할 수 있음을 인정할 때, 우리를 해칠지도 모를 타자와도 화해할 수 있다. 이렇게 인식하는 윤리는 타자를 기억하는 윤리 이상으로 전쟁과 분쟁의 해독제 역할을 한다. 만약 우리도 해를 끼칠 수 있다는 것을 인정하면, 아마도 전쟁으로 쉽게 돌입하기 힘들 것이고, 따라서 화해 쪽으로 더 기울 것이기 때문이다. 우리가 위해를 가할 수 있음을 부정해도 우리를 해칠지도 모르는 이들과 화해하지 못하는 것은 아니다. 그러나 그런 태도는 타자로부터 양보와 자백을 받아내도록 부추긴다. 그들도 우리에게 같은 것을 원할 것이다. 그래서 역사적으로 다루기 힘든 분쟁이 계속되고, 양쪽 다 피해자를 자처하고, 잠재적이면서 실제적인 가해자가 될 가능성을 부인한다.[3]

언제나 타자와 동일시하는 입장에서, 타자를 피해자로 보는 리쾨르의 윤리 모델은 자신을 피해자로 간주하는 이들이나 그들에게 연민을 갖고 감정이입을 하는 이들에게 큰 영향력을 미친다. 그 모델은 우리가 타자를 부당하게 피해를 입은 사람들로 보아야 한다고 설득하고, 타자를 위한 정의 실현에 관여하도록 강요한다. 그러나 이러한 윤리 모델은 타자로 간주되는 이들이 항상 타자일 것이라고 믿게 만들기도 한다. 이러한 인식의 오류는 타자 또한 우리가 스스로에게 가정하는 것과 동일하게 결함이 있는 주체라는 사실을 거부하려는 것에서 비롯된다. 타자 역시 우리 자신과 마찬가지로 언제나 정당한 존재는 아니다.

타자도 옳지 않을 수 있다. 그들이 다른 사람들을 타자로 만들기도 한다. 그러나 타자를 피해자라고 주장하면서, 혹은 '타자라는 피해자'라는 표현을 쓰면서, 리쾨르는 이러한 점을 간과한다. 리쾨르는 언제나 그리고 영원히 타자는 피해자이며, 역으로 타자이니까 피해자

아무것도 사라지지 않는다

라고 단정하는 오류를 저지르곤 한다. 이러한 오류는 소수민족과 서구 좌파 전체가 저지르기 쉬운 것이며, 타자를 기억하는 윤리에 잠재되어 있는 두 가지 문제점을 드러낸다. 이상적인 자신과 마찬가지로 타자에게는 죄가 없다고 하거나 혹은, 자신에게는 잘못이 있으나 타자에게는 죄가 없다고 하는 것이다. 양쪽 다 정체성 정치의 변형들이다. 문화 평론가 레이 초우Rey Chow는 이것을 '이상주의를 추구하는 윤리'라고 부르며, 정체성을 이상화시키는 것이라고 비판하면서 거부한다. 물론 그녀의 비판은 정체성 정치에 관여하는 소수민족에 초점을 맞추고 있기는 하다. 그러나 민족주의는 정체성이나 정치와 관련짓는 것을 거부할 수 있을 정도로 득세한 정체성 정치일 뿐이다. 민족주의자들이 민족주의적 정체성과 민족주의적 정치 모두를 당연하게 받아들이는 것을 보면 알 수 있다.

타자를 이상적 존재로 간주하는 전 지구적 반전 운동에서는, 피해자를 타자로, 타자를 피해자로 대하는 전형적 사례로 베트남인들을 선택했다. 그리고 영원한 고통과 고귀한 영웅주의에 가둬버린 뒤, 계속 그렇게 취급한다. 따라서 반전운동은 호찌민을 상징적 지위로 격상시켜, 민족해방전선의 깃발을 휘날리게 했고, 베트남 공산주의자들을 미국의 제국주의에 저항하는 영웅적 혁명가들로 칭송했으며, 남베트남인들은 배신자 혹은 꼭두각시라는 공산주의의 선전을 받아들였다. 베트남 공산당의 스탈린주의에 대해서는 대부분 눈감아 주었다. 전쟁이 끝난 뒤 수년 동안, 리쾨르와 그의 동료인 자끄 데리다Jacques Derrida, 엠마뉴엘 레비나스Emmanuel Levinas 등이 철학적으로 설명하려 애썼으나 일부 서구의 예술가, 비평가, 그리고 좌파들이 타자를 이상적 존재로 만드는 일에서 벗어나도록 완전히 설득하지는 못했다. 예를 들어, '국'에 대한 담론의 당연한 귀결을 받아들인다면 그리 멀지 않은 인척 관계인 무슬림, 아랍, 그리고 타자로서의 테러리스트의 호칭인 래그헤드, 하지, 사막의 니그로 담론과 마주치게 된다. 오늘날 그 여파는 무슬림과 아랍을 대하는 어떤 태도, 그리고 보다 드문 경우지만, 테러리스트를 대하는 태도에 남아 있다. 반전운동에서 베트남인들을 이상적 존재로 미화했던 것과 같은 태도이다.

9.11 이후 철학자 주디스 버틀러^{Judith Butler}의 저작에서 그런 경향이 엿보인다. 물론 그녀 혼자가 아니다. 그것은 버틀러가 이상주의자라서, 혹은 테러리스트들이 자기 행동에 책임을 져야 한다는 것을 몰라서가 아니다. 《불확실한 삶: 애도와 폭력의 권력들》Precarious Life: The Powers of Mourning and Violence에서, 그녀는 9.11 테러의 극악함만큼이나 미국이 아프가니스탄, 이라크 그리고 관타나모에서 저지른 반격이 사악하다는 것을 강조한다. 그러나 그 책의 힘이 표적으로 삼는 것은 미국인의 책임지는 능력과 타자의 죽음을 슬퍼하지 못하는 능력이다. 그녀는 전쟁에 대한 미국인의 이해를 재구성해야 한다고 주장한다. 타자의 상실감을 고려하고, 무엇을 보고 누구를 인정할지를 좌우하는 인식의 조건에 이의를 제기할 것을 요구한다. 이 책은 베트남을 호출하는 것으로 결론을 맺는다. "네이팜탄에 화상을 입고 죽어가는 어린이들의 사진이 미국 대중에게 충격과 분노, 후회, 슬픔을 느끼게 했다. 그 사진은 우리가 결코 보게 되리라 생각하지 않았던 바로 그 장면이었다." 아프간인들, 이라크인들, 혹은 관타나모 수감자들의 그런 사진 없이는, "우리는 타자를 위해 타자의 이름으로 분노하는 윤리적인 게 확실한 감정을 회복하지 못할 것이다."⁴⁾ 베트남 전쟁에서부터 테러와의 전쟁에 이르기까지, 흡사 어른이 아이에게 폭력을 휘두르듯

미국이 타자에게 가하는 매우 부당한 죽음과 고통을 보고 분노한다는 점에서 버틀러는 옳다. 그러나 비록 스스로 할 수 있는 것보다 더 많이 분노한다고 해도, 분노만으로는 부족하다. 윤리적 분노의 위험성은 그 감정을 느끼는 개인의 중심에 계속 영향을 미쳐서, 타자를 영속적 피해자로 보게 정당화한다는 것이다. 그래서 베트남은 나라가 아니라 전쟁이라는, 악명 높고 끔찍한 이미지로 귀결되고, 네이팜탄을 맞은 판 티 낌 푹Phan Thi Kim Phuc은 전기작가가 그녀를 불렀던 호칭 '사진 속의 소녀'에서 벗어나지 못한다. 십자가에 못 박혀 있는 자세를 취하고 있는 그녀의 팔은 끝없이 뻗어나간다.[5] 이라크와 아프가니스탄 역시 미국인들에게 죄책감과 부정과 분노를 불러일으킨다는 똑같은 이유로 미래에 나라가 아니라 전쟁으로 기억될 것이다.

미국의 무관심 그리고 현재 진행되고 있는 전쟁에 응답하려는 절실함과 긴급함을 책에 담아야 했기 때문에 버틀러는 타자를 피해자로만 취급하려 했고 또 그럴 수밖에 없었다. 혹은 기껏해야 동기와 역사를 모호하게 이해할 수밖에 없는 주체로 대한다. 나 또한 버틀러만큼 윤리적 분노를 느낀다. 또 그만큼 타자를 단지 연민과 동정의 대상인 피해자로만 보고 있으며, 타자를 이상적 존재로 만들려 하거나 내려다보는 듯 느껴지기도 한다. 누군가의 이론의 대상 혹은 분노의 대상이나 구실로 존재하는 타자는 최악의 경우에 연구할 가치를 잃거나, 최선의 경우 비판에서 제외된다. 타자를 비판하지 않고 그들을 대변해서 이론을 정립하는 것은 타자를 예속시키는 것이다. 그들을 밀어내고 감정이입이라는 현실적인 일은 우리가 떠맡는다. 우리는 반영웅들이고, 비난 받아 마땅한 죄인들이라서, 우리가 주목을 받는다. 버틀러의 경우, '우리'는 서구이며, 서구 좌파는 그 일부이기도 하면서 분리되어 있기도 하다. 서구는 비난받아 마땅하지만, 그렇다고 해서 타자를 (거의) 이상화된 피해자나 (대체로) 알 수 없는 적으로 만들어야 하는 것은 아니다. 이라크 전쟁에 초점을 맞추고 있는 책《전쟁의 프레임: 삶은 언제 비참해지는가?》Frames of War: When Is Life Grievable?에서, 버틀러가 서구의 책임과 이라크를 피해자로 삼고 있음을 인식하라고 요구한다는 점에서는 옳다. 그러나 이라크인들을 정치적 주체로 인정하라고 요구하지 않는다. 이라크인들은 단순히 타자일 뿐 아니라 스스로를 타자로 만들고 있다. 서구인들은 이라크인들이 잃은 생명을 슬퍼하지 않을 것이라고 지적한 것은 옳지만, 그럼에도 그녀는 살인자, 고문자로서의 미국인과 피해자로서의 이라크인 사이를 너무 명백하게 가른다. 이라크인들도 서로 죽이고 고문했다. 전쟁이라는 상황을 만든 것은 미국의 과오라 해도, 살인과 고문에 대한 책임은 그러한 행위를 저지른 당사자인 이라크인들에게 있다. 타자가 아니라 하나의 주체가 된다는 것은 죄를 저지를 수 있다는 것이고, 그러한 죄는 서구인들의 죄와 마찬가지로 충분히 추궁할 수 있고, 추궁해야 한다.

타자를 결백한 자리에 고정시키는 식의 반전 정서는 가엾은 비서구인들보다 죄책감을 느끼는 서구인들을 더 높은 위치에 두려 한다. 죄책감을 느끼고 있음을 보여주는 것으로 우위를 유지하고, 동시에 중심에 서서 주목을 받으려는 교묘한 책략을 구사하면서, 서구인의 자학 드라마가 펼쳐진다. 그렇기 때문에 반미 비판을 담고 있다고 해도, 베트남 전쟁을 주제로 한 미국인의 예술과 문화 작업 대부분은 노골적으로 변함없이 서사의 중심에 미국인들을 집어넣는다. 증거를 하나 든다면, 브라이언 드 팔마 감독의 〈전쟁의 사상자들〉 Casualties of War이다. 이 영화는 미국 병사들이 베트남 처녀를 납치해서

아무것도 사라지지 않는다

윤간하고 살해한 실제 사건을 묘사하고 있다. 그 결과, 영화 속에서 가공할 가해 행위가 펼쳐진다. 병사들과 드 팔마는 베트남 여성을 짐승처럼 잔혹하게 다루고 영원히 침묵하게 만들어버린다. 어떤 측면에서 보면, 관객들에게 베트남인들을 피해자로 보도록 강요하는 드 팔마의 시각은 언론인 닉 터스^{Nick Turse}가 미국 전략의 표준이라고 주장한 것, 즉 "움직이는 것은 무엇이든 죽여라"와 마주치게 한다.[6] 그러나 다른 측면에서 보면, 드 팔마의 서사는 베트남인에 대한 것이 결코 아니라, 가엾은 피해자에게 다 쏟아 부은 미국인의 죄책감에 대한 것일 뿐이다. 그는 계속해서 〈리댁티드〉^{Redacted}를 만들었는데, 그 영화 또한 이라크에서 미국 병사들이 이라크 소녀를 납치해서, 윤간하고, 죽인 실제 사건을 근거로 했다. 그 영화는 영상으로 가해를 반복하고 있으며, 이라크 전쟁은 베트남 전쟁의 반복임을 암시하고 있다. 두 영화에서, 동정과 연민을 자아내는 피해자는 침묵한다. 그녀는 목소리가 없기 때문에 미국인들이 대신 발언하는 것이 허용된다. 그녀와 같은 타자들 모두는 트라우마 그 자체로 대체될 수 있는 영속적 피해자일 뿐이며, 미국인들이 죄책감을 느낄 때만 보이는 존재다.[7] 피해자이거나 혹은 악당과 혁명적 영웅으로 존재하는 이러한 타자들은, 그들을 미워하거나 동정할 수 있는 서구인과는 달리, 결코 완전한 주체로 간주된 적이 없다.

우리가 타자를 보는 방식과 우리 자신을 보는 방식, 특히 타자와 관련해서 우리 자신을 보는 방식이 달라지면 인식의 윤리가 변한다. 레비나스^{Levinas}는 "윤리학은 광학이다"라고 주장한다. 그것은 전쟁과 폭력 그리고 타자를 지각하는 방식과 밀접하게 연관되어 있다.[8] 레비나스에 의하면, '타자의 얼굴'은 우리에게 폭력을 저지르게도 할 수 있고, 선량함과 정의의 가능성을 환기시킬 수도 있다.[9] "타자를 살해하고자 하는 본질인 권력은 타자와 대면하게 되고, 그리고 '모든 상식에 어긋나게도' 살인의 불가능성, 타자에 대한 배려 혹은 정의와 대면하게 된다."[10] 타자의 얼굴, 그러니까 타자성의 상징 그 자체를 미망인이나 이방인 그리고 고아와 같은 실제 타인에게서 발견할 수 있다는 의미다. 우리는 이런 타자의 얼굴을 노예와 난민, 게릴라, 적에게서 발견할 수 있을 것이다. 실제로 존재하는 사람인 타인과 우리 자신보다 우선하면서 우리 자신을 넘어서는 존재를 표현하는 난해한 철학적 개념인 타자 사이의 구분은, 기억은 언제나 타자를 위한 것이며, 언제나 정의를 위한 것이라고 말할 때 리쾨르가 얼버무리며 넘어가는 것이다. 정의에 대해 이야기할 때 리쾨르도 레비나스도 실제 타인에 대해서는 그다지 관심이 없다. 레비나스의 경우에는 그들에게 간단한 이름을 붙여 범주화하는 정도다. 우리가 실제로 타인을 상대하려면 그들의 삶, 그들의 문화, 그들의 독특함, 그들의 이름 등등과 대면해야 한다. 그러면서 그들이 우리 자신과 마찬가지로 자신의 이익을 도모하는 존재임을 깨닫게 된다. 그들이 자기 이익만 추구하기 때문에 세계 정치와 역사가 험난해지고 모순에 빠지면서 오염된다.

그래서 윤리적 기억은 언제나 정의와 타자를 지향한다고 가정하면서도, 리쾨르는 정의가 존재하기 위한 주장들이 서로 상충될 때 무슨 일이 일어나는지에 대한 질문은 회피한다. 전쟁이나 그 이후처럼 우위를 다투는 사건들에서는 언제나 정의에 대해 서로 상충되는 주장들이 있기 마련이다. 그러나 리쾨르는 정의를 판정하는 것 혹은 적어도 실제 타자들이 관심을 갖는 지저분하고, 순수하지 않고, 실용적인 정의에 대해서는 모호한 태도를 취한다. 그는 정의와 관련된 다음

아무것도 사라지지 않는다

과 같은 질문에도 침묵한다. 만약 우리가 어떤 기억을 윤리적이라고 생각한다면, 그와 모순된 기억은 비윤리적인가? 반대되는 많은 기억들이, 아마도 대부분은, 과거에 대한 그들의 기억이 윤리적이라고 여긴다. 주관적으로 그렇게 느끼는 것이 정말로 윤리적이라는 의미는 아니다. 리쾨르에게서는 은연중에, 레비나스에게는 더 명백하게 나타나는 것은 실제 타자들 사이의 윤리와 정의에 대한 세속적 주장이 레비나스가 "총체성"이라고 부르는 영역에 속한다는 생각이다. 전쟁, 폭력 그리고 사리사욕이 총체성을 지배하고, 우리는 그 속에서 우리와 '동일하게' 변화시키고자 타자를 희생시키면서 '자유'를 얻기 위해 투쟁한다.[11] 레비나스에게, 타자의 얼굴은 '무한'에 속해 있으며,[12] 그곳에서는 "타자의 힘이 이미 그리고 이후로 내내 도덕적이다."[13] 레비나스와 리쾨르에게는, 그리고 레비나스의 개념을 가져온 버틀러에게도 역시, 윤리적 지향성과 정의의 의미는 반론의 여지가 없다. 윤리와 정의는 언제나 타자를 지향하며, 언제나 타자성을 사라지게 한다. 자아나 동일화를 지향하지는 않는다.[14]

정의에 대한 단호하고도 윤리적인 요구는 용기를 주며, 한계도 타협도 없는 화해와 환대 그리고 평화가 가능한 시대의 유토피아적 지평을 가리킨다. 그러나 레비나스가 말한 것처럼, 그리고 이후에 데리다Derrida가 말한 것처럼, 또 매우 많은 데리다의 제자들이 되풀이해서 말한 것처럼, 그 시대는 언제나 아직 '도래해야 할' 미래이며, 타자의 표식 아래 도착한다.[15] 서로를 비난하던 과거에 깊이 물든 의식으로 윤리와 정의를 위한 투쟁을 해야 하고, 윤리적 성취를 이루려면 타협을 피할 수 없으며, 정의로운 행동에도 항상 한계가 있기 마련이다. 게다가 국지전과 전면전이 지속되고 있는 현재에서, 현실의 타인들과 함께, 지금 이루어야 할 일은 무엇인가? 이렇게 세속적인 총체성의 영역에서, 사람들은 모두 자신이야말로 정의를 행할 사람들이라고 느낀다. 심지어 침략자나 정복자나 점령자들이라고 하더라도. 인식의 윤리를 적용해야 하는 대상은 무한한 유토피아적 세계뿐만 아니라 이 불쾌하고 더러운 총체성의 세계, 자기 자신이 하는 일, 그리고 그런 행동을 가능하게 하는 조건들이다. 레비나스는 윤리를 광학, 즉 새롭게 보는 방식으로 간주하면서 인식을 시각적 언어로 설명한다. 이 경우에, 우리가 개인으로서 그리고 집단으로서 할 수 있는 일, 그리고 개별적 행동을 할 수 있는 조건을 만들 때 우리에게 주어진 역할을 본다. 후자의 파노라마적 인식은 버틀러가 재구성이라고 부르는 것이고, 일상적 언어로 말하자면 더 큰 그림을 보는 것이다. 그러한 인식이 없다면 사회나 문화, 산업, 국가 그리고 전쟁기계에게 향해야 할 비난과 책임이 오로지 자아와 개인에게로 향할 위험이 있다.

그럼에도 개인이 윤리적으로 인식할 때 전체를 훑어보는 시각보다는 근접해서 보게 되는 경우가 많다. 특히 폭력적 순간은 얼굴과 얼굴을 대면하는 것부터 시작된다. 시각적 차원의 윤리적 인식은 트라우마를 남기는 시각적 충격과 함께 일어나며, 마이클 헤르Michael Herr는 끔찍한 것들을 보면서 생긴 트라우마가 "눈에 저장된다"고 말한다.[16] 살인자 또는 살인의 목격자, 특히 희생자의 얼굴을 볼 수 있을 정도로 가까운 곳에서 목격한 사람은 그 일로 인해 트라우마가 생긴다. 먼 거리에서 포와 미사일을 쏘는 포병이나 조종사, 포격수는 칼이나 총 그리고 드론 같은 것을 사용하여 살인하는 사람이 죽어가는 사람의 얼굴을 볼 때처럼 충격을 받지 않는다.[17] 타자의 얼굴은 살인자를 괴롭히기 위해 돌아온다. 《이름 없는 소설》에서 즈엉 투 후옹은

아무것도 사라지지 않는다

전쟁에서 죽은 이들에 대해 "결코 우리를 떠나지 않고, 정의를 요구하며, 고발하는…… 그 얼굴들"[18]이라고 묘사한다. 아마도 그래서 누군가가 사이공 외곽 공화주의자들의 묘지에 붙어 있던 남베트남군의 사진 속 얼굴과 눈을 지워버렸을 것이다.

강간은 직접 대면하지 않고서는 저지를 수 없는 일이다. 그래서 피해자가 트라우마를 입게 되는 것이고, 아마도 가해자 역시 마찬가지일 것이다. 후자에 대해서는 언급하기 힘든 것이, 많은 이들이 살인은 인정해도 강간을 인정하는 경우는 매우 드물기 때문이다. 래리 하인만의 《클로즈 쿼터스》에서도 강간을 인정하는 장면이 가장 충격적이고 불쾌하다. 클레이모어 페이스라는 별명은 레비나스의 "폭력은 오직 얼굴만 겨냥할 수 있다"는 언급을 떠오르게 한다.[19] 여드름 자국이 가득한 그녀의 얼굴을 두고 살상용 작은 총알을 뿜어내는 클레이모어 지뢰를 맞은 듯 엉망이라고 비유한 것이다. 별명의 이미지와 언어들로 그녀는 이미 해병대원들에게 훼손되었고, 구강성교를 강요당하면서 다시 훼손된다. 그녀에게 일어난 일과 그녀의 운명을 대하는 독자들의 감정을 레비나스는 "살인을 가능하게도 하고 가능하지 않게도 하는 얼굴"이라고 설명했다(우리는 강간을 살인으로 대체할 수 있다. 강간은 살인과 연속선상에 있는 폭력적 행동이기 때문이다).[20] 어떤 측면에서 그녀의 별명은 살인욕구, 성적욕구 그리고 클레이모어 지뢰와 해병대들로 구체화되는 미국의 군사 무기들의 기계적 폭력을 상기시키기 때문에 타자의 얼굴을 떠올리게 한다. 다른 측면에서 그녀의 얼굴은 살인과 강간이 불가능할 수밖에 없는데, 무슨 일이 벌어지는지 지켜보고 있는 독자들이 분노와 슬픔을 느끼기 때문이고, 적어도 불편함을 느끼기 때문이다. 타자의 얼굴은 살인과 강간을 가능하게 하면서 동시에 불가능하게 한다는 말은 타자를 인간이거나 혹은 비인간으로 보는 우리가 바로 인간이면서 비인간이라는 의미다. 우리는 타자와 동일시하고 싶거나 아니면 타자를 제거하고 싶다. 두 가지 충동이 한 사람 속에 모두 존재할 수 있고, 하나의 문화 속에서도 분명히 존재할 수 있다.

우리에게는 타자와 자신을 동일시하는 공정하고 윤리적 측면만을 기억하고 타자를 살해할 수도 있는 자신의 부당하고 비윤리적 측면을 잊고자 하는 경향이 있다. 이것은 기억에 관한 또 다른 클리셰에서 볼 수 있다. "권력에 저항하는 인간의 투쟁은 망각에 저항하는 기억의 투쟁이다."[21] 자주 인용되는 밀란 쿤데라Milan Kundera의 말은 인간의 의지를 미화하고 있다. 밀란 쿤데라에게 동의하는 이들은 '권력과 망각'에 저항하는 '인간과 기억'에 스스로를 동일시한다. 그러나 그 두 항을 대립시키는 것, 처음부터 인간과 권력을 분리시켜서, 인간을 '기억'의 편에 놓고, 권력은 '망각'에 관심을 갖는다고 분리하는 것은 오류이다. 철학자 미셸 푸코Michel Foucault의 주장에 의하면, 진정한 권력은 어떤 개인에게도 속해 있지 않다. 오히려 어떤 개인도 통제할 수 없는 저 너머에서 순환하기 때문에, "권력은 어디에나 있다."[22] 그러나 푸코의 전제 조건에서조차, 전체로서의 인간은 권력과 뗄 수 없는 관계로 얽혀 있다. 인간 혹은 인간성의 개념은 권력을 통해, 그리고 몇몇 사람들이 인간성이라고 주장하는 (반면에 타자의 인간성은 거부하는) 능력을 통해 구성된다. 푸코의 우려를 넘어서서, 개인도 권력에 의한 행위를 저지른다. 또한 권력을 남용하고 그 잔혹의 흔적을 지우려는 국가나 집단도 결국은 개인들로 구성되어 있다. 개인이든 집단이든 인간이라면, 자신이 당한 일을 기억하려는 것만큼 자신이 저지른

아무것도 사라지지 않는다

일을 잊어버리려 한다. 그리고 권력자들은 누구를 학대했는지 잊어버리고 그저 성취한 것만을 기억하는 데 집중한다. 인간은 언제나 권력에 연루되어 있다. 결백한 존재는 갓난아기와 가장 비참한 피해자뿐이다. 권력은 반드시 사용되며, 단 한 가지 윤리적으로 사용되었는지를 질문할 수 있을 뿐이다. 쿤데라의 경구는 권력을 남용할 수밖에 없는 그 무엇으로 바꿔 놓고 있다. 권력에 저항하는 투쟁을 강조한 것이라고 해도, 투쟁 자체도 권력의 형태일 수밖에 없다. 권력에 연루되는 것으로부터 한 걸음 뒤로 물러나기보다는, 권력을 행사하는 것을 필연으로 받아들여야 한다. 다만 영웅과 악당, 선과 악, 그리고 우리와 그들을 이상화하는 것을 넘어서는 윤리적 원칙이 있어야 한다. 윤리적 원칙도 없고, 우리가 권력에 연루되어 있다는 의식도 없다면, 쿤데라의 경구처럼, 비인간적 상태에 저항하면서 인간성을 기억하자고 하는 휴머니스트들의 외침만 받아들이려 할 것이다. 편리하게도, 인간의 내면에 비인간성이 없다면 비인간적 사태들이 벌어지지도 않는다는 것을 잊은 채 말이다. 마찬가지로 그 역도 성립된다. 물론 국가는 바로 우리다.

우리가 권력을 사용하고 또 남용할 수 있음을 인정하지 못하면 자신을 순수한 피해자로만 보게 된다. 게다가 우리에게 위해를 가했다고 믿는 사람들에게 복수하는 것을 정당화할 수도 있다. 냉전 상황에서 쿤데라가 그런 주장을 한 것은 우연이 아니다. 그의 반공산주의적 발언은 반공산주의 세계에서 클리셰로 회자되고 있다. 공산주의 세계와 달리 그들의 세계에서 권력이 남용되고 있음을 자각하지 못하기 때문이다. (자유로운) 인간이 기억상실과 권력 남용에 저항한다는, 정형적이면서도 기억과 망각의 역학에 딱 들어맞는 상황은 냉전의 기후와 불가분의 관계다. 그런 상황에서 기억과 해방의 편에 서 있는 우리는 누구에게도 피해를 입히지 않는다는 진부한 주장들이 따뜻하고 모호한 기분을 느끼게 한다. 테러와의 전쟁은 우리 자신을 피해자로만 보는 이와 같은 논리를 계승한다. 미국인들이 9.11 이후에 했던 것처럼. 어떤 프레임에서는 미국인들이 피해자였던 것도 사실이다. 다른 프레임으로 보면 버틀러의 주장대로 이러한 관점이 이전의 복잡한 역사로부터 9.11을 분리시켰다. 그래서 적으로 간주되는 이들에게 미국이 저지른 비인간적 전쟁 행위를 정당화했다. 그럼에도 인식의 윤리를 미국인들에게만 적용해서는 안 된다. 미국의 적 혹은 적으로 인식된 이들, 스스로를 피해자로 여기는 이들에게도 적용되어야 한다. 분쟁의 어느 쪽에서든 윤리에 의거한 광학 언어로 들여다보아야 한다. 적과 타자의 흠결뿐만 아니라 근본적으로 자신에게 결함이 있음을 볼 수 있어야 한다. 서로를 이렇게 인식하지 않으면 진정한 화해는 이루어지기 어렵다.

어쩌면 이렇게 인식의 윤리를 적용하다 보면 응징이나 체념으로 이어질지도 모른다. 전쟁이 끝난 후 일부 미국인들은, 로버트 맥나마라Robert McNamara 전 국방장관의 말을 빌리면, '적에게 공감하는 것'[23]이 반드시 해야 할 일임을 깨달았다. 여기서 공감은 응징을 위한 것이다. 공감을 해야 타자를 더 잘 이해할 수 있고, 그래야 그들을 통제(혹은 살해)하는 데 도움이 된다는 의미다. 이라크와 아프카니스탄 전쟁에서 사용된 대게릴라전 매뉴얼은 데이비드 퍼트레이어스David Petraeus 장군이 썼는데, 그는 베트남에서 겪은 경험을 바탕으로 군사 기술을 정교화 했다. 미국 군인들에게 문화적 감수성을 더 키워서 점령한 땅의 인민들을 대하도록 장려했다. 미국인들은 문화적으로 민감한 전쟁

　　　　　　　　　　　　　아무것도 사라지지 않는다

상황을 겪으면서, 결론적으로 고향의 다문화주의를 해외에 적절하게 적용한다. 양쪽의 경우 모두 차이를 연구하고 타자를 이해하려는 것은 단지 수단일 뿐이다. 목적은 타자를 길들이고 무해하게 만드는 것이다. 우리가 정말로 인간적이면서 비인간적이라는 걸 알면서도, 비인간적 행위에 대해 할 수 있는 일이 아무것도 없다고 여기는 것이 바로 체념이다. 체념은 행동하지 않는다. 체념은 자신을 인간이라고 생각하면서 비인간적 행동을 용납하는 가장 흔한 양상이다.

응징과 체념은 크메르루주 시기와 그 이후의 캄보디아에 만연했다. 그러나 또한 인식의 윤리를 적용하여 타자의 얼굴을 보려는 분투도 발견할 수 있다. 이러한 윤리의 사례는 대량학살에 맞선 가장 유명한 예술가이자 영화감독인 리티 판Rithy Panh의 작품이다. 그와 다른 많은 이들에게 수도 프놈펜에 위치한 악명 높은 교도소이자 죽음의 수용소인 S-21은 크메르루주 정권의 정책과 공포의 상징이었다.[24] 1975년부터 1979년까지 크메르루주 통치 기간 동안, 약 17,000명의 남자, 여자, 아이들이 S-21에 수용되었으며, 사진 촬영과 심문과 고문을 당하고 살해되었다. 어떤 통계에 의하면 생존자는 일곱 명, 또 다른 통계에 의하면 생존자는 열두 명이다. 많아야 수백 명이 살아남았을 것이다(가난한 나라에서 흔히 그렇듯이, 관료들은 재앙의 내용을 거의 파악하지 못하고 있다). 약 700만의 캄보디아 인구 중 170만 명이 S-21에서 살인, 기아, 질병으로 목숨을 잃었다. 사형집행과 강제 노역을 통치 수단으로 삼은 극단적 정권의 극단적 징후였다. 이 시기에 크메르루주는 캄보디아 사회 전체를 통제하는 얼굴 없는 조직 앙카르(캄보디아어로 상부조직이라는 의미)를 창설했다. 제복과 머리모양 옷차림을 통제했고, 가족 관계와 친분 관계를 없앴으며, 전체 인구를 강제 노동력으로 전환했다. 크메르루주의 정책은 전체 사회와 '신인민'을 응징하는 것이었다. ('기층인민'인 농민과 대조되는) 신인민은 서구의 영향력과 계층의 불평등을 드러내는 사람들이었다.[25] "오직 귀머거리, 벙어리, 침묵하는 자만이 살아 남아서" 불평등한 과거를 지운 유토피아, 제0년[26]부터 새롭게 시작될 혁명 사회의 얼굴 없는 구성원이 될 것이다. 이것이 바로 레비나스가 총체성을 향한 돌진이라고 말한 것이며, 모든 것, 모든 차이, 모든 타자들을 동일함 속으로 밀어 넣으려는 충동이다. 식민주의도 총체성을 향한 충동의 표현이다. 프랑스인들이 크메르인들에게 했던 행위가 곧 크메르인들이 동족과 캄보디아에서 찾아낸 타자들 모두에게 자행한 학살의 전조였다.

유엔은 캄보디아인들에게 일어난 일이 대부분 크메르인들이 크메르인을 살해한 경우였음을 고려해서, 제노사이드genocide(대량학살)라는 단어를 사용하지 않는다. 제노사이드는 한 민족이 다른 민족을 대상으로 저지르는 일이기 때문이라는 것이다. 리티 판은 이러한 관료적 해석을 거부한다. 그는 (크리스토프 바타이유Christophe Bataille와 공동 집필한 책에서) 말한다. "하나의 큰 집단 내부에서 어느 집단 하나를 지목해서, 그 집단의 구성원들이 위험하며, 독성이 있고, 없애버려야 마땅한 것으로 간주한다면 그것이 바로 제노사이드가 아니고 무엇이란 말인가?"[27] 판은 이렇게 지목하는 것을 '제거'라고 부른다. 그가 제노사이드에서 살아 남은 10대 청소년이었을 때 숨겨 두었던 기록, 그리고 그 시절에 일어난 비인간적 범죄에 대해 유일하게 유죄 판결을 받은 크메르루주의 관료이자 S-21 수용소장 돗Duch과 마침내 대면했을 때의 기록이자, 강렬하고, 감상적이지 않은 회고록의 제목이기도 하다.《제거》Elimination는 제노사이드가 끼친 영향에 대한 성찰이면서 돗으로 대표되는 가해자들을 분석한 심리학이다. 돗은 판과의 대면 인터뷰를 여러 차례 받아들인다. "그는 남의 약점을 찾아 움켜잡는 사람이다. 자신의 인간성을 집요하게 추구하는 사람이다. 사람을 불안하게 만드는 사람이다. 나와 헤어질 때마다 언제나 웃거나 미소를 짓고 있었다."[28] 돗의 변호사이며, 그 자신이 제노사이드의 생존자인 까 사웃 Kar Savuth의 경험은 다음과 같다.

> 그가 처음 돗을 만났을 때, 전 크메르루주 사령관은 자기 죄의 막중함에 짓눌린 듯 울었다. 그러고 나서 스스로를 수습하더니, S-21의 첫 번째 수용소장은 살해되었고, 자신이 살해되는 것도 단지 시간문제임을 알고 있었다고 설명했다. 돗은 까 사웃에게 질문했다. 만약 그들이 가족을 죽이겠다고 위협한다면, 당신이라면 어떻게 했겠는가? 까 사웃은 대답했다. "저도 당신이 했던 대로 했을 겁니다."[29]

돗은 판 역시 자기와 같은 행동을 했을 거라고 생각하도록 설득하려 했으나, 판은 거부했다. 돗은 까 사웃이 자신과 마찬가지로 행동했을 거라고 확신시켰다고 말했고, 판은 돗이 자신이 한 행동에 책임을 져야 한다고 설득했다. 둘 다 인간성 안에 비인간성이 있음을, 그 역도 성립한다는 것을 인식해야 할 윤리적 필요성에 대한 이야기다. "그는 모든 순간에 인간이었다." 판은 돗에 대해 설명한다. "그것이 바로 그가 재판을 받고 유죄가 되어야 하는 이유다. 어느 누구도 다른 사람을 인간이라고 하거나 인간이 아니라고 할 권리를 스스로에게 부여할 정당성은 없다. 하지만 아무도 인간 공동체 안에서 돗이 될 수 없다. 삶의 내력, 지적이고 심리적인 궤적을 그와 똑같이 따라갈 사람은 아무도 없다."[30] 돗은 사람이고, 인간이며, 동시에 인간의 공동체 밖에 있는 누군가이다. 그가 타자들을 제거하려 했음에도 그 자신이 타자이며, 자신이 저지른 행동을 인정하는 것을 통해서만 인간성을 주장할 수 있는 피조물이다. 판은 단지 개인의 차원에서 이러한 인식을 촉구하지 않는다. 돗은 "사람, 전적으로 사람"이지만, 정권의 얼굴이기도 하다.[31] 돗은 독특한 가해자이고, 어쩌면 피해자일 수도 있다. 할리우드의 공포 영화보다 더욱 도가 지나친, 그가 관리한 참상의 목록은 역사와 인류라는 종에서 비롯된 결과이다.

> 민주 캄푸치아(크메르루주가 캄보디아에 세운 나라_역주)가 저지른 범죄들, 그리고 그 배경이 되었던 의도들은 이론의 여지없이 인간적이었다. 인간의 보편성, 인간의 전체성, 인간의 역사성과 정치성을 모두 포함하고 있었다. 아무도 그러한 범죄를 지리적 특수성이나 역사적 특이함의 탓으로 돌리지 않는다. 오히려 20세기는 그 자리에 도달하여 완성되었다. 캄보디아에서 일어난 범죄는 20세기 전체를 대표하는 표본이기도 하다. 이 표현이 지나칠 수도 있지만, 바로 그 과도함에서 진실이 드러난다. 계몽의 시대에 그러한 범죄들이 일어났다. 한편으로 나는 그 사실이 믿기지 않는다.[32]

판은 제노사이드가 과연 서구적 사유가 최고조에 이른 결과라 할 수 있는지 주저한다. 그러나 그는 "캄보디아의 역사가 가장 깊은 의미에서 인류의 역사"[33]라는 것에 대해서는 망설이지 않는다. 제노사이드는 극단적이지만, 주변부에서 일어난 일이거나 지엽적이거나 일탈적 사건이 아니다. 근본적으로 비인간성의 표현이면서 따라서 동

아무것도 사라지지 않는다

시에 인간성의 표현이고, 이전에도 이후에도 여러 번 일어난 참상이며, 위대한 예술의 내면에 아름다움이 있는 것처럼 그 속에 보편성과 혐오가 내재하는 사건이다. 판은 이렇게 말한다. "나는 크메르루주의 범죄에는 보편성이 있다고 믿는다. 크메르루주가 그들의 유토피아가 보편성이 있다고 믿었던 것처럼."[34]

제노사이드의 보편성, 그리고 돗과 평범한 크메르루주 사람들이 지닌 비인간성과 인간성을 대면하면서 판은 스스로에게 응징과 체념 모두를 허용하지 않는다. 비인간성의 한 가지 징표가 파괴라면, 인간성의 징표는 창조이다. 예술가로서 판은 그것을 잘 알고 있었다. 판은 돗과 제노사이드를 다루는 예술을 창조했다. 가족들 대부분이 기아와 질병으로 죽어가는 것을 목격하면서 그 가운데서 살아 남은 자신의 경험을 다루는 방식으로 예술을 선택했다. 《제거》에서 그랬던 것처럼, 가족과 나라의 운명을 감동적이고 눈부시게 표현한 영화 〈잃어버린 사진〉에서도 그는 자신의 경험을 상세하게 그려낸다. 비범한 표현력으로, 판은 손으로 빚은 찰흙 인형들을 가지고 자신과 그가 이야기하고 있는 사람들과 크메르루주 시대의 세상을 재현한다. 그의 미학적 판단은 설득력 있고 만족스럽다. 아트 슈피겔만^Art Spiegelman이 홀로코스트를 '쥐'라는 만화로 표현하기로 선택한 것에 버금간다. 슈피겔만은 나치를 고양이로, 유대인을 쥐로 그렸다. 판은 홀로코스트와 마찬가지로 이해하기 힘든 죽음의 세상을 대면하기 위해 인간이 아닌 인형들로 비인간성에 접근하는 방식을 선택했다. 인형들의 굳어 있는 얼굴은 이 영화의 음악, 내레이션, 미니어처 미장센과 결합할 때, 판의 가족이 노역을 하다가 기아와 질병으로 사망한 노동수용소, 들판, 오두막, 병원 등을 재현한 입체모형에서, 판이 누워 있던 지그문트 프로이트의 그림이 걸려 있던 방과 죽은 친척이 주시하면서 그의 기억을 캐물을 때, 감동적일 만큼 풍부한 표현력을 발휘한다. 인형들의 부동성은 미학적으로 느껴진다. 사진 속 인물들처럼, 때로는 기억이 그러한 것처럼, 인형들은 움직이지 않고 고정되어 있다. 그러나 사진과는 달리 예술가 망 사리스^{Mang Sarith}가 손으로 빚어 존재하게 된 인형들과 그 배경은 3차원이다. 판과 망 같은 예술가들의 노력은 체념의 반대편에 있다. 그들은 응징하지 않는다. 그 대신 반복해서 범죄 현장으로 돌아갈 방법을 찾는다. 그 현장을 이해하기 위해 계속 노력한다. 그들의 예술은 다른 이들의 얼굴을 볼 수 있다는 면에서 중요하다. 심지어 타자의 얼굴조차 볼 수 있을 정도다.

가장 처참한 공포와 과거를 다루면서, 판은 자기 예술의 힘에 신뢰를 표현한다. "내 영화는 지식을 지향한다. 모든 것은 독서와 성찰, 조사 연구에 근거하고 있다. 그러나 나는 형태와 색채 빛, 프레임과 편집도 믿는다. 시도 믿는다. 충격적인 생각인가? 아니다. 크메르루주는 모든 것을 파괴하지는 못했다."[35] 크메르루주 또한 형태에 관심을 가졌다. 사람들은 사형 당하지 않기 위해 조심스레 행동하고, 옷을 입고, 특정한 방식으로 말을 했다. "신체를 통제하는 것은 정신을 통제하는 것이다. 그 프로그램은 명료했다. 나는 장소와 얼굴과 이름과 가족 없이 존재했다. 거대하고 검은 제복과 같은 체제에 속해 있었다."[36] 그 체제에서 벗어나자, 판은 수십 년 동안 과거와 비인간 속에서 인간을 보는, 혹은 인간 속에서 비인간을 보는 어려움을 표현할 형태를 찾으려고 다양한 예술 작품을 시도하며 노력했다. 그 결과 '제거'와 '잃어버린 사진'은 제노사이드를 다룬 가장 훌륭한 작품이자 기억이 되었다. 그 작품들이 지닌 강력한 영향력은 감상적이거나 미학적으로

아무것도 사라지지 않는다

뒤떨어지지 않았으며, 또한 제노사이드에 대한 서구 국가들의 책임에 대해 발언하는 것을 두려워하지 않는 것에서 비롯된다. 다른 캄보디아인들의 작품에서는 그러한 두려움을 자주 엿볼 수 있다. 그는 어려운 가능성과 마주하고 있다.

30년이 지났음에도 크메르루주는 승리한 채 남아 있다. 죽은 이들은 죽었고, 지구상에서 지워졌으니까. 그들의 기념비는 우리다. 그러나 또 다른 기념비가 있다. 조사와 이해와 해석의 결과물들. 이것은 슬픈 열정이 아니다. 이것은 제거에 대항하는 투쟁이다. 물론 그러한 결과물이 죽은 이들을 일으켜 세울 수는 없다. 나쁜 못자리나 재를 찾아내지도 못한다. 당연히 우리에게 안식을 가져다주지도 못한다. 우리를 성숙하게 하지도 못한다. 그러나 우리의 인간성, 지성, 역사를 되돌려 준다. 품위를 되찾아줄 때도 가끔 있다. 우리를 살아 있게 한다. [37]

제거로 인해 죽은 이들은 지워졌고 살아 있는 이들은 개체성을 박탈당하여 눈에 보이지 않게 된다. "나는 가족을 잃었다. 이름을 잃었다. 얼굴도 잃었다. 그래서 아무것도 아닌 존재가 되었기에, 나는 살아남았다." 판은 말한다.[38] "이름이 없는 것은 마치 얼굴이 없는 것과 같다. 그러면 쉽게 잊힌다."[39]

기억의 작업을 하는 동안, 판은 '고문자들의 얼굴'에 대해 고민한다. "분명히 나는 그들을 몇 명 만났다. 그들은 웃을 때도 있었고, 거만할 때도 있었고, 동요할 때도 있었다. 대체로 그들은 둔감했고, 완고했다. 그렇다. 고문자들도 슬퍼할 때가 있었다."[40] 그의 다큐멘터리 〈S-21〉에서, 판은 간수와 고문자 몇 명을 만난다. 그리고 성인이 된 그들을 설득해서 그들이 청소년이었을 때의 삶, 즉 일상적 행동, 즉 심문이나 고문 같은 행동을 재현하고 반복하게 한다. 판의 관점에서는 그들이 타자이다. 판이 이해하고자 애쓰는 수수께끼, 즉 어떻게 그런 학살이 일어날 수 있었는지를 구체적으로 재현하는 살아 있는 화신이다. 어떻게 사람이 그런 일을 할 수 있었을까? 왜 아무도 책임을 지지 않는가? 흥미로운 영화감독 소치타 폽Socheata Poeuv도 같은 질문을 하고 있다. 다큐멘터리 〈새해의 아기〉New Year Baby에서, 그녀는 아버지를 미국에서 캄보디아로 데려가 전 크메르루주의 간부와 깜짝 만남을 주선하려 한다. 그 시기의 생존자인 그녀의 아버지는 크메르루주를 증오하고 있으며, 그 간부를 만나려고 하지 않는다. 그러나 폽은 말한다. "나는 그의 얼굴을 보고 싶다." 다른 많은 사람들과 마찬가지로, "온 나라가 이 일로 고통에 시달리면서도 어떻게 정의를 요구하지 않을 수 있는지 나는 이해할 수 없었다." 그러나 신인민과 기층인민으로 나뉜 나라에서 많은 이들이 죽음의 조력자였다. 그보다 더 많은 이들이 살아 남기 위해 침묵한 목격자이자 범죄에 연루된 관객들이었다. 그러니 정의에 도달하기가 얼마나 어려운지 상상도 할 수 없다. 누가 책임을 지는가? 유엔과 캄보디아 정부가 다섯 명의 최고위급 크메르루주 지도자를 기소하는데 공동으로 참여하고 있기는 하지만(그 중에서 가장 최하위급인 돗이 가장 먼저 유죄 판결을 받았다), 정의를 실현하려는 법적인 노력은 한낱 상징일 뿐이다. 수천 명이나 되는 진짜 살인자들은 기소되지 않을 것이며, 수십만 명의 연루자들을 거론하거나 지목하지도 않을 것이기 때문이다.

어느 정도 죄를 고백한 다른 몇몇 크메르루주 사람들과 마찬가지로, 돗은 일부 행동은 인정하지만(나머지 행동은 인정하지 않는다), 책

아무것도 사라지지 않는다

임 소재에 대해서는 자기보다 위에 있는 권력, 즉 크메르루주의 희생자들을 공포에 떨게 한 얼굴 없는 존재인 앙카르(조직)를 지목하면서 발뺌한다. 조직은 간부들을 통해서 지시했으나, 간부들을 포함한 거의 모든 사람들에게 조직은 불분명한 존재였으며, 사실은 그들 자체가 조직이었다. 캄보디아인들에게 조직은 어떤 개인과도 분리되어 있는 권력 그 자체가 아니었을까? 이렇게 권력으로부터 그리고 조직의 일부가 되거나 연루되는 것으로부터 스스로를 삭제하고 제거해서 크메르루주 시절을 살아온 캄보디아인들은 책임을 부인하고자 하는 걸까? 심지어 재판에 회부된 가장 나이 많은 크메르루주의 간부조차 수십만 명이 죽어가고 있음을 알지 못했다고 주장한다('만약 정말로 수십만 명이 죽었다면'이라고 그들은 말한다). 만약 가해자들이 자신이 연루되어 있음을 알아차렸다면, 책임이 훨씬 줄어들고, 피해자와 가해자 사이에 화해가 이루어질 수 있었을까? 문제는 위해를 가하는 특정 행동을 인정하고 난 뒤에도, 자신이 가해자임을 기꺼이 인정하는 이들이 거의 없다는 것이다. 그들은 자신의 행동과 대면할 수 있을까? 그들은 자신의 태만과 대면할 수 있을까? 그들은 자기 자신의 얼굴을 똑바로 마주볼 수 있을까?

〈S-21〉에서 판은 전직 경비원들을 촬영하고 이렇게 적는다. "고문자들의 얼굴: 해명되지 않는 이미지들 속에서 길을 잃다. 마치 뛰어넘을 수 없는 경계가 있는 것처럼. 이름 붙일 수 없는 것들."[41] 판이 여기에서 암시하는 것은 목격자들과 소문으로만 범죄를 접했던 이들이 마음의 눈에 담아두고 있던 공포의 이미지 둘 다이다. 또한 S-21 수용소에 입소하면서 사진이 찍힌 죄수들 모두의 얼굴들도 언급하고 있다. 그 사진들 중 일부는 현재 박물관이 된 S-21 수용소에 전시되어 있다. 사진에는 피해자들의 이름이나 신분에 대한 설명이 붙어 있지 않다. 피해자들 중 상당히 많은 이들이 크메르루주 간부들이었으나 조직과 충돌하는 바람에 떨어져 나온 사람들이며, S-21 수용소에 속해 있던 전직 고문자와 경비원들도 있었다는 사실을, 방문객들 대부분은 알지 못한다.[42] 크메르루주는 S-21 수용소를 전직 간부들과 외국인, 소수자들, 지식인들을 고문하고 살해하는 곳으로 사용했다. 피해자가 되어버린 가해자들의 얼굴은 크메르루주 시대와 그 여파가 드러내는 인간과 비인간의 역사라는 일반적 문제를 가장 뚜렷하게 구현한 징표이다. 즉 자신이 타인에게 위해를 가할 수 있음을 인정하기를 꺼려하는 것, 그리고 그것을 받아들이는 것에 대한 문제이다. 피해자들도 폭력적일 수 있음을 인정하지 않을 때 우리는 자신에 대해서도 마찬가지 상상을 한다.

그렇기 때문에 전 세계 사람들은 캄보디아와 크메르루주를 바라보며 경악하고, 어떻게 제노사이드가 실제로 일어날 수 있었는지 의아해한다. 그러나 펭치아Pheng Cheah의 저서 제목을 빌어 말하자면, 적절한 '비인간적 조건'만 있으면 어디에서나 제노사이드는 일어날 수 있다는 게 현실이다. 치아의 사유는 인문학의 한 지류인 후기 구조주의적 경향을 보여주는데, 판은 그 흐름에서 벗어났다. 치아는 자신에게 영향을 준 푸코와 마찬가지로, 인간과 영혼이 신의 창조물이라고 생각하는 것은 오류라고 주장한다. 그 대신 인간과 영혼은 권력에 의해 창조되고 권력의 효과로 보아야 한다는 것이다. 권력은 어떤 개인에 의해서도 완전히 장악되지 않는다는 점에서 인간이 아니다. 권력은 개인들을 넘어서고, 우리는 그것에 복속되어야 한다. 치아에 의하면, 이것이 바로 비인간적 조건이다. 치아는 데리다에게서도 영향을

아무것도 사라지지 않는다

얼굴 사진들, S-21 박물관, 프놈펜

받았다. 전형적인 데리다적 전도를 적용하여, 치아는 비인간성이 인간성에 우선하며, 그 역은 성립되지 않는다고 주장한다. 관습적 사고에서는 본래의 인간성이 변형된 것이 비인간성이라고 여긴다. 그래서 다양한 개인과 종족과 당과 국가가 저지르는 비인간적 행위를 보고 손을 부들부들 떨면서 절망하게 되는 평범하고 감상적인 인본주의적 반응을 보이게 되는 것이다. 치아의 입장에서는 인간성이 비인간성보다 우선한다고 주장하는 것 자체가 근본적으로 잘못된 인식이다. 그로 인해 인간성을 위한 조건으로서가 아니라 도덕적 일탈로서의 비인간성에 초점을 맞추게 된다는 것이다. 하지만 치아는 세속적이고 도덕적인 개념의 비인간성에 그다지 관심을 갖지 않는다. 판은 비인간성을 치아가 제안한 철학적 개념으로만 생각할 수는 없다고 주장한다.

　비인간성을 문명과 그것이 인간에게 주는 특권의 결과로 인식하

는 것은 중요하다. 하지만 개인의 과오와 행위의 측면에서 접근하는
것도 중요하다. 인간성의 변형이자 권력의 구조적 힘에 의해서도 피
할 수 없는 책임감의 문제로 비인간성과 대면해야만 한다. 캄보디아
인들의 사회를 들여다보면, 공포란 피해자가 되는 것뿐만 아니라 타
인을 피해자로 만드는 것도 포함된다. 캄보디아인들을 특정해서 이렇
게 말하는 것은 역사나 권력을 부정하는 게 아니다. 캄보디아를 식민
지로 만든 프랑스인들, 그 나라에 폭격을 퍼부은 미국인들, 자신들의
전쟁을 이웃나라에까지 확장시킨 북베트남인들, 크메르루주의 잔혹
함을 알면서도 그들을 지지한 중국인들에게도 책임이 있다. 캄보디아
인들에게 제노사이드의 광범위한 책임이 있다고 말하는 것은 그들이
문화적으로 특이해서 살인을 저지르거나 혹은 살인을 방조하는 성향
이 있음을 지적하는 것이 아니다. 작가 제발트^{W. G. Sebald}는 독일인에 대
해 이렇게 말했다. "양심을 지닌 이는 일찍 죽는다, 양심이 당신을 갈
아 버릴 테니. 파시스트 지지자들은 영원히 산다, 수동적 저항자가 될
테니. 그들의 마음 속에는 둘 다 있다. …… 수동적 저항과 수동적 협
조 사이에는 아무 차이가 없다. ―그것은 똑같은 것이다."[43] 독일인이
나 다른 대량학살의 사례와 달리 특이한 점은, 서로를 죽이거나 서로
의 죽음을 목격한 캄보디아인들은 동일한 (종족의) 얼굴을 하고 있었
다는 점일 것이다. 따라서 캄보디아인들은 그들의 범죄를 외부인이나
다른 (종족의) 사람들이 선동한 탓으로 돌릴 수 없었다. 그래서 그들에
게 일어난 일의 이유를 알아내는 것, 즉 그들이 어렵게 해내야 할 과
제는 바로 그들 자신을 들여다보는 일이다.

크메르루주는 타자를 비인간으로 규정하고 비인간적 행동으로
파괴했다. 그러나 그들의 통치가 끝나고 난 뒤, 대부분의 차이는 사

라졌고, 타자가 사실은 타자가 아니었다는 사실만 분명해졌다. 주류를 이루는 민족들을 보면 그러하다. 판이 보기에, 돗은 이러한 상황의 얼굴과도 같은 존재다. 인간과 비인간을 가르는 선이 교차하는 지점이다. 캄보디아 사회에 너무 깊이 뿌리를 내리고 있어 쉽게 추방될 수 없는 전직 크메르루주 잔당들과 마찬가지다. 그러나 피해자와 가해자들 사이에는 연루된 사람, 목격자, 방관자, 체념한 사람들 집단이 존재한다. 크메르루주는 이 사람들을 들먹이며 대의명분으로 삼았다. 그들은 프랑스 식민정부와 캄보디아 지배계층에게 착취당했으며, 미국 전투기들에게 폭격당하고, 크메르루주에게 기만당한 소작농들이다. 판은 그들이 여전히 가난하다는 점을 지적한다. 크메르루주 시절 동안 그들은 정의의 편에 서지 않았으므로, 그 이후의 세월 동안에도 그들을 위한 정의는 이루어지지 않았다. 그들의 상황은 수 세기 동안 지속되어 온 터무니없고, 끔찍하고, 저열한 범죄다.

돗은 이렇게 터무니없는 상황을 보기 때문에 웃고 있는 건가? "나는 믿을 수 없었다. 그 웃음은 너무 밝고 너무 편안했다. 그러니까 대량학살이라는 범죄의 한가운데서 웃고 있는 것이다. 돗은 '목젖을 열어젖히며' 큰 소리로 웃는다. 나는 이 웃음을 다르게 표현할 방도가 없다."[44] 매우 기이하지만, S-21 수용소에서 죽은 이들과 곧 죽을 이들의 얼굴 가운데서 기묘하게 두드러지는 웃는 얼굴이 있다. 어느 누구라도 이런 장소, 즉 유럽에 있는 학살 수용소를 포함해서 내가 방문한 박물관과 기념관들 중 가장 충격적인 장소에서 웃을 수 있다는 것을 이해하기 힘들 것이다. 그 웃는 얼굴은 실제 인간의 얼굴은 아니다. 그려진 얼굴이다. 웃는 얼굴 위에 보편적 금지의 표지인 X자를 그어 놓은, 이곳을 방문한 사람들에게 웃지 말라고 지시하는 표지

"웃지 마시오" 표지판, S-21 박물관, 프놈펜

판이다. 침묵을 지키라는 표지판이다. 그 얼굴 표지판으로 보아, 돗뿐
만 아니라, 다른 누군가도 여기에서 웃었다는 사실을 말해준다. 내가
그곳을 방문했을 때도 외국인 청소년 관광객들이 통로에 있는 독방
을 보고 웃었다. 방문객들은 왜 웃는 것일까? 아마도 불편한 감정 때
문일 것이다. 외국인들이 점심시간을 이용해서 혹은 휴가 때 잠시 이
장소를 방문한다면, 무슨 말이 나오겠는가? 이 지역 사람이라면, 아
마도 그 웃음이 덮고 있는 눈물이나 불신을 알아차릴 것이다. 혼비백
산하고 괴로운 마음을 예의바르게 감추려는 것임을 알아차릴 것이다.
아마도 그 웃음이 조롱하고 있는 것은 죽은 이들이 아니라, 기념관이
상징하는 권위일 것이다. 권위는 교육적인 것이다. 권위와 교육을 비
웃고 싶지 않은 이들은 없을 것이다. 권위는 방문객들에게 적절한 기
억과 애도의 예절을 훈련시킨다. 권위는 이것이 웃을 일이 아니며 항
상 기억하고 잊지 말아야 할 문제라고 가르친다. 권위가 지닌 권력을

잊기 바란다. 국가의 적이나 혹은 괴물들이 이러한 기념물들이 증언하고 있는 범죄를 저지른 게 아니라는 사실도 잊기를 바란다. 그러나 이러한 범죄는 인간들이 저지른 것이다. 그들이 속해 있던 국가나 진영이 승리했다면, 그들의 행동은 추앙받았을 것이다. 웃음은 무례한 반응이거나 비인간적 태도일지 모르지만, 쿤데라가 《웃음과 망각의 책》에서 주장한 것처럼, 웃음은 악마의 파멸을 비웃는 것으로도 해석될 수 있다. 쿤데라의 표현에 의하면, 천사의 웃음은 권력자들이 내는 소리다. 하지만 웃음이 꼭 천사들과 부합되는 것인가? 악마를 패배한 천사라고 믿기보다는, 천사를 승리한 악마로 생각할 수도 있지 않을까?[45]

레비나스는 타자의 얼굴이 선량함과 정의를 요구한다고 본다. 특히 이방인[46]이라고 부르는 것을 거부하면서 "살인을 저질러서는 안 된다"고 명령한다. 그의 유사 종교적 어법으로는 타자는 높은 곳, 신의 영역, 무한 속에 존재한다.[47] 레비나스는 전쟁과 제국주의를 영토의 법으로 삼는 땅에 밀착된 총체성을 굽어보는 악마가 아니라 이방인에게 연민을 느끼는 천사에 가깝다. "타자를 위해 존재하는 것이 선이다"[48]라는 생각 속에서 자신의 윤리를 믿으려 한다. 그러나 그도 역시 수긍한다, "타자의 위치는…… 죽음, 어쩌면 살인이 일어날 수 있는 구역에 있다."[49] 1975년 4월 17일에 크메르루주가 기세등등하게 프놈펜에 입성했을 때, 그 도시 사람들에게 그들은 이방인이고 타자였다. 모든 진영에서 그들을 타자의 얼굴을 하고 있는 타자로 대우했다면, 레비나스가 요구한 윤리적 도덕적 선량함이 이루어졌을지도 모른다. 그러나 크메르루주였던 타자들이 죽음을 불러들였고, 타자의 얼굴을 한 그들이 레비나스가 갈망하던 실제의 타자가 아니었다고 말할 수도 있지 않을까? 타자의 얼굴이 정의가 아니라 테러를 예고한다면? 급진적인 이슬람을 찬성하거나 반대하면서 벌어지는 전쟁의 와중에서, 가면을 쓴 테러리스트의 얼굴이 서구세계에 타자의 얼굴이 될 수 있을까? 크메르루주와 급진적 이슬람주의자들은 스스로 정의의 편이라고 확신한다. 서구 국가들이 스스로 관용적이고, 언론의 자유와 종교의 자유를 허용한다고 자신하면서, 융단 폭력을 자행하는 공군에 대한 확신도 지니고 있는 것처럼.

보통 사람들이 흔히 그렇듯, 지옥의 가능성에 등을 돌리고 천국, 아직 오지 않은 미래에 대한 믿음에 기대려 하는 철학자들이 있다는 것이 놀랍지는 않다. 믿음과 철학적으로 등가인 것은 타자가 우리에게 정의(후기 구조주의적 사고에서는 정의가 무엇인지 규정하지 않는다)를 강요한다는 세속적 믿음이다. 인류라는 종으로 살고자 한다면 우리는 그 믿음을 고수해야 한다. 그러나 또한 우리가 지고 있는 빚, 즉 타자도 살인자가 될 수 있고, 우리 자신도 살인자이거나 살인에 연루될 수 있는 가능성을 피하지 말아야 한다. 만약 그렇다면, 돗의 경우를 한나 아렌트^{Hannah Arendt}가 나치 아돌프 아이히만을 설명하기 위해 만들어낸 용어인 '악의 진부함'의 또 다른 사례라고 여길 수 있을 것이다. 그러나 돗의 사례에서는 악의 진부함은 일반적으로 서구인에게 해당되는 주관성, 대리인, 중심성의 상징이라는 교훈을 얻게 된다. 전쟁기계 속에서 톱니바퀴에 지나지 않는 역할을 하는 가장 미미한 존재라고 해도 서구인에게만 주어진다. 악의 진부함을 논할 때 타자를 배제하는 것은 타자에게도 악랄한 행동을 할 주관성이라는 동등한 권리가 있음을 부인하는 것이다. 반대로, 타자를 악의 진부함을 행하는 주체로 만드는 것은 서구가 수호하는 연민을 버리고, 타자에게 스

아무것도 사라지지 않는다

스로 책임지도록 맡긴다는 선언이다. 타자가 자기 연민에 빠지는 것은 언제나 치명적이다. 스스로 절대 악을 행할 수 없다고 믿는 이들이 결국 악을 행한다. 이것이 캄보디아와 서구의 지배에서 벗어난 많은 나라들에서 실제로 일어난 일이다.

타자라는 난제를 가능한 한 가장 도식적인 방식으로 표현하기 위해 다양한 윤리적 기억 방식이 어떻게 작용하는지 살펴보려 한다. 자신만을 기억하는 윤리는 단순하면서도 명백하게 가장 보수적인 방식을 선택한다. 우리의 인간성과 타자의 비인간성만을 기억하는 것이다. 그러나 우리의 비인간성과 타자의 인간성은 잊는다. 이러한 윤리는 타자인 이들을 가장 밋밋한 적으로 만들어서 전쟁, 애국주의 그리고 주전론을 촉구한다. 타자를 기억하는 가장 복잡한 윤리는 두 가지 영역에서 작동한다. 우리의 인간성을 기억하는 자유주의의 영역과 우리의 비인간성을 기억하는 급진적 영역이다. 두 가지 영역 모두에서 우리는 타자의 인간성을 기억하고 그들의 비인간성을 잊는다. 우리의 인간성을 기억하는 자유주의의 영역도 전쟁을 촉구하는데, 전쟁은 보통 선량한 타자를 구조한다는 명분으로 인도주의의 가면을 쓰고 수행되기 때문이다(그래서 우리는 나쁜 타자를 살해한다, 커다란 회한을 느끼며). 우리의 비인간성을 기억하는 급진적 태도는 전쟁을 반대하는 정서 배후의 원동력이 된다. 우리가 저지를 수 있는 잔혹한 일들에 대한 걱정 때문이다. 그러나 이러한 급진적 영역에도 정도의 차이가 있는데, 만약 우리가 오로지 타자의 인간성만 보고 비인간성을 보지 않으려 한다면 그들을 우리와 동등하게 보지 못한다. 따라서 타자의 인간성이라는 미명 아래 복잡한 자아를 지닌 우리 자신과 반대에 있는 단순하고 종속적인 지위로 타자를 격하시킨다. 우리는 비극과 죄책감

속에서, 온갖 인간적이고 비인간적인 감정과 행동의 성대한 의식 속에서, 스스로 죽거나 죽일 수 있다. 반면에 타자는 오직 살해당할 수 있을 뿐이고, 겉보기에는 영원히 선의와 연민의 대상으로 남는다. 인식의 윤리에 의거해서 타자를 단순화하는 것을 피하려면 우리의 인간성과 비인간성을 기억하면서 타자의 인간성과 비인간성도 기억해야 한다. 또한 잊어야만 하는 것은 인간성과 박해, 고통, 예외적인 피해자가 된 것에 대해 특별한 주장을 할 수 있는 나라나 개인이 있다는 믿음이다. 그런 믿음은 피해자의 이름을 내걸고 행해지는 복수의 길로 우리를 이끌어갈 게 거의 확실하기 때문이다. 중요한 것은 수백만의 사람이 죽어가는 비극을 우리가 겪었다고 해도, 더 많은 이들이 참혹하게 죽어가는 비극이 다른 곳에서도 일어났다는 사실이다.

리티 판의 회고록과 영화는 이러한 인식의 윤리를 전면에 내세우면서 과감한 주장을 한다. 크메르의 인간성과 비인간성으로 인해 캄보디아가 세계 역사의 중심에 놓인다는 것이다. 이 주장이 중요한 이유는 두 가지다. 가장 분명하고 중요한 첫 번째 이유는 주변부에 있던 캄보디아와 크메르 사람들을 중심으로 옮겨 놓은 것이다. 그러나 이렇게 소외된 사람들을 눈에 띄게 만들면 손대지 않은 주변부에는 새로운 타자들이 생겨난다는 점에서 그다지 의미 없는 일이기도 하다. 더 중요한 이유는 비인간성을 강조하는 것이다. 서구의 담론에서는 주변부의 타자를 중심으로 옮겨 놓으면서 그 전제로 타자의 인간성을 강조하기 때문이다. 이러한 감상적이고 온정적인 추론을 거부하면서, 판의 작업은 서구와 그들의 타자(즉 타자의 관점에서 보면, 우리) 모두의 비인간성과 분투하며, 그 중요성과 어려움을 확인한다. 따라서 타자의 얼굴은 그 이름에도 내포되어 있듯이, 정상이 아닌 자이다. 우리

아무것도 사라지지 않는다

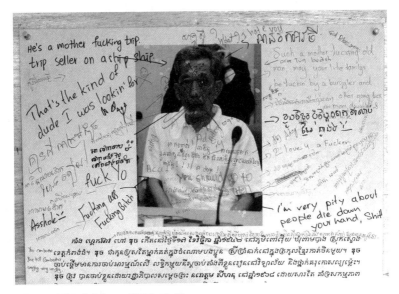

돗의 얼굴이 훼손된 사진, S-21 박물관, 프놈펜

는 타자를 동정하려 하고, 그들이 고통을 당하는 측면만을 보려고 한
다. 현실에서, 타자는 언제나 인간과 비인간의 두 얼굴을 지닌다.

　이러한 두 얼굴은 S-21의 2층 전시실 벽에 붙은 한 장의 사진 속
에서 명백히 드러난다. 돗이 재판을 받고 있는 사진이다. 사진 속 그
의 얼굴은 훼손되어 있다. 방문객들이 그 얼굴 위에 욕설과 모욕의
말을 휘갈겨 놓았다. 돗은 그저 사람일 뿐이고, 어쩌면 예외적인 능
력을 지녔을지도 모르지만, 외계인은 아니다. 방문객들은 눈앞에 보
이는 얼굴이, 정확하게는 돗의 얼굴이 우리와 다르게 보이지 않는다
는 사실이 꺼림칙하다. 우리와 닮은 그의 모습, 그와 닮은 우리의 모습
이 공포를 자아낸다. 그래서 몇몇 사람들은 그의 얼굴을 훼손한다. 인
식의 윤리는 우리에게 그의 얼굴을 훼손하지 말라고 한다. 그를 악마
의 환생이라고 잘못 인식하면 안 된다고 한다. 만약 우리가 잔혹한 행

동을 되풀이하지 않기를 바란다면, 인간의 얼굴을 하고 있는 그 모습을 기억해야만 한다. 윤리는 광학이다(보이는 것에 좌우된다). 윤리는 돗을 사람으로, 인간이자 비인간으로 보라고 요구한다. 만약 무엇이든 교훈을 얻을 수 있다면, 반드시 돗과 같은 인간이 저지른 참상을 지켜보아야만 한다. 만약 희망적인 유토피아의 미래가 아니라 그 대신 올지도 모를 디스토피아를 상상한다면, 즉 크메르루주가 성공했다면, 돗은 악마가 아니라 천사로 추앙받았을지도 모른다. 이러한 사유는 반드시 질문으로 이어진다. 오늘날 우리가 천사로 상상하는 사람들이 단순히 자기 이야기를 쓸 수 있었던 승리한 악마는 아닐지. 즉 수많은 폭탄을 발사했던 관료들과 대필한 회고록으로 선출된 공직자들은 아닐지.

예술가들이 예술을 감상하고, 기억하고, 창조하는 일은 인간과 비인간의 모호한 경계를 직접 인식하는 일이다. 판은 〈잃어버린 사진〉의 결말에서 말한다. "사람이 보지 말아야 하거나 알지 말아야 하는 것들이 많다. 그런 것들을 보아야만 한다면, 차라리 죽는 게 낫다. 그러나 우리 중 누군가가 이런 것들을 보거나 알게 되면, 그것을 말하기 위해 살아야만 한다. …… 나는 이 사진을 만든다. 나는 그것을 본다. 나는 그것을 소중하게 여긴다. 내가 사랑하는 얼굴처럼 나는 그것을 손으로 감싼다. 이것은 지금 내가 당신에게 건네주는 사진이다. 따라서 사진은 우리를 찾는 일을 결코 멈추지 않을 것이다." 타자의 얼굴을 선량함의 얼굴로 바꾼 레비나스와 달리, 판은 두 얼굴을 본다. 그가 우리에게 건넨 사랑하는 얼굴, 그리고 고문하는 자이자 고통을 주는 자, 교사이기도 한 돗의 얼굴이다. 그럼에도 판은 레비나스가 "이렇게 얼굴과 얼굴을 마주하고 대화를 나누는 것이 정

아무것도 사라지지 않는다

'잃어버린 사진', 영화 스틸, 리티 판 감독

의" 50)라고 할 때, 그 철학자에게 동의한다. 그것이 바로 '윤리적 관계'
이다.51) 돗과 인터뷰를 하는 것이 바로 대화이고, 대화를 통해 타자
와의 관계에서 정의를 구현하고자 한다.《제거》를 읽은 독자, 그리고
〈잃어버린 사진〉을 본 시청자와의 관계도 마찬가지로 대화이다. 판
은 우리의 타자이고 우리는 그의 타자다. 정의는 이와 같은 미학적 관
계에서도 정립된다. 그 근거가 되는 것은 좀 더 세속적 언어로 표현되
는 예술 그리고 인간과 비인간을 이해하는 역사일 것이다. 돗이 인간
이면서 또한 비인간으로 인식되기를 바라면서, 판은 무한함과 정의의
중요성을 긍정하는 인식의 윤리를 재현한다. 그것이 우리가 바라는
세계가 존재할 수 있는 방식이다. 또한 세계가 과거에 존재했던 방식
이자 혹은 현재의 존재 방식일지도 모르는 총체성과 대면하기를 요구
한다. 우리 주위와 내면에 존재하는 총체성과 대면하려는 인식의 윤
리는 인간과 비인간의 입체적 동시성을 드러낸다. 그래서 판은 희생
자들의 인간성에 접근하기 위해 사람을 찰흙인형으로 변형시킨다. 한

편 S-21 박물관에서는 고통에 대한 비인간적 반응을 웃는 얼굴 그림으로 변형시킨다. 양쪽의 재현에서 사라진 것은 실제 인간의 얼굴이며, S-21에서 촬영한 사진 속 얼굴이다. 이러한 부재의 의미는 인식의 윤리를 대략적으로 그려주는 철학자들이 필요한 만큼, 비인간의 얼굴을 그림으로 재현하는 예술가도 필요하다는 사실이다.

INDUSTRIES

4.
전쟁기계에 대하여

프리드리히 니체는 이렇게 썼다. "무엇인가가 기억에 남으려면 반드시 기억 속에서 불에 데어야 한다. 지속적으로 화상을 입어야 기억 속에 각인된다."[1] 베트남 전쟁은 나를 포함해서 많은 이들에게 화상을 남겼다. 나는 너무 어린 나이에 불꽃에 닿아 상처의 위치도 정확하게 알지 못한다. 명료하게 기억나지 않거나 전혀 기억하지 못할 어린 나이에 상처가 생긴 사람들은 망막에 남아 있는 전쟁의 잔상이 보이기도 한다. 제발트가 외우기 쉽게 '간접 기억'[2]이라고 불렀던 것의 결과이다. 고향을 떠나 영국으로 이주한 독일 작가인 그는 요람에서 기어 나오기 전에 끝난 전쟁을 평생 기억하려 애썼다. 간접 기억은 피난민의 짐 보따리의 일부이기도 하다. 이런 기억은 전쟁을 직접 눈으로 보고 경험한 친구들과 가족들이 남긴 친밀한 유산일 때가 있고, 또한 할리우드의 판타지일 때도 있는데, 네이팜탄이 어두운 숲을 밝히는 현대의 그림동화 〈지옥의 묵시록〉이 그 원형이다. 많은 미국인들과 전 세계 사람들이 〈지옥의 묵시록〉 같은 영화를 보면서 베트남에 대해 중요한 것을 안다고 생각한다. 영화 티켓 값을 지불했으므로, 그들 또한 마이클 헤르처럼 말할 수 있다. "베트남, 우리 모두 거기 가본 적 있잖아."[3]

가장 모호한 간접 기억을 지닌 사람들이라 해도 이 말은 진실일 것이다. 스크린 위에서나 사진 속에서 불타고 있는 장면을 본 것으로 베트남에 갔다 온 셈이 되는 것이다. 전쟁은 "가장 많이 연대기로 기록되고, 문서로 남고, 보고되고, 촬영되고, 녹화되는 것이다. 십중팔구 전쟁은 역사 속에서 해석된다."[4] 내가 가르치는 학생들도 이 전쟁에 대해 들어본 적이 있다고 말한다. 비록 무슨 일이 벌어졌었는지, 미국인들이 어떻게 거기까지 가게 되었는지는 대부분 알지 못하더라도. 그러나 이런 학생들은 전후 세대가 아니고 전시 세대다. 그들은 1980년대에 태어난 이래로 이라크와 아프가니스탄 전쟁을 경험했다. 2, 3년마다 전쟁이 발발되는 미국 사회에서는 전쟁 전, 전시, 전쟁 후의 구분이 애매하다. 전쟁은 별개의 사건이라기보다는 밀물과 썰물처럼 때때로 급격히 고조되었다가 사그라지는 연속적 흐름이다. 전쟁은 우리 삶의 일부이며, 에어컨이나 컴퓨터, 교통소음과 뒤섞여 있는 둔탁한 백색 소음 같은 것이다. 나의 학생들 같은 사람들은 가수들의 앨범 표지에서 분신하는 스님의 사진이나 록스타 집의 벽에 걸린 전쟁 사진들을 많이 봤다.[5] MTV 크립스 쇼(미국 MTV에서 방영하는 프로그램으로, 유명인들이 나와 자신의 집을 보여준다_역주)의 카메라가 벽 전체를 덮고 있는 확대된 사진을 비추는 동안, 록스타는 사진 속 장면을 설명한다. "이건 라이프 잡지에 실려서 유명해진 이미지예요. 이 남자

아무것도 사라지지 않는다

는 분명히 머리에 총을 맞았을 겁니다. 저는 인간의 고통을 상기하려고 여기에 이 사진을 붙여 놓았어요. 집안을 돌아다니다가 이 사진을 보면, 내가 살아가고 있는 장소에 대해 감사한 마음이 들지요." 그는 로스앤젤레스 전체가 내려다보이는 아름다운 할리우드 언덕에서 살고 있었다. 나는 중심가 멋진 호텔의 꼭대기 층에 있는 술집에서, 그와 비슷한 로스앤젤레스의 풍경을 내려다보다가, 옆 건물 벽을 스크린 삼아 〈지옥의 묵시록〉을 상영하는 것을 목격한 적이 있다. 영화 속에서는, 미끈거리는 진흙을 뒤집어 쓴 마틴 신이 늪지에서 솟아올라와 말론 브란도를 거칠게 난도질하며 살해하는 장면이 조용히 펼쳐지고 있었다. 술집에 앉아 있던 사람 중 누구도 그 장면을 다시 돌아보지 않았다.

이제는 전쟁이 그렇게 많은 사람에게 화상을 입히지는 않지만, 잔상을 지우기는 힘들다. 여전히 이글거리는 잔상을 일컫는 또 다른 이름이 있다. 마리타 스터큰이 프로이트의 이론에서 빌려온 '스크린 기억'[6]이다. 이 기억은 다른 기억을 차단해버리고 개인적이고 집단적인 과거를 스크린 위에 펼쳐놓는다. 집에서 홈비디오를 상영하는 것처럼. 스크린 기억이 반드시 시각적 이미지는 아니지만, 베트남에 관한 우리의 생생한 스크린 기억은 대부분 시각적 이미지다. 1972년 닉 우트Nick Ut가 촬영한 네이팜탄 폭격을 맞은 소녀 판 티 낌 푹Phan Thi Kim Phuc이 벌거벗은 채 도로 위를 달리는 사진, 1963년에 사이공 거리에서 고 딘 디엠Ngo Dinh Diem 대통령이 불교를 차별하는 것에 항거하며 분신한 스님 틱 꽝 득Thich Quang Duc의 사진. 둘 다 스틸 카메라와 동영상 카메라가 찍었다. 록스타의 집 벽에 붙어 있던 사진은 1968년 구정 대공세 기간에 구엔 곡 로안Nguyen Ngoc Loan 준장이 베트콩 용의자 구엔

반 렘$^{Nguyen Van Lem}$의 머리에 총을 쏘는 장면이다. 에디 아담스$^{Eddie Adams}$의 스틸 카메라와 텔레비전 방송국 카메라가 동시에 촬영했다.

이 사진들은 베트남인들이 겪은 고통의 증거이자, 이미지를 전달하는 온갖 장치들이 지닌 힘의 증거다. 이 장치들은 사진작가가 담은 이미지를 그의 장비로, 그에게 시간과 필름을 지불하는 현지 편집국으로, 전쟁터 밖 해외로 필름을 공수하는 기계로, 이미지에 대한 영구 저작권을 갖고 배포, 보관, 유통하는 고국의 본사로 전달하고 퍼뜨린다. 그들이 전달하고 퍼뜨리는 이미지는 영상작가 하룬 파로키$^{Harun Farocki}$가 '소멸하지 않는 불'[7]이라고 부르는 불꽃에 의해 베트남인들이 불타고 화상을 입는 이미지들이다. 베트남인들의 괴로움은 고정되고, 그들이 겪은 고통의 이미지는 이 전쟁에 희생된 또 다른 이들의 기억을 차단하고 지워버린다. 이런 이미지들, 스크린 기억 그리고 간접 기억은 문자 그대로 필름에 인쇄된 것, 스크린에 나타난 것, 우리 눈의 잔상으로 남은 것을 허용한다. 뿐만 아니라 기억과 관련된 산업의 힘도 긍정한다. 그 장면들은 전 세계에서 볼 수 있었다. 서구 언론은 엄청난 양의 필름을 지닌 기자들을 헬리콥터에 태워 전쟁터 안팎으로 실어 나르는 장치를 가지고 있었기 때문이다. 기자들은 사진을 찍는 것과 거의 동시에 네거티브 필름 작업을 해서, 주의가 집중된 사건이 일어난 당일이나 그 다음날 전 세계 어디에서나 인쇄가 가능하도록 했다. 그와 대조적으로 북베트남 사진작가들은 정글에 살았으므로, 여분의 필름은 한 움큼도 되지 않았으며, 네거티브 필름작업을 하기 위해 하노이로 보냈다. 하노이로 가는 육로가 너무 위험해서 필름 전달자들은 폭격에 의해 사망하기도 했다.[8] 이러한 환경 탓에 북베트남인들이 볼 수 있는 것은 얼마 되지 않았고, 전 세계 사람들이 바라보

아무것도 사라지지 않는다

미제 총알로 만든 것으로 추정되는 펜과 목걸이

는 베트남도 편중되어 있었다.

　개인의 얼굴이나 혹은 한 민족의 집단적 외모를 인식하는 것은 중요한데, 전쟁기계로 훼손된 얼굴을 언급할 때 특별히 더 중요하다. 그에 못지않게 인식이 생성되는 방식과 기억과 관련된 산업이 기억을 생성하는 방식을 이해하는 것이 중요하다. '전쟁기계'와 '무기 산업'이 다른 것과 마찬가지로, '기억과 관련된 산업'과 '기억 산업'은 다르다. 기억 산업의 가장 조잡한 사례는 시골의 헛간에서 이루어지는 제조업을 떠올리면 된다. 쉽게 사게 되지만, 역설적으로 곧 잊히는 상품을 생산하는 지역 경제 같은 것이다. 열쇠 고리, 커피 잔, 티셔츠, 동물 혹은 인간 사파리, 베트남에서 미제 총알로 만들어진 것으로 추정되는 펜과 목걸이 같은 상품들이다. 가장 세련된 경우라면 박물관, 기록보관소, 축제, 다큐멘터리, 역사방송, 인터뷰 등을 새로 제작해서 기억의 전문화를 꾀하는 것이다. 그러나 기억 산업은 기억과 관련된 산업의 일부분일 뿐이다. 기억은 판매할 수 있는 상품이나 혹은 전문가가 전달해주는 정보에 불과한 것이 아니다. 마치 총과 제조업자, 또는 감시 시스템과 그 설계자들이 단순히 무기 산업에 종사하는 것으로 착각하는 것과 비슷하다. 무기 산업은 전쟁기계에서 가장 눈에 잘 띄는 부분일 뿐이다. 전쟁기계의 교전용 무기들은 전시용이고, 더 중요한 것은 사상, 이념, 판타지 그리고 전쟁을 정당화하는 언어들, 우리 편의 희생, 상대방의 죽음이다.

마찬가지로 기억 관련 산업들에는 기억이 생성되고 순환하는 방식과 이유, 그리고 누가 기억 산업에 접근하여 그것을 통제할지 결정하는 물질적, 사상적 힘이 포함된다. 특정 기억과 회상만이 가능한 이유는 기억 관련 산업들이 '느낌의 구조'에 의존하면서 동시에 그것을 만들어내기 때문이다. 레이먼드 윌리엄즈Raymond Williams가 사용한 그 용어는 단단한 것(구조)과 비물질적인 것(느낌)을 조합한다.9) 비록 눈에 보이지 않는다고 해도, 느낌은 우리에게 거처를 마련해주고, 우리의 형태를 만들고, 느낌의 창문으로 세상을 내다보게 한다. 구조는 부자에서부터 중산층과 빈곤계층에 이르기까지, 부유한 나라와 대도시에서부터 식민지와 작은 마을에 이르기까지 다양하므로, 느낌도 다양해진다. 세상은 부자와 권력자들의 느낌에 주의를 기울인다. 부자와 권력자들이 열광하겠다고 판단을 내리면 그 느낌들이 중요해지기 때문이다. 가난한 사람과 약자의 느낌은 거의 보이지 않는다. 물론 예외적으로 가난한 사람이나 약자들끼리는 볼 수 있다. 느낌과 구조의 관계는 기억과 기억 관련 산업들의 관계와 유사하다. 부자와 권력자들의 기억이 더 큰 영향력을 행사하는 이유는 생산의 도구를 소유하고 있기 때문이다. 마르크스와 엥겔스는 다음과 같이 말했다. "지배계층의 사상은 모든 시대의 지배적 사상이다."10) 그래서 강자의 느낌과 기억은 약자의 느낌과 기억에 그늘을 드리워 지워버린다. 그리고 가장 강력해져서, 포장되고, 유통되고, 수출된다.

개인의 기억이 개인에게 중요한 것처럼, 약자의 기억은 약자들에게 중요하다. 반면에 세상에서 중요해지는 기억은 기억 관련 산업이

아무것도 사라지지 않는다

증폭시키는 기억이다. 이 산업은 기술이나 소설, 영화, 사진, 박물관, 기념물 혹은 이 책에 실려 있는 기록들처럼[11] 기억을 유행시키는 기술문명 혹은 문화적 형식 위에 있다. 전시를 책임 관리하고, 고안하고, 기억을 연구하는 이들, 혹은 문화적 작품으로 기억을 재현하는 예술가, 작가 같은 전문가들의 네트워크 위에 있다. 기억 관련 산업들은 앞서 언급한 것들과 그 이상의 것들, 즉 개별 기억을 통합하는 프로세스, 기억이 만들어내는 집단적 성향, 기억의 의미가 갖는 사회적 맥락을 포함한다. 그리고 궁극적으로 기억의 의미를 생산한다. 이런 모든 것들이 어떻게 그리고 누구의 기억으로 만들어질 것인지, 분배할 범위와 영향력을 결정한다. 기억하는 행위는 개인이 하지만, 기억의 폭발력이 미치는 범위는 무기의 폭발력이 미치는 반경처럼, 산업의 힘이 결정한다. 불꽃과 연기가 틱 꽝 득 스님의 몸을 집어 삼키는 동안 스님은 굴복하지 않는 믿음과 절제력을 보여주었지만, 그의 행동이 전 세계에 방사능 낙진 같은 영향을 미친 것은 서구 언론이 그것을 낚아채려 달려들었기 때문이다. 그 이후로도, 전쟁 중과 전쟁이 끝난 뒤, 나라 안과 나라 밖에서, 심지어는 미국에서도 스스로 몸을 불사르는 사람들이 있었다. 그러나 그러한 자기희생들은 틱 꽝 득 스님의 행위처럼 시선을 모을 수 없었다. 이목을 집중시키기 위해서는 자기희생만으로 충분하지 않다. 기억에서 배제된 사람들이 스스로를 위해 발언할 뿐만 아니라 기억을 생성하는 도구를 통제할 수 있을 때까지, 기억의 전환은 일어나지 않는다. 이러한 통제력 없이는, 스스로를 위해 발언하는 사람들과 타자들은 제 목소리의 크기를 결정할 수 없음을 깨달아야 한다. 기억과 관련된 산업을 통제하는 이들, 발언을 허용하는 이들이 목소리의 크기를 결정한다.

따라서 기억 투쟁은 곧 타자들이 목소리와 통제력, 권력, 자기 결정권 그리고 죽은 이들의 의미를 얻으려는 투쟁이기도 하다. 대규모 전쟁기계가 있는 나라들은 약소국에게 피해를 입힐 뿐 아니라, 세계를 향해 그들이 입힌 피해를 정당화하려 한다. 미국이 베트남 전쟁을 기억하는 양상을 전 세계 사람들이 어느 정도 공유하게 되었다. 성장하는 아시아가 경쟁상대로 떠오르면서 미국의 산업은 기반이 감소하고 있기는 해도, 할리우드와 그 영화들로 대표되는 미국의 기억이 전 지구로 번져가는 힘으로 보면 여전히 초강대국이다. 미국의 산업은 미국의 군사력과 미국의 기억으로 특징지어진다. 어느 쪽이 더 강력한지 말할 수 없는 것이, 할리우드가 미국 군대와 동등한 역할을 수행하듯이, 기억 관련 산업은 무기 산업과 우열을 가릴 수 없다. 무기와 기억에 있어서 미국이 세계를 지배하고 있는 탓에, 다른 나라들은 자신의 전쟁 기억과 상관없이, 할리우드의 캐릭터 상품과 영화 관객을 놀라게 하는 악명 높은 스냅 샷들과 대면해야 한다. 1985년에 저술가 피코 아이어Pico Iyer는 다음과 같이 썼다. "람보가 아시아를 정복했다⋯⋯. 10주 연속으로 방문했던 영화관마다 스텔론의 화려한 오락물이 상영되고 있었다."[12] 미국 사회 전반에 내장되어 있는 기술 덕분에 미국의 기억은 세계적 품질을 지니고 지구상으로 퍼져나갔다. 내가 재직하고 있는 서던캘리포니아대학USC도 예외는 아니다. 대학 캠퍼스에는 세계적으로 가장 뛰어난 영화 전문학교가 있으며, 군사기금을 지원 받아 군사 기술을 위한 첨단 가상현실 시뮬레이터를 연구하는 연구소가 있다. 같은 연구소 안에 미래의 할리우드 감독들이 기량을 갈고 닦고 있으며, 그 건물의 명칭은 조지 루카스George Lucas와 스티븐 스필버그Steven Spielberg의 이름을 딴 것이다. 이러한 가상현실 시뮬

아무것도 사라지지 않는다

레이터들로 병사들은 영화를 보며 훈련을 받거나 전쟁에서 얻은 트라우마를 치료한다.[13] 철학자 앙리 베르그송Henri Bergson은 기억이 일종의 가상현실이며, 이러한 시뮬레이터는 가상현실이 전투와 그 회복을 위한 집결지임을 입증한다고 주장했다.[14] 무기화된 기억은 현실을 통제하기 위한 싸움에 투입된 전쟁기계 무기고의 일부가 된다.

캠퍼스의 다른 곳에서는 학생들이 비디오게임용 소프트웨어 개발을 배우고 있다. 모든 전쟁터에서 가장 전략적인 장소가 인간의 마음이라고 생각하면 무기화된 기억이라는 장르의 중요성을 납득할 수 있다. 현실의 전쟁이 일어나기 전에 가상 속에서 먼저 승리해야 한다. 전쟁은 오랫동안 비디오 게임 스토리의 주제였으며, 콜 오브 듀티 Call of Duty(일인칭 총격용 비디오게임_역주) 시리즈에서 볼 수 있듯이, 베트남 전쟁도 예외가 아니다. 할리우드의 수많은 프랜차이즈들 중에서 큰 성공을 거두어, 110억 달러를 벌어들인 이 제품은 일인칭 저격수로 플레이하는 서브장르에 속하는 게임이다. '콜 오브 듀티'라는 이름(도덕적 혹은 국가적 의무가 부른다는 의미_역주)만으로도 무기와 서사가 협력하는 방식이 명백히 드러난다.[15] 이렇게 베트남을 배경으로 하는 하위 장르의 새로운 버전인 블랙옵스Black Ops에서는 게이머들이 미국 전사의 눈으로 영웅과 악당으로 나뉜 세계를 본다. 이 게임의 트레일러는 영화를 연상시킨다. 가장 중요한 영화가 1978년에 마이클 치미노Michael Cimino가 제작한 〈디어 헌터〉다. 그 영화에서 베트콩은 미군 포로들에게 러시안 룰렛 게임을 강요하며 고문한다. 그런 사건이 실제로 존재했다는 역사적 근거가 전혀 없음에도, 역사적 통찰이 들어 있는 장면이다. 배우 크리스토퍼 월큰Christopher Walken이 자신의 머리에 38구경 총열을 갖다 대는 순간, 상징적 장면이 떠오른다. 구정 대

공세(베트남 전쟁 당시 벌어졌던 대규모 군사 공세 중 하나. 북베트남 인민
군과 남베트남 민족해방전선이 베트남 공화국, 미국과 그 동맹국 군대에 맞
서 1968년 1월 30일 개시한 작전이다. 베트남의 새해인 뗏 휴일 시기에 발
생했기 때문에 뗏 대공세라고도 불리는 이 작전은 남베트남 전역에서 벌어
진 군 사령부 및 민간 통제에 대한 기습 공격들이었다_역주) 기간 동안 사
이공 거리에서 비밀경찰이 베트콩 용의자의 머리에 총알을 발사하는
장면이다. 그것은 떠오르는 동시에 지워진다. 영화에서는 베트남인이
베트남인을 쏘는 게 아니라, 미국인이 자신을 쏘려고 하는 것으로 중
심이 옮겨진다. 미국인은 그 전쟁을 미국과 베트남의 분쟁이 아니라
미국인들끼리 조국의 영혼을 위해 싸웠던 것처럼 상상하기를 좋아한
다. 러시안 룰렛은 베트남인이 겪은 고통을 미국인의 고통으로 바꿔
치기 하면서 그 전쟁을 문자 그대로 자기중심적으로 수정해 버린다.
〈디어 헌터〉에서 나오는 고문자들은 베트남인들이지만, 블랙옵스는
더 나아간다. 비디오 게임 트레일러에 등장하는 악당의 두목은 러시
아인이다. 베트남인들은 아무리 사악하다고 해도 악당의 두목이 될
수는 없다는 말인가?

그러나 블랙옵스가 중요한 것은 개별적 판타지의 힘 때문이 아니
다. 그보다도 전쟁기계의 얼굴을 한 오락물이라는 사실이 더 중요하
다. 젊은이들은 영국 소년들이 해가 지지 않는 제국의 수호자가 되기
위해 스스로를 단련하며 보이스카우트 활동을 했던 것처럼, 게임을
하고 있다. 그것이 과거의 일이라는 사실만 다를 뿐. 미국 소년(혹은 소
녀)들이 모두 탱크 포병, 드론 조종사 혹은 헬리콥터 무기 장교로 입
대하게 되지는 않겠지만, 게임을 하는 이들은 이미 일인칭 저격수의
눈으로 적을 바라보는 원칙을 습득한다. 입대하지 않은 대다수 미국

아무것도 사라지지 않는다

인들 중에서 많은 이들이 개인용 오락 장비의 스크린 위에서 그런 행위를 보고 즐길 것이다. 그리고 그런 장면에서 보여주는 폭발과 죽음은 비디오 게임의 시각적 반향일 뿐 진짜가 아님을 그들은 이미 알고 있다. 이것은 기억과 관련된 산업이 사람들을 전쟁기계의 일부로, 또한 일인칭 저격수의 서사를 통해 전쟁을 게임으로, 게임을 전쟁으로 훈련하는 방식이다.

소설과 영화도 물론 기억 관련 산업들의 일부분이지만, 독자나 시청자를 유혹하는 힘에서는 일인칭 저격수 게임에 미치지 못한다. 일인칭 저격수 게임은 영화의 기술을 차용하여 수동적 기술을 능동적 기술로 변화시켰다. 일인칭 저격수 게임은《잃어버린 시간을 찾아서》의 시간적 지속성과 영화의 강렬함을 결합하여, 소설을 읽거나 영화를 보는 것보다 매순간 훨씬 더 깊이 몰입하게 한다. 그러나 게임은 타자 혹은 다른 사람의 감정과 동일시하는 능력이나, 소설과 영화에서 즐거움을 찾을 때 매우 중요한 요소인 감정이입과 공감의 순간들과는 전혀 상관없다.[16] 일인칭 저격수 게임은 땀과 본능의 미학에 근거하여 만들어지며, 저격수와 자신을 동일시하면서 학살에 참여하는 기쁨과 흥분을 느끼게 한다. 그 학살이 타자의 고통을 즐기는 것은 아니다. 왜냐하면 타자는 너무 멀리 있어서 그들에게 감정이 있다고 상상조차 할 수 없기 때문이다. 게임을 하는 사람은 파괴하면서 기쁨을 느낀다는 면에서 비인간이지만, 타자 또한 단순히 비인간일 뿐이다.

소설 속 인물들에게 깊이 감정이입을 해도 실제로 인류를 구하려는 의욕이 고취되지는 않는 것처럼, 게임 속에서도 우리가 비인간을 실제로 죽이는 것은 아니다. 그러나 소설과 일인칭 저격수 게임은 전혀 다른 방식으로 근본적인 구원과 파괴의 원칙을 받아들이도록 이 끈다. 멀리 있는 타자를 다룬 위대한 소설은 타자를 구원할 필요성을 설득한다. 많은 이들이 게으름과 냉담함 혹은 두려움 때문에 그 일을 다른 사람에게 떠넘겨버리지만. 위대한 일인칭 저격수 게임은 타자를 살해할 수 있도록 적절한 온도로 피를 가열한다. 인간성에 대한 애착 그리고 자기 보존의 본능 덕분에 많은 이들이 군대가 그 일을 하도록 떠넘기기는 한다.[17] 우리는 라이플 소총의 시야를 통해, 유도 미사일 의 십자선을 통해, 드론의 깜빡이지 않는 응시를 통해 보는 것에 익 숙해진다. 일인칭 저격수는 전쟁기계의 자서전적 관점이면서, 군비확 대와 타자 살해의 필연성을 일상의 일부로 용인하는 사회의 한정된 관점이다. 배경은 그가 사는 도시의 거리나 학교일 수도 있고, 타자들 이 사는 나라의 풍경일 수도 있다. 필리핀의 소설가 지나 아포스톨[Gina Apostol]은 이렇게 표현한다. "군산복합체[the military-industrial complex]......, 그 것은 경제의 질서[order]뿐만 아니라 정신의 장애[disorder]도 암시하지 않는 가?"[18]

그렇다면 그 콤플렉스(the military-industrial complex의 콤플렉스 와 정신적 콤플렉스의 이중적 의미_역주)는 자신을 인식하고 분석하기를 거부하는 흔하고도 널리 퍼져 있는 장애다. 타자들이 미국인을 어떻 게 인식하는지 알게 되었을 때 미국인이 동요하는 것도 당연하다. 이 것은 미국인만의 특성도 아니다. 모든 전쟁기계는 거기에 올라 탄 승 객들이 기계와 자신을 동일시하도록 프로그래밍 되어 있다. 자신의 기계 속에서는 누구나 이상적인 소프트웨어의 도움을 받아 편안함과 자부심을 느끼지만, 타자의 전쟁기계는 두려워한다. 타자의 기억을 대면하면, 외국의 버그로 인해 바이러스에 감염된 것은 아닌지 의심

아무것도 사라지지 않는다

하면서 충격을 받는다. '잘못된 인식의 충격' 혹은 '인식의 충격'이다. 관광객들은 가이드북에서 사이공 시의 가장 유명한 관광지라는 광고를 보고 전쟁박물관을 찾아갔을 때 두 가지 충격 중 하나를 느끼게 된다. 이 박물관의 다양한 전시물 중에, 어떤 미국인 관광객에게 가장 인상적이었던 것은 1층 로비에서 만난 '침략 전쟁 범죄Aggression War Crimes(tội ác chiến tranh xâmlược)'라는 제목의 전시물이었다. 보통의 미국인 관광객이라면 이러한 제목은 무시한다. 미국인들은 엉터리 영어가 다른 언어보다 의미를 파악하기가 더 쉬워도, 뒤죽박죽이 된 영어를 잘 이해하지 못한다. 게다가 미국인이 전쟁범죄자라는 비난을 받으리라고는 전혀 생각하지 못한다. 미국인 대부분은 자신들이 결코 전쟁 범죄를 저지를 리가 없다고 믿기 때문이다. 그러나 그 박물관은 원래 미국인들이 저지른 전쟁 범죄들을 보여주기 위한 장소다. 학살, 고문, 시체 훼손, 에이전트 오렌지가 인간에게 미친 끔찍한 영향. 모두 전쟁 중에 서구의 사진가들이 찍은 흑백 사진으로 기록된 것들이다. 갑자기 미국인 관광객은 기호학자가 되어, 사진이 단순히 진실을 포착하는 게 아니라 액자를 짜는 사람의 의도에 따라 달라진다는 것을 깨닫는다. 어쩔 수 없이 그런 잔혹한 행위들을 보게 될 때, 매우 전형적인 미국인이라면 "우리는 그런 짓을 하지 않았다", 아니면 "그들도 그런 짓을 했다"라고 말한다.[19] 이것이 바로 깨진 거울에 비친 자신의 모습을 보면서 왜곡된 자아와 마주하고 있는, 잘못된 인식에서 비롯된 충격이다.

인식의 충격은 미국인들이 미라이로 기억하는 선 미를 방문한 미국인 관광객들에게 더 크게 일어난다. 그 마을은 사이공에서 수백 킬로미터 북쪽에 위치하고 있으며, 쾌적한 관광 도로인 1A 고속도로와도 멀리 떨어져 있다. 따라서 특정한 지식이 있는 호기심 많은 미국인 관광객들만 방문한다. 박물관은 마을의 잔해 위에 세워졌고, 시멘트 도로 위에 길게 남아 있는 발자국들은 사라진 마을 사람들의 흔적처럼 보인다. 미국 군대가 이곳에서 오백 명이 넘는 마을 사람들을 학살했다. 박물관의 야외 모자이크는 공상과학 소설에 나올 법한 전쟁기계가 하늘에서 마을 사람들을 공격하는 모습을 묘사하고 있다. 폭탄과 엔진이 온통 장착되어 있는 전쟁기계는 코가 있어야 할 자리에 용광로 같은 구멍이 있는 검은색 괴물이다. 모자이크의 바닥에서는 커다란 핏방울이 떨어진다. 박물관 안에는 실물 크기의 흑인과 백인 미국 병사들의 모형이 있다. 그들은 죽는 순간에도 놀라울 정도로 평화로운 모습을 보이는 마을 사람들을 향해 분노에 찬 얼굴로 총을 쏘고 있다. 선 미로 순례의 길을 떠난 미국인들은 이미 그 학살에 대해 알고 있으므로, 보통의 관광객이라기보다는 애도를 표하러 온 추모객일 확률이 높다.[20] 그들은 이러한 모형을 목격하고 충격을 받아들인다. 우리가 이런 짓을 저질렀다고, 그들은 생각한다. "우리가 이런 짓을 저질렀음을 우리는 알고 있다."[21]

　전쟁이 끝난 뒤 미국인들은 베트남 여기저기에서 베트남의 기억과 만나면서, 자신들이 베트남인들에게 상처를 입힌 존재로 인식된다는 사실을 깨닫는다. 그들은 더 이상 전쟁기계 안에서 편안하게 앉아 있을 수 없다. 이념과 판타지라는 완충장치가 총이 발사되었을 때의 반동현상을 막아주지 않기 때문이다. 베트남 땅에서, 무기와 포와 전투기로 보호받는 병사가 아니라 관광객인 그들은 기억되지 않는 타자들이다. 박물관의 빈약한 어휘로 표현하자면 살인자, 침략자, 악당 그리고 상공의 강도들이다. 전쟁 때 베트남을 방문한 메리 맥카시Mary

McCarthy는 미국인에게 내뱉는 이러한 호칭들을 "호머의 서사시 같은 욕설들"이라고 불렀다.[22] 미국인 대부분은 일상의 공간에서 서사시에 익숙하지 않고, 기억되지 않는 것에 익숙하지 않다. 그래서 그 전쟁과 미국인의 정체성이 단지 베트남 전 지역에서 기억되고 있는 그러한 잔학행위로만 축소될 수 없다고 느낀다. 미국인은 전쟁기념관과 선 미 마을의 모형을 그저 선전으로 여길 뿐이다. 그것은 분명히 사실이다. 베트남의 공식적, 비공식적 기억의 버전들은 어떤 방식으로든 타자를 기념하는 것에는 거의 관심이 없다(승리한 베트남인들이 패배한 베트남인들을 어떻게 괴롭혔는지 묘사하는 분노에 찬 모형이 전혀 없다는 것에 주목하라). 그러나 미국인들이 선전에서 발견되는 진실을 거부하는 것은 잘못이다. 미국인 병사들은 분명히 베트남에서 잔학행위를 저질렀고, 나머지 미국인들은 그 복잡성에 대해 충분히 고심하지 않았다는 것이 진실이다. 그 전쟁은 지미 카터Jimmy Carter 대통령과 모든 정파에 속한 많은 미국인들이 믿고 싶어 하듯이 '양쪽이 파괴된' 전쟁이 아니었다.[23] 이것은 해석의 문제가 결코 아니다. 사실상, 그 전쟁이 파괴한 것은 비용과 죽음의 측면에서 결코 상호적이 아니다. 다음에 제시되는 숫자들과 현실을 있는 그대로 직시하는 것이 윤리다. 미국 땅에서는 한 건의 학살도 일어나지 않았고, 미국의 도시에서는 단 한 번의 폭격도 없었으며, 단 한 명의 미군도 성노예가 되지 않았고, 단 한 명의 미국인도 난민이 되지 않았다. 이런 식으로 계속 말할 수 있다.

사망자 수와 피해 정도가 불평등하다는 사실을 받아들이지 않는다면 비윤리적이고 불공정한 것이다. 그러나 전쟁에 대한 기억 자체가 동등하지 않을 때 불평등함을 받아들이고 직시하기는 어려운 일이다. 자신만의 기억을 접한 경험밖에 없는 미국인들은 재구성된 타자의 기억과 부딪치면 분노와 거부를 드러내며 반론을 제기하게 된다. 사람들은 타자에게 책임을 전가하고 스스로를 정당화한다. 그리고 기억을 통해 스스로를 가능한 한 밝게 조명한다. 부정적 기억을 무조건 억제하는 것은 아니지만, 혹시라도 그런 게 있다면 타협한다. 미국인들도 어렴풋이나마 그들의 병사 몇몇이 끔찍한 짓을 저질렀다는 사실을 알고 있다. 그러나 그러한 행위는 병사들이 비행을 저지를 수밖에 없는 상황과 미국인의 정직한 성찰 능력을 감안하여 너그럽게 봐준다. 미국인도 죄를 저지를 수 있지만, 그것을 선전으로 변명하지 않는다. 혹은 그렇게 하지 않는다고 스스로 믿는다. 어떤 선전이든, 그것은 누군가 다른 사람의 일이다. 그렇다고 모든 선전이 동일하다는 의미는 아니다. 미국의 선전은 베트남의 선전보다 몇 단계 더 훌륭하다. 미국의 선전을 국가가 주도하는 게 아니라는 것도 이유가 된다. 기억 관련 산업들과 전쟁기계는 함께 작동한다. 그리고 양쪽 다 미국의 실수와 범죄를 인정하면서 동시에 정당화한다. 소비에트와 중국은 온갖 권위주의적 정권과 엄청난 전쟁기계들에도 불구하고, 이념을 능숙하게 포장하지 못했다. 그 결과는 한 가지 사이즈로 통일된 칙칙한 패션과 보기 흉한 헤어스타일이다. 공산주의의 메시지는 당과 인민이 시키는 대로 하라는 것이다. 반면에 자본주의는 네가 원하는 것은 무엇이든 하라고 말한다. 자본주의의 이념은 어떤 사이즈의 사람이라도 입을 수 있는 옷이다. 비록 마지막 순간에는 거짓일 수 있어도, 모든 사람이 다른 의견을 가지는 것을 허용한다. 때로는 매카시즘이 득세하던 시절처럼, '자유'에 대한 미국인의 신념에도 한계가 있음이 노골적으로 드러나기도 한다. 그러나 대체로 그러한 한계는 곁눈질로 훔쳐봐야 보인다. 국민의 세금을 전쟁기계에 투자하라는 요구, 무장을 하고

아무것도 사라지지 않는다

전쟁기계에 대항하는.것이 헛된 일임을 인정하라는 요구에서 그러한 한계가 드러난다.

미국의 이념은 모든 개인이 동등하다는 것이 핵심이다. 비록 기억의 영역을 포함하여 미국의 관습을 보면 그것도 사실이 아니라는 게 드러나지만 말이다. 집단의 기억에서 결코 동등하지 않고, 개인의 기억도 자기 마음속에서 분리된 채 남아 있을 때만 동등할 뿐이다. 당신의 기억이 당신에게 강렬한 것처럼 나의 기억도 나에게 강렬하다. 그러나 세상 어디에 있든지, 산업화된 기억의 확성기를 사용할 수 있다면 당신의 기억은 나의 기억보다 영향력이 강해진다. 따라서 미국인과 베트남인들의 경우, 각자에게는 각자의 기억이 동등하게 의미가 있겠지만, 세계무대에 서면 결코 동등하지 않다. 세상에 나간 기억은 민주적이지도 공정하지도 않다. 여러 종류의 권력이 하나도 빠짐없이 서로 얽혀서 기억의 영향력과 접근성과 질을 결정한다. 미국의 권력이 의미하는 것은 미국의 기억을 다른 곳에도 투영할 수 있다는 것이다. 미국인의 삶을 타자의 삶보다 더 가치 있게 만들기 위해 군대를 투입하는 것과 동일하다. 학자인 찰머스 존슨Chalmers Johnson은 제국의 근거에 대해 말하면서, 전 세계에 흩어져 있는 약 700~800군데의 미군 전초기지, 야영지, 비행장 그리고 블랙사이트가 그 힘을 증명하는 것이라고 했다.[24] 많은 나라들이 미국 군대가 자국 영토에서 활동할 수 있게 방치하고 있으며, 더 나아가 그보다 훨씬 더 많은 나라들이 미국의 기억이 침투해 들어오는 것에 대한 저항을 포기했다. 영화, 문학, 언어, 사상, 가치, 상품 및 생활 방식 같은 소프트파워 수출품이나 할리우드-코카콜라-맥도날드로 이어지는 네트워크들이 많은 대도시와 상당한 숫자의 소도시에서 눈에 띈다. 베트남도 예외가 아니어서, 대도시 중심가부터 길이 잘 닦인 교외의 신도시에 이르기까지, 그리고 단독 주택 단지에도 침투했다.

　미국의 군사력과 기억 능력, 전반적인 미국식 전쟁기계의 생활방식과 그 장악력이 미치는 범위 때문에, 나는 언제나 미국의 기억들과 우연히 마주치곤 한다. 베트남 이외의 어느 곳에서든, 그 전쟁에 대해 토론하려 하면, 지식인들과 학자들과 대화할 때도 그들이 만난 미국의 기억들과 조우하게 된다. 현대 문학을 전공한 아이비리그의 교수는, 내가 베트남 민간인의 전쟁 기억에 대해 강의할 때, 팀 오브라이언Tim O'Brien(베트남 퇴역 군인으로서 베트남 전쟁에 대한 소설을 여러 편 쓴 미국 작가. 대표작《The Things They Carried》, 1990_역주)을 언급했다(왜냐하면 그녀는 실제 전쟁 이야기를 하면 어떻겠냐고 제안했기 때문이다). 인도 영화를 가르치는 인도인 교수는, 내가 전쟁을 주제로 한 베트남 영화를 언급하자, 〈지옥의 묵시록〉을 소환했다. 내가 재직하는 대학에서 공부하고 있는 베트남 영화제작자는 자진해서 〈지옥의 묵시록〉에 감탄했다고 말했다. 〈지옥의 묵시록〉이 끝내주게 잘 만든 영화라는 사실만 제외하면, 전쟁기계가 산업화한 기억의 완벽한 표본인 그 영화를 나는 매우 싫어할 수밖에 없다. 인도인 교수는 심지어 프랜시스 포드 코폴라Francis Ford Coppola 감독이 그 전설적 영화를 만드는 과정에 대해 설명한 것을 인용하기까지 했다. "내 필름은 영화가 아니다. 내 필름은 베트남에 대한 것이 아니다. 그것은 베트남이다. 베트남의 진정한 모습이다. 그곳은 미쳤다. 우리는 미국인들이 베트남에서 존재했던 바로 그런 방식으로 영화를 만들었다. 우리는 정글에 있었다. 사람이 너무 많았다. 우리에게는 쓸 수 있는 돈이 너무 많았고, 장비도 너무 많았다. 그리고 우리는 조금씩, 조금씩 정신이상이 되어갔다."[25]

나는 코폴라 감독의 감상적 정서를 용서할 수 있다. 그는 젊었고, 아마도 과대망상이었을 것이다. 그리고 분명히 창조적 분투에 사로잡혀 있던 시기였을 것이다. 그러나 그는 근본적으로 잘못된 건 아닐까? 장 보드리야르는 코폴라의 말에 대해 다음과 같이 이야기한다. "코폴라는 미국인들이 전쟁을 하듯이 영화를 만들었다. 똑같은 과오에, 똑같이 과도한 수단에, 똑같이 괴물 같은 솔직함⋯⋯. 그리고 똑같은 성공을 거두었다. 그런 맥락에서 보면 그 영화는 최고의 증언이다."[26] 〈지옥의 묵시록〉은 거의 재난에 가까웠지만, 박스오피스에서 대성공을 거두었고 영화의 고전 반열에 올랐다. 베트남에 대한 미국의 야심이 맞이한 운명에 대한 알레고리처럼 읽히기도 한다. 짧은 기간으로 보면 전쟁에서 패했으나 길게 보면 동남아시아에서 공산주의를 억제하는데 성공했으니까.

영화와 전쟁은 연관되어 있다. 미국의 헬리콥터가 이러한 관계를 상징한다. 〈지옥의 묵시록〉의 극작가이기도 한 마이클 헤르는 로치로 알려진 미군 헬리콥터에 대해 이렇게 말했다. "아주 놀라웠다. 그 작은 비행선들은 베트남에서 날아다니는 가장 아름다운 물체들이었고 (당신은 그 기계를 보고 감탄하기 위해 이따금 걸음을 멈춰야 할 것이다), 벌집 주위를 날아다니는 말벌들처럼 벙커 위를 맴돌았다. "그건 섹스야." 대령은 말했다. "전적으로 섹스지."[27] 로치 헬기들은 〈지옥의 묵시록〉에도 등장하는데, 그 영화야말로 영화적으로나 기억하는 방식으로나, 전적으로 섹스다. 그리고 누군가에게는 해결되지 않은 결말이기도 하다. 〈지옥의 묵시록〉과 헤르의 '디스패치'는 솔직함에 대한, 혹은 착취에 대한 이야기로 수렴된다. 그러면서 전쟁의 핵심인 탐욕과 살인, 섹스와 죽음, 살해와 기계가 서로 혼란스럽게 뒤섞이고, 그 결과 국내에서는 명백히 불법이지만 해외의 전쟁터에서는 장려되는 살인으로 마무리된다. 남자와 소년을 확실히 설득할 수 있는 '순수한 섹스'는 삶과 죽음이고, 자아를 뿌리째 뽑으면서 재생산에 이르게 하는, 정신이 명해지는 절정이다. 〈지옥의 묵시록〉은 순수한 섹스에 대한 욕망을 묘사하고 있으며, 그 욕망을 관객들에게 전달한다. 헬리콥터로 베트콩 마을을 공격하는 상징적 광경에서 '라이드 오브 발키리'(바그너의 오페라 〈니벨룽겐의 반지〉 2부 발퀴레의 제3막에 나오는 곡_역주)가 액션 장면 배경음악으로 사용되었다. 데이비드 그리피스D. W. Griffiths 감독 또한 영화 〈남북전쟁〉과 부흥시대 서사시 〈국가의 탄생〉에서 바그너의 음악을 사용했다. 그 음악은 음탕한 흑인들에게 둘러싸여 있는 백인을 구하러 영웅적인 KKK단이 말을 타고 달려올 때 흘러나올 법한 곡이었다. 아마도 코폴라는 헬리콥터를 타고 날아가는 미군 병사들과 말을 타고 달려오는 KKK단을 비교하면서 미국 문화를 비판하려 했을 것이다. 그러나 공중에서 공격을 퍼붓는 영화적 매력 덕분에 그 장면을 비판이라고 보기는 힘들다.

코폴라 감독이 그리피스 감독을 인용한 것처럼 샘 멘데스Sam Mendes 감독은 〈자헤드, 그들만의 전쟁〉에서 코폴라 감독을 인용한다. 앤서니 스워포드Anthony Swofford의 걸프전 회고록을 영화화한 것이다. 멘데스 감독은 젊은 남성이 순수한 섹스와 전쟁 영화에 성적으로 몰입하는 묘사를 선택했다.

베트남 전쟁 영화는 모두 호전적이다. 제시하고자 했던 메시지가 무엇이든, 큐브릭Kubrick이나 코폴라Coppola나 스톤Stone이 무엇을 의도했든 크게 다르지 않다. …… 전투, 강간, 전쟁, 약탈, 화재. 죽음과 대학살의 이

아무것도 사라지지 않는다

미지를 영화로 찍은 것은 군인들을 위한 포르노그래피다. 영화를 통해 당신은 그의 좆을 쓰다듬고, 역사라는 분홍빛 깃털로 불알을 간질여서, 그에게 진정한 첫 씹을 준비시킨다. 얼마나 많은 존슨 씨와 존슨 여사 (Johnson은 남성의 성기를 가리키는 속어이기도 하고, 존슨 씨나 존슨 여사라는 호칭에는 설교를 늘어놓아서 일을 망치는 꼰대들이라는 의미도 있다_역주)가 전쟁에 반대하는지는 별로 상관없다. 그들은 무기를 사용할 줄 아는 현실의 살인자들이 아니다. …… 소위 반전 영화라는 것들은 실패했다. 이제 나의 시대는 가장 새로운 전쟁터로 진입하고 있다. 베트남 전쟁에 대한 영화를 보고 자란 젊은 놈인 나는 탄약과 술과 마약을 원한다. 창녀들 몇 명을 조지고, 이라크의 후레자식들을 해치우기를 원한다.[28]

정치가, 장군, 언론인, 싱크탱크에 속하는 현명한 이들은 이런 언어를 사용하지 않는다. 그러나 작가, 예술가, 영화감독은 다르다. 예의바른 사람이 말할 수 없는 것이 있음을 안다. 전쟁은 순수한 섹스이고, 다른 의미로는 정치적인 것이다. 멘데스는 혈기왕성한 젊은 남성 해병대원들이 강당을 가득 메우고 앉아서 〈지옥의 묵시록〉의 헬리콥터 학살 장면을 주시하고 있는 모습을 스크린 위에서 보여준다. 멘데스의 카메라는 스크린(헬리콥터와 마을 주민들을 교차 편집한 〈지옥의 묵시록〉이 상영되고 있는 스크린)과 해병대원들의 얼굴을 번갈아 비춘다. 그 젊은이들은 헬리콥터들이 떼 지어 마을을 폭격하는 장면을 보면서 울부짖고 환호할 때 영화는 절정에 도달한다. 그때 갑자기 불이 환하게 켜지면서, 영화 상영을 잠시 멈추고, 아나운서가 강당에 있는 해병들에게 진짜 전쟁, 즉 쿠웨이트의 모래 폭풍이 이제 막 시작되었음을 알린다. 결국 〈지옥의 묵시록〉은 질외 사정을 위한 것이 아니라 전쟁의 전회에 불과했음을 깨닫게 된다.

스워포드와 멘데스 둘 다 전쟁기계의 순수한 섹스를 뛰어나게 묘사한다. 그들은 전쟁 영화가 전쟁기계의 일부분이라는 사실과 그 전쟁의 도상학 중심에는 헬리콥터가 있음을 인지하고 있다. 헬리콥터의 회전날개 소리는 전쟁의 배경음이다. 영화제작자 에밀 드 안토니오Emile de Antonio는 일찌감치 그 사실을 알아차렸고, 1968년에 제작한 영화 〈돼지의 해〉In the Year of the Pig에서 미사일의 충격파와 헬리콥터 날개가 돌아가는 장면을 단순하게 반복한다. 무리지어 나오는 드론은 전쟁기계가 호흡하는 것이며, 죽음, 산업적 생산, 절정을 암시하는 것이다. 코폴라는 드론 장면을 대중화시켜서 헬리콥터 날개가 연주하는 협주곡을 영화의 모티브로 삼았고, 궁극적으로는 미국의 기억을 위한 전쟁 그 자체를 만들었다. 물질과 (섹스)심벌, 전쟁기계 그리고 전쟁기계 장치 속의 스타, 빽빽이 꽂혀 있는 기관총과 로켓 포드, 무장한 헬리콥터가 바로 미국의 화신이다. 소름끼치면서 동시에 매혹적이다.

베트남인들도 헬리콥터의 스타 파워를 인식한 게 틀림없다. 그래서 직접 영화를 만들어 대항하려 했다. 그것이 바로 〈지옥의 묵시록〉보다 1년 뒤인 1979년에 개봉한 〈와일드 필드〉The Abandoned Field: Free Fire Zone이다. 미국의 헬리콥터 공격에서 살아 남은 시나리오 작가 응우옌 꽝 상Nguyen Quang Sang은 죽음을 피할 수 없을 만큼 가까이 날아오는 것이 가장 무서웠다고 말한다. "그것은 B-52보다 더 무섭다. 전투기들은 아주 높이 날기 때문에 당신을 볼 수 없다." 헬리콥터가 끔찍한 것은 너무 가깝기 때문이다. "나는 심지어 문에서 총을 쏘고 있는 사수의 얼굴도 알아볼 수 있었다."29) 작가이자 전직 헬리콥터 조종사인 웨인 캐를린Wayne Karlin은 적군으로 싸웠던 베트남 작가 레 민 퀘Le Minh

Khue를 만나고 나서 그 상황을 역으로 상상해 보았다. "나는 지붕처럼 우거진 정글 위를 날아가는 내 모습을 상상했다. 공포와 증오로 경직된 채 총을 쏘기 위해 그녀를 찾았지만, 그 순간 그녀 또한 공포와 증오 속에서, 하늘을 올려다보면서 나를 찾고 있었다."[30] 이토록 밀접한 폭력은 캐를린을 진저리치게 했지만, 〈지옥의 묵시록〉에서는 이러한 근접성을 한껏 즐긴다. 카메라는 헬리콥터 사수의 어깨 너머로 내려다보면서 사격조준기의 시야로 8~10미터 아래에서 달아나는 베트남 여성의 등을 아래위로 훑는다. "저 야만인들을 좀 봐!" 조종사가 소리친다. 전투하러 나갈 때 '인디언의 땅'을 탐험하러 간다고 표현하는 것은, 야만인들에게 살해당할 것 같은 두려움과 함께 인종과 기술문명의 측면에서 우월감에 한껏 젖은 미국 병사들이 상투적으로 하는 말이었다.[31] 〈지옥의 묵시록〉에서 사냥감이 된 베트남 여성은 헬리콥터를 향해 막 수류탄을 던진 참이었다. 〈와일드 필드〉에서는 미군 헬리콥터의 공격으로 남편을 잃은 베트콩 여주인공이 거의 골동품에 가까운 라이플 소총으로 헬리콥터를 격추시킨다. 그리고 나서 한 손에는 총을 들고 다른 손에는 아기를 안은 채 헬리콥터의 잔해로부터 멀어지는 장면이 나온다. 이 두 영화에서 가장 위험한 야만인이면서 동시에 가장 영웅적인 인물이 원주민 여성이라는 사실은 의도된 것이다. 순수한 섹스의 냄새를 물씬 풍기는 전쟁기계를 위해 원주민 여성은 특히 백인 남성이 지닌 학살의 욕망, 증오와 두려움의 공통 대상이 된다.

전 세계 사람들이 〈지옥의 묵시록〉을 관람했고, 많은 이들이 그 영화의 세계관을 받아들인다. 그것은 단순히 타자를 야만인으로 바라보는 관점이 아니다. 사격조준기의 십자선 위에 나타난 원주민을 보고 있는 자아와 영화를 보고 있는 자아도 모두 야만인이라는 세계관이다. 그러한 잔학성에 굴복하거나 다른 사람들도 그렇다는 것을 받아들이는 것 말고는 할 수 있는 일이 거의 없다. 따라서 〈지옥의 묵시록〉의 화자는 자신의 아버지상인 커츠와 맞서기 위해 운명의 여정을 따라간다. 백인이면서 야만인들의 왕이 된 커츠는 반드시 살해되어야만 한다. 왜냐하면 백인이 야만인과 다르지 않음을 보여주었기 때문이다. 물론 〈지옥의 묵시록〉의 의도는 백인 또한 잔혹하기 때문에 야만인과 인디언의 이미지가 모순된 것임을 드러내려는 것이다. 이러한 백인의 부채감 때문에 야만인 여성을 야만인으로부터 구하려 시도하거나 혹은 그 여성을 죽이는 과정에서 백인도 괴물로 변하게 된다. 백인의 비인간성에 대한 윤리적 자각은 〈지옥의 묵시록〉에 대해 논란을 일으켰다. 이 영화와 같은 기억 작업을 견디려면, 관객은 인간성과 비인간성 둘 중 하나를 만나는 것이 아니라 둘 다 동시에 직면하게 된다.

그러나 윤리적 기억은 자신의 기억뿐만 아니라 타자의 기억도 기억하기를 요구한다. 우리는 기억 관련 산업들이 윤리적 시야도 제한한다는 것을 인지해야 한다. 〈지옥의 묵시록〉은 백인이 지닌 어둠의 핵심을 꿰뚫어 보고자 하는 좁은 윤리적 시야를 사용한다. 그 속에서 백인은 인간이면서 동시에 비인간이지만, 그렇게 보고 있는 시야 속에서 타자는 단순히 비인간으로, 즉 위협적인 야만인 아니면 얼굴 없는 피해자로 고정되어 있다(그 영화의 양아들 격인 일인칭 저격수 게임에서는 사격조준기의 십자선 속 야만인에 대한 일말의 동정심도 사라진다). 기억 관련 산업은 전쟁기계들과 통합되어 있으므로, 전쟁기계들이 타자를 종속시킬 필요가 있을 때 타자의 기억에 영향을 미친다. 정의된 바에

아무것도 사라지지 않는다

의하면, 전쟁기계는 타자를 살해하거나 제압하는 데 필요한 수단으로만 타자를 기억한다. 또한 자신의 야만성을 인정했다고 하더라도 타자는 타자로 남는다. 〈지옥의 묵시록〉에서 미국인은 스스로 야만인이라는 것을 알지만 이야기의 중심에 존재하는 것에 위안을 느낀다. 반면에 야만인은 오직 미국인의 이야기에 종속될 뿐이다. 전쟁기계 장치들은 높은 곳에서 내려다보는 것으로 야만인이 야만인임을 증명한다. 땅에 있는 야만인은 물리적 높이나 고귀한 피해자가 되는 도덕적 높이에 이를 수 없다. 얼굴 없는 피해자는 인간이 아니기 때문이다. 이것이 조준기를 통해서 보는 사람과 조준기 속에 잡히는 사람, 즉 일인칭 저격수와 처음으로 총에 맞는 사람의 결정적 차이이다. 백인은 자신의 불완전성을 묘사하기도 하고, 또한 쾌락과 동시에 후회를 느끼게 하는 장관을 펼치며 야만인을 살해하기도 하는 기술문명을 완성한다. 미국 영화와 미국 헬리콥터를 생산하는 것은 동일한 산업사회이다. 바로 그 사회가 이국의 땅을 맴돌면서, 결코 잊을 수 없는 학살의 소리를 쏟아내고, 숭배자들로부터 순수한 섹스의 반응을 이끌어 내는 대규모 기계들을 생산한다. 결국 전 세계 사람들 대부분에게 가장 기억에 남는 것은 영화와 헬리콥터이다. 시야 속에 나타났다가 사라지는 야만인들이 아니다.

기억 관련 미국 산업들이 영화보다 광범위하긴 하지만 영화가 가장 눈에 잘 띄고, 굉장한 볼거리이며, 탁월한 산업 기억이다. 특히 미국의 전쟁 영화는 엄청난 규모의 화력을 묘사하면서 동시에 그 자체가 굉장한 화력의 표본이라, 영화가 전쟁기계와 어떤 방식으로 오랫동안 공조해왔는지 보여주는 증거이기도 하다. 철학자로서의 폴 비릴리오 Paul Virilio는 "전쟁은 영화이고 영화는 전쟁이다"라고 말하기도 했다.[32] 현대의 전쟁은 영화 기술에 의존하고 있으며, 영화 기술은 전쟁을 표현하면서 발전해나간다. 카메라는 멀리서 그리고 높은 곳에서 움직이는 시야를 제공한다. 대포, 미사일, 스마트 폭탄, 감시용 비행기 그리고 적을 죽이기 전에 적을 정찰하는 드론에게 유용한 기술이다. 반대로, 카메라는 전쟁을 촬영하고, 전쟁을 묘사하며, 전쟁의 피해를 기록한다. 기록을 위해서든 오락을 위해서든, 영화는 적을 기억하지 않으면서 전쟁을 기억하는 일에 결정적 역할을 한다. 다른 식으로 말하자면, 전쟁과 영화가 서로 수렴하는 지점에서 베트남은 서구 관객들의 구경거리가 되었다. 영화평론가이자 제작자인 트린 민 하[Trinh T. Minh-ha]의 주장이다.[33] 현실에서 베트남 땅은 불에 탔고, 사진과 텔레비전과 영화 속에서 베트남 전쟁은 거듭 거듭 불타올랐다. 베트남은 충격적인 볼거리이고 동시에 즐길 만한 것이며, 어떤 면으로는 도덕적 불쾌감을, 다른 면으로는 성적 쾌감을 불러일으키는 것이다. 헤르가 지적했듯이, 눈동자는 단지 트라우마만을 저장하는 게 아니다. 눈동자는 또한 인간의 신체에서 가장 성적으로 민감한 영역이기도 하다. 쾌락과 고통 사이의 경계는 섹스와 강간을 구분하는 막처럼 얇다. 그 막은 첨단기술로 인한 죽음(그들의 적에게)과 첨단기술로 얻는 구원(그들 자신의 편)에 대한 약속을 통해 순수한 성을 구현하는 기계를 지켜보면서 떨린다. 삶과 죽음 사이의 얇은 베일을 찢어버릴 버튼을 누르거나 방아쇠를 당기는 결정을 내려야 하는 아찔함 때문이다. 전쟁의 장관과 영화적 볼거리의 관계를 보면, 영화가 얼마나 전쟁을 사랑하는지, 군대가 얼마나 시각적 이미지를 사랑하는지 알 수 있다. 영화 기술과 군사 기술이 불가분의 관계라면, 동일한 군산복합체에서 비롯되었기 때문이다. 미국 영화의 진정한 스타는 바로 그것이다.

단지 인간으로만 존재하는 유명 인사들과 배우들은 사라진다. 하지만 비인간으로 존재하는 군산복합체는 계속 살아 있다. 이것을 보여주는 두 가지 사례가 있다. 하나는 어리석고, 하나는 영리하다. 어리석은 예로는 1990년에 개봉한 〈에어 아메리카〉^Air America^가 있다. 미국 CIA가 라오스의 몽족 군대를 지원하기 위해 운영하는 마약 및 총기 밀수 전용 항공사가 있다. 그 회사에 난폭하고 제 정신이 아닌 조종사 두 명이 입사하면서 영화적 범죄가 벌어진다. 사랑스러운 악당역을 연기하는 것은 잘 생긴 멜 깁슨^Mel Gibson^과 젊은 로버트 다우니주니어^Robert Downey Jr.^다. 비행기와 비행기회사는 미국 산업을 상징하는것이다. 그리고 결국 비행기회사 이름이자 영화 제목이기도 한 에어아메리카는 몽족을 착취하기보다는 구원한다. 비행기는 불법 이득을취하는 무기 밀수에 이용되지 않는다. 산 정상에 있는 몽족 근거지를공격한 파테트 라오 군대로부터 몽족 난민들을 탈출시키는 데 사용된다. 폭발과 총성이 빗발치듯 울려 퍼지는 가운데, 깁슨과 다우니는몽족을 태울 공간을 마련하기 위해 화물을 어디에 버릴지 말다툼을한다. 화물은 밀수한 무기들이다. 몽족은 한마디도 끼어들지 않는다. 구세주들이 도덕적 딜레마와 씨름하는 동안 총알이 핑핑 날아다니는 속에서 묵묵히 배경으로 서 있다. 현실에서는 전쟁이 끝날 무렵CIA가 동맹국인 몽족 수백 명을 롱치엥 산 근거지에서 비행기로 구출했지만 수천 명 이상은 그곳에 그대로 내버려두었다. 실제 역사와할리우드 영화 스토리 사이의 거리는 너무 멀어서, 〈에어 아메리카〉가 오락이라는 옷을 입은 노골적 선전물이라는 사실을 수고롭게 지적할 필요도 없을 것이다. 미국인들은 말이 없거나 못 생기지 않았고오히려 잘 생겼을 뿐 아니라 품위 있고 선량하다는 것을 알리기 위해 만든 어리석고 끔찍한 선전물이다.

이제 영리한 표본을 들여다보자. 몽족에 관한 영화인 〈그랜 토리노〉는 역사를 솜씨 좋게 다시 손질한다. 이 영화 또한 〈에어 아메리카〉의 모티브인 기계를 변주한다. 제목도 미국의 근육인 자동차의 이름을 따서 지었고, 배경도 퇴락해가는 디트로이트, 자동차의 도시이면서 저물어가는 미국 산업시대의 심장이자 영혼이었던 곳이다. 전설적인 클린트 이스트우드Clint Eastwood가 월트, 까칠하고 불치병에 걸렸으며 가족들에게 사랑받지 못하는 한국전 참전용사를 연기한다. 월트의 인생은 몽족 가족이 이웃에 이사 온 다음부터 변한다. 이웃의 몽족 소년이 갱단 친구들과 월트의 그랜 토리노를 훔치려고 하다가 월트에게 붙잡힌다. 그는 소년에게 남자다운 태도를 가르치고, 그 과정에서 몽족 가족과 가까워진다. 소년은 몽족 갱단에서 탈퇴하고, 갱들은 앙갚음으로 소년의 누이를 강간한다. 그러자 월트는 갱들의 은신처로 찾아가 그들을 도발하여 자신을 쏘게 하는 것으로 복수를 감행한다. 유럽의 (그리고 미국의) 식민주의 신화의 원형과 할리우드의 기본 서사인 전설적 백인 남성 구원자 상이 영화의 근간이다. 평론가인 가야트리 스피박Gayatri Spivak은, 백인이 갈색 피부의 여성을 갈색 피부의 남성으로부터 구원(물론 검은색이나 노란색으로 피부 빛깔만 바꿀 수 있다)하는 이야기의 유효성이 증명된 서사시라고 평한다. 그러나 〈그랜 토리노〉는 구원자를 희생적인 이상적 인물로 만들면서 서사시를 비틀었다. 백인 노인은 삶을 포기하지만, 그의 운명은 옌 레 에스피리츄Yen Lê Espiritu가 말한 바대로, "우리는 패배할 때 이긴다"로 특징지어지는 미국적 전쟁 기억의 표본이다.[34] 월트는 곧 죽을 운명이었으나, 이제 순식간에 영웅이 되어 죽는다. 등에 총알 세례를 받고, 십자가에 매달린 듯 팔을 벌린 채. 몽족 미국 경찰이 질서를 바로잡고 갱단을 체포하러 도착했을 때, 도덕적이고 지정학적인 알레고리가 분명해진다. 미국은 착한 아시아인들이 번영을 누리며 살 수 있게 해주려고 나쁜 아시아인들에게 자발적으로 희생당했다는 것이다. 〈에어 아메리카〉보다 예술성이 강하고, 몽족에게 대사가 있는 역할을 주어서 더 공감할 수 있기 때문에 〈그랜 토리노〉는 더 위험하다. 이스트우드가 〈아메리칸 스나이퍼〉로 엄청난 흥행을 거두기 전, 저예산 영화로 박스오피스에서 성공한 이 영화는, 적은 양으로 목표물만 공격하는 영리한 폭탄이다. 〈에어 아메리카〉는 그저 먼지와 굉음만 내뿜을 뿐 적에게 전혀 피해를 입히지 못하는 어리석고 덩치 큰 폭탄이다. 할리우드 블록버스터의 패러디처럼 보이는 실패한 영화다. 그와는 대조적으로 〈그랜 토리노〉는 원주민들 스스로 복종하게 만드는 서사로 관객과 평론가의 정서적 이성적 지지를 얻어낸다. 원주민들을 단순히 배경을 위한 인간 소품으로 사용하는 〈에어 아메리카〉와는 다르다. 저술가로서의 프랭크 찐Frank Chin과 제프리 폴 짠Jeffery Paul Chan은 (백인의) 미국은 상류층 흑인에게는 '인종차별적 증오'를, 온순한 아시아인에게는 '인종차별적 사랑'을 지니고 있음을 지적한 바 있다.[35] 〈그랜 토리노〉가 바로 그런 방식을 보여준다. 월트가 하는 행동이 바로 인종차별적 사랑이다. 원주민의 왕이었던 커츠 대령과 〈에어 아메리카〉에 등장하는 그의 코믹한 후예들까지 포함되는 오랜 전통을 따른다. 모든 소수민족들을 모욕하면서, 월트는 다정하고 즐거운 외국인 혐오를 수행한다. 월트는 인종차별주의자이긴 하지만, 정직하면서 아버지 같은 인종차별주의자라서 옆집에 사는 어린 친구들을 너무나 사랑한 나머지 목숨을 바쳐 지켜준다.

월트는 (백인의) 미국이 고국에서나 해외에서, 혹은 최소한 민권의 시대 이후에 스스로를 바라보는 모습이다. 그 연배의 (백인) 미국인은 인종차별주의자든 아니든, 어린 소년 특히 해외에서 이민 온 가난하고 지친 이들을 보호해야 한다고 생각한다. 그래서 월트는 애지중지하는 그랜 토리노를 부주의한 자식이나 버릇없는 손주가 아니라, 자신이 직접 남자가 되는 법을 가르친 몽족 소년에게 물려주었다. 미국의 기억 산업은 이렇게 동남아시아인 소년을 구원하는 가부장적인 미국의 아버지 상을 주로 생산한다. 일찌감치 등장한 사례가 새뮤얼 풀러Samuel Fuller의 〈차이나 게이트〉(1957)이다. 그 영화는 굶주린 베트남인이 베트남 소년의 강아지를 위협하는 장면으로 시작한다. 소년은 프랑스 외인부대에서 복무하는 미국인의 보호를 받게 되고, 영화의 마지막은 미국인이 자신이 구한 소년과 함께 걸어가는 장면이다. 존 웨인의 〈그린베레〉(1968)도 듀크가 어린 베트남 소년에게 초록색 베레모를 씌워주면서 이러한 엔딩을 되풀이한다. 베레모의 주인이자 소년이 아버지처럼 여겼던 병사가 죽었음을 알고 나서, 소년이 자기에게 무슨 일이 일어날지 묻자, 듀크는 이렇게 대답한다. "걱정은 나에게 맡겨, 그린베레. 다 너를 위한 일이야." 1956년에 이미 존 F. 케네디가 할리우드의 이러한 감상적 정서를 암시했다.

우리가 어린 베트남의 부모는 아닐지라도, 대부인 것은 확실하다. 우리는 그 나라가 탄생하는 자리에 있었고, 살아가는데 도움을 주었으며, 미래를 만들어가도록 돕고 있다. …… 그 나라는 우리에게서 비롯되었다. 우리는 그들을 버릴 수 없었고, 그들이 필요로 하는 것을 외면할 수 없었다. 만약 존재가 위협받는 위험의 희생양이 된다면, 이를테면 공산

아무것도 사라지지 않는다

주의나 정치적 무정부 상태, 가난과 같은 것들, 그렇다면 미국은, 어느 정도 합리화를 하겠지만, 그 사태에 책임이 있을 것이고, 아시아에서 우리의 위상은 더 낮아질 것이다.[36]

베트남 소년이 아버지 같은 존재인 죽은 미군의 초록색 베레모를 쓰는 것처럼, 〈그랜 토리노〉에서 몽족 소년은 아버지 같은 존재의 가장 중요한 상징적 소유물을 유산으로 물려받는다. 이제 명실상부하게 그의 아들이 된 소년은 그랜 토리노를 몰고 저녁놀이 지는 디트로이트 시내를 달려간다. 이 장면이 가장 터무니없고 신뢰할 수 없는 이미지인 이유는 자존감 있는 젊은 아시아계 미국인이라면 어두운 색 차창에, 비싼 휠, 주문 제작한 오디오가 장착된 일본차를 선호할 것이기 때문이다. 마찬가지로 〈그린 베레〉의 결말 역시 터무니없다. 존 웨인과 그가 보살피는 소년이 해가 지는 베트남 해변을 걸어간다. 그 나라의 해변은 모두 동쪽을 향하고 있는데 말이다.

이런 식으로 실제를 왜곡하는 것은 웃어넘길 수 있는 실수지만, 〈그랜 토리노〉의 경우는 기획 단계부터 고의적으로 배경을 왜곡해서 설정했다. 바로 미국 기억산업의 번창이 그 목적이었다. 몽족 난민 대부분은 캘리포니아와 위스콘신의 시골지방에 정착하고 있는 반면에, 〈그랜 토리노〉의 몽족 이웃은 디트로이트로 이주한다. 경쟁자 일본으로 인해 심장마비로 죽어가고 있는 도시이다. 이러한 설정은 〈그랜 토리노〉라는 영화가 반세기 동안 아시아 진출을 시도한 미국의 역사를 그리려는 의도다. 월트의 한국 전쟁 참전 경험에서 시작되어, 자동차에 대한 우화를 통해 넌지시 언급된 일본(일본의 산업은 미국의 폭격에서 시작되어 미국의 도움으로 재건되었다), 몽족으로 대표되는 동남아시아를 향한 우호의 손짓에 이르기까지.[37] 영화가 정말로 말하고자 하는 것은 몽족 이웃에 대한 것이 아니다. 도움이 필요한 어떤 아시아인도 미국의 도움을 받게 되리라는 암시다. 역사적으로 황폐한 연대기 덕분에, 몽족은 그저 백인의 구원을 받기에 적합한 후보자였을 뿐이다. 이렇게 구원을 주제로 한 이야기는 미국의 인종차별주의와 폭력을 지워버리고, 미국이 완성한 눈부신 장르인 영화를 도구로 아시아인의 폭력과 미국인의 자발적 희생이라는 장광설을 전파한다. 미국의 초대형 항공모함보다 더 큰 게 없고, 미국의 전투기보다 더 비싼 게 없는 것과 마찬가지로, 미국 영화보다도 더 크고 비싼 수출용 오락은 없다. 단단한 기계와 차원 높은 기술문명으로 이루어진 순수한 섹스는 초강대국과 그들의 기억이 지닌 섹시함의 일부다. 약소국들도 섹시하지만, 그것은 착취와 모욕의 예감 때문이다. 더 강한 존재에게 값싼 노동력을 제공하고 값싼 상품을 사게 하면서 짜릿함을 제공하는 것이다. 그 속에는 서구의 남성들이 매우 감탄한 나머지 '작은 갈색의 퍼킹 머신'이라는 호칭까지 붙여준, 가격이 싼 매춘부도 포함된다. 이러한 기계들도 갖고 싶고 유혹적이지만, 전쟁기계로는 적합하지 않다.

이런 게 놀랄 일도 아니지만, 누군가가 놀라기를 바라는 것도 아니다. 할리우드나 기억 관련 산업들에 대해서 좀 더 잘 해보라고 요구하는 것도 아니다. 그들은 이윤과 쾌락에서 우위를 점하기 위해 분투하면서, 계획한 것을 정확하게 실행한다. 나는 단지 그들이 전쟁기계와 합작투자해서 움직이고 있음을 사람들이 인식하기를 바랄 뿐이다. 만약 보드리야르가 분명히 한 게 하나 있다면, 그것은 바로 〈지옥의 묵시록〉 같은 영화가 "군산복합체, 국방부 그리고 정부와 동등하거나 더 우월한 영화예술의 힘"이라는 사실을 보여준 것이다.[38] 할리우드

녹슨 탱크, 독 미애우 중포기지, 비무장지대 근처

블록버스터의 전략은 미국의 군사적 전략과 영화적으로 동등하다. 미국의 스텔스 폭격기가 적의 항공 방어력을 압도하는 것은 충격과 경외심을 이용하여 모든 지역에서 경쟁의 여지가 없도록 만드는 영화 캠페인이기도 하다. 충격과 경외심은 젊은 미국인 야전 장교들이 베트남전에서 얻은 교훈이다. 그들은 전쟁에서 소모적 전략과 폭력의 단계적 확대는 소용이 없음을 깨달았다. 전쟁에서 이기려면 즉각적이고 압도적인 힘이 필요했다. 젊은 장교들은 장군이 된 뒤에 파나마, 그레나다 그리고 이라크에서 싸울 때 그 교훈을 적용했다. 영화 같은 기술을 이용하여 충격과 경외심만 뽑아낸 24시간 뉴스가 생생한 세부 사항까지 미국 대중과 세계를 향해 방영되었다. 적에게 일어난 일은 거의 보도되지 않도록 상세하고 치밀하게 검열되었다. 영화적 상황에 길들여진 관객들은 스크린에 나타나는 죽음을 보면 그 상황을 시뮬레이션처럼 이해한다. 따라서 전쟁은 이제 타자의 죽음은 실제도 아니고 기억해야 할 것도 아니라고 느끼는 관객들에게 좌우된다. 기억산업은 왜곡된 정보를 전달하는 비공식적인 역할로 전쟁기계를 지원한다.

그러나 산업은 경쟁에 취약하다. 전쟁기계는 비대칭 전쟁으로 파괴될 수 있고, 그 자체의 과도한 권력, 돈, 탐욕에 희생될 수도 있다. 전쟁기계가 가상현실 세계에서 결코 배우지 못한 것이 있다. 산업과 전쟁에 대한 총체적 지배도 불안정해질 수 있다는 것. 특히 조준기의 십자선 속에 있던 타자들이 예상치 못한 방식과 예상치 못한 방향으로 반격해올 때 그렇다.

아무것도 사라지지 않는다

5.
인간이 되는 것에 대하여

한국 전쟁 동안 한국인 300만 명이 죽었다. 미군의 폭격, 그리고 북한군과 남한군, 미국과 중국 그리고 동맹국 군대로 이루어진 유엔군의 공격과 반격이 되풀이되면서 국토의 대부분이 폐허가 되었다.[1] 캄보디아인들은 대학살이 3년 8개월 20일 동안 지속되었다고, 주문을 외우듯 크메르루주 정권 시기를 기억한다. 반면에 한국 전쟁은 공식적으로는 아직도 끝나지 않았다. 한국은 두 개의 나라 대한민국(남한)과 조선민주주의인민공화국(북한)으로 나뉘었고, 반세기가 넘는 동안 대결할 준비만 하는 쌍둥이처럼 냉전 태세를 지속하고 있다. 서구 자본주의의 관점에서 보면, 현대의 남한은 자본주의가 이룰 수 있는 성공 그 자체이다. 기억이 안 날 수도 있지만, 남한은 전쟁으로 황폐할 대로 황폐해졌다. 1960년대에는 남베트남보다 가난했다. 미국은 남한 군대를 남베트남 용병으로 쓰는 대가로 돈을 지불하겠다고 제안했고, 가난한 나라였던 남한은 동의했다. 어떤 미국인들은 한국 전쟁을 '잊힌 전쟁'(필리핀에서 벌였던 또 다른 잊힌 전쟁을 잊어버린 채)이라고 부르지만, 한국인의 관점에서는 잊힌 전쟁이란 한국군이 베트남에서 싸웠던 바로 그 전쟁일 것이다. 많은 이들이 그저 한국이라고만 부르는 남한에서 기억하는 전쟁은 한국 전쟁이며, 국가의 정체성을 규정하는 사건이기도 하다. 그 그늘에 가려, 베트남에서 치른 또 다른 한국 전쟁은 한국인들에게 거의 기억되지 않으며, 모든 민족들에게 고질병인 기억 상실과 선택적 기억으로만 드러난다.

베트남에서 한국인들의 잊힌 전쟁에 대해 알기 전에, 나는 기억되고 있는 한국 전쟁을 통해 한국을 알게 되었다. 사춘기 소년이었을 때, 마틴 러스Martin Russ의 《마지막 위도선》The Last Parallel을 읽었고, 미국의 전쟁 선전 영화들을 관람했다. 록 허드슨Rock Hudson이 출연한 〈전송가〉 Battle Hymn와 윌리엄 홀든William Holden이 출연한 〈원한의 도곡리 다리〉 The Bridges at Toko-Ri였다. 두 배우 모두 영웅적인 공군 조종사로 한국을 구원해주는 역할을 맡았다(미국 공군이 한국 전체에 엄청난 폭격을 가한 것은 관습적으로 무시한 채). 1980년대에 한국 학생들이 거리로 뛰쳐나와 정치적 소요를 일으키는 것을 희미하게 알게 되었을 때만 해도 한국은 그저 갈등을 겪고 있다고 뉴스에 짤막하게 다뤄지는 해외의 나라일 뿐이었다. 대학에 다니는 동안에는 미국인 친구들과 어울려 한국 음식을 맛보는 것으로 그 나라와 즐겁게 조우했다. 그런데 미국으로 이주한 한국인 이민자들의 존재감은 1991년 로스앤젤레스 폭동, 혹은 봉기, 혹은 반란과 함께 미국 대중들에게 한층 뚜렷해졌다. 코리아타운이라는 불운한 별은 USA의 서울이자 한국 외부에서 가장 한국 사람들이 많은 곳이다. 또한 흑인과 라티노들이 주로 모여 사는 지역의 한가운데에 있었다. 폭동은 두 가지 사건에 의해 촉발되었다. 로스앤젤레스 경찰관이 흑인 남성을 구타했는데, 그 폭행 장면이 비디오에 찍혔다. 또 하나는 한국 가게 주인이 주스 한 병을 훔친 흑인 소녀를 총으로 쏘아 죽인 사건이었다. 많은 아프리카계 미국인들과 라티노들에게는 역사적으로 되풀이된 경찰의 억압과 소수민족 이민자들에게 당하는 경제적 착취가 절정에 달해 일어난 불공정한 사건들이었다. 한국인들과 다른 가게 주인들은 빈곤층과 노동자 계층에게 공격을 받았고, 코리아타운은 불타올랐다.[2)]

몇 년이 지난 뒤 한국과 한국계 미국인들의 평판이 달라지기 시작했다. 현대, 기아, LG 그리고 삼성이 세계 자본주의의 성벽을 향해 돌진했다. 수백만의 소비자들이 한국 상품을 집과 호주머니 속에 소유하게 되었다. 한국 차를 몰기 시작하는 사람들도 있었다. 한국의 자본은 코리아타운과 로스앤젤레스로 스며들었다. 1960년대에 가난에 찌들어 있던 한국을 떠나 미국으로 온 이민자들은 고향에 남아 있던 친척들이 그들을 따라잡았음을 갑자기 깨달았다.[3)] 이러한 이민자들은 모국의 대학에서 딴 학위를 버리고 빈민가의 가게 주인이 되어, 미국에서 태어난 자녀들만을 위해 살았다. 혹은 미국으로 이주한 소수민족의 신화에 등장하는 서사의 주인공처럼 살았다. 이러한 신화 속에서 아시아 이민자들과 미국에서 태어난 그 자녀들은 초인적 능력을 발휘하는 학생이나 노동자가 된다. 가장 뒤늦게 미국에 도착한 아시아 이민자인 한국인들은 아메리칸 드림을 위해 기꺼이 스스로를 채찍질하고 몸과 마음을 혹사했다. 그 결과 그들은 '성공적이지 못한' 미국의 나머지 소수민족과 이민자들의 모범이 되었다. 적어도 대중매체와 정치가들, 그리고 아메리칸 드림을 이루지 못한 사람들은 자기 자신과 국가의 복지제도를 탓해야 한다고 주장하는 전문가들 눈에는 그렇게 보였다.

많은 보수적인 평론가들에게, 복지국가는 사회주의나 공산주의 국가와 사촌지간이다. 아시아계 미국인 소수민족은 복지제도를 반대하는 서사 속에서 중요한 본보기로 등장한다. 미국 국내뿐만 아니라 자기 주도적 자본주의로 성공할 수 있다는 미국 윤리의 가치를 세계에 증명하기 때문이다. 한국을 포함한 아시아의 특정 국가들은 미국식 자본주의를 모방했고 성공적으로 발전시켰다. 자본주의의 세계관에서 아시아의 호랑이인 한국 경제는 미국에서 소수민족의 모범으로 여겨지는 한국인 디아스포라들과 잘 어울린다. 코리아타운은 가난한 고향을 대신하는 민족의 거주지 역할만 하지 않았다. 리틀 사이공을 포함해서 미국 이민자들의 거주지 대부분은 그런 역할만 했다. 코리아타운은 20세기 후반에 불태워졌기 때문에 특별해졌다(백인들의 손에 일찌감치 소각된 소수민족 거주지는 거의 잊혀졌다). 자본주의적 사고방식에서 보면, 현 시점에서 배은망덕한 검은 피부의 군중이 코리아타운을 공격한 사건은 공산주의자들이 한국을 전쟁으로 불태운 사건의 또 다른 버전으로 보일 수 있다. 두 가지 사건 모두, 불길이 번지는 것을 막는 방화선이 그어지면서 끝났다. 미국에서는 로스앤젤레스 경찰서가 선을 그었고, 한국에서는 "자유세계" 그리고 "자유시장"의 군대가 선을 그었다.

냉전과 뜨거운 인종적 관계를 유산으로 물려받았음에도, 한국의 물결이 아시아를 휩쓸었다. 한류는 한국의 TV 드라마와 대중음악이 아시아 국가들과 아시아계 디아스포라에게 선풍적 인기를 끌기 시작한 현상이다. 한국 문화는 2013년 강남 스타일의 전지구적 동영상

아무것도 사라지지 않는다

조회 수와 댄스 열풍으로 새로운 유행의 중심이 되었다. 아시아의 젊은이들과 미국의 아시아계 젊은이들이 한국인의 패션과 한국인의 머리 모양을 따라했다. 공정하든 아니든, 한류 스타들의 두드러진 관행이기도 한 성형수술로 외모를 고치는 것으로도 한국인들은 유명해졌다. 한류는 한국의 소프트파워가 거둔 승리이며, 한국 경제의 성장에 힘입은 것이다. 한국의 상승세는 나에게도 영향을 끼쳤다. 한동안 유럽에 가면 나를 일본인으로 착각하는 경우가 보통이었다. 아시아 일부 지역, 역설적으로 나의 고국 베트남에서는 나를 한국인으로 착각했다. 고국 사람들, 특히 한 번도 고국을 떠난 적이 없는 이들과 비교했을 때, 나는 키가 큰 편이고 피부가 창백했으며, 서구인들 같은 옷차림을 하고 있었고, 머리카락은 한국식으로 치켜세운 스타일이었다. 내가 베트남어로 이야기를 할 때조차, 고국 사람들은 "당신의 베트남어는 매우 훌륭하군요!"라고 말하기 일쑤였다. 그들은 내가 같은 민족이 아닐 거라고 추측했다. 그리고 아마도, 이제는 그것이 진실일지도 모른다.

서울에서는 아무도 나를 한국인으로 착각하지 않았다. 그 도시의 첫 인상은 금속성 광택으로 코팅된 21세기 도시라는 것이었다. '블레이드 러너'에 등장하는 음산한 환태평양 지역 대도시와는 정반대였다. 국제적 소통을 위한 시설은 사이공 혹은 하노이의 단말기 앞에서 고생했던 사람에게 매우 훌륭했다. 호텔까지 나를 실어다 준 에어컨이 장착된 안락한 리무진 택시는 창문 밖에서 미끄러지듯 달려가는 자동차들과 마찬가지로 차창에 짙은 색 코팅을 했다. 서울은 깨끗하고, 효율적이며, 휘황한 조명과 매끄러운 표면의 외관이 두드러진 곳이다. 사람들은 디자이너가 만든 옷과 핸드백, 안경을 착용한다. 교통은 질서정연하고, 시민들은 예의바르다. 적어도 그들과 다른 언어를 사용하는 외국인에게는 그러했다. 식수나 음식, 공기는 전혀 걱정할 필요가 없고, 북한의 위협은 캘리포니아에서 지진이 일어나는 위험과 같은 정도이다. 모두들 무관심했다. 관광객들이 꼭 보아야 할 곳인 비무장지대에 주둔하고 있는 군대를 제외하고는. 나는 1970년대 텔레비전 시리즈물이었던 '매쉬M*A*S*H'를 통해서 한국을 처음 접했다. 한국 전쟁에 참전한 괴짜 의사에 대한 이야기였는데, 어린 난민인 나의 자아는 그것이 베트남에서 벌어진 미국 전쟁의 알레고리라는 사실을 알아차리지 못했다. 미국은 두 나라 모두 구원하기를 원했지만, 한 나라에서만 성공을 확신할 수 있었다.

휴전 협정을 맺은 지 60년, 텔레비전 프로그램이 방영된 지 30년이 지난 뒤, 군사 방어는 미국에 의존하고 있지만, 한국은 이제 경제적으로는 미국과 경쟁하는 관계가 되었다. 동아시아와 동남아시아의 이러한 역사는 사실과 반대되는 가정, 즉 가지 않은 길과 선택에 대해 생각해 보고 싶게 만든다. 내가 전혀 다른 가정에서 태어나 전혀 다른 자아를 지녔더라면 어땠을까. 일본과 한국의 사업가들과 관광객들로부터 베트남이 30, 40년 전 그들의 나라를 떠올리게 만든다는 이야기를 얼마나 자주 들었나? 그들은 남의 나라를 방문해서 과거에 일어나지 않았던 많은 일들이 일어났을 때를 가정해 본다. 전쟁이 일어나지 않았더라면, 공산주의자가 승리하지 않았더라면, 전쟁이 교착 상태에 빠져 나라가 여전히 두 개로 갈라져 있었더라면. 분열과 교착 상태로 인해 한국에서 어떤 일들이 일어났는가? 그리고 그것이 그들에게 유익했던가? 한국과 베트남은 둘 다 자본주의의 우화이지만, 도덕적으로는 서로 반대 방향으로 갔다. 베트남은 프랑스와 미국을 상대로 전쟁을 치르느라 40년의 세월을 잃었고, 뒤쳐졌다. 하지만 무엇을 위해서였나? 지금은 통일된 독립국가인 공산 베트남은 자본주의적 시차 적응에 시달리고 있다. 중국이나 남한 아니면 타이완이나 홍콩, 싱가포르처럼 되려고 애쓴다. 싱가포르의 권위주의적 정부는 베트남의 권위주의적 정부와 달리, 적어도 나라를 깨끗하고 정확하게 관리한다. 물론 나는 남한에 대해 좋지 않은 인상도 받았고, 관광객도 거의 없었다. 사회적 동요, 가난 그리고 고르지 못한 발전이 화장을 떡칠한 가면 아래서 소용돌이치고 있지만, 그러나 적어도 가면은 있다. 베트남에도 한국이 지닌 문제점이 대부분 다 있으나, 단지 얼마나 많이 발전했느냐의 문제가 아니라, 혼잡한 거리를 건너려면 목숨을 걸어야 한다는 게 문제이다.

이제는 잊힌, 미국이 한국에서 치른 전쟁과 한국이 베트남에서 치른 전쟁을 기억하는 사람이라면, 한국과 베트남의 역사가 교차하고 갈라진 지점에서 사실과 반대되는 가정을 해볼 수 있을 것이다. 만약 남한이 베트남에 파병하지 않았다면 오늘날과 같은 나라가 가능했을까? 만약 남한이 오늘날과 같은 나라가 아니라면 지금처럼 과거를 다시 기록할 수 있었을까? 만약 남한이 세계적인 강대국이 아니라면 그들의 기억에 관심을 갖는 사람이 있을까? 결론은 한국이 베트남에서 잔인하고 비인간적인 전쟁을 성공적으로 치렀고, 그래서 한국은 얼굴 성형 말고도 많은 것을 할 수 있는 자본주의와 산업의 근거지가 되었다는 것이다. 한국의 역사를 수술하는 외과 의사들은 잔혹성을 제거하고 인간성을 이식한 전쟁 기억을 만들어냈다. 기억되고 있는 전쟁에서부터 잊힌 전쟁에 이르기까지. 오늘날에도 남한 사람들은 무기화된 기억산업을 발전시키면서 스스로를 재창조하고 있다. 남한은 이제 잊힌 세월 동안 전 세계 신문에 못나고 슬픈 연민의 대상이거나 공포의 대상으로 등장하던 나라가 아니다. 북한 사람들과 달리, 그들은 인간이 되었다. 북한 사람들은 서구인이나 남한 사람들이 그들에 대해 언급하는 내용에 이의를 제기할 수 없다. 대부분의 나라에서 여전히 이방인이기 때문이다. 두 개의 한국은 소프트파워가 어떻게 기억을 자르고, 덮고, 변형시키는지 보여주는 좋은 사례다. 전쟁기계를 운영하는 사람들에게 하드파워가 필수적인 것과 마찬가지다.

서울에 있는 한국의 전쟁기념관은 인간으로 존재하기 위해 하드파워와 소프트파워가 어떻게 함께 작동하는지 명백히 보여주고 있다. 거대하고 각진 건물은 철갑을 두른 벙커나 히틀러 시대의 독일 영화 세트를 떠올리게 한다. 무기로 사용되는 기억의 완벽한 예이다. 계획된 웅장함 자체가 군산복합체를 상징하는 기억의 요새이며, 군사적 성취와 산업의 승리로 이룬 창조물이다. 전쟁기념관은 군사적 성취를 칭송하면서 산업의 승리를 묵묵히 증언하고 있으며, 한국의 힘을 증명하고자 서울의 풍경에 거대한 발자국을 남긴 덩치 큰 짐승처럼 보인다. 건물의 담장과 정원에 배치된 무기는 작은 군대가 무장하기에 충분할 정도이다. 대부분 미국에서 제조된 미사일, 비행기, 탱크, 대포 그리고 배들이다. 무기들은 침묵으로 세계 최대의 무기 수출국 미국과 미국적 자본주의의 성공을 증언한다. 정신분석학적으로 민족주의와 남성적 자부심, 과시에 대한 갈망이 읽힌다고 한다면 지나칠지도 모르겠다. 너무 노골적이기 때문이다. 승리한 국가의 무기는 광택이 나게 손질되어 있고, 방문객들이 올라타서 방아쇠를 당길 수 있게 준비되어 있다. 방아쇠와 총열은 당기고 싶으면 언제든지 당길 수 있다. 반면에 베트남과 라오스에서는, 공산주의의 적인 미제 무기는 황

아무것도 사라지지 않는다

폐하고 파괴된 상태로 남아 있는 경우가 많다. 한국에서는 굳이 벙커의 담벼락 밖에 적의 패배를 전시할 필요가 없다. 이야기가 담고 있는 내용이 명료하기 때문이다.

전쟁기념관에는 전문가가 제작한 한국 전쟁 관련 비디오, 입체모형, 사진, 플래카드, 군복 그리고 능숙한 직원들이 관리하는 공예품들이 전시되어 있었다. 한국 전쟁이 공산주의 세계의 지원을 받은 북한과 민주주의적 자유세계 그리고 자본주의 사회의 지원을 받은 남한이 맞서 싸운 전쟁이었음을 보여주려 하고 있다. 기념관의 영웅은 학자인 셰일라 미요시 야거Sheila Miyoshi Jager가 "전투적 남성성"[4]이라고 부르는 한국 군대이다. 기념관의 홍보 책자에는 기념관의 목적이 "고인이 된 애국자 선조들과 전쟁 영웅들의 기억을 보존하는 것"이며 그들은 "조국을 위해 헌신하고 생명을 바쳤다"고 적혀 있다. 박물관은 한국이 공산주의 위협에 맞서 나라를 지키고 다시 통일하려고 노력하는 과정에서 군대의 막중한 힘이 중요했다는 생각을 고취한다. 야외에 있는 명판에는 군대와 병사들이 지불한 영웅주의와 애국심의 가치를 요약해서 적어 놓았다. '자유는 공짜가 아니다.' 추측컨대 사람들의 희생이 요구된다는 의미일 것이다. 인간의 생명이라는 관점에서는 자유를 지키고 향유하려면 값비싼 대가를 치러야 하지만, 박물관은 자유의 수호자들에게는 물질적 안락이 보상으로 주어진다는 것을 암시하는 것 같다. 비용과 이윤이라는 두 가지 측면에서, 자유를 얻기 위해 치른 경제적 요금이 박물관의 번쩍이는 전시실들을 운영하고 있다. 만약 군산복합체라는 것이 있다고 가정한다면 그 박물관 자체가 증거일 것이다.

전쟁기념관의 대부분은 남한이 북한에 대항하여 스스로를 방어했다는 내용에 초점을 맞추고 있다. 그러나 한국 전쟁에 관한 주요 전시가 끝나고 나면 '해외 파병'을 연대기 순으로 기록한 방이 나온다. 이곳에서 베트남은 한국 군대가 도움을 주었던 많은 나라들, 즉 일본, 중국, 쿠웨이트, 소말리아, 서부 사하라, 조지아, 인디아, 파키스탄, 앙골라 그리고 동 티모르와 함께 소개된다. '해외 파병' 전시실을 나와서, 나는 현대 한국군의 무기와 군복 전시물들 사이를 걸어가면서 관람을 끝냈다. 한국 군대의 전문성과 숙련된 기량에 찬사를 보내는 비디오가 상영되고 있었다. 박물관의 서사는 분명했다. 처참한 한국 전쟁은 국제연합군의 도움을 받았고, 전쟁이 끝난 뒤 한국 군대는 베트남에 가서 타자의 자유를 수호하는 법을 배웠다. 그리하여 오늘날의 한국은, 학자인 문승숙이 '군사주의적 근대'라고 부르는 상태를 유지한다. 혹은 군사주의와 밀접하게 연관되어 나라의 위상이 세계적으로 상승하는 뒤얽힌 방식으로, 특히 북한과 적대적인 교착 상태인 채 1급 국가의 자격을 갖추게 되었다.[5] 전쟁기념관은 이러한 군사적 근대성을 구현하고 있는 것은 아닌지? 깊은 인상을 준 한국의 무기들과 자동차들, 그리고 그것들을 보여주는 비디오 화면은 '재벌'로 불리는 한국의 거대기업들이 제조한 것이다. 전쟁기념관에서는 한국군, 자본주의 그리고 기억에 대한 권력과 나와 같은 관광객을 겨냥해서 두려울 정도로 무기화된 기억이 겹겹이 동시에 표현되고 있었다.

그러나 셔츠에 매달려 있는 메이드인 차이나, 혹은 베트남, 혹은 캄보디아, 혹은 방글라데시라는 알쏭달쏭한 꼬리표처럼, 기념관이 어떻게 만들어졌는지 드러내는 단서를 슬그머니 제공한다. 기념관의 꼬리표는 '해외 파병' 전시실이다. 그 방에서 기념하는 것들이 메이드인 코리아임을 간접적으로 인정하고 있기 때문이다. 전시실의 명칭에도

헬리콥터 디오라마, 한국의 전쟁기념관, 서울

불구하고, 그 방에서 다루고 있는 주된 주제는 베트남에서 일어난 한
국 전쟁이다. 기념관의 큐레이터들은 그 기억을 지울 수 없었고, 그것
을 변명하기 위해 그 방을 만든 것 같다. 그 전시실로 들어가려면, 베
트남과 그 전쟁에 대한 고전적 상징인 무성한 정글의 나뭇잎들로 장
식된 통로를 거쳐야 한다. 사진, 입체모형, 지도 그리고 마네킹들로 그
전쟁에서 일어난 몇몇 사건들, 참전자들, 그리고 한국과 민족해방전선
의 작전기지에 대해 역사적인 설명을 한다. 에밀 드 안토니오와 프랜
시스 포드 코폴라로부터 음악적 모티브를 빌려온 듯, 헬리콥터 날개
가 돌아가는 소리가 배경음으로 깔린다. 인간의 희생을 강조했던 한
국 전쟁의 전시실과는 뚜렷하게 대조적으로, 난민들의 분투에서부터
자살공격에 자원한 영웅적 병사에 이르기까지, 베트남 전시실은 두드
러지게 무혈의 분위기다. 적의 군복을 입은 마네킹은 뻣뻣한 자세를
취하고 있고, 부비 트랩을 설명하는 그림도 단지 기술적 묘사처럼 보
이며, 게릴라들이 뚫은 터널의 입체 모형도 역겨운 전투 장면이 아니

라 베트콩의 일상을 보여주고 있다.

가장 극적인 이미지는 한국 병사들이 휴이 헬리콥터에 올라타 탈출하는 것이다. 다큐멘터리, 영화 혹은 뉴스에서 미국 병사들이 보여주는 움직임과 동일해서 누구에게나 낯익은 장면이다. 그럼에도 이 탈출 장면은 유리 상자 안에 들어 있는 장난감 크기의 입체 모형으로 만들어져 있다. 마치 솜씨가 뛰어난 어린이가 학교 숙제로 만들어 놓은 것처럼 보인다(한국 전쟁을 재현한 입체 모형들은 실물 크기였다). 그 밖에도 전투를 하고 있지 않은 남한 병사들의 사진 아래 붙어 있는 설명에는 다음과 같은 홍보 문구가 붙어 있다. '베트남에 파병된 한국 군대는 공익서비스 향상과 개발 사업에 기여한 것에 큰 자부심을 가졌다. 그들은 베트남 국민들 사이에서 공정하고 친절하다는 명성을 얻었다.' 또는,

베트남 파병을 통해서 우리는 자주적인 방어력을 구축하는 것에 대한 자신감과 경험을 얻었다. 또한 우리의 경제 발전에 가속도가 붙었고, 대한민국 방위에 미국의 기여가 커졌으며, 미국과 한국의 정치-군사적 관계가 공고해졌다. 더욱이 베트남에서 한국 군대가 인상 깊은 수행능력을 보여준 덕분에 국제적 명성도 드높아졌다.

이러한 진술이 완벽한 영어로 표현되어 있다는 사실을 간과할 수 없다. 전쟁이 끝나고 최근에 이르기까지 베트남, 라오스 그리고 캄보디아에 있는 대부분의 기념관들에 붙어 있는 영문 설명은 마치 할리우드식 전형적 참수이(정체를 알 수 없고 별로 알려지지 않은 동양의 값싼 음식. 이 음식을 먹는 사람들을 비하하는 말이기도 하다_역주)가 써준

것처럼, 쓴웃음이 나올 정도로 엉망이었다. 반면에 정확한 번역과 뛰어난 큐레이터 능력은 한국이 현대적으로 발전된 나라임을 보여준다. 그러나 이렇게 세련되게 훈련된 번역가와 큐레이터들은 영어를 쓰는 나라가 지배하는 기억으로부터 벗어날 수 없고, 벗어나려고도 하지 않을 것이다. 그래서 베트남과 관련된 나머지 전시품들은 모두 건조하게 여러 차례의 교전을 묘사하면서 남한 병사들이 전투에 투입되고 난 뒤, 어떻게 '위풍당당하게 고향으로 돌아왔는지'를 설명하고 있다. 이것은 보통 병사들이 적을 처부숴야 가능한 일이지만, 그 전시실에서는 한국 군대의 영웅적 행동에 대해서는 침묵하고 있다. 베트남인인 적이나 민간인들이 한국군보다 훨씬 더 고통스러웠고 정신적 외상을 입었음을 인정하고 싶지 않아서 한국인이 전투에서 싸웠다는 사실을 공표하는 것을 꺼리는 분위기였다. 한국 병사들의 영웅적 폭력을 회상하는 것은 또 다른, 좀 더 난처한 행동들을 끄집어내는 결과를 불러올 수 있기 때문이다.[6]

미국이 공산주의를 봉쇄하기 위해 그 전쟁을 벌였던 반면, 이 소규모 전시실에는 한국이 그 전쟁에 품었던 함의들이 담겨 있다. 그러한 함의들 가운데 가장 불편한 부분은 잊힌 전쟁 기간 동안 한국 병사들이 저질렀던 행동이다. 몇몇 학자들이 지적했다시피[7], 한국이 아제국주의Subimperialism(급속한 산업화를 경험하고 있는 나라)의 강국으로 떠오르는데 그 전쟁은 아주 중요한 역할을 했다. 제국주의 강대국들은 지구의 넓은 지역을 거침없이 휩쓸어 정복하고, 아제국주의 강대국들은 국지적 지배로 만족한다. 그러나 아제국주의 강대국이라고 해도 한 나라와 한 민족이 인간 아래에 있음을 증명할 수는 없다. 그들도 완전한 인간이다. 역설적으로 인간성의 증거는 타자를 향해 폭격할 수 있는 능력이다. 한국인이 지금 그렇게 할 수 있는 것처럼, 그리고 그들이 아제국주의자가 되기 전에 반대로 타자에게 폭격을 당했던 것처럼. 아제국주의의 강대국이 되었기 때문에 한국의 전쟁기념관이 세워질 수 있었을 것이다. 그러나 이런 종류의 기념관이 기억해야 하는 것은 자애로운 힘이다(비록 권력자들은 언제나 스스로를 자애롭다고 기억하지만). 자애로운 힘만이 자기 나라와 다른 나라들을 방어할 수 있다. 반대로 그렇지 않은 힘은 다른 나라가 방어하게 만들거나 그 나라를 침공한다. 그러나 탱크와 총기, 대포, 미사일 그리고 다른 정교한 무기들을 전혀 사용하지 않으면서 단지 전쟁기념관에 전시하기 위해 소유한다는 것은 있을 수 없는 일이며, 그것들을 사용하면서 무구한 사람들을 해치거나 잔혹한 행위를 저지르지 않는다는 것도 불가능한 일이다. 제작비용도 많이 들고 유지비도 그만큼 비싼 국가 기억의 저장소라는 역할을 생각하면 전쟁기념관에서 영웅적인 병사들이 비인간적인 행동을 저질렀다는 현실을 인정하려 하지 않을 것이며, 인정할 수도 없을 것이다.

국가가 무기화된 기억을 감당하는 비용을 지불해야 한다면 전쟁에 반대하는 기억 또한 반드시 필요하기 때문에 감당해야 한다. 비용이 들어간다고 해도 사람들의 시간과 삶으로 대가를 치를 것이다. 물론 시간과 삶은 문학작품을 집필하는 데 필요한 모든 것이다. 따라서 소설에서 한국의 무기화된 기억에 대항하는 가장 주목할 만한 노력이 발견되는 것은 우연이 아니다. 첫 번째 노력은 1985년과 1988년에 두 권으로 출간된 황석영의 《무기의 그늘》이다.[8] 베트남 전쟁에서 장교로 복무했던 전두환과 노태우[9]가 연달아 대통령 자리에 올랐던 억압적 정권이 지속되는 기간에 그 책은 등장했다. 그러한 정치적 환경

아무것도 사라지지 않는다

에도 불구하고 그 소설은 대담하게도 베트남에 주둔했던 미국이야말로 한국인을 포함한 모든 관련자들이 베트남에서 저지른 완벽한 타락의 근원이라고 지목한다. 또한 미국식 자본주의와 인종차별이 이 전쟁의 핵심이며, 팍스 아메리카나(세계 역사에서 제2차 세계대전 이후 국력이 쇠퇴한 영국의 뒤를 이어 미국이 강력한 국력을 바탕으로 국제 평화 질서를 이끈 것을 뜻한다_역주)를 위해서가 아니라 미군 PX, 군매점 혹은 군수품 쇼핑몰을 위해서 전쟁을 벌였다고 단언한다. "PX란 무엇인가? 큰 함석 창고 안에 벌어진 디즈니랜드. CBU(집속탄) 폭탄 한 개로 길이 일 마일, 너비 사분의 일 마일에 걸쳐서 백만 개 이상의 쇠파편을 뿌릴 수 있는 기술을 가진 나라의 국민들이 사용하는 일상용품을 파는 곳이다." PX는 무엇을 하나? "PX는 아시아의 더러운 슬로프헤드들에게 문명을 가르친다."[10] 탱크나 비행기 이상으로 "PX는 아메리카의 가장 강력한 신형 무기이다."[11] PX가 군산복합체의 합법적 얼굴이라면, 암시장은 불법적 얼굴이다. 암시장은 공산주의자든 민족주의자든 모든 이들을 환영한다. 그리고 미국 수입품과 달러로 부풀려진 전시 경제가 벌어주는 이윤은 그들을 타락시킨다. 양쪽 진영의 베트남인들은 그 나라를 떠날 수 없었으므로 고통을 당했다. 떠나면 그만인 미국인들이나 한국인들과는 달랐다. 이러한 외국인들을 박진임 교수는 '식민화된 식민지주의자'이라고 부른다. 중개인들은 미국인들을 돕고, 자기도 모르게 일본인들까지 돕는다. 상품을 공급하는 이들이 일본인이기 때문이다.[12] "베트남에 있는 모든 것은 일제다."[13] 따라서 한국인들은 한 가지 교훈을 얻게 되는데, 그것은 예전에 한국을 식민지로 삼았던 일본인들은 이미 알고 있던 사실이다. 즉 아시아에서 미국이 벌이는 전쟁에서는 돈벌이를 할 수 있다는 것.

그러나 돈벌이에는 대가가 따른다. 그중에서 인종적 열등감은 과소평가할 수 없는 것이다. 미국이 베트남인들에게 항복하자, 한국인들은 과거에 미국에게 받았던 대우를 떠올린다. 그것이 한국인들이 베트남인들에게 끌리기도 하고 혐오를 느끼기도 하는 이유이다.[14] 미국 병사가 황석영의 소설 속 중심인물인 영규에게 말하는 것처럼, 베트남인들은 '국', 즉 끈적거리는 더러운 것들이다. "그들은 정말 더럽다. 너희는 우리와 같다. 연합군이다."[15] 영규는 미국인들이 한국에서 처음으로 '국'이라는 단어를 사용했음을 떠올리며 알아차린다. "나는 오히려 내가 베트남인과 같다고 말해버린다."[16] 한국인 동료는 심지어 이렇게 말한다, "그럴듯하다. 너는 새까만 게 꼭 월남애들 같구나."[17] 아마도 소설은 1969년도에 한국에서 유행했던 노래 〈월남에서 돌아온 김상사〉를 참조했을 것이다. 그 노래에서 이름을 알 수 없는 영웅은 '새까만 김상사'로 고국에 돌아왔다. 그는 베트남으로 파병된 한국 병사들을 영웅적이고 도덕적이라고 홍보하는 한국의 노력에서 가장 기억에 각인된 인물이다. 그러나 그의 검은 피부는 모호함의 상징이다. 그는 열대의 태양에 노출되었을 뿐만 아니라, 폭력적 전쟁과 미국인들의 반 아시아적 인종차별주의에 오염되었다.[18] 그 소설 속에서는 미라이 학살에 대한 설명이 상세하게 나온다. "대살육의 정당성을 끝까지 주장하도록 해주는 것은 역시 인종적 감정이다."[19] 소설 속의 한국인들은 베트남인들에게 잔혹행위를 하지 않았지만, 황석영은 한국인들이 인종차별주의자인 미국인들과 함께 있으면서, 그런 행위를 하는 것으로부터 한 발자국 떨어져 있었을 뿐임을 암시한다.

한국인들이 한 짓은 분명히 돈에 자신을 팔아넘긴 것이다. 글자 그대로 암시장(암시장은 black market이고, 김상사는 피부가 black으로

아무것도 사라지지 않는다

변했으므로, 저자는 '글자 그대로'라고 말하고 있는 것_역주)을 통해서. 베트남인 등장인물은 죽거나 교도소에 갔지만, 영규는 살아남는다. 소설의 결말에서는 자유의 몸이 되어 창녀인 해정이 불법으로 빼돌린 상당한 양의 물건을 한국에 있는 그녀의 가족에게 보내도록 돕는다. 많은 한국 병사들이 실제로 그렇게 했다.[20] 그저 잠시 회한에 젖을 뿐, 영규는 남성이 여성을 착취하고, 백인이 아시아인을 지배하고, 한국인이 베트남인을 학대하는 위계에 따라 행동한다. 암시장에서부터 피부색이 원래 검은 사람, 피부가 검게 탄 사람에 이르기까지, '검은색'은 타락과 열등감의 상징이 된다.[21] 검은색은 한국 전쟁을 주제로 하는 한국의 다른 주요 소설에서도 중요하다. 안정효의 《하얀 전쟁》은 작가가 직접 《화이트 배지》White Badge라는 제목의 영문소설로 번역하여 출간했다.[22] 이 소설 속에서 암흑은 숨어 있는 반면에, 하얀색은 널리 퍼져 있는 불안을 상징한다. 화자인 한기주는 영규나 베트남에 지원한 일반적인 한국 남성들과는 달리 지식인이다. 그는 서구 백인들의 문화에 매료되어 호머Homer, 레마르크Remarque, 셰익스피어Shakespeare, 헤밍웨이Hemingway, 몽테뉴Montaigne, 드라이든Dryden, 그리고 콜리지Coleridge를 읽었다. 지식인인 그는 자신의 남성성에 의문을 갖고 있다. 전쟁이 끝난 뒤, 그는 한국 사회에서 '이방인'이 된다. 문학적 지식은 쓸모가 없고, 직장에서 그의 경력은 끝났으며, 외도를 하던 아내는 둘 사이에 자식이 없어서, 그리고 결국 그 이유가 그에게 남성적 욕망이 거의 없기 때문임이 밝혀지면서 그를 떠난다.[23] 함께 참전했던 동료 변진수로부터 전화가 오고, 그의 전화를 받은 한기주는 베트남 전쟁을 기억해내면서 자신의 모든 문제의 원인을 깨닫게 된다. 베트남에 파병된 병사들은 '핏값'을 받았다.[24] 베트남에 지원한 병사 개인에게는 한 달에 40달러가 지불되었다. 일반적인 가정의 평균 생계비가 1년에 98달러이던 시절이었다. 미국은 한국 병사들에게 약 10억 달러를 지불했는데, 오늘날의 가치로 따지면 약 66억 달러에 해당한다.[25] 이 돈은 "나라의 현대화와 발전의 동력이 되었다. 그리고 이러한 헌신 덕에 대한민국은, 아니 적어도 상류계층은 세계 시장으로 성큼성큼 걸어 들어갔다. 팔려고 내놓은 목숨. 국가가 팔아넘긴 용병들."[26]

이 두 소설 속에서, 한국인들은 '뽐내는 우상이자 거만한 거인'인 미국에게 자기 자신을 팔아버린다.[27] 한기주의 눈에 미국인들이 거인이라면, 미국 군복을 입고, 미국 음식을 먹고, 자기 몸에는 너무 큰 미국 무기를 들고 있는 한국인들은 난쟁이들이다.[28] 식민화된 식민주의자의 모순은 《하얀 전쟁》 속에서 넘쳐난다. 화자가 책 속에 등장하는 오직 한 명의 미국인 흑인을 '원시적인 두툼한 분홍빛 입술의 니그로 병사'[29]라고 묘사할 때 명백히 드러난다. 미국의 인종차별주의를 그대로 흡수해서, 베트남인들을 '국', 그리고 '피부가 노란 난쟁이 종족'이라고 부르는 한국인들도 있었다.[30] 미국인처럼, 한국 병사들도 같은 편인 베트남인들과 적군인 베트남인들을 구별할 수 없었다. 처형하고 지원하는 방식도 미국의 전략을 그대로 따랐다. 마을 사람들을 강제로 원래 집에서 쫓아내고 전략적 촌락으로 이주시키는 동시에 그곳에 병원을 짓고 잔치를 벌이고 쌀을 배급하면서 마음을 얻으려 한다. 그렇게 한국인들이 베트남인들을 대하는 행위는 다른 나라 사람들이 한국인들에게 했던 행위들이다. "우리가 혹은 우리 부모가 했던 일은, 한국 전쟁 동안 유엔군과 미국인들 그리고 터키인들이 마을로 몰려와서 우리를 공산주의자들로부터 해방시키고 밤에는 마을 여자들을 강간했던 시절을 생각나게 한다."[31] 마치 동일한 잔혹행위를 저지르지 않으려는 것처럼, 기주는 하이라는 이름의 선량하지만 무분별한 행동으로 위태로워 보이는 베트남 여인을 정부로 삼는다. 하이 같은 인물은 베트남을 소재로 한 외국 문학에서 빠지지 않고 등장한다. 그레이엄 그린의 《조용한 미국인》에 나오는 푸옹이 가장 유명하다. 하이와 함께 있을 때, 기주는 남자가 될 수 있었다. 그러나 그녀가 한국으로 데려가 달라고 애걸하지만 그것이 불가능하게 느껴질 때, 이러한 남성성은 환상임이 드러난다.[32] 아마도 그는 단순히 그렇게 하고 싶지 않았을 것이다. 나중에 소설에서 드러나듯이, 전쟁이 끝난 뒤 서울에는 베트남 난민들이 살게 되었다. 그중에는 한국 연인에게 버림받은 여성들도 있었다.[33] 이러한 역사는 오늘날에도 지속되고 있다. 가난한 베트남 여성이 누구와도 결혼할 수 없는 한국 남성과 중매결혼으로 맺어져 한국에 온다. 현대화와 도시화에서 뒤쳐진 농촌 남성들인 경우가 많다.

《화이트 배지》의 진짜 드라마는 한국인과 베트남인 사이에서 펼쳐지는 게 아니라, 한국인들 사이에서 일어난다. 예전 동료 변진수가 마지막 부탁을 하려고 한기주를 찾아온다. 전쟁이 끝난 뒤에도 자신을 따라다니는 괴로움에서 구해달라며 총으로 쏘아 달라는 부탁을 한다. 그 사건은 전두환의 군사 독재에 저항하는 민주화 투쟁을 배경으로 일어난다. 이 소설은 농부인 변진수와 지식인 한기주가 만나는 것으로 끝난다. 독자들은 기주가 방아쇠를 당겼는지 아닌지 알 수 없다. 어떤 결말이든 병사들의 패배이다. 병사들은 동료 시민들, 특히 전쟁을 통해 가장 큰 이득을 얻은 기업가들에게 보상을 받지도 인정을 받지도 못했다. 한국의 전쟁기념관에서와는 달리, 《화이트 배지》는 전투적 남성성의 신화와 그것이 치러야 하는 대가를 보여준다. 이러한 남성성은 성공하거나 실패하거나 미국이라는 거인에게 복종한 결과이다. 거인은 "자신의 세상 밖에서 살아가는 법을 결코 배운 적이 없"기 때문에, 한국인들에게 그의 자본주의와 그의 문학과 그의 (하얀) 전쟁을 통해서 그의 세상에서 살아가라고 요구한다.[34] 그 보상으로, 한국인들에게 역사학자 브루스 커밍스Bruce Cumings가 '엘도라도'라고 불렀던 베트남을 착취할 기회를 제공한다. 그 전쟁 중에 대우에서 일하는 한국 기술자들이 정감 있는 시골 마을에 있는 나의 부모님 집에 방을 얻어서 살기도 했다.[35]

이러한 반영웅적 소설들 속에는 미국인과 한국인에 대한 혐오가 깊이 배어 있다. 그러나 한국인이 이 전쟁을 기억하는 방식에는 〈월남에서 돌아온 김상사〉와 같은 노래처럼 영웅을 찾는 경향이 있다. 그러나 한국의 영웅적 전쟁 기억의 판본은 한국 바깥에서는 통하지 않는다. 오히려 한국의 밖에 있는 관객들은 이러한 반영웅적 소설이나 《화이트 배지》를 각색한 영화를 더 잘 알고 있다. 이런 경우는 한국과 미국이 유사하다. 전 세계 사람들이 그 전쟁에 대해 갖고 있는 이미지가 너무 부정적이라서 관객들이 아예 영웅 이야기를 기대하지 않는 것 같다. 1994년에 《화이트 배지》를 각색한 영화(한국 제목은 〈하얀 전쟁〉)는 그 전쟁을 소재로 한 가장 잘 알려진 한국 영화인데, 원작 소설의 반영웅적이고 반미국적인 내용을 그대로 담고 있다.[36] 동시에 영화는 그 전쟁에 대한 한국인의 기억이 점점 더 한국인의 경험을 강조하고 있음을 시사한다. 베트남인의 시각이 드러나는 원작 소설은 세계 문학에서 주목할 만하지만, 영화에서는 그 부분이 거의 빠져 있다. 한기주의 정부와 병사들에게 성적으로 모욕을 당해 자살 폭탄 공격을 감행한 베트콩 여성이 사라졌다. 공감할 수 있는 베트남 여

아무것도 사라지지 않는다

성들이 사라진 이 영화는 한국 남성들 사이에서 벌어지는 드라마로 변해버렸다. 한국 남성들끼리의 싸움은 그들이 베트남에서 도덕적으로 모호한 위치였을 때 벌어진 게 아니다. 그 전쟁이 끝난 뒤 1980년대 독재와 민주주의 사이에 놓여 있던 한국 사회에서 일어난 것이다.

영화는 이러한 싸움과 그 싸움의 결과를 그려낸다. 한국을 근육질의 자본주의 사회로 전환시켜 영향력 있고 값비싼 이야기를 할 수 있게 만든 전쟁을 묘사한다. 영화는 그 사회가 성취한 기술로 그 사회에 대해 말하는 예술의 형태이며, 그것을 가능하게 하는 것은 산업 복합체의 발달이다. 《하얀 전쟁》이 이야기하고 있는 내용도 그러하다. 그러나 한국의 전쟁기념관에서 엿볼 수 있듯, 화려한 영화의 언어는 투자한 경제적 비용 이상의 것을 얻어낼 때가 많다. 산업 제품이기도 한 영화는 상대적으로 투자가 적은 문학보다 더 많은 이윤을 회수해야 한다. 적에게 감정이입을 하는 위험한 과정을 무릅쓰는 시도는 문학 쪽에서 더 쉽게 할 수 있다. 반면에 《하얀 전쟁》 같이 비용이 많이 드는 영화는 뒷걸음질을 칠 수밖에 없다. 이 영화는 반전 성향을 띠고 있음에도, 한국의 세계적 경쟁력을 보여주는 또 하나의 신호인 '뉴 코리안 시네마'의 일부이기도 하다.[37] 뉴 코리안 시네마의 흐름으로 한국 감독들은 국제 영화계의 총아가 되었으며 할리우드의 주목을 받았다. 이 영화들은 한국인의 이야기를 하고 있으며, 그 흐름 자체로 하나의 성공한 한국 이야기다. 현대 자동차에서 선보이는 반짝이는 최신 모델의 자동차들처럼, 이러한 영화적 소프트파워는 한국이 성취한 물질적 소산이며, 한국을 세계 1위 국가들에 포함시킬 가치가 있음을 확인시켜 준다. 이런 프레임 속에서 영화 〈하얀 전쟁〉은 베트남인 등장인물들을 지워버리고, 베트남에 간 한국인에 대한 영화로만 존재하게 되었다. 따라서 베트남인을 바라보는 한국인의 관점이 주도적 관점이 되고, 이 영화와 다른 영화들을 해외로 수출할 수 있는 한국의 능력이 그러한 지배적 관점을 유지하게 만든다.

〈하얀 전쟁〉에 이어, 그 전쟁을 소재로 한 한국 영화 세 편이 만들어졌다. 모두 영화 제작 산업을 통해 기억과 권력이 수렴하고 있음을 시사한다. 공포영화 〈알 포인트〉(2004), 로맨틱 멜로드라마 〈님은 먼 곳에〉(2008), 역사를 배경으로 한 멜로드라마이자 박스오피스 히트작인 〈국제시장〉(2014)이다. 베트남에서 제작된 영화들보다 훨씬 세련되고 매끈하게 잘 만들어진 이 영화들은 기술적으로도 할리우드 영화와 견줄 만할 뿐 아니라 주제도 유사하다. 베트남 전쟁의 참패 이후 1980년대 미국의 전쟁 영화는, 학자인 수잔 제퍼즈^{Susan Jeffords}가 '미국의 재남성화'라고 부르는 것에 집중했다.[38] 평론가 김경현은 전후의 한국영화가 이와 유사한 재남성화 과정에 있다고 지적한다. 세 영화 모두 베트남에서 전쟁에 휘말린 한국인의 남성성을 보여주고 있으며, 또한 영화적 표현이 뛰어나서 성장하는 한국이 담겨 있다.

〈알 포인트〉의 카메라는 같은 부대에 속해 있던 실종된 동료들을 찾아 나서는 한국인 분대를 뒤쫓는다. 폐허가 된 식민지 시대의 저택에서, 수색대는 실종된 병사들을 죽음에 이르게 한 유령과 마주친다. 하얀색 아오자이를 입은 베트남 여성의 모습을 한 유령은 병사들에게 빙의하여 서로에게 총을 쏘도록 만든다.[39] 미국 전쟁 영화에서처럼, 베트남 여성은 가장 공포스러운 인물이다. 미국 영화 속에서 가장 위협적인 여성은 〈풀 메탈 자켓〉에 등장하는 여성 저격수이다. 그녀는 미국인 병사 한 분대를 모두 사살한 뒤 체포되어 살해당한다. 그러나 〈알 포인트〉에서 위협적인 유령은 살아 남는다. 그리고 오직 한

　　　　　　　　아무것도 사라지지 않는다

〈알포인트〉, 영화 스틸, 공수창 감독, 2004 CJ엔터테인먼트, 시네마서비스

〈님은 먼 곳에〉, 영화 스틸, 이준익 감독, 2008 타이거픽쳐스, 영화사 '아침'

명의 병사를 제외하고, 남의 땅에 들어와 성적인 범죄를 저지른 모든 남성들을 죽음에 이르게 한다.[40] 역설적으로 한국인 병사들의 죽음도 면죄부이다. '우정의 총격'에 희생되고, 심지어 마지막 생존자는 눈이 멀어서, 살아 있는 미국 병사들과 같은 방식으로는 책임을 질 수 없다.[41]

　이상하지만 오락적인 전쟁 영화인 〈님은 먼 곳에〉의 주제 또한 면죄부다. 갓 결혼한 순이는 남편이 자원해서 베트남에 파병된 것을 알게 되는데, 그 이유는 아내가 자신을 사랑하지 않는다고 믿기 때문이었다(순이는 남편에게 정부가 있다고 믿고 있다). 남편에게 버림받고 그 결과 시댁과 친정에서 쫓겨난 순이는 남편을 되찾기 위해 베트남으로 가기로 마음먹는다. 갈 수 있는 유일한 경로가 한국군과 미군을 위한 연예인이 되는 길밖에 없어서, 그녀는 밴드의 멤버가 되어 베트남으로 가는 배를 탄다. 리더는 그녀의 이름을 써니로 바꾼다. 써니라

　　　　　　　　　　　아무것도 사라지지 않는다

는 이름이 미국인들에게 더 어울리는 이름이기 때문이다. 관객인 미국 병사들이 〈수지 Q〉를 노래하는 써니를 향해 야유를 퍼부으며 추파를 던질 때, 그녀와 모든 한국인들은 모욕감에 사무친다. 미친 듯이 흥분한 GI(미국 병사)들이 쏟아 붓는 돈을 벌어들이면서, 써니는 남편을 구해준 대가로 미군 장교와 잠자리를 한다. 밴드 동료들은 그녀의 글자 그대로의 매춘과 그들이 행한 비유적 매춘을 인정하면서, 벌어들인 달러를 태운다. 미군 병사들이 어린 소녀를 뒤에서 쏘았을 때, 밴드 멤버의 목숨을 구해준 베트콩 지휘관을 살해할 때, 미국의 사악함이 한층 더 생생하게 드러난다. 사악한 미국인들과 대조적으로 영화 속 한국 병사들은 결코 잔혹 행위를 저지르지 않는다. 몇몇 전투 장면에서 총을 쏘고, 포탄을 발사하고, 매복 공격을 하지만 써니의 남편이 매복 공격조의 마지막 생존자가 되는 장면에 이르기까지 항상 방어적이며, 적을 두려워한다. 마침내 써니가 전쟁터에서 정신적으로 피폐해진 남편을 만났을 때 그녀는 포옹을 하거나 키스를 하지 않는다. 그 대신에 총격전과 포격 속에서 남편이 무릎을 꿇을 때까지 따귀를 때린다. 영화의 마지막 장면이다. 〈알 포인트〉와 마찬가지로, 한국 남성들은 베트남인들과 여성들 모두에게 벌을 받아야 마땅한 사람들이다. 그러나 〈알 포인트〉와는 달리, 써니는 한국인 남성들이 자기 방어를 위해 싸운 것이라고 믿고 싶어 한다. 그보다 더한 짓을 했음을 믿으려 하지 않는다.

〈국제시장〉은 전쟁 통에 아버지와 여동생을 잃은 죄책감에 사로잡혀 살아가는 덕수의 이야기다. 그는 북한에서 내려온 피난민이다. 미군에 의해 가족이 구조된 뒤, 그는 어머니와 형제들을 돌봐야 할 책임을 맡았다. 그래서 동독에 가서 석탄 캐는 광부로 일하고, 베트남 전쟁에 파병을 가서는 도급업자로 일하는 개인적 희생을 감내했다. 그는 열심히 일한 덕분에 경제적으로 성공한다. 땡전 한 푼 없는 신세에서 중산층 가정의 가장이 된 그의 삶은 1950년대부터 현재에 이르기까지 경제적으로 발전한 한국의 상황을 반영한다. 베트남에서 한국인이 치른 전쟁은 얼마 안 되는 부분처럼 보이지만, 한국과 덕수 모두에게 결정적 변화를 가져오는 역할을 했다. 베트남 전쟁이 끝날 무렵, 공산군들이 그와 다른 한국인 도급업자들을 베트남의 한 마을에 감금했다. 한국 해병대가 전투를 벌여 공산주의자들을 격퇴하고 도급업자들과 우호적 베트남인들을 구조한다. 그러는 동안 덕수는 물에 빠진 베트남 여성을 구해주면서 부상을 당한다. 덕분에 비록 장애인이 되었지만, 그는 구원 받는 사람에서 구원하는 사람이 된 것이다. 마치 남한과 남베트남의 관계를 빗대는 것 같다. 〈국제시장〉은 남한이 구원을 호소하던 한국 전쟁의 비참하고 비인간적인 상태에서 벗어나 어떻게 베트남에서 자유의 수호자로 변화했는지 보여준다. 그러한 서사는 전쟁기념관과 맥을 같이 한다. 모든 면에서 한국의 변화는 명백하지만 덕수의 영웅주의를 자녀들은 모른다. 아버지가 자신들을 위해 일하고 고생하는 것을 당연하게 여긴다.

〈하얀 전쟁〉에서 시작된 상처받고 희생된 한국의 남성성을 강조하면서, 한국 영화는 미국의 전쟁 영화와 동일한 기능을 한다. 미국인들은 스스로를 범죄자로 그릴 때조차 언제나 할리우드의 휘황찬란한 조명을 비춰서 보여준다. 한국의 전쟁 영화도 마찬가지이다. '뉴 코리안 시네마'의 일부는 한국인들을 반영웅으로 그리는데 주저하지 않지만, 이러한 몇몇 영화들은 가장 어둡게 자신을 표현한다고 하더라도, 전혀 표현하지 않는 것보다는 낫다는 사실을 증명한다. 그러나 1994

아무것도 사라지지 않는다

년의 〈하얀 전쟁〉에서 2014년의 〈국제시장〉에 이르기까지 이런 영화들을 순서대로 늘어놓고 보면, 서사에 있어서 어두운 면은 줄어들고 과거를 수정하려는 노력은 늘어나고 있음이 명료하게 보인다. 한국인들은 영화 속에서는 인간이지만, 심지어 피해자이기도 하고, 진정한 악당인 미국인의 명령을 수행하는 대리 전사들이기도 하다. 그 밖에도 한국 전쟁에 대한 영화들로 기억을 재구성한 것을 보면 한국인들은 스스로를 미국과 냉전 정책에 '희생된 나라'라고 주장하는 것이다.[42]

과거에 한국은 종속적인 나라였을지 모르지만, 현재 한국은 세계의 인정을 다투는 경쟁 속에서 사람과 제품 양쪽 측면에서 후발 주자들의 압박을 받고 있다. 전지구적 자본주의 세계에서는 상품이 사람보다 더 중요하고 때로는 사람보다 더 쉽게 움직인다. 사람처럼, 상품은 평가에 있어서 차별을 당한다. 비싼 한국 제품이 싸구려 중국 제품보다 더 유행에 민감한 것이다. 베트남에서는 한국 제품과 한국인 양쪽이 모두 비싸다. 한국인은 무장 해제된 군인으로, 관광객으로, 기업가로, 학생으로 다시 베트남에 돌아왔다. 어디에서나 한국을 볼 수 있다. 헤어스타일에서, 대중가요에서, 영화에서, 멜로드라마에서, 그리고 쇼핑몰에서. 베트남인들 대부분에게, 뒤에 무엇이 숨겨져 있든, 한국과 한국인은 현대성으로 치장한 채 손짓하는 화려한 이미지다. 이러한 현대성으로 인해 한국인과 베트남인 모두 두 나라가 공유하고 있는 과거를 망각하게 된다. 따라서 한국 상품들을 어디에서나 볼 수 있는 한, 베트남에서 한국인이 벌인 전쟁의 기억은 여전히 되살리기 힘들다. 심지어 영화 속에서조차.

베트남인은 일반적으로 한국인을 부정적으로 기억한다. 미라이라는 이름으로 더 잘 알려져 있는 선 미 학살 기념관에는 영어와 베트남어로 '미국의 침략자와 한국 용병들이 폭력적으로 저지른 잔인한 범죄'라는 설명이 붙어 있다.[43] 한국인 병사들과 연합하여 싸웠던 남베트남인들도 한국인에 대해 그다지 호의를 보이지 않았다. 베트남공화국의 공군사령관이자 부총리였던 응우옌 까오 끼Nguyen Cao Ky는 한국 병사들을 부패와 암거래로 고발했다.[44] 미군이 자신들보다 더 공격적이라는 이유로 한국군을 선호한다는 사실에도 분개했다. 설상가상으로, 미국인들은 남베트남 군대에서 한국의 간장을 베트남의 어간장 대신 팔도록 했다.[45] 베트남 민간인들은 제2차 세계대전 기간 동안 점령했던 일본군들보다 한국인 병사들을 더 안 좋게 보았다. 몇몇 베트남인들은 한국인들이 수용소를 관리했던 사실을 기억하고 있었다.[46] 중부 베트남의 지상 전투에서 포로가 된 민간인 소녀 레 리 헤이슬립Le Ly Hayslip에 의하면,

[미국인들보다] 더 위험한 것은 미국인 관할을 순찰하던 한국인들이었다. 왜냐하면 우리 마을 출신의 한 아이가 그들의 부대로 걸어 들어가 몸에 묶고 있던 베트콩 폭탄을 폭발시켰기 때문이다. 한국인들은 마을 아이들에게 끔찍하게 보복했다(그들 눈에 아이들은 그저 어린 베트콩으로 보였을 것이다). 그 사건 이후에, 한국인 병사들이 학교로 가서 소년 몇 명을 끌고 나와 우물에 집어넣었다. 그리고 본보기로 삼기 위해 그 속에 수류탄을 던져 넣었다. 이런 짓을 하는 한국인들이 마을 사람들 눈에는 프랑스인들 뒤치다꺼리를 하느라 따라다니면서 더 거칠고 비열하게 굴었던 모로코인들처럼 보였다. 2차 대전 때의 일본인들처럼, 한국인에게는 양심이 전혀 없어 보였고, 무자비한 살인기계로서 임무를 수행하는

아무것도 사라지지 않는다

것처럼 보였다. 우리나라를 지저분한 거래를 할 수 있는 딱 알맞은 장소 정도로만 생각하는 사람들이었다.[47]

인류학자인 권헌익의 저서를 보면, 한국 군대의 이런 행동이 경악 스러울 것도 없다. 그들의 슬로건은 "남김없이 죽이고, 남김없이 불태 우고, 남김없이 파괴하라", "아이들도 간첩이다" 그리고 "놓치는 것보다 실수하는 게 낫다"였다.[48]

이런 증언들이 반복해서 이어지면서 베트남인들이 한국 병사들 을 어떻게 기억하고 있는지 보여주었지만, 대부분은 잊혔다. 이와 같 은 단편적 기억들은 베트남에서 한국인들이 치른 전쟁에 대해 베트 남인들 대부분이 무관심하기 때문에 사라져버렸다. 그리고 한국의 소설, 영화, 그리고 심지어 대중 가수인 조성모의 2000년도 히트곡 〈아시나요〉의 뮤직 비디오에서 되풀이하는 이야기들에 의해 밀려나 게 된다.[49] 베트남 민간인들을 구하기 위해 한국 병사들이 목숨을 바 치는 이 서사시는 마지막까지 살아 남은 한국 병사와 그의 베트남 연 인을 베트콩의 사격부대가 학살하는 것으로 끝난다. "우리에게 왜 이 런 일이 일어난 거지?" 병사는 죽어가면서 울부짖는다. 뮤직비디오의 마지막 부분에 나오는 후기를 보면, 한국인이 피해자라는 느낌을 명 백히 감지할 수 있다. "베트남전은 승자도 패자도 없는 순전한 비극이 었다" 한국인을 기억하는 방식에 있어서, 베트남인들 대부분이 기꺼 이 그 말에 동의하려 할 것이다.[50] 전쟁이 끝난 뒤, 무엇보다도 돈과 결혼이라는 측면에서 한국과 베트남이 맺어져야만 하기 때문에 살인 의 기억은 방해가 될 뿐이다.

한국인들은 그 전쟁에 대해 이야기하면서 미합중국을 비난하기도 한다. 한국이 처해 있던 복잡한 상황을 감안하면서, 한국인들이 베트남에서 저지른 범죄도 너그럽게 보려 한다. 이러한 서사로 기억을 세탁하면서, 돈이 기억을 지배하고 기억이 돈을 지배하는 자본주의의 세계에서 한국은 새로운 역할을 기꺼이 맡는다. 한 나라의 부富는 자기 나라의 기억을 멀리 퍼뜨릴 수 있는 능력이다. 무기화된 기억은 이제 그 나라가 어떻게 부를 축적했는지까지 정당화한다. 이윤을 남기기 위해 싸웠던 이들이 타자에게 흘리게 한 핏자국을 지워나가는 것이다. 소설, 영화, 음악, 상품에서 한국 대중문화가 미치는 영향력을 보면 새롭게 부상하는 한국의 힘이 느껴진다. 한국은 스스로를 일본이나 미국 혹은 북한에 대해 피해자로 생각하고 싶어 한다. 그러나 한국은 피해자에 머무른 적이 없다. 냉전시대나 그 이후에 한국인들은 측근, 용역 혹은 대리인 역할을 하면서, 그들의 주인에게 잘 배웠다. 우수한 학생인 한국은 인간 이하의 자리에서 졸업하여 아제국주의자의 지위에 올랐다. 졸업을 한 이후로, 한국은 현재의 베트남과 과거의 베트남 그리고 미국인 후원자의 그늘을 다루는 방식을 바꿨다. 한때 일본에게 굴욕을 당하고 미국에 종속되어 있던 후미진 주변인이던 한국이 세련되고 윤택한 세계적 소형 강대국으로 거듭났다. 그들은 공장, 이사회, 주식시장, 유엔에서만 스스로를 투영하려 하지 않는다. 영화관과 텔레비전, 책 그리고 건축에서도, 시민과 관광객 모두에게 영향력과 감동을 주고자 의도하는 힘과 기량을 상징으로 바꾸고 있다.

무기화된 기억은 기억하는 이들의 인간성을 전면에 내세우지만, 배경에서는 비인간성 역시 작동한다. 한국인들은 베트남인들에게 두드러지게 비인간적 행위를 저질렀다. 그러나 한국인들이 아제국주의자가 될 수 있었던 것은 제국주의자 후원자인 미국의 비인간성을 열심히 흡수했기 때문이다. 비인간성의 흔적은 '자유는 공짜가 아니다'라는 말 속에서 드러난다. 그 말은 미국 역사에서 비롯된 것인데, 한국의 전쟁기념관이 건립되고 1년 뒤인 1995년에 워싱턴 D.C에 세워진 한국 전쟁 기념물에도 새겨져 있다. 이 슬로건은 널리 퍼져 캘리포니아의 프레즈노에 있는 라오 몽 미국 전쟁 기념물에도 보인다. 이 기념물은 '비밀 전쟁' 기간에 라오스에서 미국의 동맹이 되어 싸운 몽족을 기리기 위한 것이다. 또한 미국의 많은 애국적 행사에서도 '자유는 공짜가 아니다'라는 말을 쉽게 들을 수 있다. 그러나 1959년도의 연설에서 비롯된 원래의 맥락은 거의 알려져 있지도 않고 기억되지도 않는다. "정말로 많은 사람들이 통합이라는 열매를 바라지만 분리주의의 뿌리에 용감하게 도전할 의지가 없는 것이 나는 두렵다. 자유는 공짜가 아니다. 언제나 희생과 고통이라는 비싼 대가를 치러야 얻을 수 있다."[51] 흑인 병사들은 미국이 벌인 전쟁에서 싸웠다. 그리고 이제, "미국이여, 우리의 요구는 그저 우리의 자유를 보장하라는 것뿐이다."[52] 마틴 루터 킹 주니어가 그렇게 말하고 있다. 미국은 다른 나라의 자유를 수호한다는 명분으로 전쟁을 벌이고 있으면서, 고국에서 벌어지고 있는 인종차별에 저항하는 전쟁은 외면하고 있다. 미합중국과 한국의 수도 양쪽에서 일어나는 일이다. 자유를 요구하는 혼란한 소요 아래 부자유가 만연하고 있다.

한국인들은 전지구적 자본주의 시대에 인간이 되었다. 그러나 누구에게 어떤 대가를 치렀나? 이것은 단지 한국을 향한 질문만은 아니다. 로스앤젤레스에서 코리아타운이 불에 탔을 때도 인간의 삶과 그 가치에 대해 물었어야 했다. 한국 사업가들은 수억 달러의 손실을 입었고, 한국계 미국인들의 고통은 생생했다. 그러나 한국인이 입은 손실은 재산뿐이었다. 적어도 한국인들은 잃을 재산이 있었다. 라티노들도 재산을 잃었다. 한국인들의 50퍼센트 정도가 피해를 입었던 것에 비해 전체 라티노의 40퍼센트 정도가 피해를 입었다. 그들의 손실은 범죄와 생명의 측면에서 측정되었고, 아프리카계 미국인들의 경우도 마찬가지였다. 체포된 사람들 그리고 죽은 사람들의 대부분은 흑인과 라티노였다. 한국계 미국인은 오직 한 명이 죽었다.[53] 베트남과 한국에서의 전쟁과 마찬가지로 사망자 숫자는 중요하다. 그 숫자가 누구의 생명이 더 가치가 있는지 말해주기 때문이다. 자본주의의 최전선에서 싸우는 보병으로 복무하는 과정에서, 한국인과 한국계 미국인이 흑인이나 검은 피부의 사람들보다 더 가치 있게, 더 인간으로 대우받는다. 적어도 미국과 한국의 군사주의화한 기억 속에서는 그렇다. 인간이 되는 것은 평화를 정착시키기 위한 장기전에서 타자를 폭탄으로 공격할 수 있는 능력을 의미한다. 뿐만 아니라, 혹은 산업적 화력을 압도적으로 우월하게 실행시키거나 자본주의에서 이윤을 벌어들일 수 있음을 의미한다. 미국에서는 소수민족의 모범으로 기억될 수 있음을 의미한다. 한국에서는 전략적 기억 캠페인을 행할 수 있는 능력, 기억의 타협을 위한 외과적 절제술을 실행할 수 있는 능력, 과거를 새로 창작할 수 있는 능력을 의미한다. 베트남에서 한국이 수행한 전쟁에 참여했던 퇴역 군인들은 심지어 베트남에 작은 기념비를 세우기도 했다. 베트남은 한국에서 스스로를 기억할 힘은 가지고 있지 못한다. 전쟁과 마찬가지로, 기억도 비대칭적인 경우가 대부분이다.

1A 고속도로에서 갈라져 나온 샛길을 헤매다가 외따로 서 있는

하미 추모비, 호이안 근처

기념비를 발견했다. 경치 좋고 매력적인 호이안을 향해 가면서 다낭을 막 지나친 직후였다. 한국 군대 대부분이 다낭 근처에서 전투를 했으나, 퇴역 한국 군인들이 현재 1A 고속도로를 알아보기는 매우 힘들 것이다. 예전에는 한적한 시골이었으나, 지금은 호화로운 리조트와 골프 코스가 늘어서 있는 도로다. 한국 기업이 건설한 것들도 있다. 리조트에 오는 관광객들 가운데 하미$^{Ha\ My}$ 추모비를 찾는 이들은 거의 없을 것이다. 이미 기념비에 대해 알고 있거나 혹은 우연히 발견한 사람들이라고 하더라도. 순국선열들의 묘지는 도로 주변에 있는 반면에, 하미는 도로에서 멀리 떨어져 보이지 않는 곳에 있다. 운전기사가 주위를 두 바퀴나 돌고 나서야 내가 추모비를 덮고 있는 뾰족한 지붕을 발견했다. 길에서 기념비까지 가려면 차에서 내려 마을의 집들 사이를 지나 논을 가로질러 걸어가야 했다. 정오의 뜨거운 여름 햇살 아래 논은 황토 빛으로 말라붙어 있었다. 노란색 담장이 있는 뜰 안에 작고 화려한 사원이 있었다. 흙길을 따라 사원을 향해 걸어 들어갈 때 논에는 농부 한 사람만 보였다. 양쪽 경첩이 모두 떨어져 나간 푸른색 금속 문은 하나는 벽에 기대어 있었고, 나머지 하나는 뜰의 바닥에 눕혀져 있었다. 정사각형 뜰의 중앙에 높은 연단이 자리 잡고 있었다. 그 위에 푸른 널빤지로 이은 2층 지붕을 열여섯 개의 기둥이 떠받치고 있는 비각이 보였다. 연단의 가운데에 1968년 1월 24일에 죽은 사람들을 기리는 추모비가 세워져 있었다. 가장 나이가 많은 희생자는 1880년에 태어난 여성이고, 가장 나이가 어린 세 명의 희생자는 1968년에 죽었다고만 적혀 있으니, 아마도 어머니의 배 속에 있었던 것 같다. 그들의 이름에는 보 자인Vô Danh이라는 글자가 새겨져 있다. '무명'無名이라는 의미다. 기념비에는 '살해당한' 135명의 이름이 적혀 있다. 그러나 누가 그들을 죽였는지에 대해서는 침묵하고 있다. 마을 사람들은 한국 병사들이 마을 사람들을 죽였다는 사실을 기록하기를 원했지만 추모비를 세우는 데 돈을 지불한 한국의 퇴역 군인들은 당연히 기록의 삭제를 요구했다.[54]

아무것도 사라지지 않는다

6.
비대칭성에 대하여

살인은 강자의 무기이다. 반대로 죽음은 약자의 무기다. 약자는 살해할 능력이 없다. 약자의 가장 큰 힘은 강자들보다 더 많이 죽을 수 있다는 것이다. 그러나 승리자의 관점에서 그것은 중요한 문제가 아니다. 미국은 이 전쟁에서 5만 8,000명 가량의 인명손실을 입었고, 한국은 5,000명 정도를 잃었다. 반면에 베트남, 라오스, 캄보디아는 공식적인 전쟁 기간 동안 약 400만 명이 목숨을 잃었다(이렇게 사상자들 숫자를 반올림하는 것은 소설가 카렌 테이 야마시타^{Karen Tei Yamashita}의 비난을 인정하는 것이다. 미국 청년들과 이 전쟁에 관련된 모든 타국 사람들의 사망률 통계를 말할 때, "베트남인 사상자 숫자는 천의 자리에서 반올림한다. 미국 병사들의 사상자 숫자는 정확하다").[1] 미국인들은 그들의 적처럼 인명 손실을 단순하게 받아들일 수 없었다. 미국의 대중은 천 명 단위로 사상자 숫자를 헤아리기 시작하는 것을 견디지 못했다. 미국은 언제나 베트남을 떠날 수 있음을 알고 있었고, 반면에 미국에 대항해서 자기 나라를 위해 싸웠던 베트남인들은 아무 데도 갈 데가 없었다. 미국의 전쟁기계는 그들에게 속한 사람들의 시신뿐 아니라 그들이 살해한 시신에도 걸려 넘어졌다. 베트남인들의 사망자 숫자가 세계적으로 점점 큰 반발을 불러일으켰다. 전쟁이 끝난 뒤 전쟁에 대한 기억의 문제에서, 이와 같은 강자와 약자의 역설이 지속되었다. 기억에 관련된 미국의 산업은 전 세계로 자신의 기억기계들을 전파시키는 부분에서 승리했다. 그러나 그들의 전쟁기계가 목숨을 빼앗은 시신들을 완전히 삭제할 수는 없었으며, 시신들은 베트남의 이름을 제국에 대항해 승리를 거둔 혁명의 상징으로 바꾸어 놓았다. 마찬가지로 베트남과 라오스의 승리한 정권 역시 산업적 노력을 기울여 그 전쟁을 미국에 대해 거둔 영웅적 승리로 기억하고자 했으나, 미국의 전쟁기계가 파괴한 시신들을 완전히 지울 수가 없었다. 시신들은 피해갈 수 없을 만큼 오래 머물렀다. 그들을 살해한 미국인과 그들을 희생시킨 베트남인, 라오스인 모두의 기억 속에 등장했다. 인류학자인 마이 란 구스타프손Mai Lan Gustafsson2)의 말처럼, 시신들은 '성난 유령의 무리'로 섬뜩하게 나타나는가 하면, 때로는 영웅적인 조각상으로 부활하기도 했다.

초강대국이나 이제 막 강대국으로 진입하는 나라의 기억 관련 산업들과는 달리 약소국의 기억 관련 산업은 자신들의 기억을 대규모로 수출하지 못한다. 이러한 산업 기억은 세계 시장에서는 세련되지 않아 보이고, 제작자들은 비대칭적 기억은 기껏 자신의 땅에서나 성공적으로 싸울 수 있음을 깨닫는다. 그래서 약소국은 헐값에 제공하는 전략으로 외국인을 자국의 땅으로 끌어들일 수밖에 없다. 필연적으로 바가지요금과 맞닥뜨릴 수밖에 없는 저예산 여정으로 짜여

아무것도 사라지지 않는다

진 관광의 현장에서, 관광객은 갑자기 약점을 찔리듯 그 지역의 관점으로 역사를 보게 된다. 그러나 기억에 관련된 대부분의 산업이 전쟁과 그 이후의 삶으로 주의를 돌려버리듯이 약소국은 강대국이 만들어 놓은 감정의 목록을 따라가기 마련이다. 공포와 영웅주의가 교대로 나타나고, 그 중간에 있는 목록은 슬픔으로 채운다. 약소국의 기억 관련 산업이 비대칭적으로 작동하면서 의인화된 경우가 혁명의 아이콘이자 기억과 망각의 상징인 호찌민이다. 영향력으로 보면 강대국의 강력한 기억에 비견될 정도다. 복제품이라는 소문이 떠도는 그의 시신은 하노이에 있는 영묘를 방문하면 볼 수 있다. 그곳에 그가 홀로 누워 있다. 사실, 온 가족이 한 방에서 사는 일이 흔한 나라에서는 사치스러운 일이다. 시신은 늘 차가운 온도를 유지하고 있을 것처럼 보이는 투명한 석관에 들어 있으며, 벽에 시신의 얼굴이 닿을 정도로 좁지 않다. 최근에 전쟁유물박물관에서 목격한 에이전트 오렌지의 피해를 입은 기형 태아와는 다르다. 영묘 안은 덥지도 않고, 냄새가 나지도 않으며, 소음도 없다. 무슨 일이 있어도 결코 줄을 서서 기다리는 법이 없는 베트남인들이 조용하고 질서정연하게 시신 옆을 지나간다. 사진 찍는 것은 금지되어 있다. 사진은 죽은 이와 분리되어 살아 있는 자기 자신의 삶에 속하는 것이기 때문이다.

이 시신은 영웅적 조각상일까, 아니면 화장하여 재를 온 나라에 뿌려달라던 그의 유언을 거스르면서 국가가 내내 살아 있게 만든 소름 끼치는 좀비일까? 둘 다이다. 호찌민의 시신 혹은 그 복제품은 공산당이 만든 무대 장치이고, 전쟁기계이며, 기억 관련 산업이다. 시신은 영웅이면서 동시에 음산하다. 완전히 살아 있지도 죽어 있지도 않은 돌처럼 차가운 비인간의 구현이다. 학자인 아쉴 음베베^{Achille Mbembe}

가 '네크로폴리틱스'^{necropolitics}라고 부른 것이다. 국가가 누가 살고 누가 죽을지 결정하면서 삶과 죽음에 대해 권력을 휘두르는 이러한 정권 아래에서는 불행하게도 삶과 죽음 사이에 걸쳐 있는 사람이 존재할 수밖에 없다. 국적 없이 수용소에 갇혀 있는 난민들이나, 드론의 공격 혹은 써지컬 미사일의 과녁이 된 사람들, 권위주의 정권 혹은 점령군의 통치 아래에 있는 사람들을 떠올려 보라. 승리한 베트남인들은 미국의 전쟁기계를 네크로폴리틱스 정권의 도구로, 죽음의 제조기로, 죄수들을 감금하고 제 뜻대로 난민을 만들어내는 폭력으로 여긴다. 재교육 캠프와 새로운 경제 지역으로 내쫓기고, 해외로 달아나 난민이 되고, 수용소에서 몇 년이나 혹은 수십 년 동안 머물러야 했던 패배한 베트남인들은 공산당이야말로 네크로폴리틱스 정권이라고 생각했다. 그들에게 호찌민은 영웅이 아니라 공포의 상징이다. 그들은 호찌민을 악마라고 부르고 심지어 히틀러에 비유한다. 망명자 공동체에 분노를 불러일으키기 위해 그의 사진을 내건다. 이러한 망명자들에게 죽은 뒤 차갑게 냉장되면서 그의 소망이 이루어지지 않은 것은 역설적 정의로움, 끔찍한 짓을 저지른 대가로 겪는 끔찍한 일로 이해된다.

모든 인위적인 역사 유물과 마찬가지로, 호찌민, 혹은 그의 시신이거나 복제품은 스스로의 유령에 의해 귀신들려 있으면서 동시에 그로 인해 생기를 얻는다. 둘 다 비인간적인 동시에 인간적인 현상이다. 유령은 살아 있는 우리에게 속해 있으며, 우리의 신념, 두려움, 죄책감, 편집증의 소산이기 때문이다. 이렇게 비인간과 인간 사이에 존재하는 모호한 경계선이 비인간성과 네크로폴리틱스가 머무는 자리다. 승리한 국가는 호찌민의 시신을 냉장시켜서 그의 유령을 길들이

아무것도 사라지지 않는다

고 그의 인간적 얼굴을 사용한다. 정권에 이의를 제기하는 사람들을 달래려고 비인간적이고 위험한 게임을 한다. 비인간적 얼굴의 정권이 국가와 국민의 기억을 귀신들리게 만든다. 시신이 기념물이 되고 영묘가 순례지가 될 때 국민은 신화나 현실 속에서 그 사람과 그 사람이 삶과 죽음을 걸어 지키고자 했던 모두를 잊을 수 없게 된다. 강력한 상징들은 다양한 의미를 지닌다. 또한 이론가들과 관료들이 법률로 그 의미를 모조리 정해버리려는 시도에 저항한다. 네크로폴리틱스 정권은 전쟁의 상징적 의미를 통제할 수 있다고 믿거나 바란다. 그래서 공포를 억누르면서 영웅적인 것을 내세운다. 죽은 이의 운명에 대한 분노보다는 죽은 이에 대한 슬픔의 느낌을 주입시키려 한다. 정부에서 신성한 유물인 호찌민의 시신을 사진으로 찍지 못하게 금하는 것은 상징을 통제하려는 노력이기도 하다. 이렇게 충성스런 금지령은 근처 호찌민 박물관에 있는 조각상에도 독특한 방식으로 적용된다. 실물보다 훨씬 커서 살아 있는 것처럼 보이지 않는 비인간적인 황금색 동상이다. 관광객을 굽어보고 있는 동상을 촬영하는 일은 정오까지만 허락된다. 정오가 되면 박물관은 잠시 문을 닫고 청소부들이 들어온다. 그들은 손잡이가 긴 대걸레를 동상의 머리 쪽으로 치켜 올린다. 그 순간 경비원이 나에게 카메라를 치우라고 요구한다. 나는 청소부들이 위대한 인물의 이마를 대걸레로 닦는 광경을 카메라로 포착할 절호의 기회를 놓쳤다.

영웅들은 죽지 않는다. 그래서 그들도 죽을 운명임을 일깨워주는 것들, 즉 청소를 해야 하는 일상에서부터 죽어야 하는 절박한 필요까지 모두 지워버려야 한다. 묘에 안치된 호찌민은 죽음을 거부하는 것처럼 보인다. 그저 자고 있는 것 같다. 햇빛을 가린 채 뱀파이어 같은 자세로 누워 있는 것보다 더 비인간적인 게 있을까? 근처에 세워진 조각상이 삶보다 더 크고, 빈에 있는 거대한 동상이 그의 전설만한 크기라면, 호찌민이 살았던 방식, 행동했던 방식, 겸허했던 삶과 정확히 정반대이다. 호찌민의 전설은 하노이 미술관에도 스며들어 있다. 어디에나 그가 있다. 조각상, 유화, 수채화, 옻칠한 그림의 주제로, 언제나 영웅적이고 고귀하고 인정 많은 모습으로 표현된다. 미술관에 전시된 다른 작품들은 농부, 노동자, 여성 그리고 병사들을 주제로 다루고 있다. 모두 영웅적으로 일하고 투쟁한 이들이거나, 슬픔에 잠겨 있는 이들이다. 온갖 풍광을 배경으로 그들의 모습이 나타난다. 특히 병사들은 저 멀리 펼쳐져 있는 미래를 형형한 눈빛으로 응시하고 있다. 이처럼 승리한 혁명의 상징들은 인간이 아니다. 인류를 묘사하려 했다고 하더라도 아니다. 그들은 인간의 가면을 쓰고 인간의 말랑말랑한 몸의 형태를 하고 있지만, 단단한 산업제품들이다. 무기화된 기억의 형상이다. 그들은 인간 이하, 인간이 아닌 존재 혹은 비인간의 징후를 내뿜으면서, 영웅과 인간을 뒤섞어 고체화시켜 놓았다. 오직 자신만을 기억하는 윤리만 요구할 뿐, 타자(비인간적인 적들로 배제하는)를 기억하는 윤리나 인식(스스로를 비인간으로 인식하는)의 윤리를 결코 요구하지 않는다. 인간을 살아 있게 만들려면 그림자가 필요한 것처럼 두 가지 윤리 모두 필요하다. 이러한 형상들은 혁명적 전쟁기계의 가장 중요한 요소를 드러낸다. 베트남의 역사를 설명해주는 쿠치 터널의 포스터와 벽화에서 볼 수 있듯이 단일화된 집단적 인간이다. 포스터에서 보여주는 역사는 혁명의 승리와 다양한 국민들을 단일한 색조로 만들면서 절정에 이른다. 그래서 병사, 노동자 그리고 농민이라는 전형적 세 가지 이상형 외에는 모두 타자의 영역으로 밀려난

아무것도 사라지지 않는다

디엔 비엔 푸 순국선열 묘지

쿠치 터널 모자이크

다. 사제와 승려, 남성과 여성, 노인과 젊은이, 주류와 비주류들이 호찌민의 자애로운 눈길 아래 모여 있다. 이들은 영웅적 국민이며, 위대한 역사 속 평면적 인물들이며, 혁명의 서사로 비인간성을 구현한 이들이다. 살과 피로 이루어진 수백만 명의 사람들이 죽어갔음에도, 그들은 혁명의 정신 속에 살아 있다.

영웅적인 사람들의 집단화된 인간성이 단지 건물의 파사드(facade, 정면) 같은 것이라면 현재 베트남의 혁명 기억 관련 산업에서 인간이 아닌 사물을 살아 있는 존재로 취급하는 것은 당연한 일이다. 풍경 속에 끼어들어 있는 비인간적 무기들, 즉 여러 박물관의 중심에 놓여 있는 악명 높은 대포, 탱크, 비행기, 헬리콥터, 미사일 발사대가 바로 그런 것들이다. 단순히 조립만 해서 만들어진 것 같은 이런 제

아무것도 사라지지 않는다

러시아 전투기, B-52 승리 박물관, 하노이

품들을 보면 베트남의 무기화된 기억의 경제적 규모가 얼마나 보잘 것 없는지를 짐작할 수 있다. 기억의 재생산 단계로 진입하지 않는 한 아무리 강렬한 개인의 기억도 작은 회로 밖으로 벗어나지 못한다. 재생산 단계는 할리우드나 한류처럼 엄청난 규모의 산업인 경우가 많으며, 이야기와 기억을 노골적으로 재창조하는 것이 목적이다. 또한 의식하지 않았음에도 산업 단계에서는 마치 부산물이나 부작용처럼 주위를 둘러싸고 있는 후광 같은 기억을 만들어낼 때도 있다. 전쟁에서 가장 기억할 만한 등장인물은 사람이 아니라 M-16과 AK-47 같은 무기들이다. 위대한 인물들과 함께, 무기의 이름은 역사에 남았다. 반면에 수백만 개인들의 이름은 기껏해야 기념물의 벽에서 찾아볼 수 있을 뿐이다. 라오스와 베트남의 박물관에서는 다양한 무기들에 대해 그 위대한 업적과 역사적 사건에 등장했던 사연들을 플래카드에 상세히 기술하여 내건다. 그래서 각 무기마다 그 내력을 기념한다. 전쟁의 마지막 날 사이공의 대통령 궁전 문을 부수며 통과했던 탱크들은 무기의 내력 가운데 가장 유명한 본보기다. 그러나 하노이에 있는 군 역사박물관 입구 옆 별관 밖에 놓여 있는 탱크가 나에게는 가장 인상적이었다. 소련에서 제작된 이 T-54 탱크는 1975년 3월, 내가 태어난 도시 반 미 투옷^{Ban Me Thuot}이 북베트남의 마지막 공세에서 맨 처음 함락되었을 때 웨스턴 하이랜드 캠페인에 투입되었던 것이다. 병사가 올라타고 있는 흐릿한 탱크의 이미지가 내 기억 속에서 어른거린다. 그러나 이 탱크가 그 탱크인지 아닌지, 혹은 내 기억이 진짜인지 이미지에 불과한 것인지 나는 확신할 수 없다. 그러나 입양된 누나를 두고 북베트남의 침공을 피해 달아나던 유년의 기억 속에서 만난 어느 사람들보다 이 탱크를 더 선명하게 기억한다. (어떤 사람들은 나도 입양된 자식이라는 잔인한 소문을 전하기도 했다. 베트남인들은 미소를 지으며 잔인한 소문을 전하는 데 능숙하다. "네가 입양되지 않았다는 증거가 뭔지 알아?" 형이 말했다. "너를 거기에 두고 오지 않았다는 거야.")

인간이라는 종의 집단 기억에서 탱크, 비행기, 소총 같은 비인간적 물건들이 전쟁에서 살아 남았거나 목숨을 잃은 99.9%의 인간보다 더 많은 자리를 차지한다. 이러한 무기들은 강대국이 생산하는 중요한 물건들이다. 마르크스의 말대로, 자본주의에서는 물건을 만드는 노동자들이 바닥까지 떨어지는 자본주의적 경쟁 속에서 가치를 잃어가도, 물건들은 가치를 축적하면서 살아 남는다. 물건을 만드는 인간의 노동은, 물건을 사는 사람들에게 보이지 않는다. 물건은 보이지 않게 투입된 노동 덕분에 활기를 띠고 이동한다. 물건은 팔리고, 사용되

아무것도 사라지지 않는다

고, 애호되고, 심지어 사랑도 받으며 인류가 상호작용하는 매개물이 된다. 인간은 죽어도 물건은 존재한다. 그래서 박물관은 사람보다 물건에 더 많은 공간을 준다. 표면적으로는 공산주의 사회라고 해도, 기계는 소외된 노동의 산물이 아니라 영웅적 노동의 산물로 환영받는다. 현실적으로 기계가 인간보다 더 중요한 경우가 많다. 자본주의 사회든 공산주의 사회든 어느 쪽에서나 물건은 기억을 불러일으키거나 그 자체가 기억이다. 전쟁기억의 씨앗이기도 한 산업 생산이 남긴 나쁜 기억은 땅속에 있는 지뢰가 아니면 무엇이란 말인가? 아니면 분신을 목적으로 승려가 죽음을 향해 몰고 갔던 자동차는 혁명이 목적이라서 괜찮았던 건가? 총, 탱크 같은 금속성 물체는 전쟁기계의 제유법적 등가물이다. 산업화된 무기를 물리치고자 하는 인류 집단의 유일한 희망은 일차원적인 비인간과 영웅이 혁명적으로 통합되는 것이다.

산업 제품이라면, 승리하든 패배하든 산업을 대표할 것이다. 라오스와 베트남의 풍경에서 눈에 자주 뜨이는 것은 포획된 무기들과 격추된 비행기들이다. 산업적 거인의 신성한 상징물이 추락한 잔해들이다. 미국과 프랑스의 녹슨 탱크들이 옛 전쟁터와 박물관 뜰에 버려져 있다. 하노이에 있는 방공防空박물관과 B-52 승리 박물관에는 미제 폭탄과 제트기의 잔해가 멸종한 동물의 화석처럼 방치되어 흐트러져 있다. 가장 의기양양한 전시물은 하노이의 군사역사박물관에 있다. 박물관 정문 밖에서 기다리고 있던 오토바이 택시 기사들은, 내가 해외에 살고 있는 베트남인이라는 사실을 알게 되면 마치 오래전에 잃어버렸던 사촌을 다시 만난 듯 열렬히 반가워한다. 미소를 지으면서 팔을 잡고 등을 두드려 준다. 정문 안으로 들어가면 기교를 부

틱 꽝 득의 승용차

려서 정돈한 고물 더미가 있다. 대공 포격에 의해 격추된 프랑스와 미국 전투기들의 엔진과 동체들이다. 만약 미국 박물관에서 이런 고물 더미를 전시했다면 전위예술작품으로 생각할지 모른다. 낸시 루빈스 Nancy Rubins가 항공기의 잔해들을 모아 로스앤젤레스 현대미술관에 배열해 놓았듯이, 서양 미술 산업에 종사하는 개인의 창작품으로 인정받을 것이다. 파괴된 전투기 더미는 국가의 위임을 받아서 집단적 혁명 투쟁의 일환으로 창조된 익명의 작품이다. 고물 더미 바로 앞에는 라이플 소총을 등에 메고 있는 젊은 여성이 미군 전투기 표지를 끌고 가는 흑백 사진이 놓여 있다. '적들이 쳐들어오면 여성들까지 싸워야 한다.' 옛 슬로건은 말하고 있다(민족주의적 슬로건들과 마찬가지로, 여기에도 보이지 않는 주석이 붙어 있다. 적이 떠나야, 여성들이 집으로 돌아온다.)[3] 여성과 파괴된 미국 기계들이 이루는 대조는 미국인들이 젊은 베트남 여성을 선호한다는 사실을 역전시킨다. 유혹의 대상이 거세의 공포

아무것도 사라지지 않는다

'디엔 비엔 푸의 하늘', 전쟁역사박물관, 하노이

를 자아내는 가장 비인간인 적으로 전환된다. 베트남의 기억 관련 산업은 베트남인을 인간으로, 인본주의적으로, 영웅적으로 묘사한다. 반면에 미국인들은 저지른 행동에 있어서나 무차별적 대량 무기의 측면에서나 모두 비인간이다. 만약 미국인들이 세계가 그들의 드론 공격에 얼마나 심하게 분노하는지 알고 싶다면 북베트남의 박물관에 가보라고 권하고 싶다. 그곳에서는 '상공의 해적들'을 향해 가장 격렬한 분노를 터뜨린다.

　그러나 이처럼 다른 종류의 기억을 보려면 반드시 베트남에 가야 한다. 이 전쟁에 관심을 가진 전문가나 취미생활자라면 책에서라도 이런 것들을 찾아봐야 한다. 일상에서 전쟁을 경험한 사람들은 여전히 항공해적이나 그들의 비인간적 인공기관, 드론 그리고 위성의 눈을 통해 과거를 볼 가능성이 높다. 세계 어디든 자신의 제품을 수출하는 영향력을 지닌 강대국의 기억 관련 산업은 우월할 수밖에 없다.

낸시 루빈스, 차스의 스테인리스 스틸, 마크 톰슨의 비행기 부품들, 약 천 파운드의 스테인리스 스틸 철사 25x54x33피트. 가고시안 베버리 힐즈 스페이스 MOCA, 2002

자국의 국경 안에서만 제품이 순환되거나 혹은 조잡한 수출품을 만드는 중소국의 기억 관련 산업과는 비교할 수 없다. 초강대국의 기억 관련 제품은 접근하기 쉽다. 사람들의 집으로, 텔레비전으로, 스크린으로, 책장으로, 신문으로 배달된다. 심지어 그들이 기억을 원하지 않거나 찾지 않아도 이미 일상 속으로 들어 와 있다. 약소국의 산업 기억은 이런 식으로 작동하지 않는다. 스스로 헐값의 관광지가 되어 순진한 관광객들을 기억의 덫에 빠지게 유혹하거나 혹은 가격은 싸지만 쉽게 접할 수 없고 감상할 수 없는 제품들을 만들어 수출한다.

영화감독 당 녓 민Dang Nhat Minh의 작품은 산업 관련 기억에 있어서 강자와 약자의 차이를 주목하게 만든다. 그는 혁명 세대에서 명성이 높은 작가이고, 1984년도 영화 〈10월이 오면〉When the Tenth Month Comes은 전쟁과 기억에 관한 뛰어난 작품이면서 널리 알려진 베트남 영화이

아무것도 사라지지 않는다

기도 하다. 미국이 전쟁에 개입하고 몇 년 뒤부터 베트남은 캄보디아와 국경 분쟁을 겪다가 캄보디아로 침공했다. 영화는 이러한 전쟁 중에 남편을 잃은 젊은 여성의 이야기다. 함께 살고 있는 시아버지와 어린 아들에게 그녀는 남편의 죽음을 비밀에 부친다. 자신이 겪은 가슴이 찢어지는 아픔을 가족은 겪지 않게 하려는 것이다. 영화는 다정하고 부드러우며, 한 여성과 가족에게 전쟁이 어떻게 영향을 미쳤는지 결과에 초점을 맞추고 있다. 미국 영화와 달리, 베트남의 전쟁영화들 대부분은 여성과 아이들을 전면에 내세운다. 남편과 아내가 미군 헬리콥터 공격에 맞서 싸우는 〈와일드 필드〉처럼 영웅적 혁명 정신을 강조하는 것이 보통이다. 하지만 〈10월이 오면〉에서는 영웅주의와 고귀한 희생을 다루지 않는다. 영화 전체에 걸쳐 배어 있는 분위기는 미망인과 죽은 남편의 슬픔이다. 남편은 유령이 되어 어느 날 밤 그녀에게 돌아온다. 그러나 아무리 만족스럽고 감동적이고 인간적 감정으로 가득하다고 해도, 이 영화는 1984년에 가능한 베트남의 영화 기술로 찍은 흑백영화에 불과하다. 1984년도 미국의 박스오피스 최정상은 흑인과 백인의 우정을 주제로 찍은 총천연색 코미디 〈베버리힐즈 캅스〉였다. 전문가들, 영화 비평가들, 아트하우스 애호가들을 제외하고는, 그리고 이 나라에 깊은 관심을 갖고 있는 사람들 말고는, 베트남이 아닌 곳에서 〈10월이 오면〉을 관람한 사람은 거의 없을 것이다.

2009년도에, 당 녓 민은 총천연색 영화 〈전장 속의 일기〉Don't Burn로 전 세계에서 다수의 관람객을 동원했다. 이 영화는 북베트남의 젊은 여성이 쓴 일기를 바탕으로 만들어졌다. 이상주의자인 당 투이 쩜Dang Thuy Tram은 의사로 자원입대하여 전쟁을 치렀고, 미군에게 살해당했다. 영화는 단지 당 투이 쩜의 이야기만이 아니다. 그녀의 일기를 발견했던 미군 장교가 30년 뒤에 베트남에 있는 그녀의 가족에게 일기를 돌려주는 에피소드도 보여준다. 〈전장 속의 일기〉는 자신과 타자를 동시에 인식해야 한다는 윤리적 요구가 만나는 지점이다. 비록 비인간이라는 관점에서 볼 때 결함이 있기는 하다. 표준적인 전기 영화의 방식대로 영화는 당 투이 쩜을 성자로 그려내고 있다. 미국인 장교로 캐스팅된 백인은 연기가 서툴다. 그래서 아시아 영화나 텔레비전에서 볼 수 있는 전형성을 풍긴다. 그럼에도 다른 어떤 영화도 하지 못했던 것, 즉 미국인과 베트남인에게 동등한 시간을 할애했기 때문에 폭넓게 주목받을 가치가 있었다. 불행히도, 베트남에서는 〈트랜스포머 2〉와 같은 주말에 개봉되었다. 감독은 애석해하며 짧게 말했다. "우리는 자전거처럼 부딪혀 쓰러졌어요."4) 비유가 완벽하다. 최첨단 로봇이 등장하면서 영화에서 인간 연기자들은 그다지 중요하지 않게 되었다. 당연히 서로 적대하는 양쪽 모두의 인간성을 드러내고자 애쓰는 영화는 망할 수밖에 없다. 엎친 데 덮친 격으로, 이러한 충돌은 고향 땅에서 일어났다. 베트남 관객들은 자국에서 서툴게 만들어진 인간적 드라마보다 해외에서 수입한 기술적으로 매끈하게 잘 만들어진 비인간적 폭력물을 선호한다. 또한 기회만 주어지면 우선적으로 가능한 한 최첨단 기계로 된 교통수단을 이용할 것이다. 1990년대 초반에 수백만 명의 사람들이 혼다 드림 오토바이를 타려고 자전거를 버렸다. 그리고 이제는 〈트랜스포머 2〉의 핵심인 자동차를 갈망한다. 풍족한 삶에 대한 환상이라면 바퀴가 두 개인 혼다 드림이든, 바퀴가 넷인 아메리칸 드림이든 큰 차이가 없다. 둘 다 소비에 대한 환상이며, 산업 기계 속에서 인간 톱니바퀴가 되고자 하는 사이보그적인 환상이다.

아무것도 사라지지 않는다

소벽, 디엔 비엔 푸 순국선열 묘지, 2009

　신체적 힘과 근육의 기억에 의존하는 자전거를 타면서, 산업과 기억 관련 산업의 영향력에 저항하기는 힘들다. 그러나 자전거는 단순히 충돌해서 쓰러지기만 하는 것은 아니다. 미국인들은 프랑스인들이 남긴 교훈에 주의를 기울여야만 했고, 그들의 기술이 우월함을 확신해야만 했다. 프랑스 장군들은 적들을 섬멸할 수 있는 전장으로 유인하기 위해 디엔 비엔 푸 계곡에 군대를 집결했다. 프랑스인들이 예상하지 못한 것은 베트민(호찌민을 지도자로 하는 1941~1954년의 베트남 독립 동맹군_역주)들이 디엔 비엔 푸를 둘러싸고 있는 산의 정상까지 대포를 끌고 올라갈 수 있다는 것이었다. 한 대, 두 대, 인간 짐꾼들이 미는 자전거들이 산으로 올라갔다. 베트민들은 자전거로 대포를 끌어올렸다. 자전거에 의지해서(물론 외국산 무기도 있었지만) 싸우는 이 반란군은 프랑스의 전쟁기계를 포격으로 쳐부쉈다. 식민통치 해방과 민족자결권 확립의 역사를 기록한 연대기에서, 이 전설적인 전투는 최초의 비대칭적 싸움의 사례인 다윗과 골리앗의 싸움에 맞먹을 만하다고 감탄한다. 군대는 언제나 골리앗이 되기를 바라지만, 세상은 다윗에게 박수갈채를 보낼 때가 더 많을 것이다.

승리자들이 막강한 기억 관련 산업의 수단을 갖지 못했음에도 프랑스군과 미군의 패배는 우여곡절 끝에 많은 이들의 기억에 남았다. 비인간적 로봇이 인간의 힘으로 움직이는 자전거를 격퇴하는 게 일반적이지만 아주 드물게 자전거가 이길 때도 있다. 베트남 공산주의자의 경우를 살펴보면, 그들이 익숙한 지형에서 전쟁을 치른 것도 승리의 한 이유다. 전쟁과 기억뿐만 아니라 많은 것들이 지형에 의존한다. 베트남 공산주의자들은 초음속 전투기, 네이팜탄, 백린탄, 항공모함, 전략폭격기, 제초제 그리고 섬광과 굉음 속에서 분당 6,000발을 발사할 수 있는 소위 미니 기관총이 장착된 헬리콥터를 사용하는 괴물 같은 거대 산업과 비대칭적 전쟁을 벌였다. 전투기 몇 대와 미사일을 제외하고, 거의 아무것도 보유하지 못한 상태였다. 그들은 게릴라군이라는 비대칭적 전쟁으로 대응했다. 비대칭성은 기억하는 방식에서도 나타난다. 전지구적으로 미국의 기억 관련 산업이 승리하고 있다. 전 세계 사람들 대부분이 전쟁에 승리한 것은 베트남인들이라고 알고 있지만, 미국의 기억의 결에 노출되고, 기획된 미국의 기억을 접하면서 그 사실조차 망각한다. 더 중요한 것은 미국의 기억 관련 산업은 전쟁과 아무 상관없는 제품일 때조차 전쟁 기억에서 승리한다는 것이다. 영화계에서 경쟁 상대가 없을 정도인 〈트랜스포머 2(또는 1, 3, 4)〉는 눈부신 존재감으로 실제 미국이 벌이는 전쟁에 대한 세계의 시선을 흩뜨리면서 미국 문화를 위해 중요한 기억 작업을 수행한다. 〈트랜스포머 2〉는 전쟁의 뒷이야기가 무엇인지 분명히 보여준다. 그것은 바로 비인간적 자본주의의 승리다. 군산복합체에 포획된 영화 산업 복합체가 묘사하는 거대한 기계들의 화려한 액션을 보면서 우리는 감격스럽게 깨닫는다. 이러한 복합체들은 군사 기지, 무역 협정 그리고

아무것도 사라지지 않는다

영화와 같은 하드파워와 소프트파워의 쌍발 펀치를 구사하면서 국경을 뛰어넘어 새로운 영역을 정복해 나간다.

그러나 베트남인들은 기억을 통제할 수 있는 기구인 박물관, 기념비, 학교, 영화 그리고 언론매체가 있는 자신의 풍경 속에서 싸울 기회가 있다. 국가의 기억 산업은 외국인들과 재외 베트남인들, 그리고 자국인들을 상대로 비대칭적 전쟁에 몰입하고 있다. 이것이 미국인 방문객들이 야만적인 자신과 대면할 때 충격을 받는 정확한 이유다. 자신을 타자로 보거나 혹은 그들 자신을 타자의 눈으로 보게 되는 아찔한 경험을 한다. 퇴역 군인들과 마찬가지로 관광객들은 상당한 비용과 시간을 들여서 베트남에 온다. 반면에 외국 영화 애호가들은 단지 몇 달러만 내면 미국 문화를 접할 수 있다. 스스로 선택하지 않는 한, 서구인들은 타자의 기억으로부터 격리되어 있다. 하지만 타자들의 경우에는 자신의 선택과 상관없이 정기적으로 서구의 기억에 피폭되기 마련이다. 나와 같은 연구자들은 베트남의 기억들을 수집하기 위해 베트남 여행을 자주 한다. 도서관이나 혹은 뛰어난 감독 부이 탁 추옌^{Bùi Thạc Chuyên}의 2005년도 영화 〈두려움 속에서 사는 것〉 ^{Living in Fear}을 감상할 수 있는 영화제 같은 행사들을 찾아다닌다. 이 영화의 플롯은 전쟁이 끝난 뒤 몇 년 동안 실직자로 지내던 남베트남 퇴역 군인들이 맨손으로 지뢰제거 작업을 했던 실화를 바탕으로 짜여 있다. 영화를 보면 캄보디아의 아키 라^{Aki Ra}가 떠오른다. 예전에 크메르루주의 소년 병사였던 그는 어느 날 비정통주의자로 변화한 뒤 지뢰 제거하는 작업을 독학했다. 아키 라는 시엠립에 지뢰 박물관을 세웠다. 그러나 아키 라에게 아내가 한 명 있는 반면, 영화 속 〈두려움 속에서 사는 것〉의 영웅은 두 아내를 부양해야만 한다. 거의 죽을

뻔한 경험을 하고 나면, 그는 집으로 달려가 두 아내와 사랑을 나누어야만 한다. 사랑과 죽음에 인간의 감정과 드라마를 결합시킨 영화이지만, 그 이상이기도 하다. 이 영화는 기억과 산업의 제유법이기도 한 지뢰를 통해 기억 관련 산업이 지닌 불평등성을 보여준다. 한 나라가 다른 나라에 지뢰를 매설하는 이유는 그렇게 할 수 있기 때문이다. 지뢰가 매설된 나라는 치명적 기억을 땅에 심어둔 채 살아가야 한다. 따라서 나쁜 씨앗을 뿌리는 산업 강대국들은 〈두려움 속에서 사는 것〉과 같은 뛰어난 영화 속 요구를 쉽게 무시할 수 있는 것이다.

미국이 방치해 놓더라도 지뢰가 매설된 나라는 전쟁으로 망가진 경제를 다시 일으켜 세우려는 노력을 지속해야 한다. 산업에서부터 여가 활동에 이르기까지. 꼰선 섬의 경우처럼, 때로는 두 가지가 같은 일이기도 하다. 나는 사이공에서 비행기를 타고 조용한 해변과 푸른 산 그리고 맑은 호수를 찾아 짧은 여행을 했다. 풍경이 너무 매력적이어서 그 섬은 관광객의 안식처가 되기에 충분했다. 외국인들은 그곳에서 스노클링을 하고, 등산을 하고, 술을 마시고, 누워 뒹굴 수 있다. 그리고 의무감으로 이끼로 둘러싸인 많은 교도소들 중 하나를 방문한다. 그곳은 이제 단체 관광객들만 찾는 곳이 되었다. 프랑스인들이 포울로 콘도르라고 불렀던 그 섬에 처음에는 교도소를 지었다. 남베트남과 그들을 지원하는 미국인들이 그 교도소를 차지한 뒤에는 베트콩 죄수들을 수용했다. 남성과 여성 모두. 유명한 공산주의 혁명가들은 대부분 여기로 보내졌고 수천 명의 죄수들이 교도소 담장 안에서 죽었다. 가장 유명한 순교자이자 10대의 소녀로 처형당한 '혁명의 잔다르크' 보 티 사우Vo Thi Sau도 그들 중 하나다. 그녀의 묘를 방문하면 무덤 위에 놓인 플라스틱 빗으로 머리카락을 빗을 수 있다. 그러면

아무것도 사라지지 않는다

디오라마, 꼰선 섬 복합 교도소, 꼰 다오 섬

그녀가 얼마나 자신의 길고 아름다운 머리카락 빗는 것을 좋아했는지 짐작할 수 있다.

혁명적 기억과 관련된 산업의 근간이 되는 영웅주의와 슬픔은 이러한 교도소의 예전 그대로 보존된 고문실과 교도소 감방에서 재구성된다. 사람들은 그곳에서 영웅적 혁명 병사들의 황금빛 조각상 대신에 죄수 모습을 한 실물 크기의 밀랍 인형들을 볼 수 있다. 거의 벌거벗은 채 족쇄를 차고 있거나 구타당하는 모습이다. 밀랍 인형 죄수들은 하노이 힐튼(호아로 수용소. 19세기 말 프랑스 식민 정부가 항불 투쟁을 하는 베트남 사람들을 잡아 고문하던 교도소이다. 베트남 전쟁 동안 미군 포로를 수용하여 하노이 힐튼이라는 별명이 붙었다. 현재는 교도소로 사용하지 않고 박물관으로 사용하고 있다_역주)처럼 찾아가기 더 쉬운 장소에도 있다. 그들이 겪은 고문이 조잡하고 만화 같은 것이었음을 생각하면, 그 모습이 조잡하고 만화 같이 묘사되어 있는 것도 당연하다. 미국인들은 그곳을 존 매케인John McCain 같은 미국인 조종사가 갇혀서 고문을 받았던 교도소로 기억한다. 그들이 잊었거나 결코 알지 못하는 것은 그보다 훨씬 먼저 프랑스인들이 그곳에 베트남 혁명가들을 감금했다는 사실이다. 그러나 하노이 힐튼은 꼰선 섬의 교도소 시스템에 비하면 아무것도 아니다. 그 섬은 제트기 시대 이전에는 그 이름만 들어도 두려움으로 사람들 가슴이 철렁 내려앉던 곳이며, 부모들이 자녀들을 훈육할 때 겁을 주려 들먹이던 장소다. 꼰선은 프랑스인들이 미국의 관타나모에 앞서서 온갖 끔찍한 일들을 벌였던 섬이다. 지금은 마네킹의 드라마틱한 자세와 배열로 재현되어 있다. 하노이 힐튼에는 단순히 죄수들만 묘사되어 있지만, 여기에는 미국과 남베트남 경비원들의 모습도 있다. 경비 초소에 홀로 서 있거나, 일하고 있는 죄수들을 감시하고 있거나, 호랑이 우리에 밀어 넣어진 죄수들에게 라임을 뿌린다.

교도소 마당으로 들어가 이리저리 거닐다가, 나는 두 남성이 죄수 한 사람을 자갈밭에서 구타하고 있는 장면을 목격한다. 빗장이 질러진 감방 문에서는 네 명의 남자가 죄수에게 발길질을 하고 주먹으로 때리고 있는 장면을 본다. 죄수는 반쯤 벌거벗은 채 피를 흘리고 있다. 입체모형에 눈길을 빼앗긴 채 얼어붙은 나는 공포 영화의 장면을 보는 듯하다. 그 영화는 납치, 투옥, 고문에 대한 소름끼치는 기억의 전조증상 같다. 물론 영화보다 이런 일들이 먼저 일어났다. 〈호스텔〉Hostel, 〈쏘우〉Saw, 〈텍사스 전기톱 연쇄살인사건〉Texas Chainsaw Massacre 같은 고문 포르노 프랜차이즈는 단지 이야기일 뿐이지만 그런 것들을 배양해낸 맹독성 근원이 있다. 전쟁기계가 만들어낸 과거의 공포가 미국인의 무의식 속으로 배어들고 퍼져나간 것이다. 전쟁의 트라우마는 미국의 기억 관련 산업을 통해 마치 유령처럼 공포 영화 속에서 되살아났다. 대체로 피가 흐르고, 소름끼치며, 역사적 맥락이 없는 영화들이 많다. 조지 로메로^{George Romero} 감독의 1968년작 고전 좀비물 〈살아 있는 시체들의 밤〉^{Night of the Living Dead}의 경우는 예외다. 전형적인 백인 남자들로 이루어진 민병대가 소위 말하는 '수색과 토벌 작전'에 나서서 좀비들을 싹 쓸어버린다. 바로 베트남 전쟁 중에 동일한 이름으로 전개되었던 미국의 작전 전략을 참조한 것이 분명하다. 로메로는 음베베가 네크로폴리틱스라는 용어를 사용하기 이전부터 그 내용을 꿰뚫고 있었다. 미국이 문자 그대로의, 혹은 비유적인 좀비를 필요로 한다는 사실을, 아무런 죄책감 없이 죽이거나 진압할 수 있는 살아 있는 시체들을 원한다는 사실을 파악했다. 좀비들은 이제 어디에나 있다. 좀비 영화들은 할리우드에서 끊임없이 개봉된다. 또한 좀비들은 텔레비전 제작자나 식자층인 소설가들도 열광하는 주제다. 테러와의 전쟁 시기에 좀비들이 부활한 것은 당연하다. 좀비들은 〈살아 있는 시체들의 밤〉에서 했던 것과 동일한 목적에 봉사한다. 미국이 대적해서 싸워야 할 악마적 타자라는 우화적 역할이다. 그러나 로메로의 영화와 같은 노골적인 암시를 벗어나, 내가 태어난 이 나라에 와서 살아 있는 시체들의 고통스러운 역사를 보아야만 한다. 공포의 역사를 오락으로 바꾼 영화 속에서 처음으로 흘끗 그 시체들을 본 사람들이 많을 것이다.

외국에서 일어난 전쟁은 잊어버리기 쉽지만, 자국의 영토에서 벌어졌던 전쟁을 잊기는 쉽지 않다. 전쟁을 상기시키는 것들이 어디에나 있다. 이런저런 조각상들, 기념물들, 박물관들, 무기들, 묘지들, 슬로건

'추모', 응우옌 푸 끄엉

'이웃들 모두', 장 득 신

들. 역사를 기억하지 못한다고 해도, 상기시키는 것들을 피할 수는 없다. 일부러 외면하지 않으면, 국가가 제공하는 영웅주의와 희생의 기성품 같은 이야기를 여과 장치로 삼아 눈을 보호해야 한다. 국가의 메시지는 분명하다. 존경할 만한 과거를 향한 적절한 자세로 한쪽 무릎은 슬픔으로, 다른 쪽 무릎은 존경으로, 꿇어앉으라는 것이다. 하노이의 미술관에 있는 응우옌 푸 끄엉Nguyen Phu Cuong의 조각상 뜨엉 니엠Tuong Niem(고인을 생각한다는 의미_역주) 혹은 추모의 기념물에는 죽은 이들을 인정하는 감정이 이러한 부호로 표현되어 있다. 그것은 보도이bo doi(병사)의 전투모를 품에 안고 있는 두건을 쓴 어머니의 모습이지만, 어머니 자신은 상실감 때문에 사라졌다. 장 득 신Dang Duc Sinh의 1984년 유화 작품인 〈오 모이 썸〉O moi xom, 즉 〈이웃들 모두〉에서도 슬픔에 잠긴 미망인 혹은 영웅적 어머니의 모습으로 세 여인을 묘사하여 유사한 감정을 표현한다. 미술관에서는 침통함과 경의를 표하며 죽음을 형상화하고 있지만, 승리한 혁명 정권은 아직 공포를 떠나보낼 수 없다. 다른 곳에서는 그렇다. 그래서 교도소 박물관의 밀랍 마네킹이나 미라이 학살을 추모하는 선 미 박물관에 있는 입체모형들이 존재한다. 또한 여전히 수많은 박물관에 잔혹한 사진들이 전시된다. 특히 사이공의 전쟁유물박물관은 악명이 높다. 국가는 아직도 시민들이 죽은 이들을 기억해야 하고 그들이 어떻게 죽었는지를 기억해야 한다고 강요한다.

이렇게 공포나 슬픔으로 가득 찬 전시관을 나서자마자 선물가게로 들어서게 되는 것이 늘 어리둥절하다. 거의 어디에나 선물가게가 있고, 보통은 그 나라를 떠올리게 하는 대표적인 관광객용 장신구들을 팔고 있다. 아오자이를 입은 젊은 여성이 그려진 옻칠 작품부터 정찬용 접시, 젓가락, 아편 파이프 같은 물건들이다. 전쟁 기념품들도 볼 수 있다. 가난했던 시절에 코카콜라나 맥주 깡통을 재활용하여 만든 미국 전투기와 헬리콥터 모형들, 아니면 요즘 만들어진 놋쇠 모형들이다. 실제로 전쟁 중에 사용된 진품이라는 광고가 붙어 있는 총알이나 개인 인식표들도 있다. 이런 것들은 국가와 기업이 관리하는 대량 산업 생산 라인에서 제작되는 사소한 기억들이다. 이렇게 소규모 수공업으로 만들어진 예술작품이나 공예품들이 기억산업이라는 단어를 보면 떠오르는 것이다.

이런 소규모 기억 가운데 가장 유명한 것은 어디서나 눈에 띄는 지포^{Zippo} 라이터들이다. 진짜 미군 GI들이 사용한 것으로 추정될 뿐 아니라, GI의 진짜 슬로건, "좋다, 비록 내가 죽음의 그림자가 깃든 계

아무것도 사라지지 않는다

지포 라이터, 호찌민 시립 박물관

곡을 다닐지라도 나는 그 계곡에서 가장 사악한 마녀의 아들이기 때문에, 어떤 악마도 두렵지 않다"[5]라고 새겨져 있는 물건이다. 이런 전쟁 유물들을 구입하는 관광객들은 아마도 전쟁의 전조를 찾아다니는 것인지도 모른다. 지포 라이터를 구해서, 유명한(악명 높은) GI 슬로건을 새기고, 전쟁과 그 시절이 남긴 흠집을 일부러 내는 사람들은 그들이 누구든 어떤 의미의 진품을 팔고 있는지 알 것이다. 가격이 저렴하고, 대량 생산되고, 휴대하기 쉽기 때문에 지포 라이터의 사용 범위는 매우 넓었다. 담배에 불을 붙이는 것에서부터 미군 병사들의 상상력에 본보기 역할을 하려고 오두막에 불을 붙이는 것에 이르기까지 다양했다. 이러한 쓰임새는 지포 라이터가 미군의 점령을 상징하는 대중적인 물건이기 때문만은 아니다. 지포 라이터가 지닌 상징 권력은 대량 생산 제품이라는 본질에서 비롯된다. 호찌민은 매우 드문 인물이지만, 지포 라이터는 주인이 누군지 기억할 수 없을 정도로 수만 개나 되는 사물이다. 그 물건의 아우라는 소유자의 평판에서 비롯되는 개성이 아니다. 소유주가 속한 군대의 서열과 개인정보 서류에 속해 있는 구성원이라는 것에서 비롯된다. 단체 관광객에 속해 있는 사람이 물건을 사는 것과 마찬가지다. M-16 소총과 마찬가지로, 지포 라이터는 기억할 수 있는 이름을 지닌 산업 제품이다. 동시에 "내가 죽으면, 나는 천국으로 갈 것이다. 왜냐하면 나는 이미 지옥에서 생을 다 보냈기 때문이다"와 같은 반영웅주의적 슬로건에 물들어 있기도 하다.

그러나 국내 공예가들에게 지포는 더 나은 대접을 할 필요가 없는 관광객들에게 팔기에 적당한 재활용 미제 철물일 뿐이다. 외국 관광객에게서 이윤을 뽑아내는 것은 비대칭적 전쟁에서 약소국이 사용할 수 있는 또 다른 무기다. 미국 병사가 처음으로 이 나라 원주민과 맞닥뜨린 전쟁 이래로, 미국과 어둡고도 희극적인 전쟁을 반복하고 있는 현재의 장면에서 비롯된 교활한 전술이다. 이 나라 원주민들은 인민의 투쟁이라는 대중적 전투를 치르면서, 때때로 미군의 무기를 훔쳐서 사용했다. 그리고 전쟁에서 승리했다. 전쟁 이후 관광을 기반으로 하는 기억 산업이 전쟁기계를 대체하는 환경[6] 속에서 원주민들은 병사들의 후손인 관광객들과 맞닥뜨린다. 라오스의 항아리^{Jars} 평원을 방문하면서 나는 기억 산업과 전쟁기계 폐기물 사이에 존재하는 특별한 접점을 경험했다. 나는 미 공군 다문화 파견대와 함께 프로펠러가 달린 여객기를 타고 작은 공항으로 날아갔다. 대원들은 군복이 아닌 평복을 입고 있었다. 인도주의적 임무에 자원한 의료봉사자들로, 남성과 여성이 섞여 있었고, 거의 대부분 젊고, 날씬하고, 유쾌했으며, 건강했다. 나이가 지긋한 사람들은 미국 교외에 사는 가장이 휴가를 즐기러 온 분위기였으며, 보기 좋게 살집이 붙은 이들이었다. 그들의 조상들은 이 나라를 폭격했고, 특히 항아리 평원에 묵시록과 같은 폭력을 쏟아냈다. 내가 이 사실을 상기시키며 이야기를 나누려고 하자 대원들은 그런 역사에 대해 언급하고 싶지 않다고 했다. 짧게 머리를 깎은 공군아카데미 졸업생만이 유일하게 세부 사항을 희미하게나마 알고 있었다. 나는 대원들이 공항에 붙어 있는 포스터를 알아보았는지 궁금했다. 탄피 같은 평화를 위한 팔찌에 대한 광고였고, 특히 탄피 같은 금속들로 만들어진 작은 물건들이었다. 공군이 없는 나라를 상대로 공중전을 벌이는 것, 자신을 폭격한 폭탄의 잔해를 팔아서 먹고 사는 사람들을 상대로 전쟁을 벌이는 것, 이보다 더 비대칭적인 상황이 있을까?

비록 탐욕이나 생존이 더 중요한 요소였을지 몰라도, 일반적으로 전쟁을 기반으로 한 기억 산업은 역설적인 속성이 있다. 예를 들어, 폰사반Phonsavan의 일방통행 거리에 공군들이 모여 술을 마시는 '크레이터스'Craters(분화구)라는 이름의 술집이 있었다. 그 술집은 대량 융단 폭격의 기억을 휴식과 긴장을 푸는 곳의 이름으로 바꾼 것일 뿐, 그다지 독특한 곳도 아니었다. 이런 식의 이름 짓기는 거리를 지나가는 사람들에게 추억을 던져주는 소규모 기억 작업이다. 말하자면 여흥 삼아 약간의 정보를 원하는 관광객들에게 노점상들이 그 전쟁과 관련된 고전 서적의 영어 해적판을 파는 식이다. 사이공의 사업가들은 더 순발력이 있고 포스트모던했다. 그들은 술집에 '지옥의 묵시록', '암흑의 핵심'이라는 간판을 내걸었다. 소란스럽고, 사람들로 붐비고, 땀이 줄줄 흐르는, 재미 좀 볼 수 있다고 소문난 술집들이었다. 종종 경찰의 급습이 있었는데 성매매와 마약 같은 '사회적 해악'을 단속하고 있음을 과시하려는 것이었다(나는 이런 술집을 자주 들락거리다가 경찰이 강제로 문을 닫게 하는 것을 목격했다. 나는 베트남 경찰의 연초록색 옷을 이 세상에서 가장 꼴불견인 제복으로 꼽는다). 공포를 오락으로 바꾸는 것은 기억과 관련된 미국 산업의 대표적 특징이다. 우리는 이러한 사례를 스탠리 큐브릭Stanley Kubrick의 장편 걸작 〈풀 메탈 재킷〉Full Metal Jacket에 나오는 대사인 "나 흥분했어"에서 보고 들을 수 있다. 이 대사는 투라이브 크루[2] Live Crew의 외설적이고, 잊히지 않는 랩 히트곡 〈나 흥분했어〉Me So Horny에 영감을 주었다. 이 노래는 플로리다 당국에 의해 외설죄로 기소되었다. 전쟁 중에 벌어진 어떤 끔찍한 일에 대해서도 외설죄로 기소된 사람이 아무도 없음을 생각하면, 역설 중에 역설이다. 아마도 이러한 사례들을 참조하여, 동남아시아인들은 가장 무시무시한 과거조차 자본주의 원리를 적용하여 이윤을 짜내는 데 최선의 노력을 기울이는지도 모르겠다.

동남아시아인들이 발굴한 과거들 중 가장 인상적인 곳은 전투가 있던 지역에서 민간인들이 폭격을 피해 몸을 숨겼던 터널과 동굴들이다. 음베베는 네크로폴리틱스 정권에 의해 수행되는 전쟁에 대해 다음과 같이 말한다. "전쟁터는 단지 지표면에만 한정된 것이 아니다. 지하와 공중도 역시 전투 지역으로 변한다."[7] 하늘을 제압하는 제국군의 관점에서 보면, 지하는 비인간들이 숨는 곳이다. 미국 병사들은 터널 속에 살고 있는 인간 쥐들을 사냥하면서 그들을 '터널 쥐'라고 불렀다. 터널 쥐들은 미국 병사들을 공격하기 위해 거미 구멍에 숨어서 기다리다가 튀어나왔다. 그러나 미국인들조차 지하에서 발견된 곳이 진정한 도시임을 어쩔 수 없이 인정해야 했다. 지하세계는 머리 위에 있는 미군 막사와 부엌, 병원, 침실, 곡식창고들이 빽빽이 들어서 있는 것까지 기묘하게 닮아 있다. 그 전쟁의 역사 속에서 등장하는 이러한 터널과 그 이전의 다른 터널들이 철학자 들뢰즈와 가타리가 '리좀'rhizome이라는 개념을 생각해 냈을 때 영향을 미쳤을 것이다. 나무처럼 위에서 아래로 수직으로 내려가는 권위적 구조에 대항하여 수평적이고 뿌리처럼 퍼져가는 저항적 사회구조가 바로 리좀이다. 전쟁

아무것도 사라지지 않는다

빈 목 터널

기계들은 터널을 싫어한다. 말 그대로 터널을 붕괴시켜 그 속에 들어가 있는 사람들의 유리한 위치와 인간성에 대한 주장을 빼앗는다. 터널과 마주친 사람, 터널 쥐와 마주친 사람은 레비나스가 타자의 얼굴을 볼 때 요청했던 것을 전복시킨다. 대화를 모색하고, 정교한 인간성을 공유하기를 거부한다. 그 대신 터널 쥐는 살해하기 위해 나타나서, 적의 비인간성뿐만 아니라 자신의 비인간성과도 대면하게 만든다. 따라서 터널 쥐를 사냥하기 위해 터널 속에 들어가야 하는 이들이 느끼는 공포는 기술문명의 우월성에 대한 환상을 심어주고, 그것을 통해 인간성을 얻게 한 전쟁기계의 철갑 보호에서 떨어져 나오는 공포이다.

터널을 집이라고 부르는 이들에게는 그런 경험이 반드시 비인간이나 인간 이하인 것은 아니다. 터널 속의 삶은 병사와 민간인 모두에게 영웅적인 기억으로 남아 있다. 비무장지대 근방의 빈 목^{Vinh Moc} 터널은 그곳에 숨어 있던 지역 주민들의 인고의 세월을 기념하기 위해,

학교를 완성하고 근처 해변으로 나가는 출구를 만들어, 지하의 주거지를 재건했다. 가장 유명한 터널 망은 사이공에서 버스를 타고 두 시간 거리에 있는 쿠 치^{Cu Chi}에 있다. 전쟁에 대비하여 만들어진 곳이라 무기고와 지휘 벙커를 갖추고 있다. 전쟁이 끝나고 난 뒤, 빈 목 터널과 마찬가지로 이곳도 내국인과 외국인 모두에게 매력적인 관광지가 되었다. 처음 쿠 치를 방문했을 때, 나는 여행사의 단체 관광객 중 하나였다. 그 여행사는 터널의 투사들이 혁명을 위해 얼마나 영웅적으로 싸웠는지 생생하게 묘사하는 가이드 때문에 인기가 좋았다. "우리는 승리했습니다!" 그는 버스에서 허공을 향해 주먹질을 하면서 외쳤다. (휴게소에 내렸을 때, 그는 담배에 불을 붙이고, 커피를 주문하면서, 자신이 텍사스에서 훈련받은 남군 쪽 헬리콥터 조종사였다고 나에게 말했다.) 쿠 치에 갔더니, 터널 위 숲에서 총성이 울려 퍼졌다. 근처 사격장에서, 한 발에 1달러를 내고 관광객들이 전쟁 때의 무기로 총을 쏘고 있었다. 녹색 군인 작업복을 입은 또 다른 가이드가 대부분 서구인들과 몇몇 내국인으로 이루어진 우리 단체를 어떤 거미 구멍으로 데리고 갔다. 게릴라들이 숨어 있다가 미군들을 급습하려고 나타나던 곳이었다. 미국인 관광객들도 그 구멍에 들어갈 수가 있었다. 아마도 터널과 마찬가지로, 미국인들의 엉덩이에 맞게 구멍을 넓혔을 것이다. 가이드가 외국인 방문객들을 위해 넓이와 높이를 둘 다 늘렸다고 설명했다. 그 말을 듣자 외국인들이 웃음을 터뜨렸다. 가이드가 사람들을 이끌고 터널로 내려가자, 웃지 않던 내국인들은 주저했다. 오직 서구인들만이 찌는 듯이 덥고 축축하고 우묵한 곳으로 거침없이 내려갔다. 그곳에서 보이는 것이라고는 흙벽들과 바로 앞에 있는 관광객의 땀에 젖은 엉덩이뿐이었다.

후덥지근한 터널 안에서 웅크리고 있는 것은 해볼 만한 경험이었으나, 더위를 견디기가 힘들었다. 지금 걸어가고 있는 길을 비추는 전구의 도움도 없이, 폐쇄공포증을 느끼게 했을 훨씬 좁은 공간에서 기어 다니며 전투했던 병사들에게 나는 제대로 공감할 수 없었다. 땅은 질척였으나 공포의 악취는 환기되고 있었다. 어둠은 사라졌으며, 지루함도 잊혔다. 어디를 향해 가고 있는가? "그들은 더 나은 미래를 원한다고 외쳤다. 그러나 그것은 진실이 아니다." 밀란 쿤데라는 권력을 가진 이들에 대해 다음과 같이 말한다. "미래는 아무도 관심을 갖지 않는 아무래도 좋은 공허한 곳이지만, 과거는 삶으로 가득 차 있다. 그리고 그 얼굴은 파괴하거나 다시 칠하고 싶을 정도로 짜증나고, 불쾌하고, 상처를 준다. 우리는 단지 과거를 변화시킬 힘을 가진 미래의 주인이 되기를 바랄 뿐이다. 우리는 사진을 수정하고 전기와 역사를 다시 쓸 수 있는 작업실을 차지할 수 있는 권력을 위해 싸운다."[8] 지금 이 상황에서 수리하고 복원한 터널은 미래—신선한 공기 속으로 나가면, 목적지에는 정말로 빛이 있으니—로 향하고 있으며, 과거는 폐쇄되었다. 전기 조명과 호기심 많은 관광객들에게 쫓기는 유령들을 아무도 감지할 수 없기 때문이다. 기억 관련 산업의 연구실들은 과거의 유령을 몰아내거나 길들였다. 예전 적들의 나라 하얀 수도에 있는 검은 벽이 명백히 그렇듯이. 기억 관련 산업의 힘이 더 강해질수록, 그늘을 몰아내고 빛을 확장시키는 능력도 점점 더 강해진다. 유령들의 인간적인 얼굴만을 전면에 내세우면서 비인간적 얼굴을 잊는다. 소규모인 기억 관련 산업들도 마찬가지다. 약자도 누군가보다 더 강해지려고 노력하기 때문이다. 그 누군가가 오직 죽은 이들뿐이라고 하더라도.

그러나…… 강대국과 약소국의 산업적 기억에 저항하는 무엇인가가 살아 남는다. 비록 당 투이 쩜이 미국의 총탄에 살해당했지만, 그녀의 말이 살아 있기 때문에 당 녓 민 감독은 영화를 만들 수 있었다. 그녀의 일기를 처음으로 읽은 남베트남 병사가 미국인 상관에게 말했다. "태우지 마세요. 그건 이미 불타고 있습니다." 작가들은 모두 차마 태울 수 없는 책을 쓰고 싶을 것이다. 글자를 지우고 그 위에 다시 글을 쓴 양피지처럼, 유령의 그림자가 남아 있는 책 말이다. 북 베트남의 사진작가인 딘Dinh의 경우를 예로 들어보자. 베트남 전쟁에서 목숨을 잃은 사진작가들을 추모하기 위해 홀스트 파스Horst Faas와 팀 페이지Tim Page는《레퀴엠》이라는 책을 편집했다. 맨 마지막 장에 딘의 사진이 실렸다. 곡사포가 왼쪽 구석으로 밀려나서 흩어져 있는 상자와 장비를 조준하고 있다. 곡사포의 총신은 죽어서 쓰러져 있는 병사와 평행하게 놓여 있다. 병사의 시신은 다른 잔해들과 구별하기 힘들고, 얼굴은 보이지 않거나 혹은 훼손되었다. 시신의 다리 하나는 무릎이 구부러져 있고, 다른 하나는 부분적으로 흙속에 묻혀 있다. 시신이 입고 있는 바지의 옷감은 나머지 군복보다 더 짙은 색이다. 이런 장면 위에 딘의 그림자가 드리워져 있다. 찢어진 한 장의 사진 뒷면에는 연필로 쓴 부고가 있다. "딘은 죽었다."[9]

롤랑 바르트Roland Barthes와 수전 손택Susan Sontag이 말한 바와 같이, 사진은 죽은 이의 기록이다. 실제로 죽은 게 아니라, 대부분의 경우 살아 있지만 결국 죽을 사람들이고, 사진을 보고 있는 많은 사람들에게는 죽은 이들이라는 의미다. 딘의 사진이 뇌리에 남는 것은 사진이라는 장르에서 발견되는 치명적 예언을 충족시키고 있기 때문이다. 익명의 시신을 찍은 사진 속에 포착된 자화상인 그림자를 통해 불가

딘이 남긴 단 한 장의 사진

피한 죽음을 암시하고 있기 때문이다. 전쟁 기간에는 사진의 치명적
인 힘이 가장 생생하게 실현된다. 작가는 죽음을 무릅쓰고 죽음을 찍
는다. 딘은 전쟁 때 목숨을 잃은 모든 진영의 사진작가 135명 중 한
사람이었을 뿐이다. 《레퀴엠》은 사망한 사진작가들 중 72명이 북베트
남인이었음을 확인해주고 있다. 서구와 일본의 사진작가들 대부분은
생존했다. 산업적 기억의 불평등성은 죽음과 예술 양쪽에서 명백히
드러난다. 서구인들과 일본인들은 사진을 찍은 당일 현상소로 필름을
공수할 수 있었다. 그러나 북베트남 사진작가들의 필름은 그들의 생
명과 함께 사라지는 경우가 많았다. 딘의 경우에도 자화상인 그림자,
자신의 유령 같은 불길한 예감이 찍힌 이 사진만이 유일하게 살아 남
은 작품이다. 아시아인 사진작가들의 유령과도 같은 부재는 그들을
기록한 전기가 거의 없다는 사실에서 잘 드러난다. 전기 기록 분야의

책들에 대해 이야기할 때 가장 가슴 아픈 사실이다. 상당한 분량의 부고 기사가 서구 사진작가들에게 바쳐지는 반면, 남베트남, 북베트남, 그리고 특히 20명의 캄보디아 사진기자들의 부고는 묘비명보다 짧을 정도다. 이름이 렝Leng이었던 어느 캄보디아 사진작가는 태어난 날짜나 죽은 날짜에 대한 언급은 당연히 없었고, 그의 이력은 단지 다음과 같이 서술되었다. "AP통신과 일하던 프리랜서 렝Leng 씨가 흔적 없이 세상을 떠났다."[10]

그러나 부재의 흔적은 남았다. 하노이에 있는 베트남 여성 박물관의 계단에서 창문을 통해 아래를 내려다보면 인상적인 부재와 마주친다. 색조 유리 속에는 한 여성의 모습을 그대로 본 뜬 빈 공간이 서 있다. 유명한 사진 속 그녀는 19살 응우옌 티 히엔Nguyen Thi Hien이다. 마이 남Mai Nam의 카메라를 피해 걸어가고 있는 민병대원인 그녀는 어깨에는 라이플 소총을 메고 있고 뾰족한 모자 아래로는 머리카락이 흘러내려 있다. 그 사진은 '여성조차 싸워야만 하는' 1966년 상상 세계의 상징적 문장이 되었다. 그러나 박물관 사진 속에는 그녀의 존재가 있어야 할 자리가 빈 공간으로 남아 있다. 베트남 여성의 영웅적 삶을 보여주는 말과 이미지들로 가득 찬 베트남 여성 박물관이 의도하지 않았음에도, 그 비어 있는 자리는 과거와 영웅주의가 얼마나 먼 거리에 있는지 상기시켜 주는 상징이 되었다. 사진 속 여성은 혁명 자체가 사라졌듯이, 사라져버렸다. 이제 기억만이 남았을 뿐 가위로 오려낸 듯, 자본주의 경제로 경영되는 국가에서 공산주의의 공허한 흔적만 남았다. 폴 리쾨르가 주장한 바대로, 기억은 부재를 일깨워주는 존재임을 박물관이 증명한다. 우리 마음속에 존재하는 기억이란 과거에는 존재했으나 이제는 여기에 없음이 명백한 것들이다.[11] 기억 관련 산업은 영원히 파악하기 힘들고, 유령과도 같고, 보이지 않으며, 그림자처럼 부재하는 기억의 존재를 특정한 인물이나 이야기, 영화, 기념품, 기념물로 바꾼다. 그들은 존재하는 부재라고 불린다. 이러한 아이콘들은 육체와 돌, 금속 그리고 이미지처럼 위안이 되는 고정성을 지니고 있으며, 부재를 향하는 위로의 몸짓이 있음을 알게 되면 그러한 아이콘들은 생명력을 갖게 된다.

존재에 대한 부재의 관계는 눈으로 보이지 않는 기억의 비대칭적 차원이다. 그것은 강대국들이 약소국의 기억을 지배하는 눈에 보이는 차원과 나란히 존재한다. 강대국이든 약소국이든, 각 나라의 전쟁기계와 기억 관련 산업은 기억 자체를 통제할 방법을 확립하려 한다. 그러나 이러한 비대칭의 관계, 즉 산업적 기억 혹은 부재하는 과거의 존재 중 무엇이 더 영향력이 큰가? 전쟁기계인가, 유령인가? 전쟁기계는 유령을 추방하거나 길들이고자 한다. 그러나 주의 깊게 살펴보면 통제되지 않은 망령도 많다. 그리고 누군가에게는 보이지만 다른 사람들에게는 보이지 않는 유령도 존재한다. 나는 라오스에서 그런 유령들과 대면했다. 라오스는 그 이름만으로도 많은 베트남인들이 눈을 반짝이면서 평화롭고 조용한 낙원이라고 칭찬하는 나라다. 여러 측면에서 라오스는 베트남의 위성국가처럼 보인다. 적어도 라오스의 공식적인 기억 관련 산업에서 베트남은 가장 강력한 동맹국으로 떠받들어진다. 베트남 국기와 호찌민은 비엔티안^{Vientiane} 박물관에서 가장 눈에 잘 띄는 자리에 있고, 그 설명도 베트남 박물관과 유사하다. 산업적 기억의 환한 조명을 받으며 하얀 벽과 크롬 난간으로 치장되어 있는 라오 인민 군사박물관과 같은 곳에서, 유령의 존재는 미약하다. 라오스의 북서쪽에 있는 비엥 싸이^{Vieng Xai} 동굴에서도 마찬가지였다. 내가 방문했던 낮 시간에는 유령의 존재가 흐릿했다. 베트남의 어느 동굴보다도 장대하고 복잡한 규모인 이곳은 파테트 라오Pathet Lao의 은신처였다. 거대한 지하 도시에는 바위를 깎아서 만든 넓은 원형극장이 있다. 미군은 위에서 폭격을 퍼붓고 있고, 인간과 두려움의 냄새가 퍼지는 가운데, 흙덩이와 흙가루들이 머리 위로 떨어지고, 조명은 깜빡였을 것이다. 카메라를 어두운 조명에 맞게 조절하는 게 가장 어려운 일이었던 관광객과 비교할 때 동굴은 그들에게 그다지 평온한 장소는 아니었을 것이다.

바위를 깎아 만든 관광지로 유명한 비엥 싸이Vieng Xai 동굴은 거대한 규모의 산업적 기억이면서, 과거를 정복하고 유령을 몰아내려는 시도가 성공한 경우다. 원형극장의 고요한 무대 위에 서자, 학자인 제임스 영James Young이 말했듯이[12], 우리는 망각하기 위해 이러한 기념물을 만드는 것 같다는 생각이 들었다. 많은 사람들이 복잡한 과거와 공포를 잊고 싶어 한다. 깨끗하고 밝은 장소에서 국가라는 사원이 가르치는 질서 정연한 기억을 지니기를 원한다. 선과 악의 경계가 명료하고, 이야기에 도덕적 분별력이 있고, 우리가 인간성의 편에 설 수 있는 기억이기를 바란다. 우리 내면의 동굴을 환히 밝히고 싶어 한다. 그러나 망자는 기억할 수 있어도, 가장 잊고 싶은 것은 죽음일 것이다. 언젠가는 유령이 될 우리는 유령을 잊고 싶어 하고, 죽은 이들이 살아 있는 이들보다 훨씬 많다는 사실을 잊고 싶어 하며, 죽은 이들을 살해한 사람들이 바로 우리처럼 살아 있는 이들임을 잊고자 한다.[13] 강대국이든 약소국이든 기억 관련 산업들은 죽은 사람과 산 사람 사이에 존재하는 이와 같은 비대칭성에 저항하면서 유령들과 싸운다. 산업은 이야기를 통해서 유령들에게 의미를 부여하거나 이해할 수 있게 만들

　　　　　　　　아무것도 사라지지 않는다

고, 필요한 경우에는 제거한다. 기억 관련 산업 대부분은 유령을 회피한다. 돌 하나에도 역사적 공포의 흔적을 남기지 않아야 하고, 살아 있는 이들이 죽은 이들을 잊은 장소가 죽은 이를 기억하는 장소보다 많아야 한다. 리쾨르에 의하면, "목격자들은 꼭 전해야 하는 말을 듣거나 들을 수 있는 청중을 결코 만나지 못한다."[14] 그러나 우리의 주의를 끄는 것은 추모비나 기념물들이며, 오벨리스크나 돌기둥이며, 퍼레이드 장소와 전쟁터이며, 영화와 소설, 기념일과 침묵의 순간들이며, 살아 있는 사람들이 죽은 사람들을 지배할 수 있는 수많은 공간이다. 유령들은 때때로 아직 완전히 산업화되지 않은 신성한 공간을 차지하고 권위를 주장하기도 한다. 나는 비엥 싸이 동굴에서 유령들을 감지하지 못했다. 그러나 폰사반에서 동굴을 찾아가는 길에 운전기사가 탐 피우Tham Phiu에 들렀다 가자고 제안했다. 그곳은 또 다른 산속의 동굴이었고, 미국의 로켓포가 민간인 수십 명의 목숨을 빼앗은 곳이다. 여행안내 책자에는 그 정도로만 설명되어 있었다. 나는 그곳에 들를 생각이 없었다. 이미 많은 동굴과 터널을 본 뒤였기에 또 다른 공포의 동굴을 봐도 동요하지 않으리라 예상했기 때문이었다. 그러나 이미 그쪽 방향으로 가는 중인데, 굳이 가지 말아야 할 이유도 없지 않은가? 그곳에는 전시관이 있었으나, 다행히도 동굴로 직행할 수 있었다. 전시관에 들르지 않은 것은 내가 어떻게 느껴야 할지 안내해주려는 공식적 설명을 놓쳤다는 뜻이다. 당연히 순진무구한 민간인과 무자비한 미국인에 대한 이야기였을 것이다. 계단과 난간을 보아동굴은 관광객을 맞을 준비가 잘 되어 있는 듯했다. 비록 그 순간에는 내가 유일한 관광객이었지만 말이다. 산으로 올라가는 길에 네 명의 여학생들과 마주쳤으나 관광객이 아니라 지역 주민이었다. 여가 시

탐 피우 동굴, 항아리 평원, 라오스

간을 즐기고 있는 듯, 휴대폰으로 사진을 찍으면서 키득거렸다. 나는
그들을 앞질러 동굴에 도착했다. 트럭도 통과할 수 있을 만큼 거대한
검은 입을 벌리고 있는 동굴이었다. 동굴 안으로 몇 미터 가량 햇빛이
비치고 있었을 뿐 인공적인 조명은 보이지 않았다. 아주 힘들었던 캄
보디아의 바탐방Battambang 동굴과 달리 험난한 바닥 위를 걸을 수 있
도록 도와주는 계단도, 난간도, 밧줄도 없었다. 바탐방에서 보았던 기
념비나 사당, 그림, 사진, 현수막, 기념품도 없었고, 배고픈 소년이 여
행가이드로 채용해달라고 부탁도 하지 않았다. 탐 피우에서, 그 지역
의 기억 관련 산업인 동굴에 나는 홀로 있었다. 이미 지쳐서, 걸음을
멈추어야 할 문턱에 도달한 상태로. 나는 빛이 어둠과 만나는 지점까
지 걸어갔다. 그리고 어둠을 들여다보았다. 수백 명의 사람들이 뒤섞
여 있었을 때, 그 소음과 악취와 어슴푸레함과 공포는 어떠했을까?
텅 비어 있는 지금은? 나는 존재의 편에 서서, 과거가 존재했던 공간,

아무것도 사라지지 않는다

현실이든 상상이든 유령들이 득실거리는 부재의 공간과 마주했다. 그리고 그 순간 두려움을 느꼈다.

그때 웃음소리가 들렸다. 여학생들이 동굴 입구에서 햇빛을 등진 채 서 있었다. 검은 윤곽만 보였다. 그늘이 그들의 발뒤꿈치조차 건드리지 못한 것은 확실했다. 보이지 않는 것들을 등 뒤에 남겨 놓은 채, 나는 몸을 돌려 여학생들의 실루엣을 향해 걸어갔다.

미학

AESTHETICS

7.
피해자와 목소리에 대하여

어린 아이였을 때, 나는 언제나 죽음의 존재를 의식하고 있었다.[1] 아버지와 어머니는 천주교 신자라서 조상을 모시는 제사를 지내지 않았음에도, 부모님들의 흑백 사진을 벽난로 선반 위에 올려 놓고 매일 저녁 그 앞에서 신에게 기도했다. 나는 아버지와 어머니의 부모님을 오직 사진을 통해서만 보았다. 사진 속 할머니, 할아버지는 미소도 짓고 있지 않았고, 자세도 경직되어 있었다. 1980년대에, 고향에서 조부모님들이 차례로 세상을 떠났다는 소식이 날아왔다. 음산한 북부 풍경 속을 행진하는 시골의 장례식 장면, 소박한 옷을 입고 머리에 하얀 띠를 두른 추모객들의 모습, 나무로 만든 관을 좁은 무덤 속으로 내려 놓는 장면이 담긴 흑백 사진들도 함께 날아왔다. 베트남 친구들 집을 방문할 때면, 나는 그들의 친척들 모습이 담긴 사진 앞에 멈춰 서서 유심히 들여다보곤 했다. 예외 없이 흑백 사진들이었다. 집집마다 이런 사진들이 있었다. 뇌리에 새겨져 있는 잃어버린 시간, 잃어버린 공간 그리고 대부분은 잃어버린 사람들을 표상하는 신성한 상징이었다. 대다수 난민들이 등에 진 옷 보따리와 사진들이 가득 찬 지갑만을 가지고 비행기에 올라탔다. "가족사진을 가슴 속 깊이 간직했다 / 나머지 세상이 온통 불타고 있을 때."[2]

새로 정착하게 된 낯선 땅에서, 사진은 잃어버린 그들 자신의 상징으로 변했다. 사진은 유령의 세속적 흔적이고, 유령의 아우라가 가장 잘 드러난 형상이며, 많은 난민들이 고향에 남겨 두고 온 것들과 가장 가깝게 살아갈 수 있는 방법이었다. 르 티 디엠 투이le thi diem thuy의 《우리 모두가 찾고 있는 폭력배들》The Gangster We Are All Looking For에서, 화자의 어머니가 유일하게 소중히 여기는 것은 다락에 보관해 둔 자신의 어머니와 아버지의 사진이다. 그들의 집이 신시가지를 만들기 위해 도로를 새로 내면서 헐리게 되자, 어머니는 혼비백산하여 재산을 하나라도 건지려 하다가 사진 챙기는 것을 잊는다. 집이 무너지는 것을 지켜보다가, 어머니는 비명을 지르며 잃어버린 자신의 부모를 부른다, "마/바(엄마/아빠)"라고. 어린 아이인 화자는 어머니의 비명 소리를 들으면서 세상에 대해 생각한다. "내 귓가에서 나비 두 마리가 날개를 비비고 있어. 귀 기울여 봐. …… 그들은 다락에 왕족처럼 앉아 있다가, 어둠 속에서 반짝이다가, 레킹 볼(철거할 건물을 부수기 위해 크레인에 매단 쇳덩이_역주)에 맞아서 묻혀버렸어. 바다 위에는 종이 파편들이 떠다니고 있어. 여기, 내가 당신에게 이 모든 것을 말하고 있는, 내 목구멍 속 말고는, 어디에도 핏자국은 보이지 않아."[3]

전쟁을 다루는 다른 많은 글, 예술 그리고 정치와 마찬가지로 투이의 책은 죽은 이들을 추모하고, 잃어버린 것들을 기억하고, 살아 남은 이들의 자리를 배려하는 문제에 초점을 맞추고 있다. 난민들이라면 누구나 가족과 고향에서 분리되는 경험을 겪었으므로, 이러한 문제는 숙명과도 같다. 죽은 이들과 잃어버린 이들, 고향에 남겨두고 온 친구, 친척들 그리고 난민이 탈출하는 바람에 동포들이 맞이하게 된 사태에 대해 기억하고 이야기하는 것은 난민들 사이에서는 흔한 일이다. 때로는 난민들끼리 그런 사태와 과거의 유령에 대해 이야기하는 것이 득이 되기도 한다. 기억하는 일은 죽은 이들로 주위를 가득 채우는 일이다. 그들의 무게와, 위험하고 부담스러운 행동을 되새기는 일이다. 그것에 대해 응우엔-보 투-홍Nguyen-Vo Thu-Huong은 이렇게 말했다. "죽은 이가 우리에게 말해줄 수 있는 것을 배제하면서, 어떻게 죽은 이를 우리의 의제에 맞게 기억할 것인가?"[4] 이와 비슷한 맥락에서, 맥신 홍 킹스턴Maxine Hong Kingston은 "내가 지금부터 너에게 해주는 말을 아무에게도 하면 안 된다"라는 어머니의 말로 《여성 전사들》을 쓰기 시작하면서, 끔찍한 사건을 전달할 때 작가들이 겪는 윤리적 도전에 걸려 넘어진다. 어머니의 말을 반복해서 받아 적는 것으로 어머니의 당부는 깨어지게 되었기 때문이다.[5] 작가와 목격자는 다른 사람들이 말하거나, 듣거나, 기억하기 꺼리는 것에 대해 말해야 하는 윤리적 요구와 맞닥뜨릴 수밖에 없다. 그렇게 해서 잊히지 않는 괴로움을 진정시키기보다는 영속시키게 된다고 할지라도. 가족으로부터 외면당하고, 이웃에게 모욕을 받은 탓에 자살한 이름도 모르는 이모를 회상하면서 킹스턴은 설명한다. "항상 나는 그녀에게 선의가 없다고 생각했다. 그녀는 어떤 사람이었냐 하면 원한을 품고 자살하면서 사람들이 물을 길어 먹는 우물에 빠져 죽었던 것이다. 일반적으로 중국인들은 익사한 사람을 매우 두려워한다. 혼령이 젖은 머리를 늘어뜨리고 부풀어 오른 피부로 흐느끼면서 물가에서 조용히 기다리고 있다가 자신을 대신할 사람을 끌어당긴다고 생각하기 때문이다."[6] 유령에 대해 이야기하는 작가들이 흔히 그렇듯이, 킹스턴은 유령을 대신하는 사람이 될까봐 전전긍긍한다.

전쟁을 겪은 동남아시아인들 사이에서 유령 이야기는 흔하다. 회고록 작가 레 리 헤이슬립은 다음과 같이 설명한다.

> 목숨을 잃은 사람들의 억울한 영혼을 달래기 위해 우리는 자주 기도를 했다. …… 죽은 병사들도 묘지 주위를 행진하곤 했다. 그러나 어린 아이였던 우리들이 가까이 가면 안개 속으로 홀연 사라져버렸다. 밤이 되면 가족들은 모닥불 가에 둘러앉아 죽은 이들에 대한 이야기를 나누었다. …… 나는 점점 초자연적인 것, 영혼의 세계나 유령들의 습관 같은 것에 대해 생각하기 시작했다. 다른 사람들이 저 멀리 있는 도시나 바다 건너에 있는 낯선 나라의 삶에 대해 상상해 보는 것과 비슷했다. 이런 것을 알게 되면서, 나중에는 내가 혼자가 아니라는 사실을 깨닫곤 했다.[7]

이렇게 등장하는 유령의 모습은 정의의 문제라고 사회학자 에이버리 고든Avery Gordon은 말한다. 유령의 출몰은 '우리에게 역사적 공적 기록에 포함되지 못한 사람들에 대한 책임이 있음'[8]을 요구하는 것이다. 이러한 요구는 전쟁의 여파를 연구하는 고든의 동료 사회학자 엔 레 에스피리츄Yen Lê Espiritu 같은 사람들에게 매우 중요하다. 그녀는 우리가 반드시 '유령 이야기를 전하는 사람'이 되어야 한다고 단언한다.[9] 그러나 유령에 대해 이야기하는 것은 위험한 행동이다. 이야기하

아무것도 사라지지 않는다

는 사람은 이러한 유령과 만나거나, 유령을 이용하거나, 그들을 유령으로 만든 치명적 상황으로 돌아가야 하기 때문이다. 그렇게 함으로써 이야기하는 사람은 단순히 예술로 면죄부를 받겠다고 주장하는 대신에, 죽은 이를 불러낸 이야기에 스스로 책임을 져야만 한다.

죽은 이와 유령에 대해 이야기하는 사람들은 특히 수적으로나 권력의 측면에서 약자인 사람들에 대해 신중하게 윤리적 배려를 해야 한다. 단순히 약자나 소수자라고 생각하면 노골적으로, 또 암묵적으로 그들을 으레 피해자로 보게 된다. 주류에 속하는 사람들 역시 소수자나 타자를 무조건 피해자로 보려고 한다. 피해자로 낙인찍히면, 소수자와 타자의 자리에 머물게 되고 고통스러워하면서 권력을 쥔 주류에게 구원을 받는 역할을 하게 된다. 피해자로 존재하면 구원자나 혹은 연민을 느끼는 사람에게 죄책감을 강요하면서 가면을 쓴 권력을 휘두른다. 그러나 그것 또한 피해자에게 이익이 되는 것처럼 피해자를 속이는 상황이기도 하다. 스스로를 단지 피해자로만 보는 것은 권력을 단순화시킨다. 피해자라는 핑계로 정치, 전쟁, 사랑 그리고 예술에 있어서 윤리적으로 행동해야 할 의무를 방기한다. 피해자가 되는 것은 또한 진정한 권력을 행사할 기회를 담보로 잡히는 것이다. 왜냐하면 주류 사람들은 소수자와 타자들을 인정하려 하지 않고, 서로 다른 두 가지 방안을 제시하기 때문이다. 피해자가 되든가 목소리를 가지라는 것. 그러나 이 두 가지는 결국 동일한 덫에 빠지는 길이다. 윤리는 휘두를 수 있는 권력을 주거나 가해할 수 있는 능력을 주면서 우리를 시험한다. 우리가 행동하거나 발언할 때의 딜레마는 설령 유령을 위하는 일이라고 해도 누군가를 피해자로 만들거나 스스로 피해자가 될 수 있다는 것이다. 죄가 있든 결백하든 상관없이.

작가, 예술가, 그리고 비평가들이 휘두르는 상징 권력은 여러 가지 위해를 가할 수 있다. 소수자와 그들을 옹호하는 이들도 마찬가지다. 권력을 쥐면 결과적으로 해를 끼치게 된다. 소수자와 예술가도 어느 정도 권력을 가진다. 소수자도 해를 끼칠 수 있다는 문제를 제기하는 것은 소수자가 단순히 무기력한 피해자이거나 역사의 수동적 존재 혹은 낭만적 영웅이 아니라 인간이면서 동시에 비인간인 행위자임을 인정하자는 것이다. 소수자를 인간이면서 동시에 비인간으로 생각하는 것은 많은 이들에게 복잡한 문제를 안겨준다. 소수자를 옹호하는 이들뿐 아니라 평소에 위에서 아래를 내려다보면서 죄책감을 갖고 있는 주류의 위치에서도 그렇다. 두 부류 모두 소수자를 인간으로만 보는 것을 좋아한다. 소수자를 옹호하는 이들은 소수자들에게 권력을 주면 당연히 폭력적인 권력에 저항할 것이고, 도덕적이고 윤리적인 분규가 줄어들 것이라고 생각한다. 부정적인 결과와 손해를 포함하여, 이 모든 혼란과 모순된 함의를 지닌 채 소수자가 권력을 갖게 되는 가능성 속에는 그들을 가학적 권력의 피해자로만 보려는 태도가 있음을 잊거나 혹은 간과한다. 소수자의 권력은 주류의 권력과 동등하지 않지만, 소수자는 반드시 자신이 지닌 권력에 대한 책임을 주장해야 한다. 저항할 수 있고, 끝내 스스로 해방될 수 있는 힘이라면, 반드시 그 권력을 가져야 한다. 최근까지 저항과 해방의 외침에 열중해 있던 서구 좌파는 실제로는 혁명을 성취하지 못하는 사치를 누렸다. 따라서 지구상의 비참한 이들이 권력을 갖는다는 의미와 정면 대결하는 것이 뒤로 미뤄졌다. 만약 인도차이나에서 일어난 혁명에서 서구인들이 교훈을 얻은 것이 있다면, 저항과 해방은 예상치 못한 결과를 가져온다는 사실일 것이다. 피해를 입은 이들이 권력을 갖게 될

아무것도 사라지지 않는다

때 그들 또한 타자에게 피해를 입히고 유령을 만들게 된다.

유령에 대해 말하는 문제에서 베트남계 미국인들은 활용하기 좋은 사례를 제시한다. 미국에 살고 있는 동남아시아인들 가운데 베트남계 사람들이 가장 문학적인 글을 써왔으며, 가장 오랜 문학적 전통을 지니고 있다. 프랑스의 식민 정책이 이러한 전통을 부추겼다. 식민지 관료들이 캄보디아인과 라오스인보다 베트남인을 선호했고, 그러한 관행 때문에 문학적 수준이 높아졌을 것이다. 또한 전쟁이 막바지에 이를 무렵, 캄보디아와 라오스의 난민들보다 숫자상 엄청나게 많은 인구가 베트남을 떠났기 때문이기도 하다. 양적으로나 문학적 교육의 측면으로나 모두 우월한 위치에 있는 덕분에 미국에 있는 베트남인들은 캄보디아와 라오스 난민들보다 더 강력한 문화 자본을 지니고 있어서 정치공학이 가능한 집단이다. 그들의 문학적 결과물은 가장 높은 수준의 윤리와 정치 그리고 미학적으로 평가를 받을 수 있고, 받아야만 한다. 왜냐하면 그들은 전쟁으로 인한 불이익을 상쇄할 만한 몇 가지 이점을 지니고 있기 때문이다. 피해자 되기와 목소리 내기를 활용하는 것이 어떻게 미국 소수자 문학의 지배적 미학이 되었는지 연구할 때, 베트남계 미국 문학이 이상적 사례로 활용될 수 있다. 미학적으로, 그러니까 아름다움을 창조하고 연구하는 과정의 측면에서는 희생자 되기와 목소리 내기를 윤리적 책임의 문제와 분리시키기 어렵다. 소수민족 서사의 영역에서, 타자의 범죄와 자기 민족이 당한 범죄를 기록할 때 자기편이 저지른 범죄를 언급하지 않는 것은 윤리 도덕적으로 자신의 권력과 정면 대결하는 것을 꺼리는 태도이다. 그러나 자기편이 어떻게 유령을 만들었는지 고백하는 것만이 피해자가 되는 것을 멈추고, 비인간성의 짐을 지는 것으로 인간성의 무게를 완성한다.

타자와 우리 자신에 대해 말하는 것은 아주 위험하다. 특히 그들의 입을 다물어버리게 만들지도 모를 가해와 맞서는 예술가와 그들을 해방시켜줄 목소리를 내겠다고 약속하고 싶은 유혹과 맞서는 예술가들은 위험하다. 목소리를 요구하는 것, 즉 소리 높여 말하는 것과 외치는 것은 기본적으로 미국적인 성향이다. 혹은 미국인들은 그렇게 믿고 있다. 신대륙의 해변에 상륙한 이민자, 난민, 그리고 망명자와 이방인들은 이미 목소리를 가지고 있었다. 그러나 그들은 보통 미국의 공용어인 영어와 다른 언어로 말한다. 학자인 베르너 솔로스 Werner Sollors가 '다중 언어적 미국'이라고 부르는 곳에서 살고 있는 이들은 많은 언어로 말하고 쓰지만, 사실상 미국 전체로서는 단일 언어로 통치된다. 그리고 그 사실에 뚜렷한 자부심을 지니고 있다.[10] 따라서 이민자, 난민, 망명자 그리고 이방인은 자기 집 그리고 소수민족들이 스스로 조성한 거주지에서만 말이 통한다. 자기 민족의 울타리 밖으로 나가서 무관심한 미국과 대면할 때, 타자는 말을 하려고 분투한다. 헛기침을 하고, 망설인다. 가장 흔한 경우는 미국 땅에서 나고 자란 후손들이 그들을 대신해서 말하기를 기다리는 것이다. 영어로 기록된 베트남계 미국 문학은 침묵에서 발언으로 이어지는 이와 같은 소수민족의 순환을 따라왔다. 베트남계 미국 문학은 이런 방식으로 소수민족 글쓰기가 요구하는 기본적 기능을 할 수 있었다. 즉 타자로서 그들이 미국에 오게 된 이유와는 상관없이, 비록 마지못해서일지도 모르지만, 다른 미국인들에게 그들과 그들의 후손이 인정을 받았다는 증표의 역할을 한다. 이처럼 침묵에서 발언으로 나아가는 것이 미국 소수민족 문학의 형식이다. 물론 그 상자 속에는 온갖 골칫거리

아무것도 사라지지 않는다

들이 들어 있다. 어쨌든 소수민족이 미국에 오게 된 이유는 보통은 살기 힘들어서이고, 끔찍하고 충격적인 경험을 했기 때문이다.

형식 혹은 상자는 소수민족^{ethnic}이지만, 그 안에 들어 있는 내용은 인종 문제^{racial}라고 할 수 있다.[11] 미국은 소수민족은 동화시킬 수 있는 반면에 인종은 소화하지 못한다. 미국의 신화는 하나의 민족이 다른 민족과 동일하다고 말한다. 아일랜드인, 중국인, 멕시코인 그리고 바라건대, 미국 안에서 민족적 희망의 한계이자 유색 인종의 경계선의 가장 바깥쪽에 머무르는 흑인들까지 포함해서. 그러나 인종 문제는 지속적으로 아메리칸 드림을 괴롭히고 방해해서, 미국적 방식이 진보하지 못하고 일탈하게 만든다. 만약 형태는 민족이고 내용은 인종이라면, 맛있는 것이 들어 있으리라는 희망을 가지고 상자를 열었는데 기이한 것들, 외형으로나 냄새로나 낯선 것들이 불쑥 튀어나온 것이다. 그러니까 소화하기 어려운 것들, 예컨대 노예제도, 착취 그리고 몰수뿐만 아니라 가난, 기아, 박해 같은 것들이 들어 있는 경우다. 베트남계 미국 문학의 경우, 지난 50년 동안 형식은 미학적으로 세련되어졌다. 그러나 그 내용-전쟁-은 여전히 문제가 많고 불안정한 상태로 남아 있다. 이 전쟁에서도 인종이 중요했다. 그러나 그것이 어느 정도까지 문제가 되었는지에 대해 미국인과 베트남인 사이에서 여전히 의견이 일치되지 않는다. 여기서 하나의 나라가 지닌 두 얼굴, 미합중국과 아메리카 사이에 존재하는 차이를 이끌어낼 수 있다. 만약 미합중국이 실체이고 사회기반시설이라면, 아메리카는 신화이자 가면이다. 미국인들에게 대항해서 싸웠던 베트남인들조차 이 경계선을 그었다. 미합중국의 정책과 그것의 반^反아메리카적 전쟁에 반대하라고, 아메리카 인민들의 심장과 이성에 호소했다. 미국인들 또한 이러한 경계선을 인식한다. 비록 그 경계선의 의미가 정확하게 무엇인지에 대해 격렬하게 토론하지만. 미국인들 대부분은 그 전쟁이 아메리카의 캐릭터를 배반하는 불공정하고, 잔인한 것이었음을 경험했고 아직도 기억하고 있다. 그러나 그 전쟁을 백인 우월주의가 감행한 대량학살 이라고 직관적으로 표현하면서, 아메리카라는 캐릭터에 근본적 결함 이 있음을 드러내는 증거라고 생각하는 미국인은 대부분 소수민족에 속한다.

베트남계 미국 문학은 그 전쟁의 원인이 무엇인지에 대해 나라 전 체의 합의가 이루어지지 않은 상태에서 계속 출간되고 있다. 그 전쟁 은 실수이자 패배인가? 최선의 의도로, 고귀하지만 결함이 있는 노 고가 행해진 것인가? 어둠의 심장이 고스란히 드러나 요동쳤던 것인 가?[12] 만약 베트남계 미국 문학이 그 전쟁을 피해갈 수 있다면 미국 의 신화와 모순에 맞서는 도전도 피해갈 수 있을 것이다. 그러나 그들 의 문학은 그 전쟁을 피할 수 없다. 왜냐하면 그것은 베트남계 미국인 들의 문학이고, 그 전쟁이 없었다면 그들은 존재하지 않았을 것이기 때문이다. 인종적 한계를 지닌 소수민족 작가로서 베트남계 미국인 작가가 목소리를 높이고, 외치고, 목적을 가지고 발언할 때 그 당위성 은 소수민족의 이름을 벗어나지 못한다. 자신의 인종이 속한 과거를 잊고 싶지만, 미국은 타자인 소수민족이 결코 그것을 잊지 못하게 한 다. 그것이 바로 역사다. 비평가 이자벨 투이 펠로드[Isabelle Thuy Pelaud]가 베트남계 미국 문학의 특징을 역사와 혼종성의 양극단 사이에 위치 하는 것[13]이라고 규정할 때, 그런 맥락의 역사다. 미국은 신참자들에 게 혼종성을 약속한다. 그것은 미국 땅에서 무엇인가 남다른 것이 될 수 있다는 꿈이기도 하다. 그러나 미국인들은 그 전쟁의 역사에서 깨

아무것도 사라지지 않는다

어나지 못한다. 미합중국이 나라 밖으로 군사적 모험을 감행할 때마다 미국인들은 계속 그 전쟁을 떠올린다.[14]

미합중국에서 인종적으로 소수민족으로 규정된 집단마다 미국인들이 기억하는 특징적 역사가 있다. 흑인들에게는 노예와 농장, 흑인다운 성향과 빈민가라는 유산이다. 라티노들은 아메리카인이지만 북아메리카인도 아니고 백인도 아니라는 것(이것이 아마도 미국인의 머릿속에 가장 먼저 떠오르는 라티노들의 특징일 것이다), 그들의 삶은 아마도 바리오(미국 내의 스페인 거주 지역)와 국경선으로 기억될 것이다. 아메리카 원주민들은 제노사이드와 자기 땅에서 추방된 것, 인디언 보호구역일 것이다. 베트남계 미국인들의 특징은 전쟁이다. 민족적이라고 규정되는 문학은 모두 미국 내 소수집단의 역사와 관련이 있다. 흔히 소수민족 문학이라는 것은 기억의 형태이며, 자신과 타자를 기억하는 윤리적 문제를 다루기 마련이다.[15] 또다시 인종이 핵심이다. 사회학자 메리 워터스Mary Waters가 간파했듯이, 한때 미국 언론이 결코 동화될 수 없는 존재로 묘사하던 아일랜드인들이나 미천하게 여기던 유대인들처럼, 인종적 차이를 없앨 수 있는 소수민족 집단에게는 민족성이 그저 옵션이며 선택이다.[16] 인종에 의해 특징지어지거나 낙인찍힌 채 남아 있는 소수민족 집단들에게도 물론 선택권이 있다. 그러나 미국인들이 아무리 그들의 민족성을 강요해도 그것을 통제할 방법이 없다. 인종적으로 규정된 사람들이 하는 선택은 언제나 다른 미국인들의 엄격한 제재와 갈등을 일으킨다. 그것은 문학계의 현실이기도 하다. 이와 대조적으로, 아일랜드계 미국 문학 혹은 유대계 미국 문학은 거의 눈에 띄지 않는다. 존 오하라John O'Hara, 메리 매카시Mary McCarthy, 솔 벨로우Saul Bellow, 그리고 필립 로스Philip Roth의 경우에도, 우선은 미국 작가이고, 그 다음에 소수민족 작가로 언급된다. 그들에게는 인종적으로 소수인 작가들에게는 결코 주어지지 않는, 백인이 될 선택권이 있다.

소수민족 작가들은 그들이 속한 집단을 규정하는 역사적 사건에 대해 이야기해야 미국인들이 귀를 기울여준다는 것을 안다. 다른 것들을 이야기할 수도 있지만, 그들 자신의 역사와 인종에 대해 말할 때만 보상을 받는다. 인종의 차이가 만든 역사 때문에 과거에 대해 말하고자 하는 욕망을 갖게 된 작가들도 있다. 남 레^{Nam Le}는 자신의 소설《사랑 그리고 명예 그리고 동정 그리고 자존심 그리고 연민 그리고 희생》Love and Honor and Pity and Pride and Compassion and Sacrifice17)에서 침묵과 발언의 역동적 관계에 대해 말하고 있다. 남이라는 이름의 작가가 전설적인 아이오와대학의 글쓰기 프로그램에 참여하게 된다. 그는 베트남인의 경험에 대해 쓰고 싶지 않았으나, 아버지가 방문했을 때, 아버지가 전쟁에서 겪은 비참한 경험을 근거로 민족의 이야기를 써야겠다고 결심한다. 아버지는 학살에서 살아 남았다. 다름 아닌, 그 전쟁에서 미국인들의 양심에 가장 끔찍한 사건으로 남은 미라이 학살의 현장에 있었다. 남은 그 이야기가 자신에게 문학적인 명성을 가져다 줄 수 있음을 알고 있다. 그러나 그가 자랑스럽게 그 소설을 아버지에게 보여주자, 아버지는 원고를 태워버린다. 역설적으로, 남 레는 이 소설로 주목을 받았다. 민족적 이야기를 써서 그의 이름은 문학사의 한 페이지에 남는다. 그러나 역사와 인종 문제를 다루고 싶다는 유혹은 작가와 작가의 인물인 남 모두를 괴롭힌다. 만약 문학계가 소수민족 작가를 받아들인다면, 비록 한쪽 구석만을 허용한다고 해도, 그것은 작가가 이야기하고 대변하는 사람들을 이미 더 넓은 세상에서 수용하고 있다는 증거가 된다. 이것이 아마도 베트남계 미국 문학 전반

아무것도 사라지지 않는다

에 걸쳐 가장 문제시되는 긴장일 것이다. 전쟁과 베트남인들에게 끼친 위해에 대해 이야기할 때, 베트남인들은 피해자가 되지만, 다른 한편으로는 그런 문학이 존재하는 것은 궁극적으로 베트남인들에게 발언할 목소리와 자유를 주겠다는 미국의 약속이 실현되었다는 반증처럼 보인다. 피해자가 되거나 아니면 목소리를 갖게 되는 이러한 문제 투성이의 시나리오로 인해 소수민족 작가들은 선택이 불가능한 상황에 놓이게 된다.

레의 소설은 소수민족 작가가 민족의 이야기를 쓰는 것은 정말로 자유로운 게 아니라고 주장한다. 왜냐하면 비둘기장 같은 집도 집이라면, 너무 좁은 집이기 때문이다. 그러나 그의 소설이 질문하는 것은 단지 문학과 더 넓은 세상이 작가를 구속한다는 문제만은 아니다. 아버지가 보인 반응이 또 다른 위험을 보여준다. 소수민족 작가는 그가 대변하는 사람들을 배신할 수 있으며, 그러므로 스포트라이트를 받기보다는 모닥불을 피워야 마땅하다. 문학계는 비밀에 목말라 있으며, 소수민족 작가에게 여행 안내자, 교류 대사, 번역가 그리고 내부자, 또는 이국적이거나 신비로운 미지의 세계를 건네주는 만능 문학 교정자가 되기를 요구한다. 그러나 막상 소수민족 공동체의 사람들은 비밀을 지키고 싶어할 뿐더러, 작가가 도둑이나 반역자처럼 사리사욕을 위해 그들의 이야기와 삶을 도용한다고 느낀다.[18] 작가와 소수민족 공동체 사이에 존재하는 이런 긴장은 인종차별과 정복이라는 역사의 결과이기도 하다. 왜냐하면 서사의 불공평함 탓에 작가와 그가 속한 집단의 사람들이 서로 불화하기 때문이다. 백인 미국인들에게는 이러한 불공평함이 서술적 풍요로움으로 다가온다. 그들은 문학이라는 핵심적인 기억 관련 산업을 통해서 이야기의 생산을 통제하기 때문이다. 책과 방송마다 미국의 지배계층에 관한 이야기들, 휘트마니아(미국 시인 월트 휘트먼에 열광하는 이_역주)들의 다양성과 개성에 대한 논의들이 흘러넘친다. 이러한 미국인들이 타자에 대해 알고 싶을 때는 그들이 소비하기를 바라는 이야기, 그들의 기대에 부응하여 창작된 이야기들만 찾는 것이다. 그러나 미국의 지배계층들이 넌더리날 만큼 많은 이야기들로 인해 풍요로운 서사의 경제 속에 존재하는 반면에, 그들의 민족적 인종적 타자들은 그만큼 서사가 결핍된 경제 속에서 살아간다. 자기 자신에 관한 이야기가 적을수록 사람들은 집단 주거지 속에 갇힌다. 따라서 거대한 미국 대중과 소수민족 공동체 양쪽 모두 미국 무대에 서기 위해 등장하는 몇 안 되는 소수민족 작가들과 몇 안 되는 이야기에 큰 압력을 가한다.

이러한 압력이 일반적으로는 소수민족 문학, 특히 베트남계 미국 문학을 형성하며, 포괄적인 특성과 공통점을 부여한다. 그중 하나는 이야기 내부에 통역의 징후가 있는 것이다. 작가나 화자가 언어, 음식, 의복 혹은 역사 같은 민족 공동체의 특성을 설명한다. 공동체의 내부 자들에게는 당연히 이러한 설명이나 통역이 필요 없으므로, 설명이나 통역은 암묵적으로 외부의 독자를 상정하는 것이다. 이것은 비평가 써우 링 웡Sau-ling C. Wong이 베스트셀러 작가인 에이미 탄Amy Tan19)의 작품에 대해 문제를 제기한 부분이다. 레 리 헤이슬립의 《하늘과 땅이 자리를 바꿨을 때》에서처럼, 명백히 바깥에 있는 독자를 향해 이야기하는 경우도 있다. 그 책의 저자는 처음부터 끝까지 미국인들을 향해, 특히 퇴역 군인들을 향해 전쟁에서 느꼈을 죄책감을 용서하려는 의도로 말하고 있다. 때로는 란 까오Lan Cao의 《연꽃과 폭풍》처럼 암시적으로 드러나는 이야기도 있다. 한 가지 사례로, 등장인물 마이가

아무것도 사라지지 않는다

전래 동화인 '끼우 이야기'를 설명하면서 다음과 같이 말한다. "우리 나라의 모든 아이들이 이 이야기를 들으면서 자란다."[20] 자기 나라 사람에게는 이러한 사실을 설명할 필요가 없으며, 오직 그 이야기를 듣지 못하고 자란 사람들에게만 할 수 있는 말이다. 이렇게 통역과 같은 설명을 하면서, 작가들은 공동체에 속하지 않은 이들에게 공동체를 대신해서 말할 수 있다. 이것은 출판과 판매의 측면에서 상과 호평으로 크게 보상을 받을 수 있는 힘이기도 하다. 그러나 결핍되고 불평등한 서사의 경제에서, 진정한 권력을 지닌 이들은 (소수민족의) 밖에 있는 사람들이다. 그들은 문학 산업의 내부자들, 즉 대리인, 편집자, 출판사, 서평가, 비평가 그리고 통역해주기를 요구하는 독자들이다. 소수민족 작가는 미국 작가들 대부분이 그러하듯이, 문학 산업의 고용인이다. 고용인이라는 사실이 작가의 모든 것을 설명해주지는 않지만, 많은 것을 말해준다. 가장 중요한 것은 모든 작가들이 직면해야 하는 선택이다. 즉 스스로를 예술에 종사하는 개인으로 여길 것인지, 아니면 거대한 공동체의 일부분으로 여기고, 홀로 글을 쓸 때조차 연대 속에 있다고 상상할 것인지 선택해야 한다.

통역과 관련된 부분이지만, 소수민족 문학의 또 다른 포괄적인 특징은 수긍이다. 통역하는 이들은 자신이 통역을 해주고 있는 사람들을 수긍한다. 물론 통역자들은 통역을 해주고 있는 양쪽 편 모두를 위해 일하고 있지만, 가장 중요한 것은 돈을 지불하는 사람이다. 통역을 요구한 사람은 정확히 어느 정도나 알고 싶어 하는가? 통역자는 통역을 하면서 충격을 완화시켜주는가? 통역자는 돈이 지불되지 않는 부분에 대해 침묵하는가? 가장 미묘하고 솜씨 좋게 수긍하는 것은 겉으로 드러나지 않는 법이다. 따라서 그런 태도가 깊이 몸에 배면 듣고 있는 말을 수긍하는 사람과 자기가 하는 말이 수긍되는 사람 둘 다 말의 내용을 무조건 받아들인다. 소수민족 문학에서 암묵적으로 수긍하는 것은 아메리칸 드림, 미국적 방식, 미국 예외주의, 그리고 저쪽에서 얼마나 나빴든지 상관없이, 여기에서는 모든 것이 나아졌다는 믿음이다. 그러나 미국의 신화와 같은 이상주의를 비판하는 이야기에서도 수긍은 나타난다. 베트남계 미국 문학은 그 전쟁 중에 미국의 이상주의가 실패했음을 곧잘 지적한다. 그러면서도 동시에 미국이 그 전쟁의 난민들을 구원해준 것도 인정한다. 역사학자 푸옹 응우옌은 이러한 복잡한 행동을 '난민 애국주의'라고 부른다. 난민들은 미국의 배신에 분노하면서 동시에 구원해준 것에 감사하는 두 가지 감정을 느낀다.[21] 실패와 이상주의는 아메리칸 드림과 미국적 방식, 미국 예외주의가 지닌 이상적 힘의 요체이다. 그리고 미국인들은 흔들릴지도 모르지만, 항상 노력했다는 사실을, 이와 같이 타자들의 발언을 허용하고 있지 않느냐는 최종적이고 명백한 증거를 제시하며 긍정한다.

베트남계 미국 문학의 대다수가 묘사하고 있는 것들과 언급하거나 비판하지 않은 것들을 통해 미국의 자존감을 지지하는데 집중하고 있다는 주장에는 부분적으로 논란의 여지가 있다. 철학자 루드비히 비트겐슈타인Ludwig Wittgenstein은 "말할 수 없는 것들에 대해 우리는 침묵으로 건너뛰어야 한다"라고 했다. 베트남계 미국 문학에서 침묵하고 있는 것은 혁명에 대한 것이다.[22] 일부 베트남계 미국 문학들은 베트남이 피해자였음을 미국인들에게 일깨워주고 있지만, 피해자임을 뛰어넘을 수 있는 가장 중요한 방법인 혁명에 관해 말하는 것을 거의 포기한다. 문학은 늘 목소리를 내고자 하며, 작가들이 어느 정도 미국을 비판하는 것을 허용한다. 그러나 비판이 존재한다는 것 자체가 미국 사회가 발언의 자유를 허용한다는 증거일 뿐, 특정한 사안에 대해서는 침묵할 것을 전제조건으로 한다. 저항하는 행위에 대한 발언을 강조하면서도, 문학은 미국의 신화를 근본적으로 위협하는 것에 대해서는 방어적이다. 베트남계 미국인 대부분에게 혁명은 공산주의에 오염된 것이므로, 미국에서 혁명을 주제로 삼기는 어렵다. 베트남계 미국 문학은 이제 화석화되어 안전해진 단 하나의 혁명만 받아들인다. 베트남계 미국 문학에서 혁명은 미합중국에서는 금지되어 있고, 베트남에서는 독점하고 있는 지평선이다. 쓰디쓴 과거의 원한이 남아 있을 뿐, 혁명이 언급되기도 하는 것은 미국인들은 읽을 수 없는 베트남어로 쓰인 문학이거나 또는 화해와 종결의 욕망을 표현한 문학이다. 화해와 종결은 헤이슬립과 까오의 책 결말 부분, 또한 앤드류 램^{Andrew Lam}의 산문집《향수의 꿈: 베트남 디아스포라에 대한 회상》^{Perfume Dreams: Reflections on the Vietnamese Diaspora}과 같은 미국에 대한 긍정이 명백하게 드러나는 문학에서 특히 중요시된다. 해외로 피난 갔던 베트남인 이야기인《비엣 끼에우가 돌아왔다》^{Here the Viet Kieu}는 미국의 가능성을 보여준다. 그는 소수민족의 성공적 본보기로, 슈퍼맨처럼 베트남으로 돌아와, 공산주의가 아니었더라면 베트남인들이 누렸을지도 모를 미국의 부유함을 과시한다. 미국의 풍경에서 통역과 수긍으로 특징지어지는 베트남계 미국 문학의 정치적 위치는 반공산주의적 자유주의라고 표현할 수 있을 것이다. 옌 레 에스피리츄는 다음과 같이 말한다. "미국 대중이 베트남에 대해 논의하는 일이 거의 없음에도, 미국인들은 베트남 난민을 공산베트남 정부의 잔혹함과 자격미달에 대해 증언하고 이해시킬 수 있는 반공산주의적 목격자로 인식한다."[23] 난민들과 그 다음 세대의 문학에는, 미국에 대한 신뢰와 미국이 지닌 최악의 본능으로부터 미국을 보호해야 한다는 인식이 들어 있다. 타자로 살아온 경험에서 비롯된 타자에 대한 연민이 있다. 결코 지워지지 않는 역사가 그들을 만들었기에 베트남계 미국 문학 작가들은 역사의식도 지니고 있다. 개인과 교육, 언론의 자유 그리고 시장을 위해 기울인 노력이 있고, 거는 기대가 있다. 이와 같은 자유주의적 태도는 반공산주의를 배경으로 한다. 물론 리틀 사이공 거리에서 볼 수 있는 광적이고 선동적인 종류가 아니라, 예전의 적과도 대화할 수 있는 합리적이고 지성적인 태도이다. 귀향을 위해, 그리고 가장 중요한 것은 미국 독자를 의식하면서, 이제 그만 전쟁을 잊을 수 있는 화해의 가능성을 위해서다.

난민과 망명자로서 고향을 떠나 새로 뿌리 내릴 나라로 이주하는 것, 그리고 마침내 귀향과 화해에 이르는 것이 그 문학의 전반적 특징이다.[24] 앤드류 팸Andrew X. Pham의 《메기와 만달라》Catfish and Mandala (2000)가 여기 해당되는 사례이고, 1990년대 경제개혁 초기의 어려운 시절에 고향으로 돌아간 비엣 끼에우 이야기가 있다. 혹은 프랑스 식민지였던 베트남에서 한 젊은 농부가 프랑스로 이주해 거트루드 스타인Gertrude Stein과 앨리스 토클라스Alice B. Toklas의 요리사가 된 이야기인 모니크 트룽Monique Truong의 《소금의 책》The Book of Salt (2003)이 있다. 아니면 리틀 사이공과 같은 소수민족의 거주지를 배경으로 하는 문학이다. 선택의 여지없이 미국으로 이주해야 했던 고아들 이야기인 에이미 판Aimee Phan의 《우리는 절대로 만나지 말아야 한다》We Should Never Meet (2005)와 같은 책도 있다. 그 문학 전반에는 미국을 향해 "우리가 여기에 있는 것은 당신들이 거기에 갔기 때문이다"라고 새겨진 짙은

아무것도 사라지지 않는다

소인이 찍혀 있다. 이 소인의 함의가 무시되어서는 안 되지만, 반공 자유주의자들은 미국을 베트남에 불러들인 우선적 책임은 공산주의자들에게 있다고 주장한다. 이러한 함의를 진정시킬 수 있는 교육이 중요하다. 특히 아메리칸 드림의 약속을 대표한다는 의미에서 그러하다. 교육은 베트남계 미국 문학의 눈에 보이지 않는 사회공공 기반시설이다. 기본적으로는 BA(문학학사 학위) 그리고 더 선호되는 것은 MFA(순수예술 박사)가 되어 작가 자격을 승인받는 것이다. 그러면 그들의 문학을 문학 산업과 군산복합체에 통합시킬 수 있다. 통상적인 워크숍 형식은 공산주의의 자아비판을 민주적으로 적용한다. 뛰어난 기량의 대가가 학생들이 서로의 작품을 읽고 평을 해주도록 이끌면서 평균적 취향을 향상시키는 방식이다. 작가 플래너리 오코너^{Flannery} O'Connor는 다음과 같이 말한다. "이제는 아주 많은 사람들이 능숙하게 이야기를 쓸 수 있어서 단편소설은 매체로서의 기능이 사라질 위험에 처해 있다. 우리는 능숙한 기량을 원하지만, 기량 그 자체는 죽어가고 있다. 필요한 것은 기량과 함께 드러나는 통찰이다. 글쓰기 수업에서는 통찰을 배울 수 없다."²⁵⁾ 기량이나 평균적 수준은 문학 산업, 교육 시스템 그리고 미국 사회의 주류적 가치를 반영한다. 한편으로는 문학계의 위계적 성향을 강화한다. MFA는 미학적 우수성의 기준을 계발하기 때문에 그러한 기준에 맞는 기량으로 생산된 문학은 규정을 따르는 것이므로, 문학 산업을 위협할 수 없다.

영어로 기록되는 베트남계 미국 문학이 이러한 산업적 기준에 맞게 발전해 오면서, 대학 교육을 받지 않고 정치적 군사적 엘리트 계층에 속하지 않은 작가는 오직 하나, 레 리 헤이슬립 뿐이었다. 그나마 그녀의 회고록 두 권은 공동저작이다. 이것은 문학계에서는 환영받지 못할 일이다. 그녀의 작품은 문학 산업적 기준으로 보면 '기량'이 부족했는지도 모른다. 그러나 그 책에는 뛰어난 통찰이 있다. 그러한 인간성과 화해에 대한 통찰에 동의하든 않든, 많은 문학작품에서 찾아보기 힘든 부분이다. 구전된 역사와 《소금의 책》을 제외하고, 그녀의 책은 주류 출판계에서 유일하게 농부의 삶에 초점을 맞춘 책이다. 베트남계 미국 문학의 대부분은 정치가, 상인, 군인, 고위 공무원, 엘리트 혹은 중산층을 중심으로 한다. 이것은 모두 주인공과 그 부모가 베트남에서 교육수준이 높았음을 의미한다. 이것은 주인공들의 세계관과 이야기의 배경, 그리고 미합중국으로 이주하며 받아들인(혹은 미국에서 태어나 자란 주인공들이 의식하게 된) 반공 자유주의적 편향성에 대한 설명이 될 수도 있다. 베트남인들의 압도적 대다수가 농민임을 생각하면, 모든 베트남계 미국 문학이 그보다 높은 계층에 초점을 맞추고 있음은 역설적이다. 도시적이고 교육받은 계층이 생산한 문학이 그 전쟁에서 주체가 되어 싸웠던 농민들의 역사와 문화 그리고 농업국가에 대해 말하고 있다면, 그리고 미국 독자들이 단지 그러한 문학만을 받아들이고 있다면 그 역설은 특히 뚜렷해진다.

　베트남계 미국인들은 사회경제적으로 다양한 계층으로 분산되어 있지만, 작가들의 교육 수준은 거의 비슷하다. 이것은 1990년대에 《메기와 만다라》로 베트남계 미국 문학의 물결이 시작되어, 2003년에는 《소금의 책》과 《우리가 찾고 있는 폭력배들》로 탄력이 붙으면서 더욱 뚜렷해진다. 헤이슬립은 이러한 젊은 세대들, 그녀와는 달리 독창적 작가의 위치에 서기를 바라는 작가군들이 나타나기 전까지는 가장 주목받은 베트남계 미국 작가였다. 젊은 세대들은 주요 문학상을 받았고, 문학 산업계로부터 폭넓은 인정을 받았다. 그들의 작품은 헤이슬립과는 달리 '문학적'이라는 평가를 받았다. 젊은 세대 작가들 가운데 누구도 창조적 글쓰기 분야에서 MFA를 받지 못했으나, 뒤이어 등장한 에이미 판이나 남 레 같은 작가들은 자격을 얻었다. 마크 맥걸Mark McGurl이 주장하듯이, MFA 프로그램은 제2차 세계대전 이후의 미국 문학 형성에 기여했다.[26] 베트남계 미국 문학은 일반적인 베트남계 미국인의 표현이 아니라 가장 교육받은 계층의 표현이라는 점에서 예외가 아니다. 만약 문학을 이용해서 베트남계 미국인 작가에게 목소리가 주어진다고 해도, 작가가 대변하고 있는 사람들이나 화자로 지각되는 사람들에게 정말로 목소리가 주어지는 것은 아니다.

계급의 특성이 분명히 드러나는 것은 베트남계 미국 문학에서 자주 다뤄지지 않는 내용(농민에 대한 것)을 전달할 때와 교육받은 인종적 소수자이자 엘리트인 작가의 불안함, 즉 문학 산업에 대한 혐오와 의존이 둘 다 나타나는 특징적 문체를 늘어놓을 때이다. 가장 심각한 불안은 목소리와 관련이 있다. 대학 교육을 받은 작가들, 특히 미국에서 자란 이들은, 베트남 및 베트남계 미국인에 대해 말하면서 동시에 그들을 대변해야 하는 자신의 위치를 끊임없이 의식한다. 자신의 자아(미국인이 된 자아)와 타자(비록 타자이지만 자기 자신과 닮은 그들)에 대해 동시에 써야 하는 이러한 요구는 모니크 트룽이 에세이 〈베트남계 미국 문학의 등장〉에 썼던 대로, 책임이면서 부담이다. 1991년에, 로버트 올렌 버틀러Robert Olen Butler가 베트남계 미국인의 관점에서 쓴 단편 소설집 《이상한 산의 향기》A Good Scent from a Strange Mountain로 퓰리처상을 받았다. 1986년 초에 웬디 와일더 라르센Wendy Wilder Larsen은 짠 티 은가Tran Thi Nga와 공동 저작으로 시집 《얕은 무덤들: 두 여인과 베트남》 Shallow Graves: Two Women and Vietnam을 냈다. 트룽이 보기에 이 두 권의 책은 문제가 많다. 버틀러의 작품에 주어진 찬사는 미국 독자들이 미국인이 베트남인을 대신해서 하는 말을 베트남인들 자신이 말하는 것보다 더 선호할지 모른다는 문제를 제기한다(트룽은 베트남계 미국인 작가들이 단순히 미국인 독자의 흥미를 끌만큼 잘 쓰지 못했을지도 모른다는 문제는 고려하지 않는다). 라르센과 은가의 경우, 트룽은 그들의 창조적 관계를 활과 바이올린의 비유를 들어 설명한다. 라르센은 '움직이면서 서사를 생산해내는 활'인 반면에, 은가는 '수동적인 악기'다.[27] 베트남인의 목소리를 도용하거나 경시하는 이러한 미국인의 문학적 행위에 저항하기 위해, 트룽은 베트남계 미국인이 쓴 베트남계 미국 문학이 필요하다는 것을 강조한다.

자기를 표현하고 스스로 결정하고자 하는 욕구는 소수민족 문학 속에 깊이 내재되어 있다. 만약 '민족'이 문학과 관련된 의미로 사용된다면, 그것은 민족에 대해 그리고 민족을 대신해야 하는 발언의 상징이다. 그러나 도용과 경시라는 측면에서 트룽이 제기한 문제는 민족 바깥에 있는 사람과 내부에 있는 사람 모두에게 중요하다. 내부자로서 소수민족 작가는 스스로 공동체의 구성원인 타자라 해도, 타자를 대신해서 타자에 대해 말할 때 마주칠 수 있는 위험에 대해 면역이 별로 없다. 트룽의 《소금의 책》은 이러한 위험을 극적으로 표현한 것이다. 이 소설에서 스타인과 토클라스의 요리사이자 베트남 농민인 빈은 스타인이 몰래 자신에 대해 책을 쓰고 있음을 발견한다. 그는 복수심에 사로잡혀, 자신을 대신해서 자기에 대해 쓴 그 책을 훔쳐서 불태운다. 상호간에 도둑질을 감행하는 이러한 행위를 묘사하는 순간, 트룽은 빈을 대신해서 빈에 대해 말하고 있는 것이다. 여기에서 작가와 허구적 인물의 관계는 작가와 현실의 공동체의 관계에 평행하게 적용된다. 자기 자신과 거리가 먼 허구의 인물들을 창조하는 것으로 베트남계 미국인 작가 또한 복화술로 말하는 위험을 무릅쓰는 것인가? 만약 라르센의 활이 은가의 바이올린을 연주한다면, 트룽은 빈에 대해 같은 일을 하고 있는 것인가? 아니다. 은가는 현실의 인물이지만, 빈은 트룽의 상상 속 인물이다. 그러나 타자를 대변하고 타자에 대해 말하는 위험은 그가 허구적 인물이라고 해도, 지워지지 않는다. 소수민족 문학의 경우에 '민족'이라는 이름표는 작가와 인물 사이의 구별을 무너뜨린다. 그 결과 소수민족 등장인물을 이용하는 소수민족 작가는 같은 작업을 하는 소수민족이 아닌 작가보다 더 '진정한' 것처럼 보인다. 동시에 이것은 정반대의 의미를 함축한다. 즉 자기가 속한 민족의 사람들에 대해 소수민족 작가가 글을 쓰는 것은 '자연스럽지만', 한계가 있다. 반면에 자기가 속해 있지 않은 집단에 대한 글을 쓰는 작가는 도용하는 것일 수 있지만, 소수민족 작가가 아니라는 면에서 예술적이다. 그래서 버틀러가 높은 평가를 받았다. 진정성의 위험에도 불구하고, 소수민족 작가들이 자신의 민족성을 지닌 인물들을 묘사하는데 더 민감하면서도, 그렇게 할 수 있는 기회를 가져야 한다고 생각하는 충분한 이유가 있다. 문학적 표현이 형평과 정의라는 더 큰 사회적 문제들과 분리될 수 없기 때문이다. 결핍된 서사의 경제 속에서, 소수민족 작가는 자기 자신을 표현할 기회와 민족적 특성을 표현할 기회를 동등하게 가져야만 한다. 이러한 필연적 움직임에는 두 가지 약점이 있다. 하나는 진정성, 즉 민족적 배경을 공유하고 대표성을 갖는 작가들이 더 진실한 이야기를 할 것이라는 믿음이 강화된다는 것이다. 그러나 진정성이 있다고 해도 복화술이 사라지지는 않는다. 만약 버틀러의 단편들이 베트남식 이름으로 발표되었다면, 그 소설의 진정성에 의문을 갖는 일은 거의 없었을 것이다. 작가의 이름을 표지에서 지우고 문학 취향을 블라인드 테스트해 보면, 작가의 민족성이 내용을 결정할 수 없음이 증명될 것이다. 그러나 작가의 정체성과 신체는 관련이 있다. 예술은 사회적 세상에 존재하기 때문에 독자와 작가는 독서를 하면서 그들이 지닌 편견에 간섭을 받는다. 소수민족 작가들은 민족적 특성을 대변하고 그것에 대해 이야기할 필요가 있으나, 그럼에도 모든 문학이 복화술의 행위라는 것을 강하게 의식해야만 한다. 평론가 데이빗 팔룸보 리우David Palumbo-Liu가 언급했듯이, 중요한 것은 독자로부터 '타자를 구출하는 일'이다. 타자성 그 자체를 구출할 수 있는지가 관건이다.[28] 따라서 기껏해야 허구이고 최악의 경우 착각에 불과한 진정성을 주장하는 것은 위험하다. 그러나 소수민족 작가의 삶과 인종문제는 불가분의 관계이기 때문에, 예전부터 이미 존재하는 상황, 고통, 인종에 대해 필연적으로 발언할 수밖에 없다.

소수민족 작가에게 있는 또 다른 약점은 배신에 대한 고민이다. 허구의 세상에서, 빈은 자신에 관해 쓴 책을 훔치고, 남의 아버지는 자기 이야기를 불태운다. 그들은 이러한 이야기들 속에서 작가가 그들에 대해 묘사한 내용에 분개한다. 이것이 함축하는 바는 작가들이 등장인물의 관계와 공동체 속의 이야기를 하면서 사람들을 이용할 수 있다는 것이다. 배신은 공식적이거나 인종적인 이유 이상으로 베트남계 미국 문학 어디서나 다루어지는 주제다. 배신은 베트남 역사의 일부이다. 특히 전쟁과 혁명의 시대였던 20세기에, 정치가들은 게릴라들이 서로를 배신하도록, 서로 다른 정치 성향을 지닌 가족 구성원을 배신하도록, 특정 진영이나 혹은 나라 전체를 배신하도록 부추

아무것도 사라지지 않는다

겼다. 그러나 란 즈엉Lan Duong은 베트남 문화에서 배신은 협력의 다른 측면이라고 말한다. 협력이나 협동의 긍정적 측면은 예술 작업이나 나라를 세우는 일의 바탕이 된다. 협력의 부정적 차원은 국가를 배신하고 외국인과 함께 일하는 변절 행위에서 볼 수 있다. 흔히 여성에게 적용되는 변덕스럽다는 비난 같은 것이다.[29] 마찬가지로, 작가가 타자를 묘사하는 일은 협력하는 작업이다. 은가 같은 사람들처럼 '실제로' 타자일 때는 겉으로 드러나게 협력하는 것이고, 트룽과 레의 경우에서처럼, 허구적 타자일 때는 암묵적으로 협력하는 것이다. 그들은 허구 속에서 작가가 대변하고 있는 타자가 작가와 협력하고 싶지 않을 때 벌어지는 일들을 보여준다. 그러나 베트남계 미국 문학은 전반적으로 협력도 긍정하는 태도가 늘 있다. 응우옌 뀌 득Nguyen Qui Duc이 쓴 회고록 《재는 어디에》Where the Ashes Are는 자기중심적 장르를 타자에 대한 것으로 부분적으로 변화시켜 자신의 아버지의 이야기에 대해 썼다. 앤드류 엑스 팜Andrew X. Pham은 《천국의 처마》The Eaves of Heaven에서 한 발자국 더 나아가, 아버지를 화자로 삼아 미국 문학에서 보기 드문 남성형인 패배한 정권인 남베트남 병사를 묘사했다. 그와 그의 아버지는 함께 당 투이 쩜Dang Thuy Tram의 일기 〈지난밤 나는 평화를 꿈꾸었다〉Last Night I Dreamed of Peace를 번역했다. 란 까오의 《연꽃과 폭풍》에서 보여주듯이, 심지어 한 사람의 자아 안에서도 협력은 일어난다. 중심인물 중 한 사람이 끔찍한 트라우마로 인해 다중인격을 지니게 된다. 그러나 그런 인격들조차 갈등에서 협력으로 나아간다.

베트남계 미국 문학이 지니고 있는 협력과 배신이라는 양가성은 문학 자체가 지닌 양가성의 반영이기도 하다. 베트남계 미국 문학은 미국 문화와의 관계에서 협력적이다. 그들의 문학은 통역과 수긍의 전략을 채용하고 있는 동시에, 미국의 충실한 반대자로서 일반적인 소수민족 문학이 공유하는 역할도 수행하고자 한다. 과거를 소환하는 목적은 과거를 내려놓고 안식을 주려는 것이다. 혹은 그렇게 시도한다. 그러면서 화해와 안식처에 대한 전망과 희망을 보여줄 수 있다면, 골치 아픈 과거의 전쟁과 심지어 현재의 인종적 불평등에 대해 문제제기를 할 수도 있다. 그러나 배신의 징후가 곳곳에서 눈에 띈다. 미국인들이 스스로를 바라보고 싶어 하는 방식을 베트남계 미국 문학이 위협한다는 충성스런 반대다. 동일한 작품 안에서 협력과 배신에 대한 충동이 모두 드러날 때도 있다. 《연꽃과 폭풍》이 그러한 경우이다. 그 소설은 베트남인과 미국인 사이에 화해가 이루어지면서 끝난다. 그러나 미국이 중동에서 새로운 전쟁을 벌이고 있는 것은 베트남 전쟁에서 교훈을 얻지 못한 탓이라며 비난하기도 한다. 배신을 슬그머니 부정적으로 암시하는 경우도 있다. 짠G.B. Tran의 그래픽노블 《베트나메리카》Vietnamerica를 보면, 배신으로 인해 과거는 잊히지 않는 불화로 남는다. 열광적이고 화려한 색채의 이 서사는, 사이공이 함락되어 겁에 질려 달아나는 사람들의 눈앞에서 비행기 문이 닫히면서, 화물칸의 캄캄한 암흑 속에서 끝난다. 책의 플롯으로 《베트나메리카》의 시간대는 이 시점을 지나서 계속된다. 난민들은 미국으로 달아났다가 점차 베트남으로 돌아간다. 그러나 폐쇄적 암흑으로 끝나는 결말은 베트남 난민들이 미국의 배신과 나라를 잃은 좌절에서 결코 벗어나지 못하리라는 것을 암시한다.

빗 민 응우옌Bich Minh Nguyen의 작품들에서처럼, 그 전쟁을 언급하지 않으려는 베트남계 미국 문학이 서서히 발전하고 있기는 하지만, 논의를 거부하는 것 자체가 여전히 그 전쟁의 영향력 안에 있는 것처

아무것도 사라지지 않는다

G.B. 짠의 그래픽노블 《베트나메리카: 한 가족의 여정》에서 인용

럼 보인다.[30] 시인 갈웨이 킨넬Galway Kinnell의 표현처럼, 어디에선가 시체는 계속 불타고 있다. 눈을 돌리고 냄새를 맡지 못하는 척한다고 해도, 악취는 주위를 맴돌고, 어른거리는 그림자는 이따금 시야의 가장자리로 뛰어든다.[31] 베트남계 미국 문학은 여전히 시체를 태우는 전쟁의 악취와 어른거리는 그림자에 사로잡혀 있다. 《우리가 찾고 있는 폭력배들》에서 그것은 명백히 드러난다. 화자는 베트남에서 배를 타고 달아났고 살아 남았지만, 그녀의 남동생은 그렇지 못했다. 남동생의 유령은 사라지지 않는 과거의 상징처럼 그녀 주위를 서성인다. 2004년 페이퍼백 판에 붙어 있는 작가의 후기에는, 작가의 이름이 자신의 것이 아니라 언니의 것이었다는 사실을 설명하면서, 과거의 각인이 더 한층 명백하게 드러난다. 작가는 아버지와 같은 배를 타고, 어머니와 언니는 다른 배를 타고 베트남에서 떠났다. 미국 배로부터 구조를 받았을 때 아버지는 실수로 작은 딸 이름 대신 큰 딸 이름을

서류에 써 넣었다. 가족이 다시 만났을 때, 어머니는 작가의 언니가 난민수용소에서 익사했다고 밝히고, 여동생인 작가에게 언니의 이름을 계속 사용해 달라고 부탁한다. "어머니는 아버지의 실수를 어떤 징조로 해석했다. 즉 언니의 일부분이 우리와 함께 이 나라로 온 것이라고. 그래서 나는 언니의 이름을 지니게 되었고, 빌려 입은 옷처럼 입고 다녔다. 그렇게 해서 어머니는 살아 있는 딸과 죽은 딸, 두 명의 딸과 살게 되었다."[32] 베트남계 미국 문학이 결국에는 미국을 긍정하기만 하는 소수민족 문학에서 벗어나게 된다면, 그것은 베트남과 미국을 한데 묶고 있는 유령들 덕택일 것이다.

유령들을 달래지도 않고 다른 세계로 보낸다면 어떻게 우리가 인간이라는 존재로 남을 수 있겠는가? 기억을 되살릴 때마다 우리 자신의 비인간성이 떠오를 텐데 어떻게 현재 속에서 살 수 있겠는가? 미국에 대한 긍정을 암묵적으로 거부하는 작가들이 문학 산업의 가장자리, 즉 주류 출판사가 아니라 대학이나 작은 출판사에서 작품을 내는 것은 당연하다. 예를 들어, 페미니스트 이론가이자 영화제작자인 트린 민 하는 환상의 힘을 전면에 내세워 목소리를 내는 것에 집요하게 초점을 맞춘다. 가장 잘 알려진 그녀의 다큐멘터리 작품 〈성은 비엣, 이름은 남〉Surname Viet, Given Name Nam은 인터뷰 대상이 된 베트남 여성들이 전쟁 때와 전쟁이 끝난 후의 경험에 대해 하는 말에 관한 것이다. 다큐멘터리의 중반까지는 여배우들이 실제로 인터뷰를 하고 있는 여성들처럼 연기를 한다. 반면에 중반 이후 후반에서는 카메라가 꺼진 뒤의 여배우들의 삶에 초점을 맞춘다. 이 다큐멘터리에서 이 여성들이 실제로 전쟁을 겪은 베트남 여성이 아니라 여배우라는 것을 보여주는 것은 베트남 여성의 이야기가 역사적 사실이 아니라

아무것도 사라지지 않는다

연기라는 것을 보여주는 것이다. 트린의 책《여성, 원주민, 타자》Woman, Native, Other는 목소리의 진정성에 대한 그녀의 의심을 정교하게 서술한다. 그녀는 유색인종 여성에게 글쓰기는 다른 여성의 노동에 의존한다는 죄책감으로 얼룩진 특권적 행위라는 것, 혹은 타자인 여성을 대변하는 것임을 지적한다.[33] 글쓰기는 스스로 말할 수 없는 여성들의 이야기를 포착하는 대신에, 작가와 다른 모든 여성들에게 해방의 형식이어야만 한다. 이러한 해방을 재현하기 위해, 트린은 단지 베트남인이라는 민족 정체성의 단일한 개념에 기대어 문학 산업에 복무하지 않는다. 그 대신 유색인종 여성들과 더불어, 그들의 글에 기대어, "첫 번째 세계 안에 제3세계를, 제3세계 안에 첫 번째 세계를……"[34]이라고 강조하며 연대의 범위를 넓혀간다.

그러한 통찰을 따라가는 린 딘Linh Dinh의 소설《증오와 같은 사랑》Love like Hate은 생경하며, 때때로 거칠고, 내내 무례하다. 그는 베트남과 미국 양쪽을 거침없이 묘사하고, 빈정대며, 비판한다. "사이공은 대체로 지저분하지만 황량하지는 않다"라고 그는 쓴다. "베트남은 재앙이다. 동의한다. 하지만 사회화된 재앙이다. 반면에 미국은 원주민이든 아니든 많은 이들에게, 홀로 꾸어야 하는 악몽이다."[35] 양날의 검 같은 이러한 글쓰기는 민족 상자를 얇게 썰어 열기 위해 두 가지 방식으로 칼을 휘두른다. 좀 더 급진적인 베트남계 미국 문학이나 소수민족 문학은 양쪽 어느 나라든 혹은 그들 모두의 진부함을 긍정하기를 거부한다. 시인 캐시 파크 홍Cathy Park Hong은, 소수민족의 시는 주류와 아방가르드 사이에 낀 베트남계 미국 작가들이 겪는 것과 정확하게 동일한 문제에 봉착한다고 지적한다.

주류 문학은 유사 백인 자유주의자들의 죄책감에 도전하려 하지 않고 그것을 누그러뜨리고자 하는 가장 조용한 소수집단의 시인들에게 상을 준다. 그런 측면에서 주류 시는 유해하다. 그들에게 속한 시인들은 비난하기보다는 칭찬하고, 건전하게 쓰고, 광범위한 제도적 비판보다는 쉽게 이해할 수 있는 가족과 조상들에 관한 개인적 노래들을 쓰려고 한다. 그러나 아방가르드 또한 가장 조용한 유색인종 시인을 선호한다. 주제와 형태를 통해, 인종을 부수적 문제로 취급하면서, 가능한 한 드러나지 않거나, 최소한 묻혀 있는 시에 주의를 기울인다.[36]

시에서 인종문제는 불가피하게 중요할 수밖에 없다고 홍은 주장한다. 그 중요성을 작가는 어떤 방식으로 말할 수 있을까? 문학 산업이 소수민족 문학에 기대하는 것처럼, 단순히 두 세계 사이에 끼여 있는 게 아니라, 혹은 두 문화의 경이로운 융합에서 흥청거리는 게 아니라, 좀 더 급진적인 문학이 할 수 있는 일은 무엇일까?

민족을 생략하려면 국경을 초월하여 움직이는 권력의 남용과 탐욕, 작동을 조망하면서, 역시 국경을 초월하여 비교하고 대조하는 방법이 있다. 또 다른 방법은 따뜻한 인간성의 클리셰를 공유하느니, 차라리 보편적 비인간성의 혼란을 드러내는 것이다. 딘의 글쓰기는 이 두 가지 전략을 모두 사용한다. 그의 목소리는 거슬리고 신랄하며, 두 나라에 대한 그의 입체적 시각은 야비하고, 슬프고, 자기 파괴적이다. 〈미국의 종말로부터 온 엽서〉라는 그의 블로그에 기록되어 있듯이, 그는 인류의 비인간성에 대한 증거를 찾는다. 그곳에서 그는 언어와 사진들로 미국에 현재 존재하는 일상의 공포를 보여준다. 비참하고 가난한 사람들, 썩은 치아와 헝클어진 머리를 한 추한 사람들, 실패와

아무것도 사라지지 않는다

노숙자, 필라델피아

치욕의 냄새를 풍기는 유령 같은 사람들이다. 왜냐하면 우리는 그런 사람들을 볼까봐 두려워하는 동시에 보기를 거부하기 때문이다.[37]

민족과 맞서 싸우는 급진적 문학도, 난민과 유령이 서식하는 미국의 풍경을 열정과 도덕적 분노를 가지고 바꿀 수 있다. 미국에서 폭동은 '목소리가 들리지 않는 이들의 언어'이며, 소수민족 문학이 진정시키려 애쓰는 위협적 목소리다.[38] 이러한 위협적 목소리는 시인 바오 피Bao Phi의 〈내가 부르는 노래〉Sông I Sing에서 시끄럽게 터져 나온다. 그는 서정성과 외설을 섞어서 말한다. 전쟁, 인종차별 그리고 가난이라는 주제를 다룰 때는 외설적이다. 그러나 난민, 유색 인종, 그리고 노동자 계층을 주제로 할 때는 서정적이다. 그의 《난민지리학》refugeography에서는, 전쟁이 난민들을 미국으로 데려왔고, 그곳에서 난민들은 좀 완화된 형태의 또 다른 전쟁을 만나게 되는데, 도심의 빈민가와 네크로폴리틱스 정권의 통치로 죽어 있는 지역에서 일어나고 있는 전쟁이다.[39] 허리케인 카트리나로 베트남 난민들은 다시 한 번 집을 잃었다. 그는 "이 나라는 우리들에게 한 번에 하나씩 슬픔을 맛보게 하는 것 같다. 당신들, 당신들이 소유한 것은 그 전쟁 같은 거야. 그게 당신들이 가진 전부야. 입 닥쳐. 씨발"[40]이라고 말한다. 그의 슬픔과 분노는 단지 바깥에 있는 미국을 향하는 것만이 아니다. 그들을 향한 인종 차별과 계급 전쟁을 흡수하고 내면화하여 권력자들에게 편승한 공동체 내부 사람들에게도 향한다.

> 더 이상 말이 나오지 않을 때는
> 표현해서 스스로 해방되었거나
> 아니면 억압을 돈에 팔아버린 거겠지[41]

이러한 도전은 미국의 다른 소수민족 작가도 시도할 수 있는 것이다. 이 작가가 소위 소수민족 문학의 결정적 딜레마를 편집증적으로 대하는 것은 정당하다. 오직 한 가지만 말해야 하고, 한 가지 슬픔에만 사로잡혀, 마르고 닳도록 뱉어내야 하는 문학이라면 말이다. 문학 산업은 한 사람의 목소리로 한 가지 이야기만 말하는 능력을 인간성의 징표로 보지만, 그것은 또한 비인간성의 특징이다. 소수민족 작가와 민족적 이야기 둘 다 상품이 되고, 팔려나가고, 절판되는 것처럼.

작가가 목소리를 갖고 누군가가 피해자가 된 것에 대해 이야기할 때, 직관으로 알게 된 것 이상을 말할 수 있을까? 트린 민 하는 (진정성과 목소리를) 의심해 보는 것과 연대(여성, 원주민 그리고 타자들과)의 중요성을 제시하면서 우리에게 한 가지 방법을 알려준다. 린 딘과 바오

아무것도 사라지지 않는다

피는 또 다른 방법을 알려준다. 인간과 비인간을 동시에 가리키는 방법이다. 베트남인이 아닌 다른 몇몇 작가들이 세 번째 방법을 제안한다. 베트남을 호출하여 그들의 슬픔과 분노를 나누는 것이다. 이것은 분할해서 정복하는 압제자의 전략을 이겨내는데 도움이 된다. 제임스 볼드윈James Baldwin은 《블랙 팬서, 베트콩 그리고 아메리카》Black Panthers, the Viet Cong, and America에 대해 다음과 같이 말한다.

> 불과 피의 폭풍만큼 격렬한 억압이 이 나라의 실제 의도를 국내외적으로 모조리 드러내고 만다. 팬서 단원들이 단지 스스로 '땅과 빵, 집, 교육, 옷, 정의 그리고 평화'를 원하는 사람이라고 선언한 것 때문에 어쩔 수 없이 겪어야 했던 일이었다. 그래서 팬서 단원들은 원주민 베트콩이 되었고, 게토는 베트콩이 숨어 있는 마을이 되었다. 그리고 뒤이어 일어난 수색과 토벌 작전에서 마을 주민들 모두가 용의자가 되었다.[42]

볼드윈은 미국인의 시각으로 베트남인과 아프리카계 미국인을 규정하게 만든 전쟁의 역사와 노예제도를 부인하거나 한탄하지 않는다. 흑인으로서 자신에게 주어진 역사에 단순히 안주하지도 않는다. 그는 그러한 역사들을 연결하여 서로 다른 두 공간을 한데 모아서, 밖에서 휘둘러지는 미국의 권력이 결국 내부에서 행사되는 미국 권력이 확장된 것임을 보여준다. 첫 번째 세계 안에 제3세계, 제3세계 안에 첫 번째 세계이다. 피해자가 되는 것은 외로운 경험이 아니라, 공유하는 경험이다. 이것은 수전 손택이 많은 피해자들이 그들의 고통을 특권화하는 것이 아닌지 비판하면서 지적했던 것이다. "피해자들은 자신의 고통을 표현하려 한다. 그러나 그 고통이 특별해 보이기도 원한다."[43)] 게다가 "자신의 고통이 다른 사람의 고통과 결부되는 것을 견디지 못한다."[44)] 손택과 볼드윈은 피해자가 되는 것이 고립이나 독특한 경험처럼 여겨져서는 안 되고 그 이상이어야 한다는 사실에 동의한다. 고통은 정치적 의식이나 자발적 혁명을 통해 연대로 발전할 수 있다. 저기에 있는 원주민과 여기에 있는 원주민이 연대하는 것이 미국의 전쟁기계가 행사하는 전지구적 힘에 맞설 수 있는 유일한 방법이다. 우선 특정 지역 원주민들이 그들이 오직 하나의 피해자가 아니며, 그들의 슬픔을 나눌 수 있는 타자들이 있음을 알아야 한다. 그래서 스스로를 오직 하나뿐인 피해자로 규정하는 것을 멈춰야 한다.

그래서 볼드윈은 병사들이 외국의 적이나 마을 사람들을 상대로 싸우는 것만이 전쟁이 아니라고 주장한다. 미국 땅에서 경찰들이 흑인들을 상대로 수행하고 있는 것도 전쟁이다. 오스카 제타 아코스타 Oscar Zeta Acosta는 치카노(멕시코계 미국인_역주)를 대표해서 다음과 같은 말로 고발한다. "우리는 미국의 베트콩이다. 투너 플랫은 미라이다. …… 존슨의 빈곤 프로그램, 루스벨트의 복지, 트루먼, 아이젠하워 그리고 케네디, 뉴딜 그리고 올드 딜, 뉴 프론티어, 닉슨의 미국 혁명……. 이런 것들은 정부의 유화정책에 더 많은 치장을 하는 것에 불과하다."[45)] 빈곤층 그리고 흑인이나 치카노로 사는 것은 강도가 좀 약한 대 게릴라전에 시달리는 것이다. 경찰은 가끔 전면적 공격에 돌입하기도 하는데, 그것이 팬서 단원들이 겪었던 것이다. 그들은 국가를 전복시키기를 원했다. 팬서 단원들이 스스로를 피해자로 보는 것을 그만두고 혁명가가 되기로 했기 때문이다. 작가 주노 디아스 Junot Díaz는 미국인의 삶의 중심에는 전쟁, 그리고 외국의 전쟁과 국내의 비극이 하나로 서로 관통하는 것이 있다고 말한다.

아무것도 사라지지 않는다

도대체 어디서 갑자기 소위 '케네디가의 저주'라는 게 비롯되었다고 생각하는가? 베트남은 어떤가? 세계에서 가장 강한 나라가 왜 제3세계에 불과한 베트남 같은 나라에게 처음으로 전쟁에 패배했다고 생각하나? 미국이 베트남에 대한 개입을 강화하고 있는 바로 그때, LBJ(린든 존슨 Lyndon Baines Johnson_역주)는 도미니카공화국에 대한 불법 침공을 시작했다(1965년 4월 28일. 이라크가 이라크이기 전에는 산토도밍고가 이라크였다). 미합중국이 화끈한 군사적 성공을 거두자, 산토도밍고의 '민주화'에 참여했던 같은 부대 및 정보 팀들 대부분이 즉시 사이공으로 이동했다.[46]

그의 소설 《오스카 와오의 짧고 놀라운 삶》The Brief Wondrous Life of Oscar Wao에 붙어 있는 이러한 각주에서, 디아스는 미국이 다른 나라를 침공하는 나쁜 습관이 있다고 말한다. 미국의 기억은 디아스의 나라를 침공한 사실을 잊었겠지만, 그렇다고 해서 베트남을 침공한 것이 일회적 일탈 행동이라고 생각하는 사람(일부 베트남인들은 그렇게 생각한다)은 없다. 적어도 '베트남 전쟁'은 이름이자 정체성이다. 도미니카공화국이 침공 당한 사건에는 이름도 없다는 것을 생각해보라. 전쟁을 바라보는 모든 예술가들이 그렇듯이, 디아스는 기억과 추모에 몰입한다. 그는 독자들에게 소설 속 도미니카인들이 미국 땅에서 살아가게 된 것은 전쟁 때문이라고 말한다. 미국의 침공이 사람들을 역류하게 했다. 전쟁을 피하려는 난민들이 침략자나 식민지 개척자들의 나라로 달아날 수밖에 없는 경우가 많다는 사실을 떠올려 보면, 우리는 미국 문화의 주된 요소인 이민자 이야기가 실제로는 전쟁 이야기인 경우가 많다는 것을 이해할 수 있다.

이민자 이야기로 등록되는 것은 어려운 일이다. 궁극적으로는 미국인으로, 비참함에서 정당함으로, 피해자에서 발언권을 갖는 인간으로 변하기 위한 분투에 대한 보상이다. 이민자 이야기의 신화적 힘은 중독성이 있다. 디아스나 다른 이민자들이, 그들이 미국화된 것은 근본적으로 전쟁 때문이라고 노골적으로 말할 때조차, 미국인들은 그것을 마치 미국인으로 재탄생하기 위해 겪은 고통이나 예전에 살던 세계에서 겪은 공포에 대한 이야기로 알아듣는다. 모든 전쟁 이야기에 이민자들이 포함되어 있지는 않다. 전쟁 이야기들이 모든 이민자들에게 상처를 주지도 않는다. 그러나 전쟁 이야기와 이민자 이야기는 넓은 영역에서 서로 겹쳐 있다. 전쟁 이야기에서 이민자 이야기를 분리하는 것은 미국의 전쟁에 대해 괴로운 기억을 가지고 있는 이방인들의 뜨겁게 끓어오르는 역사를 차갑게 식히려는 시도이다. 미국이 일으킨 전쟁으로 인해 상대국에는 피해와 상처 그리고 정체성의 문제로 가득 찬 서사가 남았다. 독자와 작가는 피해, 상처, 정체성의 문제를 두 세계의 서로 다른 문화가 갈등하는 결과로 상상하곤 한다. 그러나 그보다는 외국 군대와 국내의 독재자가 저지른 재앙과도 같은 전쟁, 식민통치, 착취가 초래한 결과이다. 관습적 이민 이야기는 훈훈하다. 그러나 미국의 전쟁으로 피해를 입은 이민자 이야기는 눈물과 분노를 불러일으킨다.

소수민족 혹은 소수인종이라는 이름표가 붙은 작가는 '정체성 정치'와 관련되어 있는 것으로 분류되고 경시된다. 그러나 작가는 그런 경멸적 어조를 단순히 받아들여도, 또한 거부해도 안 된다. 그렇게 하는 것은 백인다움을 기반으로 하는 주류 사회가 소수자들에게 던져준 불가능한 선택을 억지로 받아들이는 것이다. 피해자가 되든지 아니면 목소리를 내든지 선택하라는 것. 약자로서의 정체성을 받아들이거나, 아니면 정체성을 드러내지 않도록 노력하라는 것. 정체성이 전혀 없는 것은 백인다움의 특권이며, 그것은 정체성을 갖지 않는 척하는 정체성이다. 자본주의, 인종 그리고 전쟁에 얽매이는 것을 거부하는 정체성이다. 피해자가 되는 것과 목소리를 내는 것이 소수자에게 특정되어 있으면서 피할 수 없는 형태의 소외인 것처럼, 백인다움은 백인들이 겪는 소외의 형태이다. 피해자가 되고 목소리를 내는 것은 유별남의 특징이고 소수자의 정체성이다. 반면에 백인다움은 특징이 없는 소외라서, 외로움, 이혼, 권태, 그리고 아노미(도덕적 무질서) 같은 보편적 경험으로 드러난다. 이 모든 것들은 자본주의 사회에서 살아가야 하는 암적인 비용들이며, 그 이윤은 또한 백인다움을 위해 쓰인다. 만약 정체성 정치가 한쪽으로만 편향된 시각이라는 게 사실이라면 백인들의 백인다움과 권력층의 자기도취도 마찬가지일 것이다. 이러한 백인다움, 이러한 권력은 소수자의 정체성 정치 같은 것에 도전받지 않은 채 남아 있다. 그것은 백인들의 정체성 정치를 외치거나 전쟁기계가 지닌 권력의 진실을 말하지 않는다. 소수자들은 백인다운 정권이 제안하는 조건/용어들에 이견을 제시해야 한다. 그들은 분개하고 분노해야 하고, 연대와 혁명, 비판적 백인다움, 지배력, 권력, 그리고 전쟁기계의 모든 얼굴을 요구해야 한다. 동남아시아인들은 미국에서 그들을 규정한 전쟁이 그들의 전쟁이 아닐 뿐더러, 그 전쟁은 백인들이 일으킨 전쟁, 한 번의 일탈행위가 아닌 전쟁, 난민들이 그들의 이야기를 이민자 이야기로 생각하는 것을 선호하는 전쟁기계가 벌이고 있는 전쟁임을 주장해야만 한다.

어린아이였을 때도 나는 언제나 알고 있었다. 얼마나 모호하게 이야기하든, 내 부모의 이야기는 그냥 이민자 이야기가 아니라 전쟁 이야기라는 것을. 내 부모보다 더 고통을 당한 병사들도 있을 것이다. 그러나 나의 부모는 후방에서 복무한 병사들보다 더 심한 고통을 겪었다. 후방에서 복무한 병사들은 총에 맞거나 혹은 실제로 총을 쏜 적이 없었다. 나의 부모와 다른 난민들 그리고 민간인들에게 벌어졌던 상황들, 즉 수류탄으로 위협받고, 어쩔 수 없이 달아나야 하고, 거의 모든 것을 잃고, 사랑하는 사람들과 수십 년 동안 헤어져 있게 되는 일들은 겪지 않았다. 그들의 이야기를 세상에 알려야 할 필요가 있으나, 나는 언제나 주저하게 된다. "몸서리치는, 끔찍한 일들이야." 어머니는 말한다. 나에게 말한 일도 있고 말하지 않는 일도 있다. "이미 충분히 말했잖소?" 아버지가 어머니에게 말한다. 내가 궁금한 것은 침묵으로 덮어버린 일들이다. 나는 알고 싶고 동시에 알고 싶지 않기도 하다. 그러나 부재하는 비밀의 존재는 이제 충분하다. 그것은 그들의 것이고, 나의 것은 아니다. 어린 시절 편지와 함께 와서 벽난로 위에 놓인 흑백 사진 속 세상을 나는 알지 못한다. 그곳은 피해자가 가해자가 될 수 있는 세상이고, 유령이 죄를 지을 수 있는 세상이며, 생존자가 비인간이 될 수 있는 세상이다. 나는 피해자들, 유령들, 생존자들의 이야기를 훔치거나 만들어낼 수 있다. 그러나 타자를 대변한다는 것은 너무 단순하면서도 불완전한 일이다. 목소리와 인간성 그리고 피해자가 되는 것에 대해 말하는 것은 그 시절, 그곳에서 어떤 일이 벌어졌는지 완전히 이해하기에 부족하다. 과거의 아포리아(하나의 명제에 대해 증거와 반증이 동시에 존재하므로 그 진실성을 확립하기 어려운 상태_역주)는 늘 남아 있다. 내가 알지 못하고 공유할 수도 없는 부재, 나의 말에 저항하는 침묵, 부활하기를 거부하는 유령들이

아무것도 사라지지 않는다

다. 내가 단지 유령 이야기의 일부만을 말하면서 비인간성을 인간화한다면, 나는 대리인의 운명이 될 위험을 무릅쓰게 될 것이다. 유령들은 비인간이면서 인간이고, 그들의 모습은 지금 현재의 우리를 알려주는 것이기도 하다. 우리의 운명과 그들의 운명을 이해하기 위해, 우리는 유령 이야기를 하는 것 이상의 무엇을 해야만 한다. 또한 유령을 만들었고 우리를 유령으로 만든 전쟁 이야기를, 그리고 우리를 여기까지 오게 한 전쟁 이야기를 해야만 한다.

8.
진실한 전쟁 이야기에 대하여

전쟁 이야기란 무엇인가? 또 좋은 전쟁 이야기는 어떻게 만드는가? 이 질문은 전쟁 이야기의 내용과 그것이 표현되는 방식 모두와 관련이 있다. 전자가 후자보다 정의내리기는 쉽다. 두 문제 모두 미학, 즉 아름다움과 그 해석의 문제로 이루어져 있다. 전쟁과 관련해서 숙고할 때면 더욱 어려운 일이 된다. 한편으로 예술가는 전쟁의 매력적인 면, 열병식, 제복, 훈장, 폭발 그리고 영광과 같은 민족주의의 얼굴에 그려진 모든 치장의 아름다움을 전달해야 한다. 그것은 우리 시대 전쟁의 근본적인 정당화이기도 하다. 또 다른 측면으로 예술가들은 내면이 텅 비어버린 도시, 신체, 이상, 전쟁의 여파로 남겨진 쓰레기들에 대해 언급해야만 한다. 예술과 전쟁의 관계는 특별하지 않고 극단적이다. 삶의 가장 일상적인 측면은 아름다우면서 동시에 공포를 자아낸다는 특징을 지닌다. 가까운 곳에서 들여다보면, 사랑과 배신은 붙

아무것도 사라지지 않는다

어 있다. 전쟁의 아름다움과 공포 모두를, 내용과 형식 양쪽 차원에서 공정하게 다루기는 어렵다. 하지만 꼭 필요한 일이다. 몇 걸음 물러서서 전쟁 이야기의 내용을 듣기 편하게 바꾸는 게 더 쉽겠지만, 그러나 전쟁의 기억을 공정하게 이야기하고자 할 때 예술작품의 형식으로 그러한 공정함을 얻어낼 수도 있다는 사실에 동의할 것이다.

우선 내용 면에서, 여러 진영의 많은 사람들이 전쟁 이야기라면 병사들의 모습과 총격전을 떠올릴 것이다. 그러나 그것은 너무 좁게 한정하는 것이다. 우리를 흥분하게 하고, 피를 흘리고, 장엄한 전투 광경과 병사들의 희생을 통해 전쟁의 진실을 말해주는 '좋은' 전쟁 이야기는 전쟁의 필요성을 수긍한다. 전쟁 이야기를 이렇게 한정된 방식으로 풀어내는 것은 반전을 주제로 한 영화가 실제로는 전쟁에 반대하지 않기 때문이기도 하다. 그런 영화의 중심인물은 항상 어떤 병사이고, 그 또는 그녀가 영웅인지 반영웅인지 계속 검증한다. 심지어 주저하는 관객들에게 전쟁에 뛰어들라고 설득한다. 만약 그들이 전쟁에 반대하면, "우리의 군대를 지원하라"는 수동적 공격을 요구한다. 배은망덕한 사람이 아니라면, 왜 애국자들을 인정하지 않겠는가? 그러나 병사를 위로하려다 보면 기만과 냉소가 숨어 있는 수사적 말들로 군대를 지지하는 정치가들, 장군들, 그리고 무기 제작자들을 허용하게 된다. 이러한 미사여구들의 목적은 전쟁을 지속하려는 것이기에 기만적일 수밖에 없다. 또한 냉소적이라고 하는 이유는 군대가 고향으로 돌아오면 지지를 받지 못하고, 보호도 받지 못하며 우울증, 트라우마, 노숙생활, 질병, 혹은 자살을 방지할 적절한 조치를 받지 못하게 되기 때문이다. 진정한 전쟁 이야기는 하나의 병사뿐만 아니라 전쟁이 끝난 뒤 그나 그녀에게 어떤 일이 벌어지는지를 말해야만 한다. 진정한 전쟁 이야기는 민간인, 난민, 적에 대해 말해야 하고, 특히 이 모든 것을 둘러싸고 있는 전쟁기계에 대해 말하는 것이 중요하다. 그러나 전쟁 이야기가 전쟁의 일상적 측면을 다룰 때 어떤 이들은 그 것이 '지루하다'고 하거나 '전쟁'에 대한 것이 아니지 않느냐고 한다. 전쟁 이야기들을 이렇게 관습적으로 보는 관점 덕분에 우리는 전쟁 의 광범위한 본성에 대해 눈을 감는다. 그런 관점은 전쟁의 주역으로 간주되는 영웅적 병사들과 실제로 전쟁을 일어나게 만들고 그 결과 에 고통을 당하는 시민들을 분리시키기 때문이다.

전쟁기계와 조우하는 경험은 병사, 시민 그리고 전쟁의 정체성 을 근본적으로 무너뜨린다. 이러한 류의 전쟁 이야기는 전쟁이 정치 적 유기체 전반에 미치는 영향을 수용한다. 유기체의 모든 기관과 영 역들은 마음, 기억, 상상력 그리고 환상과 함께 작용한다. 그런 부분 들이 기여하지 않는다면 손가락으로 방아쇠를 당기는 것 자체가 불 가능하기 때문이다. 맥신 홍 킹스턴은 병사가 온 국민의 전반적 지지 없이는 전쟁을 수행할 수 없는 현실을 있는 그대로 보여준다. 그녀의 책 《중국 남자들》China Men에 실린 소설 〈베트남의 전우들〉The Brother in Vietnam을 보면,

> 우리가 초코바를 먹고, 포도 주스를 마시고, 빵을 사고, 음식을 비닐봉 지에 담고, 전화를 걸고, 은행에 입금하고, 오븐을 청소하고, 빨래를 하 고, 불을 켜고, 음식을 냉장고에 넣고, 요리를 하고, 컴퓨터를 켜고, 차 를 운전하고, 비행기를 타고, 살충제를 뿌릴 때마다 우리는 탱크와 폭격 기, 네이팜탄, 고엽제, 그리고 폭탄을 만드는 기업들을 돕고 있다. 융단 폭격을 지원하는 것이다.[1]

아무것도 사라지지 않는다

'아름다운 집: 가정으로 스며드는 전쟁'(1967~1972) 연작 중에서 '커튼을 청소하며', 마사 로슬러

거실에 깔려 있는 융단에서부터 융단 폭격에 이르기까지, 전쟁은 사회라는 직물로 얽혀 있다. 자기 집 바닥 밑이나 커튼 뒤에 전쟁이 숨어 있음을 발견하지 못하는 게 불가능할 정도로 평범한 시민은 전쟁과 연루되어 있다. 예술가 마사 로슬러Martha Rosler는 미국의 주부가 커튼을 걷자 창밖 바로 앞에서 전쟁이 벌어지는 장면이 드러나는 것을 포토몽타쥬로 표현했다. 작품 속 주부는 커튼을 진공청소기로 청소하면서도 눈에 보이는 창밖을 보지 않으려 한다. 병사들이 홀로 고립된 행위를 수행해 나가는 것이 전쟁이라고 생각하면, 그로 인해 병사들은 전쟁의 얼굴과 몸으로 변한다. 그럴 때 병사는 그저 전쟁의 부속품일 따름이다. 만약 전쟁의 실체를 인식하지 못한다면 우리는 커튼을 청소하는 주부처럼 눈이 보이지 않는 상태인 것이다.

단지 병사의 관점으로만 전쟁을 상상하면 역설적으로 진실한 전쟁 이야기에 이르지 못하게 된다. 그러나 팀 오브라이언Tim O'Brien이 〈어떻게 진실한 전쟁 이야기를 할 것인가〉에서 주장하는 바는 다르다. 전쟁 문학의 고전인 《그들이 옮긴 것들》The Things They Carried에서, 이름이 역시 팀 오브라이언인 이 소설의 화자는 진정한 전쟁 이야기의 특징을 다음과 같이 요약한다.

> 전쟁은 지옥이다. 그러나 절반만 그렇다. 왜냐하면 전쟁은 신비와 공포, 모험과 용기, 발견과 신성함, 연민과 절망, 갈망과 사랑이기 때문이다. 전쟁은 심술궂다. 전쟁은 흥미롭다. 전쟁은 스릴이 넘친다. 전쟁은 힘들고 지겹다. 전쟁은 당신을 남자로 만들어준다. 전쟁은 당신을 죽여버린다. 진실은 모순적이다.[2]

　　오브라이언은 전쟁이 이윤을 얻게 해준다거나, 심지어 비용이 많이 든다는 말은 꺼내지도 않는다. 그러나 그것이 전쟁 이야기에서 할 수 있는 가장 진실한 부분이다. 이윤은 인간이 비인간적 전쟁을 계속 수행할 수 있는 가장 중요한 이유 중 하나이기 때문이다. 전쟁의 이러한 측면을 이해하면 가능한 한 가장 높고 유리한 지점에서 전쟁을 보아야만 한다. 초강대국들이 하늘과 우주를 정복하고자 하는 것은 이러한 측면을 잘 이해하고 있기 때문이다. 탱크가 가장 큰 전쟁기계로 보이는 졸병의 편협한 시야가 아니라, 거대한 전쟁기계의 작동을 볼 수 있는 인공위성의 시야를 가져야 한다. 일개 병사는 지평선까지만 볼 수 있지만, 전쟁기계는 지평선 너머를 볼 수 있다. 전쟁 실화를 들려주고 싶은 사람도 반드시 그 너머를 보아야 한다. 레비나스는 "윤리

　　　　　　　　　　　　　아무것도 사라지지 않는다

는 광학"이라고 말한다. 그러나 비릴리오가 주장했듯이 전쟁도 광학이다. 진실한 전쟁 이야기를 하려면 제대로 작동하는 파노라마식의 광학이 필요하다. 전쟁과 관련된 모든 사람과 모든 것들을 볼 수 있게 하는 윤리적이고 미학적인 광학이.

오브라이언이 묘사한 많은 부분이 몇몇 민간인들의 전쟁 경험과 일치할 수도 있지만, 일반적으로 전쟁 이야기는 민간인들을 끌어들이지 않는다. 민간인이 본의 아니게 전쟁에 말려들어가는 이야기가 재미있거나 스릴이 있는 경우는 거의 없다(물론 자발적으로 전쟁에 참여하는 외교관, 언론인, 하도급자 그리고 노동자 등등이 있지만, 그런 경우는 병사들의 전쟁 이야기와 유사한 면이 있는 다른 이야기가 될 것이다). 많은 관객과 독자들에게 전쟁 이야기는 적어도 재미있고 스릴이 넘쳐야 한다. 물론 전쟁이 지옥이라는 정서를 전달하고자 애쓰는 의무감은 엿보이겠지만. 좋은 전쟁 이야기는 소년 소녀들에게 병사가 되고 싶다는 꿈을 심어준다. 그러나 아무도 전쟁이 치를 대가를 예상하거나 혹은 전쟁에 휘말려든 민간인, 고아, 미망인 혹은 난민이 되고 싶어 하지는 않는다. 군대놀이를 하는 아이들은 영광스러운 죽음에 대한 환상이 있을 것이다. 그러나 사지 절단, 전쟁 신경증, 설명할 수 없으나 점점 쇠약해지는 질병, 노숙생활, 정신병 혹은 자살, 병사들과 퇴역 군인들이 흔히 경험하는 이 모든 것들에 대한 환상은 없을 것이다. 게다가 사냥감을 찾아 돌아다니는 병사들에게 강간을 당하고 싶어 하는 사람이 누가 있겠는가? 그것이 전쟁에서는 반드시 일어나는 일임에도? 만약 전쟁이 당신을 남자로 만든다면 강간은 당신을 여성으로 만드는 것인가?

비록 그것이 가장 진실한 전쟁 이야기일지라도, 강간은 많은 이들의 전쟁 기억 속에서 또 다른 지평선이다. 인간 종족이 처음으로 다른 인간 종족을 살해하는 짓을 저질렀을 때 강간도 함께 저질렀을 가능성은 매우 높다. 강간은 분명히 인간을 전쟁으로 몰고 가는 집단적 살해 욕망의 표현이다. 모든 병사가 강간범은 아니지만 모든 군대가 강간을 저지르기 때문이다. 강간은 전쟁의 매우 고질적 특성임에도 승리한 전쟁에 바치는 소독된 무수한 기억 속에서 강간은 사라진다. 강간범이 되는 것은 결코 명예롭지 못하고, 강간을 당하는 것도 영광스럽거나 재미있을 리 없다. 따라서 강간 희생자의 기억은 드물다(2차 대전 당시 일본군에 의해 도시와 그곳의 여성들이 강간당한 것을 추모하는 난징의 기념비는 매우 예외적인 사례이다). 사람들은 자국의 병사들이 저지른 살인을 인정하는 것이 강간을 인정하는 것보다 더 쉬운 것 같다. 강간은 당혹스럽게도, 전쟁이 에로틱한 경험이고, 성적 흥분을 일으키며, 불쾌한 쾌락을 방출하는 방법이라는 사실을 극단적으로 드러낸다. 강간은 차마 입에 담지 못하는 전쟁의 후유증이고, 전쟁터로 떠나거나 혹은 충실한 아내와 사랑스러운 자식들의 환영을 받으며 귀향하는 병사들의 훈훈한 이미지 속에서 삭제되는 장면이다.

학자인 주디스 허먼Judith Herman에 의하면, 강간과 성적 트라우마는 피해자에게 전투 경험에 버금간다고 한다. 그러나 병사들의 희생은 적어도 존중받지만, 그렇게 존중받는 남편, 형제, 아들들에게 강간당한 여성들에게는 그러한 구원은 주어지지 않는다. 전쟁이 이성애적 통과 의례라는 통념에서 이탈한, 남성에게 강간당한 남성의 경험 또한 보이지도 들리지도 않는다. 강간은 영웅주의, 남성성, 애국심과 같이 끈질기게 남아 있는 관념들을 파괴한다. 그런 관념들은 전쟁기계의 기어가 원활하게 작동하게 만드는 기름 같은 것들이다. 프홍 티 레라이는 이와 같은 전쟁 실화를 어린 나이에 베트콩을 위해 일했던 소

아무것도 사라지지 않는다

녀의 관점에서 진술한다. 그녀는 베트콩을 배신했다는 부당한 판결을 받고, 그 벌로 두 명의 베트콩에게 강간당했다. "그 전쟁-그 남자들-은 마침내 나를 땅에 널브러지게 만들었고, 이후로 나는 땅바닥과 별 차이가 없었다."[3] 이 시점에서, 이미 그녀는 자신을 강간하고 있는 이들의 적인 남베트남인과 미국인에게 투옥을 당하고 고문을 당한 경험이 있었다. 서로 적대하고 있는 세력 사이에 끼어, 그녀는 어느 편 남자들이든 '정확하게 적을 찾아내고야 만다'는 사실을 깨달았다. "그 적은 겁에 질린 농촌 소녀이다. 모든 베트남 농민들이 피해자가 되는 것에 동의했던 것처럼, 그 소녀도 어리석게도 피해자가 되는 것에 끊임없이 동의한다. 태초로부터 이 세상이 끝날 때까지!"[4] 자신에게 일어난 일을 이해하기 위해, 그녀는 자신의 회고록을 레 리 헤이슬립이라는 가명으로 공동 집필한다. 여성과 아이들, 농민, 피해자 그리고 강간 트라우마의 치유에 초점을 맞춘 그녀의 전쟁 실화는 예외적 진정성을 지니고 있다. 그녀의 책을 읽으며 독자들은 강간을 당하고 살아 남아서 그것에 대해 이야기하는 장면을 진지하게 받아들일 수밖에 없다.

더 전형적인 전쟁 실화에서, 독자는 자기 자신이 살해당하거나 강간당한다는 상상을 견뎌낼 수 없다. 그 자체가 끔찍한 경험일 따름인 그와 같은 행동의 목격자로 남으려 할 뿐이다. 팀 오브라이언의 이야기는 그런 법칙에 근접해 있다. 비록 전쟁에 반대하는 전쟁 실화라 해도, 독자의 애국적이고 남성적인 상상에 동화될 수 있다. 한 장면이 계속 되풀이된다. 지뢰가 폭발하면서 한 병사가 나무 위로 날아가고, 나뭇가지에 걸린 그의 내장을 동료들이 수습한다. 끔찍하다. 그러나 예상할 수 있는 일이다. 전쟁이니까. 다시 그 장면으로 되돌아가서, 오브라이언은 헤이슬립이 쓴 유령 이야기의 논리를 따라간다. 그녀는

"이야기꾼은 언제나 피해자가 어떻게 죽었는지 구체적으로 설명해야 한다. 보통은 아주 세밀하게 묘사한다. …… 죽음의 방식은 귀신들 사이에서 살아가는 각 개인의 삶에 영향을 미치기 때문이다. 특히 죽은 사람이 갑자기 폭력적으로 죽었을 경우, 이야기꾼은 세부 사항 하나도 빠뜨릴 수 없다.[5] 독자 자신은 이러한 일이 일어나고 있는 것을 지켜보는 병사가 된다. 사지가 절단되거나, 녹아버리지 않는다. 독자나 작가가 유령의 존재를 믿는다면 유령이 되지 않고 살아 남은 병사가 된다. 독자는 죽은 사람과 유령을 동일시하지 않는다. 유령 이야기가 아닌 한 그렇게 되면 이야기가 끝나기 때문이다. 전쟁 실화는 유령 이야기가 아니다. 그 이야기를 하고 있는 병사는 고통을 겪었을지언정 살아 남았고, 여전히 살아서 목격자의 역할을 한다. 미국과 다른 나라에서 가장 흔히 볼 수 있는 이러한 유형의 전쟁 이야기는 강간과 평범함이, 전쟁기계의 성적 충동과 그것의 단조로운 관념적 얼굴이 양극단에서 결합되어 있다.

둘 다 전쟁기억의 끄트머리에 존재한다. 강간은 상상하거나 기억하기 힘들고, 평범함은 너무 지루해서 떠오르지 않는다. 군대에 복무했던 미국인들 대부분은 전쟁 기간 중에 전투를 눈으로 보지 못했다. 함정에서 복무하거나, 기지를 지키고, 보급품을 전달하고, 사무를 보고, 전투부대의 현란한 언어로 '후방군 후레자식들'이라는 욕을 얻어먹었다. 그러한 욕설은 비겁함과 특권을 풍자하는 것이다. 아마도 전투 부대원들의 시기심이 작동했겠지만, 외설적 언어 속에 뭔가 숨어 있다. 현대전이란 지루한 사무원들과 삭막한 관리자, 무지한 납세자, 모순투성이 사제들, 격려하는 가족들을 필요로 하는 관료적이고 자본주의적인 기업이라는 희미한 깨달음이다. 만약 전쟁기계가 최전선

아무것도 사라지지 않는다

의 군대뿐 아니라 광범위한 물류와 정서적, 이념적 지원 네트워크가 필요한 복잡하고도 어디에나 퍼져 있는 시스템이라는 사실을 이해하게 되면, 그때 전쟁을 지지하고 동조하던 모든 정치가와 민간인들은 모조리, 하나같이, 아마도 나 자신까지 포함하여, 후방군 후레자식들임을 깨닫게 될 것이다.

신석기 시대의 영웅적 전사 신화 덕분에 후방군 후레자식들은 자신을 조국을 떠나온 피 흘리는 애국자로 여긴다. 신화는 미국인들이 전쟁을 치르면서 치명상을 입었다. 미국인들은 영웅적 전사들처럼 보이지 않는 병사들을 부상당한 전사들로 바꿔 놓으면서 신화를 복구하려 애썼다. 그러나 병사들은 신화에 나오는 전사들이 아니다. 신화 속에서는 건강한 신체를 지닌 모든 남자가 자기 집에 창이나 전투용 도끼를 준비해두고, 무장이 필요할 경우에 대비한다. 그러나 현대의 일반 사병은 얼굴도 없고, 익명이며, 개인이면서 대중의 일부분으로 전체 국민을 대표하는 현대의 징후이다. 진실한 전쟁 이야기는 전투 중에 병사들과 그들의 내장기관에 일어난 일을 장황하게 설명하는 게 아니라, 나라와 그들의 내장기관이 어떻게 돌아가는지, 누군가의 냉장고가 어떻게 작동되는지 말하는 것이어야 한다. 냉장고는 에이전트 오렌지를 제조한 다우케미컬의 냉매를 사용할 게 틀림없다. 에이전트 오렌지라는 고엽제로 인해 미군 병사 수천 명과 그들의 자손은 질병에 시달렸고, 미국 정부도 그 사실을 인정했다. 수천 명의 베트남인과 그들의 후손에게도 같은 일이 일어났음에도, 미국 정부는 그 사실을 결코 인정하지 않는다. 냉장고 문을 열고, 그 내부에 자본주의 생활의 경이로움인 비닐로 포장된 물건들이 가득 차 있는 것을 들여다보는 일상의 이야기는, 내장이 쏟아져 나오는 욱신거리는 피투성이 이야기만큼 진실이면서, 불안을 훨씬 가중시키는 것일지도 모른다. 일상은 전쟁의 외설성이 단순히 훼손된 신체에만 있는 게 아니라 시민들의 복잡함 속에도 있음을 일깨워준다. 의무적 군사주의라고 부를만한 체제 아래에서는 전쟁에 반대하는 사람들도 결국은 그 대가를 치러야 한다. 모든 사람들이 머리로는 전쟁이 지옥이라는 것을 이해하지만, 그렇다고 해서 냉장고를 소유하는 것을 포기할 사람은 거의 없다. 가정 안으로 완전히 전쟁을 끌어들이는 것은 전쟁이 지닌 정체성의 일부이기도 하며, 그와 같은 방식으로 어느 가정, 어느 나라에서나 강간범이 키워진다. 우리 모두 평범함과 복잡함의 목격자이기 때문이고, 그것이 우리가 그런 사실들을 떠올리고 싶어 하지 않는 이유다.

내가 가장 관심을 갖는 것은 흥건한 피와 내장뿐 아니라 지루하고 일상적인 것까지 언급하는 폭넓은 전쟁 기억과 전쟁 실화이다. 진실한 전쟁 이야기들은 전쟁의 정체성을 받아들인다. 전쟁은 지옥이지만, 정상적인 일상이기도 하다는 정체성이다. 그 속에 휘말려든 인간들처럼, 전쟁은 비인간적이면서 인간적이다. 사진작가 토드 파파죠지 Tod Papageorge의 《미국의 스포츠, 1970: 혹은 베트남에서 전쟁을 치를 때 우리는 어떻게 지냈나》American Sports, 1970: Or How We Spent the War in Vietnam 가 바로 정확하게 그런 방식으로 전쟁을 표현하고 있다. 그 책은 70장의 사진으로 이루어져 있는데, 한 장을 제외하고는 모두 미국의 스포츠 행사 장면들이다. 운동선수와 팬들, 기자회견과 팀 버스들, 더그아웃과 라커룸들을 남성, 여성, 청년, 노인, 흑인, 백인, 못생긴 사람, 아름다운 사람들과 함께 찍었다. 단 한 장 마지막 사진에만 스포츠 행사나 참가자들이 등장하지 않는다. 그것은 인디애나폴리스의 전쟁기

아무것도 사라지지 않는다

《미국의 스포츠, 1970: 혹은 베트남에서 전쟁을 치를 때 우리는 어떻게 지냈나》(Apeture Press 2008)
에서 발췌한 사진

념관 사진이며, 마주보고 있는 페이지에 이렇게 씌어 있다. "1970년
에 4,221명의 미국 병사들이 베트남에서 전사했다." 이것은 민간인들
이 지루할 정도로 평범하게 전쟁을 경험한다는 사실에 부록처럼 따
라 붙는 공포다. 파파죠지는 미군 병사들이 해외에서 죽어가는 순간
에도 가정에서의 생활이 지속되고 있음을 보여준다. 수십 년 뒤에 중
동에서 미국이 전쟁을 벌일 때도, 미국 속에서 전쟁을 느끼기는 매우
힘든, 동일한 경험이 반복되었다. 오브라이언의 이야기가 병사의 관
점에서 본 전쟁 실화인 반면에, 파파죠지의 사진은 민간인의 관점에
서 본 전쟁 실화다. 유혈이 낭자한 충격적 전쟁 실화는 우리 생활 속
에 둔탁한 소음처럼 깔려 있는 전쟁기계에 주의를 기울이지 않게 만
든다. 전쟁기계는 평범함으로 기름칠이 되어 있고, 사소한 일들로 결
합되어 있으며, 수동적 동의로 움직여지는 거대한 메커니즘이다. 이런

류의 평범하고 지루한 전쟁 실화를 말하고 듣기 위해서는 철학자 윌리엄 제임스^{William James}가 '전쟁에 대항하는 전쟁'이라고 부른 행위가 반드시 필요하다.[6] 전쟁을 위험하다고(그러나 스릴 있다고) 상상하는 한 전쟁은 끝나지 않을 것이다. 아마도 전쟁이 실제로 얼마나 지루한지, 어떻게 매일의 삶 속으로 스며드는지 알게 될 때, 그때 우리는 전쟁이 그치기를 바라게 될 것이다. 시민이 전쟁에 동조하지 않으면 전쟁은 언제라도 끝난다. 물론 쉽지 않은 문제다. 어쩌면 유토피아 그 자체가 아니면, 영구히 지속될 전쟁이라는 현대의 전지구적 디스토피아에 어쩔 수 없이 동의하게 될 것이다.

만약 미국의 전쟁 이야기가 최전선의 강렬함을 좋아한다면, 어디에서 일어난 전쟁이든 동남아시아인들에게 진실한 전쟁 이야기는 강렬하면서도 동시에 일상적이어야 한다. 전쟁이 그들의 영토, 그들의 도시, 그들의 논밭, 그들의 가족 안에서 벌어졌기 때문이다. 어떤 독자나 관객에게는 이러한 전쟁 실화가 '좋은' 전쟁 이야기가 아니다. 병사들이 죽고 죽이는 이야기 속에 들어 있는 승리의 짜릿함이 부족하기 때문이다. 따라서 민간인들과 평범한 일상에 대한 전쟁 이야기는 어떤 이들에게는 지루하면서 쉽게 잊힌다. 동남아시아인들도 마찬가지다. 전쟁 이후에 태어난 많은 사람들이 연장자들의 이야기를 견디지 못한다. 그러나 살면서 전쟁을 겪은 이들에게 전쟁의 기억은 마치 어둠 속으로 쏘아 올린 불꽃처럼 환하게 밤하늘을 밝히며 위험 신호를 보낸다. 패배자가 되어 해외로 추방된 동남아시아인들은 자신의 전쟁 이야기를 기억해야 할 필요가 더욱 절박하다. 그들은 전쟁이 잊히거나 자신이 기억하는 것과 다르게 서술되리라고 직감한다. (백인) 미국인들이 전하는 전쟁 실화는 그들을 좌절하게 만든다. 예술가 딘 Q.

아무것도 사라지지 않는다

레는 자신의 연작 '베트남에서 헐리우드까지'에 대해 설명할 때 이러한 좌절감을 토로했다.

이 작업은 개인적으로 떠오른 기억과 대중매체의 영향을 받은 기억에서 비롯되었다. 그리고 사실도 허구도 아닌 초현실적 기억의 풍경을 창조하기 위해 할리우드에서 조작한 기억을 가져왔다. 동시에 이 연작으로 나는 이러한 세 가지 다른 기억의 근원들 사이에서 베트남 전쟁의 의미와 기억을 통제하려는 분투에 대해 말하고 싶었다. 기억을 구성하는 요소에 대한 내 생각은 몇 년 전부터 달라졌다. 기억을 구체적인 무엇이라고 생각했던 것부터 시작해서 이제는 유연한 어떤 것이라고 느낀다. 그러나 여전히 내가 견지하고 있는 생각은 베트남 전쟁에 대한 우리의 기억이 지닌 의미를 지키기 위해 싸워야 한다는 것이다. 왜냐하면 할리우드와 미합중국 매체들이 우리의 기억을 밀어내거나 파괴하여 그들의 눈으로 본 전혀 다른 기억으로 대체하기 때문이다.[7]

이러한 기억들은 끔찍한 것부터 위안을 주는 것에 이르기까지 범위가 넓다. 고향이 어디든 어느 나라로 이주했든 상관없이 동남아시아인의 전쟁 이야기가 지닌 미학적 스펙트럼도 다양하다. 함 짠Ham Tran의 서사 영화 〈절망으로부터의 귀환〉Journey from the Fall의 끔찍한 결말이자 가장 강렬한 장면에서, 오브라이언이 말하고 싶었던 것이 드러난다. 오브라이언이 살아 남은 이들의 일－적어도 살아 있는 작가의 일－이라고 주장하는 것이다. "우리는 죽은 이들을 이야기 속에서 계속 살아 있게 한다."[8] 그러나 살아 있는 이들도 이미 죽었다면, 죽은 이들이 어떻게 살아 있을 수 있겠는가? 〈절망으로부터의 귀환〉은, 사이공 함락

이후 전쟁이 한 가족을 후려친 충격을 통해 살아 있는 이들과 죽은 이들이 한 지점에서 만나는 것을 보여준다. 남베트남 군대에서 복무한 적이 있다는 이유로 남편이 재교육 수용소에 보내진 뒤 어머니, 아내, 그리고 아들은 보트 피플이 되어 탈출한다. 아내는 강간까지 감수하며 배에서 고통을 견뎌야 했다. 결국 가족은 미국의 빈민가에 정착하지만, 국가와 가장을 잃은 상처를 품고, 미국인들과 서로에게서 소외된 채 상실감에 시달리며 살아간다. 아버지를 죽은 사람 취급하면서 까맣게 잊었다고, 아들이 어머니를 비난하자 어머니는 말한다.

> 내가 오늘날까지 가족들과 함께 겪은 일들을 네가 다 아니? 네 엄마가 아직도 살아 있는 줄 알아? 네 엄마도 이미 죽었어. 벌써 오래전에 죽었다고! 나는 네 아버지가 끌려가던 날 죽었다. 그리고 바다 위에서 나는 다시 한 번 죽었어, 라이. 네가 엄마라고 부르는 이 사람은 그냥 시체일 뿐, 아무것도 아니야. 너를 돌보기 위해 목숨을 부지할 뿐이다. 하지만 네 진짜 엄마는 이미 죽었다, 얘야. 나는 네가 그걸 알았으면 좋겠다. 네 엄마는 죽었어, 아들아.

평소에는 눈물을 잘 흘리지 않지만, 이 장면에서 나는 울었다. 어머니가 흐느끼면서 고백하고, 아들 역시 사실을 알게 되면서 눈물을 흘린다. 특별할 것도 없는 평범한 가정의 거실에서 일어나는 이 장면은 민간인, 여성, 난민 어린아이들이 치러야 하는 전쟁의 끔찍한 대가가 무엇인지 드라마로 보여준다. 궁극적으로 미국 가정의 이러한 거실에 있는 사람들은 그들의 나라가 전쟁을 하고 있어도, 전쟁을 하고 있지 않다고 생각한다. 어머니의 고백으로 인간의 가면 아래 숨어 있

아무것도 사라지지 않는다

던 비인간이 드러난다. 우리들 사이에, 우리들 안에서 완전히 죽지 않은 채 존재하던 것이다. 서구인들은 전형적인 좀비 영화나 텔레비전 드라마를 통해서만 완전히 죽지 않은 사람들의 이야기와 맞닥뜨린다. 철학자 슬라보예 지첵Slavoj Žižek은 다음과 같이 말한다. "'완전히 죽지 않은' 이들은 살아 있는 것도 죽은 것도 아니다. 그들은 정확하게 말해서 '살아 있으면서 죽은' 괴물 같은 존재다."[9] 난민들 중에도 '살아 있으면서 죽은' 이들이 있다.

만약 사회학적 증거를 원한다면, 미국으로 온 캄보디아인 난민의 62~92%가 외상 후 스트레스 장애를 견디고 있는 모습을 살펴보라. 혹은 그들 중 몇 명이 과학소설에서나 나올 법한 질병인 히스테리성 시각상실을 앓고 있는지 알아보라. 명백한 의학적 원인 없이, 그저 눈이 보이지 않게 되는 병이다. 혹은 몽족 난민들 가운데 겉으로 보기에 멀쩡히 건강하던 청년이 자고 일어나보니, 밤새 머리카락이 하얗게 센 채 아침이 되어도 눈을 뜨지 못한 경우가 얼마나 많은지 찾아보라.[10] 어떤 트라우마가 사람들을 눈멀게 하고, 혹은 죽게까지 만드는가? 기억이다. 무엇이 사람들을 좀비로 만드는가? 기억이다. 이 사람들은 병을 전염시킬 수 있고 위협적이기 때문에, 미국인들은 난민들의 기억과 전쟁 이야기를, 살아 있는 죽은 이들의 이야기를 격리시키고 싶은지도 모른다. 그것들은 비인간이 우리 내면에 존재하고 있음을 상기시키기 때문이다. 지첵이 말했듯이, '인간과 동물, 신의 외부에 있는' 인간이 아닌 존재와 '인간이라고 납득할 수 없지만, 원래는 인간'인 비인간은 다르다. 그 사이에는 차이가 있다.[11] 지첵의 통찰을 비판하면서, 비평가 줄리아나 창Juliana Chang은 이렇게 말한다. "비인간이 소름끼치고 무서운 것은 기이하기 때문만이 아니라 지나치게 가깝게 있음이 여실히 느껴지기 때문이다. …… 비인간은 인간에게 침투하는 에일리언이며, 자신이 에일리언임을 깨달은 인간이다."[12] 이런 인간이 에일리언과 난민들을 향해 품고 있는 외국인 공포증은 기본적으로 외모가 다르기 때문이 아니라, 오히려 너무 비슷하게 느껴지기 때문이다. 타자의 상태는 어느 정도 우리 책임일 뿐더러, 만약 재앙이 일어나면 우리도 그들처럼 비참해질 수 있다. 심지어 파파죠지의 사진이 암시하듯이, 날마다 일상의 업무를 이어갈 때 거기에 비인간적이고 괴물 같은 무엇인가가 있지 않던가? 사람들이 우리의 전쟁기계 때문에 죽어가는 동안, 우리는 정말로 즐겁게 지내지 않았나? 우리가 모호한 쾌락을 추구할 때 좀비와 그렇게 달라 보이는가? 전쟁기계의 피해자가 좀비 영화를 만들었다면, 그들 스스로가 인간의 배역을 맡고 전쟁기계의 병사들과 시민들에게 좀비 역을 맡기지 않았을까? 전쟁기계의 병사들과 시민들은 스스로를 좀비나 비인간으로 볼 수 있을까? 한마디로, 스스로 인간이라고 생각하는 우리는 또한 스스로 비인간이기도 하다는 사실을 아는가?

적어도 난민들 중에는 자신이 비인간, 살아 있지만 죽은 존재라는 사실을 알고 있는 이들이 있었다. 병사들도 마찬가지다. 아주 어릴 때 참전용사이자 소설가인 래리 하인만이 쓴《클로즈 쿼터스》를 읽고 나는 겁을 먹었다. 그보다 더 괴로운 소설이면서 퇴역 상이군인이 주인공인《파코 이야기》Paco's Story도 그가 썼다. 화상을 입어서 흉터가 남은 파코는 베트콩과의 대규모 전투에서 동료들이 전멸한 뒤 유일하게 살아 남았다. 그는 떠돌아다니다가 전형적인 미국의 소도시에 머물게 된다. 그곳 시민들은 그를 멸시한다. 바로 자기 나라 군대를 지원해야 한다고 외치던 바로 그 시민들이다. 독자는 소설의 결말로 가

아무것도 사라지지 않는다

까워질수록, 파코에게 연민을 느낀다. 그는 미국 병사 둘을 죽인 열네 살에서 열여섯 살쯤 된 베트콩 소녀 저격수를 포로로 잡아서, 동료들과 함께 난폭하게 윤간한 기억을 떠올린다. 병사들이 줄을 서서 소녀를 강간할 차례를 기다렸고, 그리고 그 일이 다 끝났을 때 그들 중 하나가 소녀의 머리에 총을 쏘아 처형했다. 윤간이 끝나자마자, 파코는 수류탄을 던져 또 다른 베트콩에게 부상을 입히고, 그리고 나서 그를 칼로 찔러 죽인다. 베트콩은 파코에게 죽이지 말아달라고 애원했으나, 소용없었다. "나는 이미 죽었어요." 그는 죽기 바로 직전에 말한다.[13] 하인만은 다음에 일어날 일의 무대를 설정하기 위해 두 장면을 고통스러울 정도로 세밀하게 묘사한 것이다. 파코는 이웃에 사는 어떤 젊은 여성의 일기를 읽고 있다. 그녀는 파코와 사랑을 나누다가 그의 흉터가 그녀에게 닿는 순간의 상상을 적어 놓았다. "그리고 그 순간 나는 정신을 차렸다. 몸서리가 쳐졌다. …… 살갗에 벌레들이 기어 다니는 느낌이었다."[14] 그리고 바로 그 다음 장에서 소설이 끝난다. 파코는 전형적인 미국의 소도시를 떠나서 다시 방랑을 시작한다. 우리가 목격한 것들을 그는 견딜 수 없다. 그는 자신의 비인간성을 인지할 수밖에 없으며, 피부에 벌레가 기어 다니는 것 같은 괴물이며, 이방인이다. 그는 이미 쫓겨난 사람이었던 미국의 소도시에서 스스로 사라진다. 미국의 청결한 이름을 지닌 소도시에서 더러운 전쟁을 겪은 뒤 그는 자신이 앓고 있는 질병을 감지한다.

진실한 전쟁 이야기는 인간 내면에 비인간이 존재하며, 비인간으로 보이는 사람들에게는 인간이 존재한다는 끔찍한 사실을 알려주려 한다. 그러나 이것은 설명하기 힘들다. 여성, 어린이, 난민을 다루는 이야기, 그리고 평범함 특히 비인간이 지닌 평범함을 다루는 진실한 전쟁 이야기를 전달하는 것은 쉽지 않다. 병사들이 작가로 변신하는 것과 달리, 이러한 이야기꾼들은 관습적인 전쟁 이야기의 정체성에 도전하면서, 전쟁 이야기가 단지 병사들뿐만 아니라 여러 다양한 상황과 사람들에 대한 것이라는 주장을 해야 하는 무거운 책임을 맡고 있다. 전쟁의 등장인물들을 바꾸는 것은 전쟁 이야기가 병사와 남성, 기계 그리고 살인에 관한 것이라고 믿는 관객들의 저항에 부딪치게 된다. 다른 모든 예술가들과 마찬가지로, 이런 이야기꾼들은 평론가들의 평가에 맞서 분투한다. 이러한 평론들은 주관적이지만, 화려한 잡지 〈엔터테인먼트 위클리〉Entertainment Weekly가 카오 칼리아 양Kao Kalia Yang의 《뒤늦은 귀향자》The Latehomecomer에게 B⁺를 주었을 때처럼, 종종 객관적이라고 천명되기도 한다. 그것은 좋은 등급이지만, 훌륭하거나 완벽한 것은 아니고, 미국 시스템의 최고 등급인 A보다 두 단계 아래다.[15] 작가와의 대화에서, 저자는 등급에 대해 문제 제기를 했고, 나는 그것을 메모해 두었다. 평가가 작가의 기분을 거슬리게 한 것이 틀림없었다.[16] 나는 공감했으나, 미학적 평가는 자주 그런 식으로 이루어진다. 물론 예술가들은 교사들이 교실에서 점수를 매기는 것처럼 그렇게 직설적으로 미학적 판단을 내리지는 않는다. 역설적으로, 경솔한 자신감을 가지고 자신의 학생들에게 객관적 점수를 매기는 교수와 권위 있는 인물들의 경우에도 갑자기 학생들, 학과장들, 동료들, 평론가들에게 별로 뛰어나지 않다는 평가를 받는다면, 그런 평가를 다소 주관적이라고 느낄지도 모른다.

평가를 전문으로 하는 직업을 지닌 사람은 갑자기 점수라는 것이 비평가 개인의 알려지지 않은 미학적 편견에서 비롯된 것일지도 모른다는 사실을 의식하게 된다. 그러나 작가와 예술가들은 언제나

아무것도 사라지지 않는다

자기 자신의 작품뿐 아니라 다른 이들의 작품도 무자비하게 평가한다. 항상 공개하는 것은 아니지만. 가장 기본적인 방식, 특히 자신이 창작에서 성취하기를 바라는 것을 비교하면서 평가할 수 없다면 달리 어떻게 예술적 기량을 향상시킬 것인가? 평가는 매우 주관적이고 결함이 있을 수 있지만 필요한 것이다. 그러나 가장 중요한 것은 이러한 미학적 판단이 정체성의 표현임을 인정하는 것이다. 그것을 인식하게 되면, 어떤 비평가들은 미학적 판단을 꺼린다. 특정 맥락에서 작품이 어떤 기능을 하는지 숙고하기 위해서다. 맥락이 더 중요한 경우는 소수자, 여성, 빈곤층, 노동자, 식민지인들의 작업일 때이다. 그리고 주로 서구의 백인 남성, 때로는 여성일 수도 있는 권위적 인물들이 폄훼하는 작업을 하는 예술가들을 들여다 볼 때이다. 권위 있는 인물들은 전쟁의 주변인들보다는 병사들이나 남성들의 이야기를 선호한다. 권력이 있기 때문에, 그러한 비평가들은 자신의 정체성이 비평에 영향을 준다는 사실을 부인할 수 있다. 심지어 권력이 없는 자들이야말로 정체성을 뛰어넘지 못한다고 주장하기도 한다. 비평가들의 평가가 원래보다 객관적인 것처럼 전달될 때, 그들은 마땅히 인정받아야 하지만 그렇지 못한 전문가 행세를 한다. 그들의 평가는 제도화된 권력의 주관적 표현이며, 학교에서부터 시작되는 예술과 취향을 만드는 전체 시스템의 일부분인 비평이다. 그것을 전문적인 예술 세계로 확대하여, 예술과 비평 양쪽을 통합하려 한다.

비평가들이 자신이 속한 세계와 미학 산업의 영향을 받아 편향된 취향을 가졌음을 인정하지 않는 것은 비윤리적이다. 1980년대부터 1990년대에 걸쳐 베트남에서 가장 주목받았던 단편 소설 작가 응우옌 후이 티엡Nguyen Huy Thiep은 비윤리적 비평에 대해 신랄하게 비난한다. 놀랄 일도 아니다. 고전이 된 그의 창작집《장군은 퇴역한다》The General Retires에 실린 단편 소설 〈꾼〉Cun에서 그는 작가와 그의 친한 친구 문학평론가 K를 그려내고 있다. 작가는 독자에게 문학평론가 K에 대해 이렇게 설명한다. "그는 인간의 성품이라고 부르는 것에 있어서 높은 기준을 요구한다. 열심히 일하고, 희생적이고, 헌신적이며, 성실하고 그리고 물론, 예의도 발라야 한다.", "그는 문학적 논쟁을 잘 이해한다(고백하자면 나는 그렇지 않다)."[17] K는 작가에게 자신의 아버지 꾼, 즉 소설의 제목이기도 한 꾼이 짧은 생애 동안 오로지 인간이 되고 싶었으나, 실패했다고 말한다. 이 아리송한 한마디에 강한 흥미를 느낀 작가는 그로테스크한 이야기를 직조한다. 배경은 1944년 일본인들에 의해 백만여 명의 북쪽 사람들이 굶어 죽은 시절이다. 나의 어머니는 그 시절에 대해 말할 때, 어렸을 때 살던 집 현관 계단에 나가보면 굶어 죽은 사람들의 시체가 있었다고 회상한다. 이 이야기는 어린 거지 꾼에 대한 것이다.[18] 그는 '뇌수종 환자의 머리와, 부드럽고 뼈가 없는 것처럼 보이는 팔다리'를 지닌 저주스러운 모습이다. 그는 어디에서나 땅바닥을 기어서 다니지만, 얼굴이 아름다워서 호소력 있는 거지다. 비록 그의 몸은 비인간적으로 추하지만, 온전한 몸을 지닌 채 비인간적 행동을 하면서 살아가는 동네 사람들 가운데 꾼은 유일한 인간이다. 어느 날 꾼은 뜻밖의 유산을 물려받아 부자가 된다. 아름답지만 궁핍한 이웃 여인이 꾼에게 하룻밤 성관계의 대가로 재산을 달라고 설득한다. 그것이 그의 생애에서 가장 행복한 순간이다. 꾼은 병에 걸려 죽는다. 그러나 이웃집 여인이 자신의 아기를 낳는 것을 볼 수 있었다. 이 아기가 문학평론가 K다. K는 물론 그 이야기를 끔찍하게 싫어하면서 그것을 조작이라고 주장한다. 실제로 무슨 일이 일

아무것도 사라지지 않는다

어났었는지 증명하기 위해, 문학평론가는 아버지의 사진을 보여준다. "깃에 풀을 먹인 검은 실크 셔츠를 입은 남자였다. 몸집이 크고 뚱뚱했으며, 콧수염이 잘 정돈되어 있는 그 남자는 나를 향해 미소를 짓고 있었다."[19]

문학평론가는 권위적 인물이며, 문학 기득권층의 안정적 대표자이고, 베트남에서도 정치적 기득권층의 일부이다. 문학 비평은 정권 안에서 일정한 기능을 담당하고 있는 비평가의 정체성과 분리할 수 없다. 정권은 문학을 그들의 권위에 도전하는 잠재적 위험으로 간주한다. 게다가 그는 부족한 비평가다. 비판과 정면대결하지 못하며, 특히 그의 정체성에 의문을 제기하는 비판을 견디지 못하기 때문이다. 자신의 유래를 조롱하는 이야기에 대한 반응으로, 문학평론가는 순진하게도 사진을 꺼내들고 아버지가 비인간이 아니라 인간이었다는 사실을 보여주려 한다. 그것이 이전에 자신이 언급한 말에서 빚어진 모순임에도.[20] 그러나 파파죠지의 사진들처럼, 인간의 평범한 일상을 찍은 실제 사진들은 언제든지 비인간성에 대한 증거가 될 수 있다. 그들의 이름으로 저질러진 일들에 대한 무관심의 증명이기 때문이다. 평론가의 반응은 윤리적 기준의 붕괴뿐 아니라 위선에 가득 찬 그의 미학적 자질을 완벽하게 표현하고 있다. 그는 아버지의 인간성과 자신의 인간성에 열심히 초점을 맞춘 나머지, 소설의 주인공인 어린 거지에 대해서는 논의를 할 수 없다. 어린 거지는 인간성이 박탈된 빈곤의 구현이거나 혹은 에이전트 오렌지가 창조한 비인간적 공포에 대한 사례이다. 혹은 단순히 비평가를 포함한 다른 인간들이 그의 불행을 외면하면서, 눈에 보여도 보려 하지 않는 그런 인간의 상징일 수 있다.

이와 유사한 맥락에서 서구의 비평가를 상상하는 것은 매우 쉽다. 그들만의 객관성일 수 있는 인도주의적 기준을 통해, 하지만 눈앞에 있는 비인간성에는 눈이 먼 주관성을 통해 예술작품을 보는 이들이다. 수직적으로 통합되어 있는 미학 교육과 보상 체제는 그들의 기준을 강화하는 역할을 한다. 이러한 체제는 어린 나이부터 학교 교육을 시작하여 대학, 아카데미, 비평 기구, 수상 심사위원회와 같은 산소가 희박한 고도에서 끝난다. 미국의 비평가 세계는 전형적으로 개인주의자, 소비자주의자, 그리고 자본주의 사회에서 소외된 가치와 감정에 집중한다. 자본주의는 K의 먼 친척 같은 취향개발자들에게 비평가의 권위를 준다. 그들이 정교하게 만들고 정당성을 부여한 기준에 맞게 예술을 다루는 개인주의적 저자나 독창적 작가를 높이 평가한다. 그러한 취향개발자들은 비평가라는 자신의 정체성과 취향, 아름다움, 그리고 선善에 대한 감각이 지배계층의 가치나 이념과 어떻게 얽혀 있는지 거의 의문을 갖지 않는다. 스스로 인간성의 증거라고 여기는 미적 가치가 자본주의 체제와 전쟁기계의 비인간성으로 형성되고 오염된 것임을 보지 못한다. 그 속에서 살고 있으며, 그것으로 얻는 이윤과 치르는 비용을 당연하게 여기기 때문이다.

평론가 판카이 미쉬라Pankaj Mishra는 "서구 작가들을 포함한 서구인들은 당연히 비서구 작가들이 억압적인 정권에 의해 고통을 받고 있으며, 그러한 정권을 비난할 것이라고 기대한다"고 말한다. 저항하지 않으면 도덕적으로 잘못된 것으로 간주한다는 것이다. 그럼에도 동일한 서구 작가들은 자신들의 사회적 범죄에 대하여 동일한 미학적 분노로 대항하지 않는 경우가 많다. "자신의 사회에서 일어나는 일상적 폭력에는 눈을 감고, 피해자들에게 완전한 인간성이 있음을 부정하는, 선택적 인본주의"[21]가 작동한다. 이러한 서구 작가들은 그들의 소설이 얼마나 단조로운지 돌이켜볼 수 있는 상상력이 부족하다. 불행, 이혼, 암 등등, 수상경력으로 획득한 리얼리즘 타령과 이곳을 지배하는 백인 특권에서 비롯된 형편없는 결과물들은 아마도 그들의 사회가 저 멀리서 벌인 전쟁과 자본주의적 착취와 연관된, 그것이 있어서 가능한 것들일지도 모른다. 에드워드 사이드Edward Said는 "문화는 제국주의와 불가분의 관계"라고 설명한다. 그것은 인간성이 비인간성과 불가분의 관계임을 의미하는 것으로 이해된다.[22] 이러한 선택적 인본주의는 순전히 서구만의 것이 아니고 보편적인 것이다. 미슈라는 세심하게 다음과 같이 적는다. "서구든 비서구든 소설가들 대부분은 강력한 제도나 개인들과의 정면대결을 피한다. 특히 작가에게 명예와 영광을 약속할 뿐만 아니라, 결정적으로, 집에 머물면서 글을 쓰는 것을 허용하는 제도와 사람이라면 더욱 그러하다."[23]

선택적 인본주의나 권력과의 연관성을 동일하게 비난하면 비판자들 자신에게 불리하게 작용할 수 있다. 이것이 티엡의 소설이 지닌 영민함이며, 격식을 차리는 비평가의 유래가 비인간일 수도 있다는 암시이기도 하다. 서구 독자들에게는 아무렇지 않겠지만, 비평가들에게는 충격적일 수 있다. 공산주의의 외부인인 서구인들이 그 체제의 위선과 사각지대, 이념의 중심에 존재하는 비인간성을 보는 것은 쉽다. 베트남의 저항 작가는 무엇이 수용 가능한지 결정하고, 무엇이 인간이고 비인간인지 규정하는 권력과 권위, 그리고 취향의 체제와 대결한다. 서구인들은 영웅적 반응을 요구한다! 그러나 서구의 밖에서 볼 때 뚜렷하게 드러나는 그들의 가치는 사회적 적절함을 지나치게 강조한다는 것이다. 이러한 적절함은 백인다움의 핵심에 존재하는 비인간성, 식민주의, 제국주의, 점령통치, 전쟁 그리고 잔혹함을 부인하고 싶어 한다. 이러한 비인간성을 언급할 때 서구의 인간성이 그런 비인간성과 연결되어 있고, 오염되어 있다는 사실을 예술가, 독자, 비평가들은 숨기거나 부인한다. 그들 자신이 위선적이고 모순에 차 있으며, 비인간성에 연루되어 있고, 제도적 보상의 유혹에 맞서는 영웅적 태도도 결여되어 있다는 사실에 눈을 감아버린 이들이기 때문이다.

서구를 처음 접하거나 혹은 소수자인 작가들은 독자들이 스스로의 비인간성을 의식할 가능성이 없는 세계로 들어가는 것이다. 동시에 이러한 작가들은, 서구인의 눈으로는 의심스러워 보이는 자신의 인간성을 증명해야 한다. 〈엔터테인먼트 위클리〉에 실린 《뒤늦은 귀향자》의 서평은 이러한 딜레마를 보여준다. 이 잡지가 보여주는 유명 인사들과 연예오락에 대한 관심을 고려할 때 문학적 토론을 위해 최적의 지면은 아닌 듯하다. 그러나 다소 격이 떨어지는 잡지의 성향 덕분에 글쓰기에 대한 서구적 가치가 직설적으로 표현되어 있다. 서평의 전문은 이러하다.

옛날에 당신의 할머니가 호랑이보다 더 무서웠을 때, 당신의 혈통 속에 인내심이 있음을 알았을 것이다. 양씨 가족을 만나보자. 베트남 전쟁이 끝난 뒤, 파테트 라오를 피해 메콩 강을 건너 태국으로 온 몽족 가족이 있다. 그들은 8년 내내 난민 캠프를 떠돌았다. 마침내 미네소타에 피난처를 마련했으나, 복지연금으로 연명한다. 독자에게 부담을 주는 이 모든 경험은 저자 카오 카일라 양이 잔잔하게 서술하는 문화적 차이들로 가벼워진다. 즉 《뒤늦은 귀향자》 속에 나오는 그대로, 작은 초록색 앵무새 모양의 비누와 헤드앤숄더 샴푸를 비교하는 것.

-삶의 자질구레한 사건들로 채워진 이야기

B⁺를 부여한 이유는 알려주지 않는다. 다만 '독자에게 부담을 주는'이라든가 명백히 순화시킨 '삶의 자질구레한 사건들'이라는 언급을 찾아볼 수는 있다. 다소 아리송한 논평과 함께 주어진 등급은 일에 혹사당하는 교수가 대학생들에게 주는 중간고사 점수와 유사하다. B⁺는 양호한 점수이지만, 의대나 로스쿨에 들어가려고 애쓰는 학생들, 또는 MFA 프로그램에 들어가려고 애쓰는 학생에게는 안심할 수 있는 점수가 아니다. 책을 출간하거나, 상을 받거나, 명성을 획득하고자 하는 이들에게도 마찬가지다. 미학 산업계가 예술가에게 요구하는 것이나 학생들이 받는 압력은 큰 차이가 없다. 졸업을 하고서도 점수라는 게 무엇인지 절실하게 깨우쳤으므로, 예술가들은 여전히 완벽한 등급을 얻고자, 감탄으로 가득 찬 서평으로 두각을 나타내고자, 넉넉한 지원금을 받고자, 눈부신 상을 타고자 분투한다. 학교에서의 성취와 미학적으로 거두는 성취가 유사하다는 것은 -훌륭한 학생으로서의 예술가처럼- 〈엔터테인먼트 위클리〉의 서평뿐만 아니라 《뒤늦은 귀향자》에서도 명백히 드러난다. 두 경우 모두 성취를 이루어야만 그 반대편, 즉 떨쳐버리기 힘든 두려운 가능성이나 혹은 굴욕적 과거의 실체까지 덮어버릴 수 있음을 보여준다.

《뒤늦은 귀향자》는 미국의 편에 섰던 몽족 사람들인 양씨 가족의 역사이지만 동시에 한 사람의 난민이 어떻게 작가가 되었는지를 말해주는 이야기이기도 하다. 태국의 반 비나이Ban Vinai 난민 캠프에서 태어난 양은 라오스 국경을 넘어 태국의 난민 수용소에 이르기까지 가족이 분투한 역사를 추적했다. 그들은 걸어서 탈출했고, 4년의 세월이 걸렸다. 난민 수용소에 들어가자, 양씨 가족은 유엔으로부터 신분증 번호를 만들기 위해 생년월일을 알려달라는 요청을 받는다. 몇

몇 사람들은 태어난 날짜를 몰랐으므로, 양씨 가족은 날짜를 대충 만들었다. 양은 이렇게 쓰고 있다. "많은 몽족 사람들이 서류상의 삶을 시작한 날짜는 유엔에 전쟁 난민으로 등록된 바로 그날이다."[24] 양씨는 여기에서 1950년대까지 몽족이 문자를 사용하지 않았음을 희미하게 암시하고 있다. 그들은 서구 관료주의 사회로 들어오기 전까지 문서화되지 않은 채, 서류 없이 살았다. 몽족 작가로서 양이 처음으로 영어로 된 책을 쓴 것은 몽족 사람들이 서류 위의 삶을 시작하게 된 변화의 연장선상에 있다. 그녀의 회고록은 우리가 앞서 보았던 모든 복잡한 경로를 통해, 몽족을 대변할 작가가 탄생했음을 의미한다.

> 오랜 세월 동안, 어린 소녀의 내면에서 몽족은 침묵하고 있었다…….
> 모든 세상이 그녀의 내면에 쌓여갔다. …… 미국인의 서가에 꽂힌 책들 속에서, 젊은 여성은 몽족이 세계 역사의 각주에 불과해서는 안 된다는 것을 깨달았다. 젊은 여성은 서서히 언어의 수문을 열어, 이름이나 젠더가 아니라 민족을 위한 피난처를 찾고 있던 몽족의 흘러넘치는 강물을 자유롭게 해주었다.[25]

이 회고록은 몽족 난민들이 양가적 서구인으로 변했음을 보여주는 기록이다. 또한 미약하고 겁에 질린 채 목소리를 잃은 난민과 서구에서 이해하는 언어로 난민 대신 발언하는 작가 모두 평가의 시스템 안으로 들어왔음을 보여주는 기록이기도 하다.

작가가 되는 것은 난민으로서 비인간적인, '부담'을 주는 영락함을 벗어던지는 일이다. 등급이 높은 '삶의 자질구레한 사건들' 속의 인간이 되는 방법이다. 그러나 작가가 된 난민이면서, 전쟁 이야기는 남

아무것도 사라지지 않는다

성과 병사들의 것이라고 주장하는 이들로부터 진실한 전쟁 이야기를 가져오려고 하는 작가는 또 다른 위험한 곳으로 가게 될지도 모른다는 걱정에 잠기게 된다. 첫 번째 이야기의 사례를 보자. 난민인 양이 반 비나이에서 처음 마주친 것은 이러하다. "그 캠프의 가장 뚜렷한 특징은 배설물 냄새였다. 화장실이 있었으나, 언제나 흘러넘치고 있었다."[26] 7년 뒤 양씨 가족은 마침내 미국으로 옮겨가기 위해 파낫 니콤 임시 수용소Phanat Nikhom Transition Camp로 보내진다. "우리가 배정받은 건물에서는 반 비나이 난민 캠프와 마찬가지로 끔찍한 화장실 냄새가 났다." 양은 회상한다. "그곳은 목욕실로 사용되던 건물이었다. 건물들 사이, 그리고 시멘트 블록들과 커다란 바위 사이 군데군데, 수용소 전체 어디에나 항상 인간의 배설물이 있었다."[27] 더러움, 특히 처리되지 않은 인간의 배설물에 대한 잊히지 않는 기억이 다른 몽족들의 캠프 생활을 설명할 때도 등장한다. 다른 캠프에 수용되었던 동남아시아인의 이야기도 마찬가지다.[28] 놀라운 일도 아니다. 난민들은 철학자 조르조 아감벤Giorgio Agamben이 '벌거벗은 삶' 혹은 '적나라한 삶'이라 부른 상태에 처해 있었다. 자신이 인간이라는 것을 간신히 알 수 있을 정도로만 살아 있었고, 자신이 인간보다 못한 존재라는 것을 알 수 있을 정도로 죽음에 근접해 있었다. 자신의 배설물과 타인의 배설물을 날마다 눈으로 보면서, 그 속에서 살고, 그 냄새를 맡고, 그것을 밟았다. 난민들은 관료들의 눈으로 스스로를 보면서 부적격한 인간성을 확인했을 것이다. 똥 속에서 사는 것은 진실한 전쟁 이야기이자 트라우마를 남기는 일이다. 오브라이언은《그들이 옮긴 것들》에서 병사들이 마을 사람들이 화장실로 사용하는 '똥밭'에서 기습 공격을 당한 일을 묘사한다. 인디언 이름을 지닌 키오와가 그곳에서 죽었다. 혹은 GI들의 속어로 표현하자면, 버려졌다.[29] 키오와는 똥 속으로 가라앉았고, 배설물 아래로 버려졌다. 그러나 잔인하게도 그 들판은 미국인 병사들이 1년 후에도 살아남는다면, 고향으로 돌아갈 때 임시 체류하는 장소이다. 양이 묘사하는 난민들은 여기저기 널려 있는 똥이 일상의 일부분인 생활을 몇 년, 몇 십 년 동안 지속한다. 병사들에게는 복무 말기의 전쟁 이야기지만, 난민들에게는 종신형일 수도 있는 전쟁 이야기라는 점에서 결정적 차이가 있다.

전쟁 실화를 쓸 때 힘든 것은 똥과 배설물, 죽음 같은 유쾌하지 않은 사실, 병사와 민간인 양쪽 모두 외면하는 비인간성을 다룰 때의 미학적 어려움이다. 신발이나 발에 묻은 똥을 닦아내는 장면을 쓸 때도 그것을 누군가의 집에 들여놓아도 좋을 만큼 미학적으로 괜찮은 이야기로 만들어야만 한다. 따라서 글을 쓰는 것, 또는 속마음을 털어 놓는 것은 진실한 전쟁 이야기를 들려주고 싶어 하는 난민들이 두 번째로 마주치는 위험한 영역이다. 작가들이 속마음을 털어놓으려면, 반드시 똥을 다루어야만 한다. 그 속에는 독자나 나 같은 비평가들이 던지는 비유적 똥도 포함되어 있다. 어쨌든 글쓰기를 배우고, 영어로 글 쓰는 법을 배우고, 학위를 따고, 책을 출간하면서 양이나 다른 몽족 미국인 작가들은 자신의 근원인 소수민족 공동체와 국가 전체의 독자들 양쪽에서 평가를 받게 되었다. 미국에 살고 있는 중국인 작가 하 진Ha Jin은 이러한 딜레마를 '대변인과 종족집단' 사이의 긴장으로 표현한다.[30] 처음으로 몽족 미국인 문학 전집을 만든 편집자 마이 넹 무아Mai Neng Moua는 미국에 있는 몽족들에 대해, "이곳은 매우 사적인 공동체이다. …… 그래서 젊은 사람들은 그들이 쓰는 글 때문에 위협을 받을 수도 있다"[31]고 말한다. 전쟁 실화를 쓰는 것은 위험한 작업

아무것도 사라지지 않는다

이다. 무엇보다도 필연적으로 전쟁 기억뿐 아니라 정체성에 관해서도 이야기해야 하기 때문이다. 이것은 난민과 마찬가지로 병사들에게도 해당되는 사실이다.

진실한 전쟁 이야기는 정체성을 뒤흔들기 마련이다. 전쟁이 근본적으로 정체성을 위협하기 때문이다. 병사는 전쟁터에서 적과 대면할 뿐 아니라 자신과도 대면한다. 민간인은 난민이 되는 순간 스스로 인간 이하가 되었다는 사실을 깨닫게 된다. 전쟁터에서 폭발하고, 사지가 훼손되고, 버려진 시신들은 또한 그들을 살해하고, 그들의 죽음을 목격하고, 그들을 묻은 사람들의 정체성을 토대부터 뒤흔든다. 시신들은 국가의 정체성도 불안정하게 만든다. 한 나라가 논쟁의 여지가 많은 전쟁을 치르면서 분열된 상태가 됐을 때도 그러하고 혹은 타인을 살해하면 자신의 인간성이 뿌리째 흔들리는데도 정치적 통일체가 병사들에게 그것을 명령할 때도 그러하다. 가짜 전쟁 이야기는 전쟁과 국가에 대한 충성심 때문에 인간성이 흔들리는 문제는 무시한다. 가짜 전쟁 이야기는 감상적이고 선택적이면서 부정직한 방식으로 '우리'—주인공과 독자—가 인간임을 긍정한다. 비록 방금 돌이킬 수 없는 삶의 슬픈 상실을 목격하고도 둥지에 머리를 박는 닭들처럼 눈 가리고 아웅 하는 것이다. 진실한 전쟁 이야기가 훌륭하고 위대해지려면, 전쟁이 정체성과 인간성에 대한 도전임을 내용과 형식으로 강렬하고 분명하게 표현해야 한다. 점점 저열해질 수밖에 없는 전쟁의 본질과 서사의 수준을 높여야 할 필요 사이에서 균형을 잡아야 한다.

《뒤늦은 귀향자》가 양호하지만 훌륭하지는 않은 등급을 받은 이유는 아마도 그것이 제기한 정체성의 문제를 완전히 인식하지 못해서일 것이다. 이 문제는 몰락한 삶, 즉 똥 속에서 사는 일상이 '생활의 자질구레한 사건들'을 중시하는 등급에 이르는 변화에서 발견할 수 있다. 양은 자신과 민족을 대표할 수 있는 이야기의 힘에 신뢰를 보인다. 그러나 피해자로 만드는 것과 목소리 내기의 함정을 깨닫지 못하고 있다. 이주한 나라 사람들이 이해할 수 있는 언어로 말하는 난민은 딜레마에 직면한다. 이제 그는 더 이상 난민이 아니라 난민을 대신해서 말하는 사람이며, 이제 피해자를 만드는 가해에 대해 말할 때조차 피해자가 아닌 사람이 된다. 난민이 아닌 관객들을 향해 말할 수 있는 능력 때문에 작가의 정체성은 달라졌다. 그래서 난민 공동체는 그들이 배출한 작가들에게 적대적으로 변하기 쉽다. 작가의 정체성이 변했으며, 그들과 동일하지 않음을 알기 때문이다. 난민인 저자는 서구의 독창적 작가가 되었지만, 그녀 혹은 그가 대변하는 공동체는 여전히 일반 대중이 강요한 조건 속에 살고 있는 소수집단이다. 따라서 일반 대중은 작가가 아닌 공동체의 목소리는 듣지 않는다.

양이 회고록 형태의 글쓰기를 선택한 이후, 마치 연금술처럼 그녀의 정체성은 바뀌었다. 난민 캠프라는 영락한 세계와 배설물로 가득한 현장을 뒤로 한 채 비인간성을 벗어났다. 그녀는 아무도 똥이라는 말을 입에 올리지 않고, 닫힌 문 뒤에서 배설물을 처리하는 곳, 무취와 세련된 도자기 변기로 일정한 미학적 수준에 도달한, 더 높은 등급의 빛나는 세계로 입성한다. 마찬가지로 학계에 있는 동남아시아인 동료는 (내가 보기에) 장난스럽게 '난민에서 부르주아'로 변신했다고 선언했다. 나 역시 난민이었다고 말하자, 웃음을 터뜨렸다. "넌 난민처럼 안 보이는데?" 농담이 아닌 어조로 그가 말했다. 내 동료의 말이 옳다. 나는 이제 난민의 헤어스타일도 난민의 옷차림도 아니다. 나는 난민의 분위기를 풍기지 않는다. 사적인 경우를 제외하고는, 난민들처럼 돈에 대해 말하지 않는 게 낫다는 것을 알고 있다. 양이 서구화된 작가인 것처럼 나는 서구화된 비평가이다. 우리 둘 다 서구의 기준을 따라야 하는 반면에 원래 공동체의 기준도 따라야 한다. 비슷한 상황의 다른 작가들처럼, 그녀는 자신에게 내려지는 평가가 마음에 안 들지도 모른다. 하지만 자본주의 사회에서 개인이 이룬 성취에 대해 특권을 부여하는 것처럼 책을 쓰는 행위와 작가에게 특권을 부여하는 세계 안에서 단 한 가지 해결책은 완벽한 점수인 A를 따는 것이다. 만약 이 세계에 머무르고 있다면, 어떻게 그것을 성취할 것인가? 무엇이 기준이 될 것인가? 혹은 학생들이 교수에게 자주 하는 질문처럼, 무엇을 기대하는 것인가? 교수이기 때문에 나는 학생들에게 어떻게 평가할지를 알려주는 지침을 나눠준다. 그러나 비평가는 예술작품을 평가하는 미학적 기준에 관한 체크리스트를 제공하지 않는다. 자동차를 정비할 때와는 다르다. 비평가는 무엇이 (좋고 나쁜) 예술인지 알고 있을 것이다. 판사가 외설적인 게 무엇인지 아는 것처럼. 그래서 나는 예술작품이 완벽한 점수를 받는 기준을 설명하지 않으려 한다. 그러한 기준은 정체성과 마찬가지로 주관적이면서 변덕스럽다.

나는 진실한 전쟁 이야기를 하는 예술가가 자신의 경험을 어떻게 풀어내는지, 또한 완벽한 점수를 열망하는 예술가라면, 그 열망 자체가 어떻게 남다른 전쟁 실화를 만들어내는지에 관심이 있다. 오브라이언이 《그들이 옮긴 것들》을 쓰면서 이 부분을 잘 이해한 것처럼, 진실한 전쟁 이야기는 이야기 그 자체가 아니라 이야기를 풀어가고, 듣고, 전달하는 방식이 중요하다. 그래서 그가 자기 책 속의 인물에게 팀 오브라이언이라는 이름을 붙이고, 이름과 작가라는 직업을 공유한 것이다. 그러나 그 인물은 이 세상에 존재하는 팀 오브라이언과 동일한 사람이 아니다. 팀 오브라이언이라는 인물의 분투는 그의 창조자가 전쟁과 스토리텔링을 경험할 때의 분투가 여과되어 표현된 것이다. 자기반영성 덕분에 전쟁 실화는 총알을 발사할 때의 반동처럼 자극적이다. 유사한 방식으로, 카오 칼리아 양이 마치 학생처럼 점수가 매겨지는 상황과 맞닥뜨린 것은 그녀의 책에 나오는 이야기만큼 진실한 전쟁이 이 세계에서 벌어지고 있음을 보여준다. 병사들이 일리아드와 오디세이에 등장하는 고대의 두 가지 의례인 전쟁과 귀향을 체험하듯, 난민 역시 귀향의 방향은 반대이지만 두 가지 의례를 모두 통과하게 된다. 전쟁이 살아 남은 병사를 남자로, 그가 속한 사회에서 특권을 지닌 구성원으로 만든다면 전쟁으로 인해 민간인들은 민족국가와 전쟁이 남긴 쓰레기로, 난민으로 전락하기도 한다. 만약 병사가 고향에 돌아가기 위해 분투한다면, 말 그대로 혹은 비유적으로 외부에 있거나 내면에 있는 악마와 전투를 벌인다면 난민은 새로운 고향을 찾고자 분투한다. 병사는 소설, 회고록, 블록버스터 영화, 왕과 대통령의 장황한 연설 속에서 전형적인 서사의 형태로 정당성을 획득한다. 난민은 그런 정당성을 확인 받을 가치가 거의 없다. 따라서 양의 회고록이 짊어진 책임을 고려하면 그녀가 성취해야 하는 등급은 양호함으로는 부족하다. 그 정도면 양호하다는 말은 남성이나 주류의 사람들이 여성과 소수민족들에 대해 마지못해 내리는 평가다. 혹은 이론가 호미 바바^{Homi Bhabha}의 지적처럼, 식민통치자가 식민지 주민에 대해 "거의 같지만 아주 똑같지는 않다", "하얗게 보이지만 백인은 아니다"라고 평가하는 식이다.[32]

글을 쓰는 병사 모두가 만족스러운 등급에 이르지는 못한다. 그러나 글을 쓰는 병사들은 오브라이언이 썼던 것처럼 쓸 수 있다. 왜

아무것도 사라지지 않는다

냐하면 전쟁 이야기는 그들의 것이기 때문이다. 병사에서 작가로 어렵게 변신하는 것은 인간으로 변하는 것은 아니다. 그나 그녀의 인간성은 이미 보장되어 있기 때문이다. 그러나 난민이 작가가 되는 것은 비인간에서 인간으로 승격되는 일이다. 반면에 난민이 작가가 되면 난민 이야기를 할 수 있다는 승인을 받은 것이지, 그나 그녀가 실제 전쟁 이야기를 쓴다고 간주되지는 않는다. 적어도 병사가 쓴 전쟁 이야기와 동일한 비중이 주어지지는 않는다. 난민으로서의 경험 혹은 전쟁 실화를 쓸 때, 어느 측면에서든 양호한 혹은 훌륭한 등급을 받는 것은 작가로 변신한 난민에게 상당히 어려운 일이다. 이러한 난관은 처음에 난민이 발생한 전쟁과 긴밀하게 연결되어 있기 때문에 작가가 된 난민에게 등급을 매기는 상황이 발생한다.

이렇게 등급이 매겨지는 난처한 경험을 난민과 비슷하게 겪는 이들은 타자로 분류되는 여성, 소수자 그리고 식민지 사람들이다. 이러한 타자들은 등급을 매기는 시스템을 지나치게 신뢰하여 스스로 등급을 매기거나 스스로 부족하다고 여길 수도 있다. 완벽에서 조금 모자라는 등급의 망령이 그들 뇌리에서 떠나지 않고 주눅 들게 만든다. 낙제점은 반항이나 대안적 세계의 가능성, 불량함, 학교 당국이 학생에게 강요한 조건에 대한 거부의 신호일 수도 있다. 그러나 완벽에서 조금 모자라는 등급은 진정으로 노력한 사람들의 확실한 실패이다. 그들이 인간보다 모자라고, 등급을 매기는 이들보다 모자란다는 것을 확인해 주기 때문이다. 유명한 (아시아계) 미국인의 문학 작품이자, 제목에 이미 언어와 소속의 역할이 드러나는 있는 창래 리(한국계 미국인 작가 이창래_역주)의 소설 《영원한 이방인》Native Speaker에서 그 사례를 볼 수 있다. 첫 부분에서 주인공 헨리 박은 사이가 멀어진 백인

아내로부터 편지를 받는다. 아내는 그를 'B⁺를 받는 학생의 삶'이라고 표현한다. 이런 평가는 신랄하다. 한국 이민자의 아들인 헨리 박은 갖은 노력 끝에 이런 평가를 받았기에, 나는 소설가인 리 또한 같은 등급을 받게 될까봐 근심한다고 느낄 수밖에 없었다. 전쟁, 기억, 정체성에 대해 깊은 관심을 기울이면서 쌓은 경력을 미루어 보면, 리는 완벽한 학생이 되려고 힘껏 노력했을 것이다. 그래서 한국 전쟁에 관한 소설 《생존자》The Surrendered로 퓰리처상 최종 후보에 오르는 것을 비롯하여 상당한 등급을 얻었다. 그러나 아름답게 서술된 그의 소설들 속에 여전히 불안해하는 학생의 모습이 엿보인다. 소속되고 싶은 갈망, 나쁜 문장은 쓰지 않으려 하는 노골적인 욕망, 언제나 참으로 완벽한 문장만을 쓰는 것, 이것은 창조적인 작가들이 자주 지적하는, 과잉으로 쓴 문장과 그럴 만한 상황이 아닌데 이어지는 서정적 결론 같은 것들이다.

그러나 이것은 그저 나의 느낌일 뿐이다. 내가 리에 대해 했던 똑같은 비평을 소설가인 나에게도 할 수 있다. 나 역시 어떤 사람들의 눈에는 인간보다 약간 모자라는 사람 중 하나이고, 그와 똑같이 불안해하면서 타인의 눈으로 스스로를 볼 수밖에 없는 학생이며, 좀 더 상승하고자 하는 욕망이 나의 관점과 취향을 가리고 있다고 할 수 있지 않을까? 양이나 나와 마찬가지로, 리도 진실한 전쟁 이야기를 하려고 분투하면서, 진실한 전쟁 이야기 속에 있게 된다. 그것은 전쟁을 유산으로 물려받은 작가와 비평가는 늘 몰락한 등급과 완벽한 등급 사이에 끼어 있으며, 등급을 결정하는 미학적 시스템은 전쟁기계와 연루되어 있음을 보여주는 이야기일 것이다. 진실한 전쟁 이야기를 하고자 분투하는 예술가들이 말을 할 수 없거나 완벽한 성적을 얻기 위해 애쓰는 게 불가능하다는 의미는 아니다. 그들이 예술가로서의 정체성과 스스로 선택한 형식의 정체성에 의문을 가져야 한다는 의미다. 두 정체성 모두 전쟁, 기억, 정체성의 3인조를 이루는 부분이자 한 덩어리이기 때문이다.

진실한 전쟁 이야기를 하려고 분투하는 것은 여기가 아닌 다른 곳에서 치른 전쟁을 기억하기 위해서다. 동시에 여기, 지금 살고 있는 곳에서 경험한 갈등을 기억하려는 것이기도 하다. 공산주의 국가에서는 진실한 전쟁 이야기를 하려면 국가에 저항해야 한다. 국가는 옳지 않은 전쟁 이야기, 즉 전쟁을 정당화하거나 국가에 영광을 돌리는 진실하지 못한 이야기에만 관심을 갖기 때문이다. 미국의 경우는 20세기 내내 문화 전쟁이 미국을 분열시켰다. 노동자들의 투쟁, 페미니즘, 게이 인권, 퀴어의 권리 운동들이다. 1960년대에 폭발적 힘을 보인 반전 운동으로 치솟은 소요의 에너지가 인권 운동을 통해 추진력을 얻었다. 문화 전쟁은 1970년대에 가라앉았지만, 1980년대가 되자 격렬하게 다시 시작되었다. 동질적인 미국을 외치는 수호자들이 문 앞까지 들이닥친 야만인, 문명의 언덕을 기어 올라가 찬란한 빛의 도시에 다다른 유색의 귀족들에게 저항했다. 카오 칼리아 양과 창래 리는, 그들이 원하든 말든 상관없이, 이러한 야만인들에 속한다. 나도 마찬가지다. 주저하거나 열정적이거나, 우리 야만인들 또한 문화의 전사들이다. 문명 안으로 들여보내달라고 요구하면서, 그러한 문명이 일으킨 비인간적 전쟁에 시달린다. 우리 또한 전쟁 이야기를 하고 싶다. 진실한 이야기를 하려고 우리가 벌이고 있는 전투와 결코 분리될 수 없는 진실한 이야기를.

9.
강렬한 기억에 대하여

1899년 발표된 러디어드 키플링^{Rudyard Kipling}**의 시** 〈백인의 의무〉The White Man's Burden 옆에 그려진 삽화에는 엉클 샘(미국 정부_역주)과 영국인 동반자 존 불(전형적 영국인을 가리키는 말_역주)이 문명의 '빛을 향하여' 산을 오르고 있는 모습이 보인다. 각각 등에 바구니를 지고 있는데 그 속에는 '갓 사로잡은 침울한 포로들 / 반은 악마이고 반은 어린 아이인' 사람들로 꽉 차 있다. 키플링이 쓴 친제국주의적 찬가는 '평화를 위한 야만적 전쟁'을 벌일 비극적 필요성을 미국에 역설하고 있다. 때마침 미국이 필리핀 반군과 전쟁을 벌이고 있을 즈음이었다. 필리핀인들은 처음에는 미국이 스페인으로부터 필리핀을 해방시키러 왔다고 오해했다. 키플링은 미국인들에게 '그대들이 보호한 자들의 증오'를 경고한다. 그리고 미국인들이 소모할 피와 온갖 소중한 것들에 대해, "나태와 이방인의 어리석음을 경계하라 / 그대들의 모든 희

아무것도 사라지지 않는다

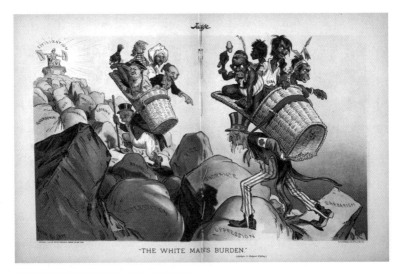

"THE WHITE MAN'S BURDEN."

'백인의 의무(키플링에게 하는 사과)', 빅터 길리엄

망이 사라지게 만들 것이니"라고 주의를 준다.[1] 원주민에 대한 키플링의 묘사로 미루어 볼 때, 얼마나 많은 미국인들이 등에 진 포로들을 도우려 애썼는지 알 수 있다. 백 년이 지난 뒤에도, 키플링의 시는 베트남 전쟁과 그 여파로 중동에서 벌어지고 있는 미국의 전쟁을 설명한다. 시를 읽는 독자는 문명의 빛이 민주주의와 자유의 약속으로 바뀌었다는 것만 납득하면 된다. 그것이 바로 미국인들이 중동 사람들에게 제시한 것이고, 그 이전에는 우리 베트남인들에게 주려 한 것이다. 나를 포함하여 지속적으로 언덕을 오르고자 했던 사람들은 미국인들과 서구 사람들의 상상 속에서 반은 악마, 반은 어린 아이로 남아 있다.

키플링이 넌지시 문명화를 위한 전투가 필요하다는 선견지명을 입증하려 했다면, 적어도 문명인의 관점은 삽화가인 빅터 길리엄Victor Gillam과 동일했을 것이다. 그가 그린 그림은 우리가 계몽, 즉 문명 혹은 신을 향해 올라가고 있음을 보여준다. 내려가는 것은 너무 쉽다. 우리는 짐을 지고 위로 올라가야만 한다. 계속이 아니라 정상으로, 영원한 천국과 더 가까운 곳으로, 가장 높은 땅을 목표로 간다. 그곳은 물론 이 생에서는 결코 도달할 수 없는 곳이다. 나는 이러한 충동과 배은 망덕한 사람들을 구원하려는 구원자의 고통을 묘사한 키플링의 자기 만족적 한탄과 체념의 어조를 이해한다. 비록 반은 악마이고 반은 어린 아이일지 모르지만, 언제든 나를 구원하려는 이의 손을 뿌리치며 경건함 따위는 거절할 준비가 되어 있다. 나 또한 문명의 세례를 받았으며 문명의 옷을 입고 있다. 나는 갈망하고, 오르고, 짐을 지고 간다는 것이 무슨 의미인지 알고 있으며, 내 주인의 언어로 말하고 쓰는 법도 알고 있다. 이 책 전반에 걸쳐 계시와 통찰의 순간에 이르기 위해, 궁극적으로는 출간을 위해 노동을 하고 있는 중이다. 그것은 문자가 읽히지 않는 깊숙한 골짜기에서 일어나는 일이 아니라 빛이 비치는 환한 높이, 신이 모세에게 십계명을 전달한 장소에서 일어나는 일이다. 당연하게도 나는 고결한 이상주의적 윤리를 따른다. 그래서 스스로 책임지기 위해 전쟁이 필요하다는 관념, 전쟁은 언제나 우리 정체성의 일부였다는 관념에 이의를 제기한다.

그러나 이 책을 쓰는 일도 발굴하는 일이다. 만약 나에게 통찰이라는 게 있다면, 바람이 잘 통하는 평지에 있을 때, 혹은 청결하고 조명이 밝은 문서 보관소에서 잠시 휴식을 취할 때, 혹은 계몽적인 생각을 할 때만 찾아오는 것이 아니다. 유령이 살고 있는 동굴이나 터널 속을 걸어가거나 기어갈 때, 혹은 페인트칠이 벗겨지고 창문이 막혀 있는 박물관에서 땀을 흘릴 때, 혹은 더위와 더러움과 구역질나는 화장실과 울퉁불퉁한 도로와 사기꾼과 속임수와 비엔티안에서 부러

저 염증을 일으키는 바람에 두 나라에서 두 번의 수술을 받게 만든 손가락에 욕설을 퍼부을 때도 통찰이 일어난다. 이 모두를 감안하면 나를 포함한 몇몇 사람들이 바람직하다고 생각하는, 높은 장소는 위태로울 수 있다. 높은 장소에서는 동굴과 터널 속을 볼 수 없다. 그 속에는 감사할 줄 모르고, 뉘우치지 않는 미개한 이들이 우리의 시선과 군대의 힘, 도덕적 권위를 피해 몸을 숨기고 있다. 그들은 전복시키고 저주하기 위해 살고 있다. 나는 저주하는 자나 저주받는 자로서, 혹은 윤리적 행동을 요구하는 권위를 지닌 사람으로서 면역능력이 없다. 나는 '헌신하는 작가들'에 속한다. 영화평론가 트린 민 하는 우리와 같은 작가들을, "죄의식을 의식하면서 그것을 독자들에게도 전달하고자 하는 작가들. …… 그런 규정으로 자연스럽게 권력의 편에 배치된다"[2]고 했다. 권력은 수준 높은 정의를 실행하려는 의도일 때조차, 아래로부터의 저항과 위로부터의 억압을 이끌어낸다.

권력과 헌신의 위험에 대한 경고에도 불구하고, 결국 극단으로 치닫게 되는 권력과 헌신은 이념과 상관없이, 죽음의 수용소에서 원자폭탄에 이르기까지 최대의 과잉을 정당화한다. 이 마지막 장은 전쟁과 싸우고 평화를 추구할 강력한 기억이 필요하다는 내용이다. 권력과 얽히는 것만큼이나 걱정스러운 것은 권력과 맞설 수 있어야만 하고 그것을 자기 힘으로, 윤리적으로, 어떻게 해서든 해내기를 바라게 되는 것이다. 권력을 이용하는 것은 자신의 인간성과 비인간성을, 그리고 자기 능력의 장점과 단점을 완전히 의식해야만 하는 일이다. 어느 정도 은둔하고 금욕하는 삶을 살면서 권력을 피하고자 하는 사람이라고 해도, 자신을 넘어서서 조금이라도 넓게 세상을 변화시키려한다면 세상으로 나와야만 한다. 개인적으로 깨달음을 향해 산을 올라갈 수도 있지만, 권력을 접촉하거나 권력에 접촉 당하지 않고 세상을 변화시킬 수는 없다. 권력과 싸우다 보면 자기 자신이 짐을 지고 산에 오르고 있다고 생각하기 쉽다. 그래서 진보의 상징인 상승에 관한 이야기가 나의 서사 속으로 스며든다. 나는 낮은 지역에서 시작하여 높은 지역으로 오르려 애쓰는 이야기를 하게 된다.

두 지역 모두 강력한 기억에서 중요한 역할을 한다. 낮은 지역에 있으면 어쩔 수 없이 지속적으로 우리의 비인간성과 대면해야만 하고, 높은 지역에 있으면 우리에게 잠재적 인간성이 있음을 긍정하게 된다. 우리는 높은 지역에 존재하면서 유토피아적 이상을 따르는 원추형 빛 속에서 이 책을 쓰고 싶지만, 우리들 대부분이 존재하는 낮은 곳은 디스토피아의 그림자가 빛을 둘러싸고 있다. 내가 낮은 지역의 힘을 가장 명백하게 느낀 것은 2010년 여름에 처음으로 투올 슬렝Tuol Sleng 박물관, 전 크메르루주의 정치범 교도소 S-21을 방문했을 때였다. 같은 날, 외국인들의 전형적인 관광 일정에 따라, 프놈펜 외곽의 초웅 엑Choeung Ek 킬링필드로 참배를 갔다(크메르 관광객들 대부분은 아름다운 왕궁을 방문하고 싶어 한다. 누가 그들을 비난할 수 있을까?).[3] 시간을 꼭 명시해야 하는데 동남아시아의 박물관과 기념품들은 수년만 지나도 달라지기 때문이다. 그들의 기억과 망각도 마찬가지다. 박물관, 기념물 그리고 기억은 나라가 달라지면서 변하기 마련이다. 그 시대 그 순간에 적절했던 것들이 시대가 바뀌면 무용지물이 되거나 유행에 뒤떨어져 버린다. 내 경우에는 내가 너무 변해서, 몇 년 뒤에 투올 슬랭과 초웅 엑을 두 번째 방문했을 때 별다른 감흥이 없었다. 사이공에 있는 전쟁유물박물관을 두 번째 세 번째 방문하면서 나는 좀 더 단단해졌다. 대부분 눈에 매우 익어서, 사진을 잘 찍는 게 가장 주

아무것도 사라지지 않는다

된 관심이었다. 아주 잔혹한 광경이라 해도, 같은 것을 두 번 이상 보면, 그렇게 되어버린다.

그러나 처음 방문했던 그날, 나는 투옹 슬렝과 초웅 엑에 대해 미리 자료를 읽어서 어떤 장면을 목격하게 될지 알고 있었는데도, 온몸이 마비되는 느낌이었다. 기록 보관 담당자들이 정보기관이 S-21에 보관하던 문서들을 분류하는 중이었다. 그 속에는 모든 수감자들이 입소할 때 찍은 사진과 사망 후에 찍은 사진이 들어 있었다. 그 많은 흑백 사진들은 흡사 미국 고등학교 졸업앨범 사진의 레이아웃처럼 기하학적으로 줄이 딱 맞게 진열되어 있는데 다만 수감자들 대부분이 웃지 않고 있다는 것, 모두 이름이 없다는 것만이 달랐다. 방문객들은 수감자들의 비참한 운명을 알고 있기에 그 얼굴들을 들여다보지 않을 수 없었다. 사진 속 주인공들 대부분은 앞으로 무슨 일이 일어날지 알지 못했을 것이다. 불길한 느낌으로 분위기는 가라앉고, 박물관 안은 내내 숙연하게 고요하다. 관광객들은 낮은 목소리로 속삭이고, 이따금 초조한 목소리가 들렸다. 정확히 말하자면, 족쇄와 핏자국이 남아 있는 취조실을 걸어서 지나가다가 내는 소리다. 그 자국들은 10대의 간수들이 저지른 고문의 적나라한 증거들이다. 간수들 중 몇몇은 결국 그들도 입소 사진을 찍어야 하는 운명을 맞이했다.

그 교도소의 실제 생존자를 만난다면, 무슨 말을 할 것인가. 츔 메이Chum Mey가 리티 판의 충격적인 다큐멘터리 〈S-21〉의 한 장면처럼 실제로 교도소 건물 별관의 한 감방에 나타났다. 그 영화에서 메이와 또 다른 생존자 반 나스Vann Nath는 한때는 교도소였던 고등학교를 찾아왔다. 판의 카메라가 가혹하게 응시하는 가운데, 나스는 교도소의 간수였던 몇몇 사람들과 대화를 나눈다. 간수들이 한 짓과 누가 그 일에 책임이 있었는지에 관한 것이다. 그러나 메이는 감정을 억누를 수 없어 촬영에 참가하지 않았다. 그의 가족은 이곳에서 모두 죽었고, 그는 간신히 살아 남았다. 학자인 카타리야 움Khatharya Um이 전하는 말은 진실이다. "생존자가 토로하는 느낌은 한 사람이 '하나의 몸, 두 번의 삶'을 산다는 것이다. 폴 포트 이전의 삶과 폴 포트 이후의 삶."⁴⁾ 영화 속에서 메이는 붉은 색 반소매 셔츠에 회색 바지를 입고 있었는데, 내가 그곳에서 실제로 그를 보았을 때도 같은 옷차림이었다. 백발의 머리카락도 똑같은 모습으로 짧고 단정하게 깎고 있었다. 그는 자신이 갇혀 있던 곳과 비슷한 형태인 좁고 긴 벽돌 감방으로 나를 데려갔다. 그리고 자신이 어떻게 족쇄를 차고 있었는지, 녹슨 미제 탄약 상자인 변기를 어떻게 사용해야 했는지 재연해 보여주었다. 나의 통역이 그가 받은 고문의 묘사를 통역해줄 때, 그는 내가 봤던 영화 속에서처럼 그리고 교도소장 돗의 재판에서 증언을 할 때처럼 똑같이 눈물을 흘렸다. 그는 나처럼 낯선 사람들에게 자신의 이야기를 할 때마다 눈물을 흘리는 것일까? 내가 먼저 사진을 찍자고 했는지 그가 제안한 것인지 기억할 수 없지만, 우리는 카메라 앞에 나란히 섰고, 그가 땀에 젖은 나의 등에 팔을 둘러 자기 쪽으로 끌어 당겼다. 나는 미소를 지었던 것 같았는데 ―다시 사진을 주의 깊게 들여다보니 그렇지 않았다― 왜냐하면 사진을 찍을 때는 으레 그렇게 하기 때문이었다.

통역자가 오토바이로 나를 초응 엑까지 태워다 주었다. S-21의 간수들이 밤에 수감자들을 트럭에 싣고 데려간 곳이다. 푸른 잔디가 깔린 공원 같은 곳에 들어서면 위풍당당한 탑이 보인다. 탑에 더 가까이 다가가면, 유리창 뒤 선반마다 뼈와 두개골들이 쌓여 있는 게

아무것도 사라지지 않는다

초웅 엑 유골탑

눈에 들어온다. 소켓처럼 텅 빈 두 개의 구멍이 시선을 되돌려 준다. 이 유골들은 이 장소의 간수이자 수감자로 남아 있다. 유령들이 있다면 그토록 많은 낯선 사람들이 자신들의 죽음의 장소를 무단으로 드나드는 것에 화를 낼 것인가, 아니면 자신들을 기억해 주어서 기쁠 것인가? 완만하게 울퉁불퉁한 잔디밭에는 학살이 일어난 곳을 알려주는 손 글씨로 쓴 표지판이 서 있다. 살인자들이 아기들의 머리를 후려친 나무의 위치를 가리키면서, 비가 오면 아직도 유골들이 발견된다고 방문객들을 위한 설명을 적어 놓았다. 이곳에서 수천 명이 죽었다. 구덩이 앞에서 무릎을 꿇게 하고 몽둥이로 머리를 내려쳤다. 발전기가 웅웅거리는 소리에 그 소리가 묻혔다. 나로서는 빛이 없는 밤에는 결코 오지 않을 장소였다. 나는 낮에 사진 찍는 것을 더 좋아한다. 구릉의 가장자리에 서서 사프란 색 가사를 걸친 채 디지털 카메라로 풍경을 담고 있던 어떤 승려처럼. 더위 때문에 숨을 쉬기 힘들 지경이다. 호텔로 돌아와 샤워부터 한다. 그러고 나서 누우니, 낮에 찾아온 마비가 나의 몸과 마음에 깊숙이 배어든다.

독일의 뮌헨 외곽에 있는 다하우^{Dachau} 강제수용소에 가본 적이 있다. 침울한 경험이었으나, 프놈펜의 부띠끄 호텔에서처럼 감정적으로 또 신체적으로 움직일 수 없거나, 탈진하거나, 충격을 받지는 않았다. 시대적으로, 역사적으로, 그리고 문화적으로 이 역사가 나에게 더 가깝게 느껴지기 때문일까? 아니면 내가 다하우를 방문했던 1998년에 이미 기억을 위한 모든 과정이 완료되었기 때문일까? 그 장소에서는 공포가 즉각적으로 느껴지지는 않았다. 오히려 기억을 지우고자 하는 본능의 거즈로 여과되고 있었다. 공포는 홀로코스트에 대한 다른 이들의 기억에 오랜 세월 노출되면서, 가톨릭 성당마다 걸려 있는

아무것도 사라지지 않는다

십자가에 매달린 그리스도의 몸처럼 멀리서 피를 흘리는 기억의 유물로 바뀌었다. 다하우에 없는 것은 역사적 세부사항이 아니었다. 세부 사항의 강도, 그것의 광택은 투올 슬렝이나 초웅 엑보다 훨씬 뚜렷했다. 독일인들은 수십 년에 걸쳐 역사를 재정비하는 과정을 수행했다. 부유한 나라가 지닌 풍족한 재원으로 홀로코스트에 헌정하는 가장 세련된 기념물과 박물관을 세웠다. 그것은 서구 열강이 갈고 닦아서 보편화시킨 미학적 기준에 어울리는 것이었다. 피해자들이 그나마 정상적인 상태일 때의 사진부터 뼈만 남은 단계의 사진까지, 사진 자료들은 범위와 표현 그리고 설명이 다양했다. 개인 소지품과 옷에서부터 머리끈 같은 것들에 이르기까지, 피해자들의 유품이 예술적으로 전시되어 있었다. 한때 시신들이 흩어져 있었다고 하던 강제수용소 마당은 깔끔하게 손질되어 있었다. 이것은 기억 산업의 힘으로 높이가 올라간, 높은 지역에서 이루어지는 기억 작업이다. 이러한 작업은 죽은 이들에 대해, 침착하게 숙고하고 회상하며, 존경하고 숭배하기를 요구한다. 잔혹행위가 잊히거나 반복되지 않도록 더 진전된 해결책을 마련해야 한다는 의욕을 북돋운다. 독일의 추모 네트워크를 방문하면서 나는 공포도 아름다운 방식으로 표현될 수 있음을 납득하게 되었다. 비록 공포라 하더라도, 죽은 사람을 무시하거나 살아 있는 이들을 불편하게 하지 않는, 예술적 방식으로 재연되어야 한다.

투옹 슬렝과 초웅 엑에서, 바탐방의 학살 동굴에서, 캄보디아의 풍경 속 여기저기에 솟아 있는 두개골과 뼈로 가득 찬 탑에서, 라오스의 어두운 탐 피우 동굴에서, 미군의 폭탄 상자와 탄피로 집안을 장식한 항아리 평원 근처의 집들에서, 베트남 전역에 흩어져 있는 순국선열과 무명용사들의 방치된 묘지들에서, 작은 건물 몇 채가 흩어져 있는 2003년 사이공의 전쟁유물박물관에 소장되어 있는 유리병들, 그 속에 들어있는 에이전트 오렌지의 피해를 입은 기형 태아들을 보면서, 나는 아름다움과는 전혀 동떨어진 장면들을 보았다. 작고 가난한 나라에서 볼 수 있는 기억의 가난함이었다. 부유한 기억의 전형적 상징은 없었다. 대리석과 화강암으로 지어진 넓은 공간, 눈길을 끄는 유리창들, 정밀하게 새겨진 동판화, 어떤 언어로든 정확한 문법으로 작성된 자막이나 해설 같은 것도 없었다. 광범위한 역사적 기록, 강도를 정확하게 조절한 조명, 적절하게 계산된 음향효과, 인간의 시각, 냄새 그리고 체온을 고려한 설정도 없었다. 또한 예배 시간의 신도들처럼, 이미 사회적으로 교육을 받아서 침묵하며 추모하는 관습과 의식에 익숙한 방문객들도 찾아보기 힘들었다. 가난한 나라에서는 부유한 기억의 특징들이 전복되어 나타난다. 캄보디아의 기록보관소 관리자는 투올 슬렝을 개조할 국가적 차원의 계획을 설명하면서 나에게 말했다. "앞으로 훨씬 더 아름다워질 겁니다."

기억을 집에 비유하자면, 저택에서부터 판잣집까지 다양하다. 물리적 환경이 기억을 형성하고, 기억에 대한 감정까지 형성한다. 보통 빈곤한 기억의 장소에서 느끼는 기분은 공포가 아니라, 수치심과 슬픔이다. 적어도 나 같은 사람은 무엇이 어떻게 보이는지가 중요하기 때문이다. 그러나 공포와 정면으로 마주칠 때도 있다. 투올 슬렝에 있는 동공이 확대된 죽은 사람들의 사진이나, 다행스럽게도 흐릿했지만, 베트남 해방군이 발견한 고문실의 침대 위에 놓여 있던 피투성이 시신의 사진을 보았을 때이다. 이런 끔찍한 사진들을 보면서, 한때는 그 사람들이 단순히 사진 속 인물들이 아니었음에 생각이 미치면 정신이 번쩍 든다. 예전에 인간의 두개골들로 만든 캄보디아 지도가 있

아무것도 사라지지 않는다

었다. 그것을 직접 본다고 상상해 보라. 그러나 이제 그 지도는 사진으로만 남아 있다. 여전히 유리 상자에 담긴 채 전시되고 있는 두개골 세 점이 있다. 큰 반향 혹은 전조를 불러일으킨 백만장자 예술가 데이미언 허스트^{Damien Hirst}의 '예술' 작품으로, 실제 인간의 두개골에 백금과 다이아몬드를 씌워서 만들었다. 어느 두개골이 더 불경한가? 어느 쪽이 더 외설적인가? 어느 쪽이 더 잊을 수 없는가? 어느 쪽이 더 역겨운가? 내 대답을 예측하기 쉬울 것이다. 번쩍이는 허영 아래 부와 소비에 대한 방종하고 불쾌한 과시가 나는 더 역겹다. 비록 전반적인 사회에서는 빈곤에서 비롯된 세련되지 못하고 불안정한 표현보다는 번쩍거리는 것을 더 높이 평가하겠지만. 부자들이 이러한 예술 작품을 사고 가난한 사람은 굶어죽는 세상에서, 다이아몬드로 뒤덮인 해골은 우리가 처한 복잡성을 잊어버리라고 부추긴다. 그러나 가장 너그럽게 해석해 보면, 너무 과잉인 '예술' 작품은 그런 복잡성을 기억하라고 쿡쿡 찔러대고 있는지도 모른다. 마찬가지로, 극심한 고통 속에서, 혹은 사후 경직이 시작되는 속에서 사람들이 죽어가는 모습은 잊을 수 없는 것이다. 혹은 잊지 않게 되기를 바란다.

우리가 정말로 사진 속의 사람들을 잊었다는 증거가 있다. 혹은 특정 지역 출신이었기 때문에, 혹은 피할 수 없는 운명을 타고난 사람들이기 때문에, 혹은 원래 죽을 수밖에 없고 고통당할 수밖에 없는 성향을 지닌 사람이었기 때문이라는 핑계를 대면서 잊으려 하는 절망적인 증거들이 있다. 그럼에도 나는 가난한 나라, 낮은 지역의 좁은 땅에서 일어나는 이 그늘진 숭고함을 변호한다. 거칠고, 조잡하고, 부족하고, 불완전하며, 눈에 거슬리는 비참한 미학적 사례들은 시간이 흘러, 사람들이 가난을 벗어나 부유해지고 덜 비참해지면서, 마침내 변하게 될 것이다. 이러한 변화는 하노이에 있는 베트남 여성 박물관에서 볼 수 있다. 내가 처음 2003년에 방문했을 때는 단순한 전시품밖에 없는 지역 공간에 불과했으나, 2013년에 다시 찾았을 때는 말끔하게 정돈된 박물관으로 바뀌어 있었다. 공동 작업한 프랑스 큐레이터들 덕분에 부유한 기억의 특징이 많은 공간이 되었다. 투올 슬렝 역시 놀랄 만큼 멋진 오키나와 현립 평화박물관 큐레이터들의 도움으로 변하고 있다. 캄보디아 큐레이터들이 연수를 받고 있는 그 박물관은 모든 진영을, 군인이든 민간인이든 차별 없이, 죽은 이들을 넓은 통로와 전시실에서 추모하는 매우 드문 공간이다. 제2차 세계대전 혹은 태평양 전쟁 때 오키나와 전투에서 약 20만 명이 전사했다. 사람들이 죽어간 절벽 끝의 추모 광장에는 때로는 고요하고 때로는 격동하는 바다와 마주하고 있는 거대한 바위가 서 있고, 그곳에는 죽은 이들의 이름이 새겨져 있다. 그렇게 기억되기를 바라지 않는 이가 있을까?

동남아시아의 기억도 변할 것이다. 그들이 기억을 부유하게 성장시킬 권리가 거부되어서는 안 된다. 자동차와 냉장고, 명품 핸드백 그리고 부유한 이들이 이미 가지고 있는 소비자 생활양식의 특징들을 소유할 권리가 거부당하지 않아야 하는 것과 마찬가지다. 비록 그런 물건들의 가격표가 환경을 파괴하고, 인류를 서로 소외시키고, 전지구적 불평등 체제를 영속시킨다고 하더라도 말이다. 그것은 우리가 상품을 생산하고 욕망하기 때문에 치르는 진정한 비용처럼 보인다. 그러나 기억 관련 산업들을 포함하여 부자들이 소유한 모든 것을 가난한 이들도 가질 수 있어야 한다고 해도, 가난한 사람들이 부자들의 행동을 반복하는 대가로 비용을 치러야 한다는 사실을 인식해야 한

아무것도 사라지지 않는다

다. 투올 슬렝, 초웅 엑, 그리고 그늘진 숭고함을 지닌 다른 장소들 모두 거슬리는 부분이 있지만, 어떤 의미에서는 나에게 물리적, 정신적 그리고 영적으로 각인되었다. 그 장소들과 개인적으로 연관된 사건이나, 비인간성을 떠올리게 되는 다른 사람이 없었음에도 그러했다. 그 장소들은 그저 끔찍한 이야기들을 전하기 위한 곳이 아니다. 매우 거칠고 직설적인 비참한 기억의 미학을 통해 공포를 보여주는 장소이기도 하다. 이것은 정면 대결하고 에너지를 소진시키는 기억이다. 산 위에 올라가 설교하는 게 아니라 뺨을 때리는 행위다.

낮은 곳에서 높은 곳까지, 불경함에서 성스러움까지, 기억 작업에는 두 가지가 모두 필요하다. 그러나 각각 언제 그리고 어느 정도의 비율로 필요한가? 그 질문에 답하기 위해 높은 곳에서 이루어지는 강력한 기억의 예를 몇 가지 살펴보자. 레 리 헤이슬립은 자신의 회고록을 도덕적으로 높은 위치에 올려 놓았다. 폴 리쾨르가 '용서의 높이'라고 말한 것이다.[5] 프롤로그에서 그녀는 전쟁기계들을 저주하지만, 병사들은 용서한다. "만약 당신이 미국의 GI였다면, 전쟁은 당신 잘못이 아니다."[6] 그녀의 회고록은 이렇게 '평화에 헌정'하는 프레임으로 이루어져 있고, 에필로그인 '깨달음의 노래'에서는 그 목적이 '복수의 사슬을 영원히 끊는 것'에 있다고 말한다.[7] 또한 미군과 미국에 대해 화해의 손을 내민다. 그녀는 "미국에서 살고 있는 게 매우 영광스럽고, 미국 시민인 것이 자랑스럽다"라고 말한다. 그러나 회고록의 중심에는 베트남 농부들의 이야기가 결연하게 놓여 있다.[8] "우리가 바로 그 전쟁의 모든 것이다"[9]라고 그녀는 쓰고 있다. "전쟁을 치른 당사자이고 피해자로서, 우리 농부들은 살아 남았고, 그리고 오늘도 여전히 살아가고 있다."[10] 영화제작자 리티 판과 마찬가지로, 이 전쟁이 그녀의 민족이 스스로를 위해 치른 것임을 주장하고, 전쟁의 당사자가 미국인이라는 질긴 믿음을 정면으로 반박한다. 전쟁을 일으키는 데 일조했고 전쟁의 피해자가 된 농부들이야말로 도덕적 책임과 용서할 권리를 가지고 있다는 헤이슬립의 주장은 회고록 속에 나오는 모든 사람들에게 용서를 넓혀가는 태도에서 비롯된다. 그것은 미국인들이 스스로에게 죄책감을 확대시키는 것과는 다르다. 몇몇 미국 퇴역 군인들, 평화 활동가들, 그리고 사려 깊은 민간인들이 베트남인들 혹은 자신의 과거와 화해하기 위해 베트남을 방문하지만, 베트남어로 용서의 말을 하는 경우는 거의 없다. 아마도 그들은 자신이 누군가를 용서할 수 있는 도덕적 우위에 서 있지 못하다는 사실을 알았을 것이다. 그러나 '미국의 양심이 만든 난민들'[11] 중 하나인 헤이슬립은 비인간성의 많은 일화들을 되짚어 보고 난 뒤, 인간성에 대한 희망을 제시한다.

사진작가 안-마이 레[An-My Lê]는 영적이 아니라 임상적으로 높은 지역을 점한다. 맥아더 재단은 그녀에게 상금으로 50만 달러 이상의 지원금을 제공했다. 약소국의 수많은 작은 박물관에 할당되는 한 해 예산을 초과하는 금액이 개인에게 주어진 것이다. 29개의 야자수 연작에서, 그녀는 미국 해병대가 캘리포니아 사막 기지에서 훈련할 때 참가하는 방식으로 미국 군대와 언론의 전체주의적 언어 속으로 직접 파고든다. 가장 충격적인 사진은 밤에 촬영한 샷이다. 장갑차 대대가 발포하는 순간, 어둠 속에서 환한 섬광으로 날아가는 포탄의 궤적이 굵은 거미줄처럼 그어지는 장면이다. 높은 고도에서 찍은 사진이라서 장갑차는 장난감 트럭이나 자동차처럼 보인다. 레는 헤이슬립의 경우처럼 전투, 강간, 고문과 같은 밀접한 접촉에서 살아 남은 피해자

'29그루 종려나무: 제3차 야간 작전', 2003~2004

의 짐을 지지 않는다. 레는 용서할 수 없다. 다만 렌즈를 통해, 자신의
미학을 통해, 시각과 관련된 또 다른 높이를 가정해 볼 뿐이다. 광학
은 전쟁과 윤리 둘 다와 관련이 있다. 레의 카메라는 병사와 전쟁기계
모두를 보여준다. 토드 파파죠지가 민간인의 관점에서 전쟁기계를 촬
영했던 반면에, 레는 군대의 관점에서 사진을 찍는다. 병사 개인과 그
의 감정은 이러한 사진에서 거의 중요하지 않다. 레의 연작들 속에는
전체적 효과와 장비, 전쟁기계의 집단적 존재와 무력 외에 다른 것들
도 포함된다. 제복과 무기, 기갑 장비로 인격을 제거하고 나면 항공정
찰, 드론, 위성, 그리고 전략적 시점인 높은 고도에서 볼 때는 개개인
의 인간은 대량의 비인간으로 변한다. 장군들과 대통령은 이러한 집

단적 구성단위의 움직임과 위치에 근거하여, 인간으로서 개인이 희생되어야 하는 방향으로 결단을 내린다. 레는 자신의 사진 속에서 전쟁기계의 비인간적 얼굴의 본질을 포착한다. 그것은 인류와 인간의 신체를, 인간이 만든 아름다움과 공포 속에서 숭고하고, 유혹적인 어떤 것으로 변화시킨다.

전쟁기계와 대면하고 진실한 전쟁 이야기를 전달하기 위해 예술가, 실천가, 사려 깊은 시민, 혹은 체류자, 혹은 이방인, 혹은 피해자는 높은 지역으로 올라가야만 한다. 그것은 윤리적이면서 미학적인 움직임이다. 도덕적 위치와 전략적 시야 모두를 확보하는 두 배의 효과를 볼 수 있는 방법이기도 하다. 도덕적으로, 유혈사태를 용서하고 포기하려면 과거, 현재, 미래의 분쟁에서 자신과 동맹국의 (잠재적) 과실을 보는 것뿐만 아니라 싸움에서 벗어나야 한다. 전략적으로, 전쟁기계의 총체성과 유동성을 파악하고자 한다면, 또한 전쟁기계의 다른 측면인 평화 운동을 보려 한다면, 넓은 풍경으로 볼 수 있어야만 한다. 헤이슬립은 "전쟁은 평화를 가르칠 수 있다"고 말한다.[12] 이러한 과제는 예술가들이 타자들 속에 있기를 요구한다. 한 나라의 시민으로 존재하는 것 이상을 상상하고 꿈꾸는 것, 상상계의 시민권에 대한 갈망을 표현하는 것, 그것이 예술가의 소명이다. 이렇게 상상하고 꿈꾸기 위해, 전쟁기계와 대면하고 또 평화를 위해 일해야 한다. 전쟁기계는 단지 병사들이 지닌 인간의 얼굴에만 초점을 맞추는 상상력의 실행만 원한다. 반면에 예술가는 전쟁기계의 총체성, 집단성, 거대함, 숭고함 그리고 비인간성을 상상해야 한다. 예술가는 전쟁 기계가 인간 병사를 통해, 즉 그의 죽음과 희생된 신체를 통해 제공하는 정체성을 거부해야 한다. 학자인 일레인 스카리Elaine Scarry는 애국적 시민은

아무것도 사라지지 않는다

국가와 자신을 동일시하도록 설득당한다고 주장한다.[13] 예술가는 그 대신, 전쟁기계의 인간적 정체성 속에 애국적 시민이 어떻게 통합되는지 그리고 그녀 혹은 그를 어떻게 비인간이 되게 하는지 보여주어야 한다.

그것이 반전 운동과 평화 운동 양쪽에서 예술이 중요한 역할을 하는 지점이다. 두 운동은 동일하지 않다. 반전 운동은 반대이며 반작용이다. 그래서 전쟁기계의 논리를 그대로 반복하기도 한다. 예를 들어 반전 운동가들은 전쟁기계의 피해자들을 단지 피해자로만 취급한다. 그들을 구원한다는 명분으로 결함이 있을 수 있는 피해자의 복잡한 (비)인간성을 외면한다. 특정한 전쟁이 끝나면, 그 전쟁에 반대하는 수많은 반전 운동도 마찬가지로 끝난다. 전쟁이 단 한 차례 일어나는 사건이 아니라 영속적인 것임을 이해하면, 평화 운동이 시작된다. 평화 운동은 전쟁기계의 '우리 대 그들', '피해자 대 가해자', '선과 악' 심지어 '승리 대 패배'라는 이분법적 논리에 대한 반작용 너머, 그 이상을 본다. 영속적 전쟁은 한국과 베트남 그리고 지금 중동에서 보여주는 것처럼, 굳이 전쟁에서 승리해야 할 필요가 없다. 너무 큰 손해가 아니라면, 교착상태든 노골적 패배든 극복할 수 있다. 전쟁기계는 교착상태나 패배를 미래의 전쟁을 위한 교훈으로 삼거나 시민들의 의심이 더 깊어지도록 이용할 수 있다. 양쪽 다 전쟁기계가 심리적, 문화적, 경제적 투자를 지속하는 것을 정당화한다. 승리는 확실히 대단한 것이지만, 전쟁기계의 주요 관심은 자기 존재와 성장을 정당화하는 것이다. 그래야 전쟁을 영원히 제대로 지속할 수 있다. 끝나지 않는 전쟁은 일련의 대리전, 국지전, 원거리 전쟁, 드론 공격, 비밀 작전을 토대로 공고해진다. 일부 보수주의자들까지도 인정하듯이, 전쟁기계는

사업을 그만두거나 예산을 삭감할 필요가 없다는 의미이기도 하다.[14]

평화 운동은 이러한 비인간성의 실체와 마주하라고 요구한다. 평화 운동은 정념에 근거를 두거나 혹은 모든 사람들이 모두 함께 어울려 살아야 한다는 유토피아적 시각에 근거를 두지 않는다. 그보다는 사람들의 비현실적인 인간성과 잠재적인 비인간성을 모두 인식하는 동시적이고 냉철한 시각에 근거한다. 낮은 지역에서 비롯된 강력한 기억은 우리가 잔인할 수 있음을 일깨워주는 부정적인 비인간성의 악취에 저항하면서 코를 틀어막는다. 이러한 기억은 혐오와 역겨움을 자극한다. 높은 지역에서 비롯된 강력한 기억은 비인간성을 들여다보면서 생성된 우리의 초월적 인간성을 긍정적으로 일깨운다. 그것은 국가를 넘어선 상상의 장소인 세계를 향한 세계시민의 방향성을 제시하고, 연민과 감정이입을 북돋운다. 연민, 감정이입 그리고 세계시민주의는 아무것도 보장하지 않는다. 그러나 우리의 정체성과 전쟁기계 사이의 연결을 끊으려면 꼭 필요하다. 헤이슬립과 레 모두 감정이입과 연민을 정치와 이념보다 중요하게 여긴다. 헤이슬립은 사랑하는 사람들에게 감정이입을 할 뿐 아니라 적이나 그녀를 고문한 사람들을 향해서도 연민의 범위를 넓힌다. 그녀는 자신을 이 세계의 시민이라고 상상하며, 인위적인 국경과 인종의 모든 경계를 초월하는 삶을 상상한다. 레는 전투를 대비해 연습하고 훈련하는 사람들에서부터 전투를 재연하는 사람들에 이르기까지, 전쟁기계 속으로 스스로 침투한다. 그녀의 '국지전' 연작의 충격적인 사진 속에는 그 당시의 제복을 입고 무장을 한 레가 미국 민간인들이 베트남 전쟁을 재현하는 장면에 들어가 있다. 그녀 역시 재연배우가 되어 라이플 소총으로 미국 병사들을 저격하는 베트콩 스나이퍼 역할을 맡았다. 만약 사진을 찍는

　　　　　　　　　　　아무것도 사라지지 않는다

작은 전쟁(스나이퍼 I), 1999~2001

사람인 그녀가 사진 속에 찍혀 있음을 알게 되면 사진은 웃음을 자아낼 것이다. 그러나 사진은 미국인의 카메라로는 결코 기록할 할 수 없는 관점인, 매복하고 있는 베트콩의 관점으로 재현되어 있다. 레가타자의 관점을 통해 미국인과 베트콩 출신 난민인 스스로를 보듯이 감정이입은 상상에서 비롯된 행위이다. 그것은 자기 자신과 타자를 동시에 기억하는 윤리의 바탕이 된다.

　이와 대조적으로 전쟁기계는 우리 편에 있는 사람들, 우리와 비슷한 사람들에게 감정이입empathy하고 연민compassion하는 것을 자제하라고 설득한다. 정치적이라고 자부하는 사람들은 추종자들을 신속하고 효과적으로 동원하려면 다른 사람들에게 감정이입하거나 연민에 빠지지 않아야 한다는 것을 알고 있다. 이런 종류의 정치적 요구에 승복하는 예술가들은 흥미로운 예술을 창조하지만, 예술가에게 가장 문제가 될 수 있는 타자들에 대한 상상력이 없기 때문에 예술에 진전이 없게 된다. 예술가에게 있어서, '정치'는 삶과 예술의 한쪽 측면을 선택하는 의미일 수 있다. 그러나 한쪽 측면 이상을 선택해야 한다. 홀륭한 예술가는 감정이입과 연민의 범위를 넓혀야 한다. 가능한 한 넓게, 심지어 전쟁기계의 참가자들까지도 포용할 수 있어야 한다. 진정으로 정치적인 예술가는 타자와 그들의 자아를 분리하는 것부터 시작하여 모든 경계를 초월하여 볼 수 있다. 예술가들에게 정치는 궁극적으로 진영을 없애는 문제일 것이다. 참호, 국경, 그리고 수용소들 사이로, 누구의 영토도 아닌 곳으로 침입하는 일을 감행해야 한다. 우리 자신까지 포함해서 모든 진영의 인간성을 기념하고, 모든 진영의 비인간성을 받아들이는 예술이 필요하다. 강력한 기억을 재연하는 예술, 권력에 대해 우리 편이 휘두르고 남용하는 권력에 대해서조차 진실을 말하는 예술이 필요하다.

이러한 목적을 염두에 두고 보면 감정이입과 연민이 해결책이 아니라 도구라는 것이 문제이다. 감정이입과 연민은 어떤 정치성에도, 심지어 도덕성에도 이르지 못한다. 감정이입보다 조금 미약한 사촌격인 공감sympathy의 경우도 마찬가지다. 공감을 반대하는 비판의 내용은 오직 타인에 대한 동정만 이끌어낸다는 것이다. 그러나 그것 역시 고통을 나눌 수 있고, 동료라는 느낌이 우리를 행동하게 만들 수 있다. 감정이입의 충동으로 타자와 동일시하는 능력이 고무되기도 한다. 이렇게 감정이입으로 인한 동일시는 예술 작품, 특히 연민을 명시적으로 공연하거나 서술한 예술 작품과 관련을 맺으면서 일어날 수 있다. 그러나 독자에게 고통의 장면에 대한 목격자가 되어 주기를 요청하는 이러한 서사들이 오히려 독자들에게 정치적 행동을 취할 필요성을 없

아무것도 사라지지 않는다

애버리는지도 모른다.[15] 수전 손택에 의하면, 바로 '연민이 불안정한 감정'이기 때문이다. "연민은 행위로 바뀌어야 한다. 그렇지 않으면 시들어버린다."[16] 만약 그런 경우, 연민 혹은 그와 연관된 감정인 공감과 감정이입이 다 무슨 소용이란 말인가? 그러나 나는 그 감정들을 옹호한다. 왜냐하면 높은 지역으로 가는 방향을 가리키고 있기 때문이다. 아무리 골치 아픈 것들을 숨기고 있다고 하더라도. 연민에서 비롯된 타자와의 동일시는 종종 자신의 이해관계나 자신을 보존하려는 본능을 거스른다. 특히 타자가 우리의 생존을 위협할 때 그렇다. 혹은 멀리서 타자들에 대한 감정을 지니고 있지만, 그들의 고통을 보기만 할 뿐 아무것도 할 수 없는 경우가 있다. 기껏해야 문제를 해결하기보다는 완화시키는 자선을 제공할 수 있을 뿐이다. 그러나 연민이 우리의 복잡성을 부인하는 핑계가 될 수 있는 반면에, 연민 덕분에 멀리 있는 이들과 두려워하던 이들을 가까운 사람과 친한 사람으로 다가오게 할 수 있다. 이렇게 다가오도록 하는 것이 예술에서는 매우 중요하다. 용서와 화해의 바탕이 되기 때문이며, 그것 없이 전쟁은 결코 끝나지 않을 것이다.

베트남에서 태어나 미국에서 자란 예술가 딘 Q. 레[Dinh Q. Lê]는 연민이 동인이 되어 강력하고, 감동적이며, 견고하지 않은 예술을 창조한 사례를 보여준다. 가장 잘 알려진 그의 작품 〈베트남에서 할리우드까지〉 연작은 마리안느 허쉬[Marianne Hirsch]가 사후기억이라고 부르는 주제에 천착하고 있다. 그것은 다른 사람으로부터 전해 받은 회상의 기억인데, "정서적으로 매우 깊이 전달되어서 그들 스스로의 기억을 재구성하는 것처럼 보인다."[17] 사후기억의 문제는 기억과 마찬가지로, 자신의 고통에만 관심을 기울이게 될지도 모른다는 것이다. 레는 캄보디아 연작에서 그러한 독단주의에 저항한다. 그가 캄보디아의 고통에서 주목하게 하려는 것은 화려함과 어둠이다. 1970년대 후반에, 크메르루주가 베트남 국경을 공격할 때 레의 가족은 고향에서 쫓겨났다. 그러나 스스로를 피해자로 여기는 대신, 그는 다른 이들의 고통에 주목했다. 〈무제 캄보디아 #4〉는 잘게 자른 이미지를 함께 직조하여 '화려함'(캄보디아의 과거)와 '어둠'(캄보디아의 대학살)을 융합하는 그의 트레이드마크인 테크닉을 잘 보여준다. 하나의 이미지는 투옹 슬렝 교도소에 걸려 있는 크메르루주 피해자의 사진이다. 그 남자는 앙코르와트 사원의 석조 조각과 합쳐지면서 형상이 드러난다. 딘의 다른 직조 작품들과 마찬가지로, "한 이미지가 다른 이미지에게 자리를 내준다. 얼굴과 형상이 합쳐지고, 다시 순수한 패턴으로 분해되어 이미지가 드러났다가 숨어버리는 리듬이 지속된다."[18] 그의 작품은 헤아릴 수 없이 많은 이들이 죽은 과거, 기억해야 할 과거를 앙코르와트 속에 구현한다. 그리고 드러내면서 숨긴다. 그러나 과거를 화려하게 기억하려는 시도는 솔깃하지만, 비평가 홀랜드 코터Holland Cottter는 그 아름다움에 드리워져 있는 어둠을 지적한다. 앙코르와트는 왕에게 헌정하기 위해 많은 사람들의 노동을 착취하여 지은 건축물이다. "그것이 전하는 의미는 명료하다. 예술은 언제나 인간의 잔혹함을 제지하려 노력하지만 그만큼 공범자 역할을 한다는 것."[19]

레가 죽은 이들을 예술 작품으로 만드는 작업은 공범자가 되는 위험을 무릅쓰는 일이다. 죽은 이들의 무덤을 약탈해서 그들의 이미지를 훔치는 일이다. 손택은 다음과 같이 짚어준다. "멀리 있는 이국적 장소의 일일수록, 우리는 죽은 이들과 죽음에 대해 완전히 정면 이미지로만 보게 된다."[20] 살아 있는 사람은 죽은 사람의 이미지를 가

아무것도 사라지지 않는다

〈무제 캄보디아 #4〉, 캄보디아: 화려함과 어둠, 딘 Q. 레

져올 수 있다. 왜냐하면 살아 있는 사람은 강하고 죽은 사람은 약하기 때문이다. 그렇게 하는 동안 살아 있는 사람들은 죽은 사람들이 통과한 추함을 잊어도 된다고 생각하게 된다. 그것이 높은 지역의 강력한 기억이 가질 수 있는 위험이다. 그러한 위험에도 불구하고 얻을 수 있는 이득은 사람들이 그렇게 비참하게 죽었기 때문에, 잃어버린 삶의 화려함이 끝날 수 없음을 의식하게 된 것이다. 레는 죽은 이들을 다시 돌아보라고, 그들이 희생된 과거를 다시 들여다보라고 부추긴다.[21] 예술을 통해 부활한 죽은 이들이 우리와 만난다. 우리의 잠재적 비인간성에 저항하라고 경고한다. 그리고 역설적으로, 기억하지 않으면 과거는 되풀이될 수 있음을 말해준다. 예술은 말한다. 토니 모리슨의 표현을 빌리면, "아무것도 사라지지 않는다." 끔찍하면서 동시에 희망을 보여주는 통찰이다.[22]

예술이 전쟁기계에 저항하는 방식은 바로 이런 것이다. 그러나 전쟁기계는 예술에 대응하기 위해 특히 세계시민의 예술에 거부할 수 없는 보상을 한다. 딘 Q. 레와 안-마이 레는 모두 세계시민인 예술가들이다. 세계적으로 주목받은 그들의 작품은 직설적인 작품들보다 우위에 있다. 투올 슬렝 박물관에서 발견되는 죽은 이들에 관한 잔혹한 예술 작품들과는 극명하게 대조를 이룬다. 세계시민인 예술가들은 권위 있는 사람들과 기관, 즉 갤러리, 박물관, 페스티벌, 재단 그리고 명망 높은 문학적 전통을 지닌 출판업자들에게 높은 평가를 받는다. 동시에, 세계시민의 문학과 마찬가지로 세계시민의 예술은 그들이 표현하고 대변하는 가난한 사람들 혹은 이국의 민중들에게 그다지 도움이 되지 않는다. 이러한 취약점을 감안한다 해도 세계시민주의가 전쟁기계에 대항할 수 있을까? 비록 세계시민주의가 다른 사람과 낯선 사람에 대한 우리의 연민을 더 확대시킬 수 있다고 해도 개인을 넘어서서 의미 있는 행동을 취하도록 밀어붙일 수 있을까? 세계시민주의와 연민으로, 우리는 임마누엘 칸트가 '영구적인 평화'라고 부른, 끝나지 않는 전쟁의 해독제를 얻을 수 있을 것인가?

회의론자들은 세계시민주의란 세계 국가라는 존재 없이는 불가능한 시민을 상상할 뿐이라고 말한다. 만약 세계 국가가 존재한다면 그런 국가를 견제하는 경쟁 권력이 없기 때문에, 전체주의적 질서로 통제될 것이다. 또한 세계시민주의는 우리가 각자의 나라와 문화에 본능적으로 갖는 애착을 과소평가한다. 그것은 세계시민주의가 하지 못하는 진정한 사랑과 열정을 강요한다. 어떤 이들이 보기에 세계시민은 충성심 없이 뿌리 뽑힌 사람들 같다. 구체적 현실의 사람들보다 추상적 인간성을 사랑하는 것 같다. 세계의 시민이냐 혹은 자본주의적 제트 족(제트기로 사교계의 사람들이 모여드는 곳으로 여행하는 무리_역주)이냐에 따라 개인의 비전이 달라진다. 세계시민주의는 사람들, 특히 난민과 같은 비시민들을 대규모로 동원하는 데 능숙하지 못할 수 있다. 또한 세계시민주의가 서구인 그리스에서 비롯되었다는 사실 때문에 비서구 사회에서는 그다지 호소력이 없다. 또한 비서구인들은 세계시민주의가 품고 있는 지구 평화라는 야심이나 개인의 권리와 자유에 대한 믿음을 반대하기도 한다.[23] 철학자 콰미 앤쏘니 아피아 Kwame Anthony Appiah가 시사했듯이, 세계시민주의는 평화에 유용한 것처럼 전쟁에도 유용할지 모른다. 정의는 얼굴과 얼굴을 마주하는 대화를 요구한다는 레비나스의 주장을 반복하면서, 그는 이방인과 대화하고 싶어 하는 세계시민적 충동을 지지한다. 여기서 대화는 '타자의 생각이나 경험과 맺는 관계에 대한 비유'이다.[24] 그러나 "세계시민적 관용에는 한계가 있다. …… 우리는 대화를 멈추지 않을 것이다. 관용은 관용할 수 없는 이들에 대한 개념 규정을 요구한다."25) 아피아는 관용적인 세계시민이 어떻게 관용할 수 없는 이들을 다룰 수 있을지 언급하지 않았다. 다만 학자 폴 길로이가 이름을 붙였다. '무장한 세계시민주의'26)라고.

레비나스가 말했듯이, 타자의 얼굴은 정의와 폭력을 모두 이끌어 낼 수 있다. 우리와 대화하기를 원하지 않는 테러리스트들은 우리 스스로, 그것도 먼저 무기를 잡게 만든다. '무장한 세계시민주의'는 '백인의 의무'에 대한 새로운 해석이다. 그 속에 담겨 있는, 세계를 문명화하려는 기이한 생각은 문화적으로 민감한 자본가들에게 소매로 유통된다. 주로 미합중국과 세계무역기구, 국제통화기금을 위해 일하는 이들이다. 연민에서 비롯된 세계 시민이라는 개념과 상상은 이런 단체들이 지배하는 세상에서는 매우 무기력한 것처럼 보일지도 모른다. G8, 세계은행, 구글, 할리우드 영화산업 등등을 추가할 수 있을 것이다. 이러한 단체들 대부분이 매우 세계시민다운 사람들을 고용한다. 그래서 일레인 스카리는 '의식의 상상력'에 대한 최고의 평가로 '세계시민에 대한 후한 지원금을 기뻐하는 마음으로' 단순하게 받아들이면 안 된다고 이의를 제기한다. 그 대신 그것을 의식하면서 '제도와 법을 변화시키려는 확고한 의지'로 귀결되어야만 한다.27)

그러나 '인간이 타인을 해칠 수 있는 것은 타인에 대해 상상하는 능력이 매우 모자라기 때문'이다. 따라서 스카리는 상상의 작업이 인간의 의식을 확장하는데 매우 중요하다고 말한다.28) 타자를 포함하여 모두를 향해 무한한 감정이입을 확장하도록 세계시민주의가 요구하지 않는다면, 우리는 가깝고 친근한 작은 무리 안에 머무는 위험

아무것도 사라지지 않는다

속에서 살게 될 것이다. 문학과 예술은 연민을 확장시키는 데 중요한 역할을 할 뿐만 아니라 그것을 제한하고 설득하는 역할도 한다. 우리가 속한 공동체는 자신의 것에 감정이입할 것을 암묵적으로 또 노골적으로 압력을 가한다. 무엇보다도 우리와 비슷한 사람들에 대한 이야기들을 제공한다. 타자를 묘사하는 이야기가 부재하거나, 혹은 타자를 악마로 묘사하는 이야기들이 존재하는 것은 도덕적 상상력의 성장을 저해한다. 타자를 전혀 생각하지 않거나 혹은 생각한다면 그들을 해치기를 바라게 될 것이다. 타자에 대해 너그럽게 생각하면 공동체는 벌을 주거나 위협할지도 모른다. 소설가 바바라 킹솔버^{Barbara Kingsolver}는 9.11이 일어난 불과 며칠 뒤에 썼던 글 때문에 많은 일을 겪었다. 그녀는 희생자들을 애도했지만, 동료 시민들에게 같은 규모의 폭격이 드물지 않으며 종종 미국인들이 그런 폭격을 자행했음을 상기시켰다. "그렇다, 최악의 사건이 벌어졌다. 하지만 오직 이번 주에만 일어난 일이다. 지금 당장 전 세계가 우리를 위해 슬퍼하고 있는 것은 확실하다. 우리가 확실히 교훈을 얻게 되기를 바란다. 우리 핏속에 흐르고 있는 성향에 대해…… 무엇으로 제조된 폭탄도 결코 증오를 종식시킬 수는 없다."²⁹⁾

오직 미국의 슬픔만 느끼기를 거부하는 킹솔버의 말은 마틴 루터 킹 주니어가 베트남 전쟁에 반대하면서 했던 연설과 연결된다.

연민과 비폭력의 참된 의미와 가치는, 적의 관점을 볼 수 있고, 적의 질문을 들을 수 있고, 우리에 대한 적의 평가를 알게 한다는 데 있다. 적의 관점에서만 우리가 지닌 근본적 결점을 제대로 볼 수 있다. 만약 우리가 성숙하다면 우리는 반대편이라고 부르는 형제들의 지혜를 통해 배

우고 성장하고 이득을 얻게 될 것이다.[30]

킹 목사는 타자에게 이방인이나 외국인이라는 꼬리표를 붙이지 않고 적이라고 불렀다. 우리 모두가 인간이라고 말하는 감상적 성향에 맞선 것이다. 타자를 적이라고 인정하는 것, 공포의 얼굴을 하고 있는 비인간이라고 인정하는 것은 타자 또한 당연히 우리를 관용적이고 연민에 찬 눈으로 보지 않는다는 사실을 일깨워준다. 타자 또한 저열한 감정에 굴복할 것이고, 자기편에 한정해서 감정이입을 하도록 강박적으로 요구당할 것이다. 타자는 우리와 마찬가지로, 비인간이면서 동시에 인간이다. 관용할 수 없는 사람들에 대한 아피아의 태도는 서로 적대하는 두 적이 똑같이 다 화가 났을 때, 똑같이 낮은 지역에서 허우적거리고 있을 때, 똑같이 서로를 증오할 때, 대화하기가 얼마나 어려운지 보여준다. 여성, 식민지 주민, 그리고 소수자들은 말을 할 수는 있지만, 그들의 말은 더 강한 타인들이 지시한 용어를 사용하지 않는 한 차단되어 들리지 않는다. 이러한 대화를 종결하거나, 침묵을 지키는 사람들은 어쩔 수 없이 언어의 한 형태인 폭력에 의지하게 될지도 모른다. 아피아는 이러한 폭력을 관용할 수 없다고 했으며, 어떤 경우에는 옳다. 그러나 그렇지 않은 경우도 있다. 귀 기울이는 것, 입장을 바꾸는 것, 변화하는 것을 거부하는 불공정한 권력에 맞설 때 폭력은 유일한 대안일 수 있다.

폭력적인 이들이나 적들을 증오하는 것뿐 아니라 연민과 감정이입-다른 말로 하면 사랑-을 통해 이해하게 되면, 우리가 의무적으로 느끼는 감정들이 적들과 마찬가지로 불완전하고, 편파적이고, 강력하다는 사실을 거울을 비쳐보듯 인식하게 된다. 이것을 이해하면 우리가 낮은 지역에 거주하고 있음이 보인다. 변하고자 하는 야심이 있다고 해도 낮은 지역에서는 언제라도 폭력을 행사할 수 있다. 낮은 지역에서 비롯된 강력한 기억이 비춰주는 이미지 때문이다. 그것을 거부하거나 동일시하는 능력과 상관없다. 다음과 같은 거울 이미지의 예를 들면서 만약 우리가 미국인이라면 적도 우리와 마찬가지로 본능적으로 느낀다는 결론을 내릴 수 있다.《당 투이 쩜의 일기》Nhat Ky Dang Thuy Tram를 보면 당 투이 쩜은 27세의 북베트남 의사였으며, 1970년에 미군에게 살해당하기 전까지 남쪽에서 일했다. 그녀의 일기를 복원한 미군 장교가 오랜 세월 동안 그것을 보관하고 있다가 2005년에 쩜의 가족에게 돌려주었다. 훗날 베트남에서 출간되었을 때, 약 43만 권이 팔렸다.[31] 영어 판본으로 출간할 때, 쩜의 가족과 출판사는《지난 밤 나는 평화를 꿈꾸었다》로 제목을 바꿨다. 일기에 나오는 두 에피소드에서 선택한 것이다.[32] 일기에서 가장 눈에 띄는 단어는 한여름 태양처럼 뜨거운 '증오'이다. 미군과 남베트남군이 그 대상이다.[33] 그녀가 보여주는 감정은 킹솔버가 비판한 애국심과 거의 다르지 않다. 조국에 대한 깊은 감정과 타자에 대한 두려움으로 지탱되는 애국심이다. 쩜은 말하기를, 이 일기는 "우리 민족의 삶과 수많은 고통에 대해, 남쪽 출신의 강철 같은 민중에 대해 기록해야 한다."[34] 일기가 미국 독자들을 감동시킨 힘은 동지들에 대한 쩜의 사랑과 미국인들에 대한 분노이다. 평화를 향한 몸짓에는 그리 큰 반향이 없었다. 그녀는 적을 물리치고 난 뒤에 비로소 올 평화를 꿈꾼다. 그녀는 '사악한 개새끼들'이자 '피에 굶주린 악마들'인 적에게 복수하기를 갈망한다.[35] "나는 어떤 젊은 남자에 대한 사랑 때문에 느끼고 행동하는 것은 아니다." 그녀는 쓴다. "그것은 나의 내면에 있는 거대하고 활기

찬 무엇 때문이다. 나의 갈망은 많은 사람들을 향해 뻗어나간다. ……
나는 어떤 사람인가? 나는 감정으로 넘쳐흐르는 심장을 지닌 여성이
다."36) 그녀의 일기는 낭만적 사랑, 혁명에 대한 사랑, 그리고 동지들
과 동일한 뿌리를 공유하는 자신의 민족 모두에 대한 연민을 명료하
게 표현한다. 지금 막 숨을 거둔 병사를 애도하며 이렇게 쓴다. "당신
의 심장은 이제 막 멈추었고, 그 덕분에 우리나라의 심장은 영원히
뛸 수 있게 되었습니다."37) 그녀는 자신의 의붓오빠와 나누는 감정이
'기적 같은 사랑, 자기 자신을 잊게 하고 오직 사랑하는 이만을 생각
하게 하는 사랑'이라고 표현한다.38) 부상당한 동지들을 향해서는 '깊
은 연민'을 느끼지만, '미국인 강도들'은 경멸한다.39)

역설적으로, 타자를 증오하는 애국심 강한 미국인들이라면 그들
에 대한 쩜의 애국적 증오심을 이해할 수 있을 것이다. 미국 관객들이
쩜과 예전에 적이었던 베트남인들에게 연민을 느끼는 것은 애국심과
본능에 기원하는 낮은 느낌을 공유할 수 있기 때문이다. 뒤늦게 온
연민이지만, 이라크와 아프가니스탄 전쟁에서 태어나 지워지지 않는
형태로 현재 세계에 등장한다. 쩜의 일기를 영어로 출판하면서 나온
제목은 독자들에게 세계시민의 느낌, 즉 과거의 적들과 화해하려면
현재의 적들과 화해해야 한다는 분별력을 불러일으킬지도 모른다. 따
라서 《지난 밤 나는 평화를 꿈꾸었다》라는 제목은 쩜의 글이 다루는
비중 있는 주제에 대해 말해주는 게 별로 없다. 그럼에도 쩜이 상상했
던 것보다 더 광범위한 평화를 상징한다.

세계시민주의와 연민은 희미하게 깜빡이는 평화의 빛을 더 눈부
시게 환해지도록 만든다. 전쟁을 하려면 애국심이 필요하듯이, 평화
를 위한 분투에는 유토피아적 미래를 상상하는 세계시민주의가 필요

아무것도 사라지지 않는다

하다. 이러한 상상이 없다면, 친족의 경계를 넘어서는 연민이 없다면, 우리가 물려받은 세상으로 되돌아가야 한다. 예술, 특히 서사의 예술은 '세계시민다운 교육'을 가능하게 한다. 철학자 마사 누스바움Martha Nussbaum은 서사의 예술에 대해, '감정이입을 하며 타자를 보게 되고, 타자의 관점에서 자신을 보는 곳'이라고 말한다.[40] 타자의 문화를 인간적으로 혹은 비인간적으로 만드는 것은 우리의 문화라고 가정한다면, 세계시민다운 교육이 정신과 감정에 스며든다. 보통의 미국인은 영국에 가거나 대학에 가지 않아도 셰익스피어의 이름을 알고 있으며, 그래서 희미하게나마 영국 문화 속의 인간을 느낀다. 미국인들에게 지성인, 엘리트, 프랑스인을 배척하는 성향이 있다고 해도, 평균적인 미국인이라면 프랑스가 구원받을 만한 가치가 있는 일을 했다고 느낄 것이다(나는 그렇기를 바란다). 이렇게 특정한 타자에 대한 세계시민다운 교육은 학교에서, 예술 작품과 만나면서, 대중문화를 통해서 환경에 맞게 이루어진다. 세계시민다운 교육은 인간의 계층 구조에서 우리와 가까이 있는 이들에게 가하는 폭력을 통제하도록 돕는다. 그러나 세계시민다운 교육은 또한 우리의 교육과정에 포함되지 않은 이들, 우리와 더 멀리 떨어져 동물의 지평선상에 있는 것처럼 보이는 이들에게 훨씬 더 많은 폭력을 쏟아 붓는 행위를 정당화한다.

폭격에 대해 어떻게 생각하는지 보면, 타자에 대해 어느 정도 교육을 받았는지 측정할 수 있다. 우리는 얼마나 많은 폭탄들을 기꺼이 떨어뜨리는가? 폭탄의 종류는 어떤 것인가? 어디에, 누구를 향해서인가? 미국은 동남아시아에 무차별 대량 폭격을 감행했다. 이미 그곳에 거주하는 사람들을 비인간이거나 인간보다 못하다고 여겼기 때문이다. 핵폭탄은 또 다른 폭탄 실험이다. 《잉글리시 페이션트》에서 소설가 마이클 온다체^{Michael Ondaatje}는 히로시마에 떨어진 핵폭탄을 영국 군대에 복무하는 인도인 공병 킵의 관점에서 서술한다. 핵폭탄이 투하되었다는 소식을 들었을 때 킵은 섬광처럼 깨닫는다. 백인들은 백인들의 나라에는 결코 폭탄을 떨어뜨리지 않는구나! 핵폭탄이 가져다 준 가혹한 깨달음 덕분에 킵의 탈식민지화가 시작된다. 서구의 기술을 비서구인을 공격하는 데 사용하는 서구 문명의 인종차별을 인식한다. 《잉글리시 페이션트》는 하나의 문화가 또 다른 문화를 동등한 인간으로 인식하지 않을 때 일어나는 일을 묘사하고 있다. 또한 그 자체가 백인만이 글을 쓸 수 있다는 인종 차별적 신념에 반례가 되는 소설이다. 테러와 폭격에 반대하면서, 《잉글리시 페이션트》는 맥신 홍 킹스턴이 '평화의 다섯 번째 책'에서 주장한 것을 증명한다. 전쟁을 목격한 이들의 혐오를 통해, '전쟁은 평화를 호출한다.'[41]

어떤 이들은 과장된 이야기라고 느낄지도 모른다. 인종차별, 제국 그리고 전쟁에 저항하는 글을 새삼 다시 쓰고 있으니 말이다. 오다체는 보편적 차원이 아니라 개별적인 예술가와 작품이라는 사적인 차원에 자리를 잡고 있다. 스카리는 개별적인 예술 작품들이 중요한 변화를 시행하기에 부적절하다고 지적한다. 물론 《엉클 톰스 캐빈》이나 E. M. 포스터의 《인도로 가는 길》 같은 예외도 있다. 별로 너그럽지 않은 시각이긴 하지만, 많은 사람들이 스카리의 예술에 대한 견해에 동의한다. 문학을 읽지 않거나 예술을 감상하지 않는 수상쩍은 사람들은 예술의 목적이나 쓰임새에 회의적일 것이다. 그들은 보통 법이나 사업 혹은 정부를 향해서는 질문하지 않는다. 그러나 평균적인 변호사, 사업가 혹은 관료들은 평균적인 작가나 예술가보다 더 많은 차별을 만들고, 더 심한 피해를 입히지 않는가? 평균적인 작가와 예술가 그리고 평균적인 책과 예술 작품은 그에 상응하는 대상, 즉 보통의 직업을 지닌 보통 사람들과 비교하여 평가해야 한다. 개별적 예술 작품들이 보편적인 변화를 일으키거나 세상을 바꿀 수 있을 거라는 벅찬 기준으로 평가되어서는 안 된다. 그렇게 높은 기준에 의거하면, 우리들 대부분은 그냥 평균적인 예술가나 평균적인 무명작가가 아니라 실패자로 간주된다. 그러니 중견 소설가는 지역 은행의 부지점장과 비교하고, 세익스피어를 빌 게이츠와 비교하라. 소설은 컴퓨터와 비교하고, 세계시민 교육은 전쟁과 비교하라. 적절한 비교를 통해서만 예술이, 그리고 예술을 평화의 도구로 보려고 하는 세계시민다운 충동이 변화를 만들 수 있을지 여부를 말할 수 있다.[42]

킹스턴은 계속해서 말한다. "평화는 가정하고, 상상하고, 직감하고, 꿈꿔야만 한다."[43] 꿈꾸는 일은 세계시민주의와 연민 없이는 안 되는 것이며, 전쟁을 일으키는 것이 평화를 위해 싸우는 것보다 쉽다는 것을 끊임없이, 짜증나도록 일깨워주는 것 없이는 불가능하다. 만약 평화가 개인으로부터 시작된다면 집합적으로는 평화 운동으로 실현된다. 꿈꾸는 일과 마찬가지로 상처를 받지는 않지만, 평화는 기도하거나 희망할 문제가 아니기 때문이다. 그보다는 전쟁기계와 대면하고, 전쟁기계를 가능하게 하는 산업, 기억 관련 산업까지 장악해야 평화가 이루어진다. 당연한 말이지만, 평화가 전쟁보다 더 어려운 일이다. 전쟁은 그 즉시 이윤을 제공한다. 우리의 두려움과 탐욕을 빌미로 냉소적인 전쟁의 지지자들은 강력한 기억조차 무기화된 기억으로 전환할 수 있다. 애국심과 민족주의를 부추기며, 나라를 위해 영웅적으로 희생하는 병사들의 이야기가 바로 그것이다. 무기화된 기억의 힘 때문에 높은 지역에서 호소하는 것만으로는 전쟁을 멈출 수 없고 평화를 실현할 수 없다. 우리의 인간성을 들먹이는 기억은 전쟁에 대한 정당화로 바뀌는 경우가 많다. 그래서 부인하고 싶기만 한 우리의 비인간성을 들여다보게 하는 기억이 남아 있어야 한다. 우리의 비인간성을 인식하면, 우리의 정체성을 재구성하는 작업이 시작된다. 전쟁기계에 속하지 않기 위해서다. 전쟁기계는 항상 우리만이 인간이고, 우리의 적은 인간보다 못한 존재라고 말하기 때문이다.

공정한 망각

살기 위해서는 기억해야 하지만, 살려면 또 잊어야 한다. 과잉 기억이
나 과잉 망각 모두 치명적이다. 우리 자신에게도 명백히 그렇고, 아마
도 타자들에게도 그러할 것이다. 그렇기 때문에 항상 기억하고 절대
로 잊지 말라는 요구는 결국 화해와 용서의 소리와 맞서기 마련이다.
마찬가지로 역사의 이름으로 기억 상실에 대응할 때, 그 순환의 방향
은 바뀌고 만다. 우리는 언제 잊어도 되는가? 폴 리쾨르는 불공정한
기억과 공정한 기억이 있듯이, 불공정한 망각과 공정한 망각이 있다
는 논의를 제기한다. 적절하게 처리하지 못한 과거를 흘려보내려 애
쓰는 사람들이 있다. 과거를 무시하고, 그것이 존재하지 않았던 것처
럼 행동하거나, 편견에 가득 찬 지침에 근거하여 역사를 서술한다. 화
해라는 가면을 쓰고 우리는 이러한 행동을 할 때가 있다. 과거의 적
이 두 나라 사이에 얽혀 있는 폭력의 역사를 언급하지도 않은 채, 친

구가 되기를 허용하는 조약에 동의했을 때처럼. 베트남에서 벌어졌던 나의 전쟁을 들여다보면, 이런 식의 불공정한 망각이 일어났고, 지금도 일어나고 있다.

승자이든 패자이든 전쟁에 대해 말할 때, 망각의 험난함은 용서의 문제와 불가분하게 얽혀 있다. 승자라면 어느 정도는 너그러워져서 용서가 쉬울 것이다. 반면에 패자의 입장에서는 그들이 겪은 고통을 생각하면 용서하기가 쉽지 않다. 그러니 이런 양상의 용서는 타협이다. 공정한 기억이라는 전제조건이 없으면, 혹은 순수하게 용서할수 있을 정도로 자아가 넓어지지 않으면, 공정한 망각은 일어나지 않는다. 사람들이 평소에 그렇듯이, 전쟁의 승자와 패자 모두 스스로를 도덕적이라고 표상할 때, 용서는 어려워진다. 모두들 스스로를 피해자라고 생각하지 결코 가해자로 생각하지 않는다. 패배는 이러한 정서를 악화시킨다. 내가 자라난 미국의 베트남 난민 공동체도 마찬가지였다. 모든 것을 잃은 그들에게 남은 것은 기억뿐이었다. 그들에게는 과거를 기억할 정당한 이유가 있었으나, 또한 잊으려 애쓰는 것도 있었다. 특히 공적인 기억들에서, 남베트남 정권의 부패함이나 남베트남 병사들—그들의 아버지나 형제, 아들일 수 있는 사람들—이 저지른 폭력 같은 것들을 잊으려 했다. 또한 다른 곳에서 자신들의 감정이 어떻게 보일 것인지를 잊고자 했다. 마음을 단단히 먹으라고 말하는 듯한 응우옌 후이 티엡의 단편 소설 〈캘리포니아에서 울면 안 돼〉Khong Khoc O California는 그것을 지적하고 있다. 베트남에 살고 있는 소설의 화자는 망명한 친구에게 편지를 쓴다. "베트남 사람들아, 캘리포니아에서 울면 안 돼. 그곳은 지구상에서 가장 아름다운 곳일 테니."[1] 그는 또한 루이지애나, 파리의 13구역, 베를린, 시드니, 도쿄 등 모든 베트남 망명 기지들을 호출한다. 그리고 디아스포라들에게 명령한다. "나를 기억해, 너희들의 고향을 기억해. 당신들이 간절히 보고 싶어 하는 곳을."[2] 연인이 그를 버리고 캘리포니아로 떠난 뒤 엉망진창이 되어버린 화자는, 우울함, 상실, 분노에 젖어있는 베트남 망명자들과 난민들이 잃어버린 것만큼이나 얻은 것이 있다는 사실을 명심해야 한다고 믿는다. 스스로를 정당화하면서 우는 것일 테니, 만약 타자들, 즉 그들이 떠나버린 땅에서 살아야만 하는 동포들을 인식하게 되면, 울음을 그치게 되리라는 것이다. 그렇지 않으면, 모든 망명자들의 운명에 시달리게 될 것이다. 보드리야르의 말을 빌리자면, '갈망에 끝없이 갉아먹힐' 운명이다.

슬픔을 극복하고 기억의 늪에서 헤어 나오려면, 다른 사람을 기억하는 방법이 있다. 타자와의 관계에서 자신을 보고, 스스로에게 거리를 두고 보는 방법이다. 혹은, 영적인 안내자 틱 낫 한Thich Nhat Hanh의 말처럼 "사람들은 고통을 떠나보내기 힘들어한다. 알지 못하는 것에 대한 두려움 때문에, 자신에게 익숙한 고통을 선호한다."[3] 그다지 영적이지 않은 방식이지만, 티엡의 화자는 자신의 고통을 타자의 고통과 연관시켜서 보려고 분투한다. '치아가 썩어가고 있는 건달'이면서 '헤로인 거래'까지 하는 자신을 인식하면서도, 그는 잃어버린 연인과 그녀처럼 망명한 모든 이들에게 손을 내민다. 소설을 알레고리 차원에서 보면, 화자는 인플레이션에 시달리고, 낙후되었으며, 뒷걸음질치고 있다고 묘사할 수 있는 베트남을 상징한다. 실연한 두 연인에 대한 이 소설은 고향과 디아스포라 사이에서 벌어진 버림받음과 오해에서 비롯된 비극적 사랑이야기다. 그들은 각자 과거에 집착하고 있으며, 더 나아지려고 분투하고 서로를 용서하려고 노력한다. 언제나 그렇듯이, 기억과 망각은 아마도 결코 평형을 이룰 수 없는 시소 같은 관계일 것이다.

이런 상황에서, 어떻게 공정한 망각이라는 어려운 작용이 이루어질까? 마이 데르 방Mai Der Vang의 말처럼, '여러 세대를 거쳐서 전해진 전쟁의 떨림을 느끼게 될' 때, 공정한 망각이 가능한 것일까? 미국에서 자란 2세대 작가인 그녀는 전쟁의 패배자인 또 다른 사람들의 이야기를 하고 있다. 라오스에서 탈출한 몽족 망명자들은, 그들의 존재와 상처 그리고 희생을 무시하고자 하는 미국으로 왔다. "전쟁으로 황폐해진 땅에서 탈출할 수는 있지만, 트라우마에서 탈출할 수는 없다"라고 그녀는 쓰고 있다. "우리들 대부분은 이러한 트라우마를 안고 태어났다. 마치 DNA에 새겨진 것처럼…… 이 전쟁은 내가 물려받은 유산이다." 기억하라는 요구는 여전히 그녀에게 강렬하게 남아 있다. 그러나 방향은 미래를 향해야 한다. "우리는 망명자이자 디아스포라임을 견딜 수 있는 몽족의 요새를 지어야만 한다. 그런 일이 일어나지 않았더라면 좋았을 것이라는 한탄을 해서는 안 되고, 다만 트라우마를 전환시켜서 가능한 한 충만한 존재가 되어야 한다."[4]

몽족 난민의 경험에서 태어난 독특한 예술 형식인 '이야기 천' 속에서, 《추에 그리고 응히아 타오 차》Chue and Nhia Thao Cha는 난민 역사와 기억에 관한 마이 데르 방의 이해를 구현하고 있다.[5] 2인용 침대를 덮을 만한 크기로 난민 수용소에서 제작된 '이야기 천' 속에는 몽족 사람들의 서사시 같은 역사가 담겨 있다. 그들의 기원인 중국에서 시작해서 버마, 태국 그리고 라오스의 산속 마을에서 정착하게 될 때까지, 그리고 걸어서 메콩 강을 건넌 길고 험한 여정의 난민 오디세이가 직조되어 있다. 태국의 난민 캠프에서 수년 간 지내다가 마침내 서구로

'이야기 천', 추에와 니아 타오 차, 베일리 아카이브

향하는 비행기를 타게 되는 장면은 맨 아래 왼쪽 구석에 짜 넣었다. '이야기 천' 속의 몽족 사람들은, 다른 많은 나라들의 국경선 위에 걸쳐 있던 그들 나라의 지도 위에 올라가서 움직인다.[6] 이야기 직물 그 자체가 지도이다. 세계의 각 나라 영토 위에 사람들이 표시되어 있지 않은 보통의 서구 지도와는 다르다. 서구인들은 새로운 땅을 황무지로 묘사하는 경우가 많다. 그곳에 원래 살고 있던 사람들이 존재한다는 사실은 서구인의 눈에는 보이지 않는다. 이러한 서구의 지도는 공중 폭격의 안내서 역할을 하게 된다. 그러나 '이야기 천'은 폭탄이 떨어지는 바로 아래에 사람들이 있고, 그들의 기억과 역사가 지속되고 있음을 보여준다. 비록 서구인들의 입맛에 맞는 선형적 방식은 아니지만. 그 대신 '이야기 천'은 시간과 공간이 동시에 존재하는 방식으로, 마이 데르 방의 주장을 보여준다. 몽족 난민의 정체성 속에는, 역사와 트라우마가 매 순간 항상 존재한다는 것이다.[7] 차씨 가족과 방

에게, 전쟁, 기억 그리고 정체성은 떨어질 수 없는 관계다. 미합중국 속에서 몽족이라는 정체성은 전쟁이 없었다면 존재하지 않았을 것이기 때문이다. 공정한 망각의 가능성과 함께하는 트라우마의 전환은 공정한 기억이 있어야 가능하다. 마이 데르 방의 언어와 차씨 가족의 '이야기 천'이 우리에게 공정한 기억을 가능하게 한다.

이 책 전반에 걸쳐서 논의해온 것처럼, 공정한 기억은 다음의 세 가지 조건에서 가능하다. 첫째, 우리가 인간이면서 동시에 비인간임을 윤리적으로 의식하는 것이다. 이렇게 의식하면 우리의 정체성, 즉 인간으로 존재한다는 것과 우리 편과 친지들, 심지어 자신이 저지른 행동에 연루되는 것이 무엇인지 그 의미를 복합적으로 이해할 수 있다. 두 번째, 기억 관련 산업들로 접근할 기회가 한 나라 안에서나 여러 나라 사이에서 동등해진다. 부와 권력의 분배에 있어서 근본적인, 심지어 혁명적인 전환 없이는 불가능한 일이다. 그리고 세 번째, 가깝고 소중하게 여기는 이들이 있는 곳에서 멀고 두려운 이들이 사는 머나면 영역으로 추방되지 않아도 되는 세상을 상상하는 능력이다. 나는 국가를 넘어서서 생각하고 보는 상상력을 중요하게 여겨왔다. 왜냐하면 국가는 문화와 인종, 경제와 영토, 권력과 종교를 걸어 놓고 우리가 그것을 향해 분투하도록 지배하기 때문이다. 시인인 데릭 월컷^{Derek Walcott}은 연관된 이해관계들에 대해 이렇게 말한다. "나는 아무 것도 아니거나, 국가이다."[8] 그러나 월컷의 같은 시 속에서 내가 더 좋아하는 더 감동적인 다른 행에는 희망이 엿보인다. "나에게 국가는 없었으나, 지금 나에게는 상상이 있다."[9] 여기에서 시인은 국가에 대한 유일한 대안은 비관이라는 허구를 거부하면서, 세계의 시민이 되고자 하는 세계시민주의를 수정한다. 그러한 위치는 시민의 타자들,

즉 어쩔 수 없이 달아나야 했던 난민들을 간과하는 것이기 때문이다. 예술가는 세계나 국가를 주장하는 것에서 방향을 바꾸어, 상상을 주장한다. 이러한 행위 속에서, 우리는 공정한 기억과 공정한 망각 모두를 향해 가는 길을 발견한다.

이와 같은 망각은 드물 뿐 아니라, 불공정한 망각보다 도달하기가 어렵다. 불공정한 망각은 우연히, 시간에 의해, 기억상실이나 죽음으로 인해 별다른 노력 없이 그냥 잊게 되는 것이다. 불공정한 망각의 징후는 동일한 사건이 반복되어 일어난다는 것이다. 역사 속에서 폭력이 반복되는 것은 우리가 그러한 폭력의 근원을 처리하지 못했기 때문이다. 그래서 미국에 있는 우리가 현재 처한 곤경은, 폭력이 영원히 지속되는 타임워프(시간의 변칙적 흐름이나 정지_역주) 속에서 벗어나지 못한다는 것이다. 이제까지 미국은 영원히 전쟁을 계속할 것처럼 보였다. 적어도 현재 속에서 영원히 살고 있는 미국인들에게는 그러할 것이다. 그런 연유로 언론인 덱스터 필킨스Dexter Filkins는 자신의 책 속에서 중동에서 일어나는 전쟁들을 한꺼번에 '영원한 전쟁The Forever War이라고 부른다. 그것은 그의 책 제목이기도 한데, 소설가 조홀드먼Joe Haldeman이 쓴 공상과학 소설의 고전 《영원한 전쟁》에서 빌려온 것이다. 홀드먼은 나의 전쟁에 참전했던 미군이었으며, 그 전쟁의 부조리함을 공상과학 소설의 알레고리로 썼다. 그가 만들어낸 허구의 전쟁에서는, 지구에서 가장 훌륭하고 영리한 사람들이 외계 행성의 벌레처럼 생긴 외계인과 전투를 하기 위해 징병된다. 군대는 병사들이 살인을 저지를 수 있게 감각을 둔하게 만들고, 전쟁을 하면서 외계인들을 증오하고 파괴하도록 프로그래밍한다. 나중에 그 전쟁은 의사소통 오류로 인해 일어난 것임이 밝혀진다. 상대성 원리에 따라

우주여행을 하고 병사들이 지구로 돌아왔을 때, 그들에게는 단지 몇 달의 시간이 흘렀을 뿐이지만 지구에서는 수십 년이 흘렀음을 알게 된다. 적응을 할 수 없게 된 병사들은 또 다른 임무 수행에 자원한다. 임무를 마치고 돌아오면, 친지들이 모두 죽은 뒤일 것임을 알면서도 그런 선택을 한다. 그 병사들에게 전쟁은 영원히 계속된다. 고향에 있는 민간인들에게도 전쟁은 역시 계속된다. 영원한 전쟁이 매일의 일상 속 한 부분인 것처럼 감각이 둔화되었기 때문이다. 그들의 일상은 영원하지만, 그렇다고 해서 신성한 것은 아니다.

이것은 공상과학 소설이지만, 또한 현재의 일이기도 하다. 인간이 자신의 비인간성과 밀접하게 살아가는 시대, 그것이 정상적이고 영원할 것이라고 용인하는 시대이다. 일반적으로 허구, 스토리텔링 그리고 예술은 이러한 정상성의 부조리함을 보여주려고 이용되는 방법이다. 우리가 맨 처음 치렀던 전쟁이 비극이라면, 두 번째는 희극이고, 세 번째는 뭐라고 불러야 할지 모를 지경이고, 네 번째와 다섯 번째는 그보다 훨씬 덜할 것이고, 지겹지 않은가? 영속적인 전쟁, 영원한 전쟁, 끝나지 않는 전쟁, 그 속에서 내가 경험한 전쟁은 미국이 그 자체로 간주되는 연대기 속에서 하나의 에피소드, 잠깐 끼어든 훼방, 일탈에 지나지 않는다.

그러한 연대기는 미국식 생활 방식의 승리를 중심에 둔다. 그러한 생활 방식의 특징은 민주주의와 자유에 자본주의와 이윤추구를 융합시키는 것이다. 자본주의 없이 민주주의를 상상할 수 없는 연대표이며, 그 역도 마찬가지다. 이러한 연대표에 너무 몰입한 탓에 나의 본국을 방문하는 많은 미국인들은 진보에 관한 안이한 이야기와 미국식 생활 방식의 불가피함에 기대도록 강요한다. 즉 미국이 전쟁에서는 패배했지만, 자본주의는 결국 승리했다는 것이다. 외국인들이 내가 태어난 나라에 대해 쓰는 르포르타주에서 반복되는 주제는 전쟁이 끝난 뒤에 태어난 사람들이 주류라는 것이다. 그들은 전쟁을 기억하기 싫어하고, 전쟁보다는 그들의 공산주의 지도자들이 촉발시킨 동일한 물질(만능)주의에 집중한다.[10] 혁명은 죽었다. 달러가 승리했다. 자본주의 만세!(라오스와 캄보디아에서도 상황은 유사하다.) 미국과 베트남 양국에서 기억을 위해 온갖 일을 했지만, 불공정한 기억이 승리하는 중이다. 이것은 베트남의 공식적 기억이 불공정하기 때문이다. 그 기억은 모든 국민에게 자유와 독립을 약속했던 혁명의 실패와 대면할 수 없다. 미국의 공식적 기억 역시 불공정하다. 내가 경험한 전쟁에서 그들은 아무 교훈도 얻지 못했기 때문이다. 예외가 있다면, 영원한 전쟁을 지속하는 것이 좀 더 효율적이라는 것.[11] 베트남과 미국 사이에 혹시라도 화해가 이루어진다면, 불공정한 기억과 불공정한 망각이라는 두 가지 형태로 화해하게 될 것이다.

공정한 망각의 전제조건이 공정한 기억이라면, 아마도 그러한 망각은 불가능할 것이다. 정확히 언제, 우리의 비인간성을 윤리적으로 의식하는 시기가 올 것이며, 기억 관련 산업이 누구에게나 접근 가능한 곳은 어디일 것이며, 상상을 주장하는 예술적 의지가 예외적인 게 아니라 정상적인 곳은 어디일 것인가? 유토피아이다. 하지만 인간이 모닥불 주위의 환한 곳 너머를 상상하기 어려웠던 시절도 있었다. 원시 종족이 걸어서는 갈 수 없는 거리 너머를 상상하기 어려웠던 때가 있었고, 도시 국가의 성벽 너머를 생각하기 어려웠던 때도 있었다. 미래의 어느 지점에는 전쟁을 하는 국가들이 어리석게 느껴지는 때가 있으리라고 상상하지 못할 이유가 있을까?

나는 살아오면서 히틀러를 견뎠다. 고래고래 소리를 지르며 발광하는 자였다. 무솔리니도 마찬가지다. 소련, 영원히 지속될 줄 알았다. 대영제국, 난공불락처럼 보였다. 로디지아에서 벌어진 인종 차별은 어디에나 있었다. 유럽 제국들의 전성기. 그들이 사라진다는 것은 상상조차 못할 일이었다. 그들은 영원할 것처럼 보였지만 지금은 그들 중 아무도 남아 있지 않다. 그것이 바로 낙관론을 만드는 방법이라고 나는 생각한다.[12]

미래의 어느 지점에서는 불가능한 것이 가능해질 것이다. 여기에서 다른 동인들 가운데 예술이 다시 중요한 역할을 한다. 예술은 유토피아를 상상하는 역할을 할 때도 있고, 또는 부정적 교훈을 통해 디스토피아를 상상하기도 한다. 우리에게 어떻게 하면 더 인간적으로 혹은 더 윤리적으로 행동할 수 있는지 모델을 제시할 때도 있을 것이고, 우리가 얼마나 비인간적이고 비윤리적일 수 있는지 돌아볼 것을 요구할 때도 있을 것이다. 단지 예술인 것으로, 예술과 관계를 맺도록 우리를 호출함으로써, 예술은 상상 속의 시민이 될 수 있도록 성찰하고, 숙고하고, 명상적으로 사유하고 느끼는 본보기를 보여준다. 예술과 상상력은 개인적이고 신비한 영역에서는, 우리에게 지속적으로 영향을 주는 전쟁, 폭력, 유혈, 증오, 테러의 가혹한 역사에 희망과 경의를 표하기도 한다. 그러나 예술은 윤리적으로 비인간성을 의식하게 만든다. 그것은 공정하게 기억하려면 꼭 필요한 일이다. 기억 관련 산업들이 평등하지 않은 채로 남아 있는 한, 기억이 홀로 공정해질 수는 없다.

그러나 오늘날 불공정한 기억과 불공정한 망각의 시대인 우리의 시대를 지내는 동안, 예술의 잠재적 능력은 개인이 위로를 얻을 수

아무것도 사라지지 않는다

있는 방향을 가리킨다. 위로는 가장 순수한 용서 속에서도 찾을 수 있다. 철학자 자크 데리다가 '순수한' 용서라고 부른 것은, '예외적'이고 '특별한' 용서이다.[13] 데리다는 순수한 용서를 사면, 변명, 후회, 보상, 사과, 치유 등의 행위에 들어있는 정치적, 법적 또는 경제적 고려로 오염된 용서와 구별한다.[14] 순수한 용서는 용서할 수 없는 것을 용서하는 모순에서 비롯된다. 다른 형태의 용서는 모두 조건적이다. 네가 나에게 무엇인가를 준다면, 나는 용서할 것이다. 그런 용서의 행위는 타협이다. 베트남과 미국 사이에서 바로 그런 일이 일어났다. 베트남은 미국을 용서할 것이다. 미국이 베트남에 투자를 하고 중국에 대항할 수 있도록 방어해준다는 조건이라면. 미국은 베트남을 용서할 것이다. 미국이 베트남에 투자하도록 허용하고, 중국에 대항하여 영토, 영해 혹은 영공을 사용하는 것을 허락한다는 조건이라면. 베트남으로 다시 가서 베트남인들이 그들을 용서하는 것을 보고 깜짝 놀란 미국인들은, 그것이 조건이 붙은 용서라는 것을 이해하지 못한다. 베트남인들이 미국인들에게 너그러움을 베푸는 것은 틀림없지만, 속셈은 이득을 챙기는 것이다. 미국인은 걸어 다니는 지갑이니까. 고향에 있는 베트남인들이 해외 베트남인들에 대해 마음속 깊이 품고 있는 반감도 그런 식으로 용서가 이루어질 수 있다. 그래서 해외 베트남인들의 귀향은 양가적이고 난처한 일이다. 프랑스나 미국 같은 침략자들과 화해를 할 때는 베트남인들이 중국인들에게 품고 있는 적대감의 강도가 얼마나 심한 것인지 비교해야 한다. 베트남인들과 중국인들은 그들만의 영원한 전쟁을 치러왔다. 중국이 천 년 동안 베트남을 식민지로 삼았던 역사에서 시작된 일이다. 중국인도 베트남인도 분쟁의 역사를 잊지 않고 있다. 그래서 여전히 전쟁은 반복되고 있다.

개인과 국가가 용서와 화해를 빌미로 타협하고, 악용하고, 착취하는 양상과 그와 관련된 조건들에 대해, 데리다는 다음과 같이 비판한다. 용서는 "평범한 일이 아니고, 평범해서도 안 된다."[15] 오히려 "용서는 그 자체가 불가능한 일임을 선언해야 한다." 용서받을 사람이나 실체가 뉘우치느냐 아니냐에 따라 달라지는 일이 아니다.[16] 용서에 대한 데리다의 개념을 처음 접했을 때 나는 인정할 수밖에 없었다. 그동안 내가 어떻게 해야 할지 분투하고 있었다는 것을, 왜냐하면, 데리다의 표현에 의하면, 용서는 '너무 지나치고, 과장되고, 미친'[17] 짓이었으니까. 만약 도저히 용서할 수 없는 일이라면, 어떻게 용서하고 용서받겠는가? 개인의 삶을 잃어버리는 것은 물론, 대량 폭격, 대량 학살, 죽음의 수용소, 제노사이드……. 이런 것들 중 무엇을 용서할 수 있을까? 내가 직접 경험하지는 못했지만 나는 용서한다고 말할 수 없다. 내가 잃어버린 것은 고향이다. 이따금 그곳을 방문하는 것이 즐겁지 않을 때도 있지만, 내가 잃어버린 것은 우리 집에 입양되었으나 고향에 남겨진, 그리고 40년 만에 한 번밖에 보지 못한 누나와의 관계다. 그리고 더 행복했을 수도 있는 어린 시절이다. 그리고 더 행복하고 더 건강했을지도 모를 부모다. 그러나 다시 생각해 보면, 전쟁이 일어나지 않았고, 내가 그런 것들을 잃어버리지 않았다면, 나는 이렇게 글을 쓰지도 않았을 것이다. 작가가 되지 않았을 테니 용서에 대한 질문이 머릿속에 떠오르지 않았을 것이며, 이런 단락을 쓰고 있지도 않았을 것이다. 이제 나는 생각한다. 그래, 나는 용서할 수 있다. 이렇게 추상적으로는 미국과 베트남, 그 모든 파벌과 변종들을, 그들이 과거에 저지른 일에 대해서. 그러나 나는 그들이 지금 현재에 저지르는 일

아무것도 사라지지 않는다

들을 용서할 수 없다. 현재는 아직도 끝나지 않았기 때문이다. 아마도, 현재는 늘 용서할 수 없을 것이다.

용서를 하면, 보상이나, 반환, 인정 같은 일들이 일어나게 되는 실용적인 측면은 어떠한가? 그런 일들이 하찮은가? 나의 전쟁에서는 이러한 실용적 행위조차 드물다. 미합중국은 베트남, 라오스, 캄보디아에 떨어뜨린 몇 톤의 불발탄을 수거하는 비용으로 푼돈을 지불했을 뿐이다. 에이전트 오렌지가 피해를 입혔다는 사실과 피해를 당한 사람과 자연이 동남아시아에 존재한다는 사실 자체를 인정하지 않으려한다. 동남아시아인 망명자와 난민 대다수는 그들의 공산주의자 적들을 여전히 미워하고 있다. 공산주의 정부를 인정하지 않으며, 여전히 귀향을 두려워하고 강제로 돌아가게 될까봐 겁에 질려 있다. 베트남과 라오스의 공산주의자들은 재교육 수용소와 사람들을 박해해서 난민으로 전락하게 만든 일들에 대해 전혀 사과하지 않고 있다. 캄보디아 정부는 많은 사람들이, 특히 자기 진영의 정치가들과 지도자들이 크메르루주와 광범위하고 복잡하게 연루되어 있음을 인정하는 데난색을 표한다. 과거의 오류와 참상을 인정하기 위해 국민과 정부가할 수 있는 합리적인 일들의 목록은 다음과 같다. 과거의 적들 사이에서 직접 대화가 이루어지도록 추진하는 진실 및 화해 위원회 구성. 전쟁 범죄자를 재판에 넘기고, 혹은 적어도 특정인이 범죄행위를 저질렀다는 것을 인정하는 자진 신고 장려. 어쩌면 지금은 역사의 다른 피해자들이 소유하고 있을지도 모를 난민의 집과 재산 반환. 반대 진영에 속하는 죽은 난민과 병사들을 추모하는 기념비 건립. 모든 진영을 인정하는 교육과정 구축. 과거에 대해 자유롭게 반대 의견을 내면서 토론할 수 있는 시민 사회의 허용. 전형적인 슬픔과 분노의 드라마 대신 순수하게 서로에게 사과하는 내용의 드라마 공연. 모두 상상 이상으로 어려운 일이겠지만, 과거의 상처를 치유하고, 과거를 부인하지 않으면서 국민과 정부가 앞으로 나아갈 수 있는 힘이 될 것이다.

결점이 있을지 모르지만 좋은 의도로 설립된 유엔 캄보디아 특별 재판소와 같은 기구들이 있다. 권한은 크메르루주 범죄에 대해 고위급 책임자 다섯 명을 기소할 수 있는 것이다. 재판은 5년 동안 지속되었고, 피고인들이 고령이 되어 죽거나, 정신이상이 된 사례처럼 기소를 할 수 없는 경우가 생길 때까지 앞으로도 몇 년은 계속될 것이다. 이것은 말 그대로 정치적 연극이다. 브로드웨이에서 성공한 뮤지컬만큼 공연 기간이 길고 제작비도 훨씬 많이 든다. 직장인의 연봉이 평균 수백 달러밖에 안 되는 나라에서, 재판이 열리는 데 드는 비용은 수천 만 달러에 이른다. 프놈펜 외곽에 있는 이 극장을 방문하려면, 반드시 예약을 해야 하고, 일찍 도착해야 한다. 다른 극장과 마찬가지로 사진을 찍는 것은 금지되어 있다. 내가 갔던 날 아침에는 고등학교 학생들이 방청석의 대부분을 차지하고 있었다. 이 드라마는 교육적이다. 왜냐하면 캄보디아 사람들은 대량 학살에 대한 교육을 거의 받지 않기 때문이다. 법원이 정의를 실현하는 형을 선고할 것이지만, 그것 또한 정부의 노력이 미약할 때도 과거를 수습하는 노력을 하고 있음을 캄보디아 사람들에게 보여주려는 쇼이다. 그리고 심지어 그렇게 할 수 없을 때조차도, 유엔은 세계가 입은 상처의 출혈을 막는 임무를 수행하고 있음을 세계에 보여주려는 쇼이다.

재판이 강당 앞쪽에 자리 잡은 무대에서 열리기 때문에 연극적인 성격이 더 짙어졌다. 유리벽이 세워지고, 유리 벽 뒤에 커튼이 있어서, 판사, 변호사, 피고, 증인, 통역, 속기사, 경호원 같은 참가자들과

아무것도 사라지지 않는다

방청객을 분리시키고 있다. 에어컨이 가동되고 있는 강당 안으로 방청객들이 들어와 좌석에 앉으면, 커튼이 쳐진다. 쇼가 시작되고, 커튼이 열리면, 이 사이비 재판의 배우들이 무대 위로 올라와 자기 자리로 간다. 마땅히 그럴 만해서 재판을 받고 유죄 판결이 확정된 사람은 과거와 사이비 화해에 이르게 될 뿐이다. 크메르루주를 역사에 등장하게 만든 불평등과 불공정은 여전히 남아 있고, 용서받을 수 없는 자들은 결국 용서받지 못할 것이다. S-21 수용소 소장이었고, 처음으로 재판에 회부되어 형무소에 보내진 듯처럼, 용서를 구한다고 해도, 용서 받지 못할 것이다. 지금도 살아 있는 다른 수천 명의 크메르루주들 가운데 많은 이들이 여전히 권력층이고, 적어도 상대적으로는 평화롭게 살고 있다. 또한 베트남, 중국 그리고 미국 정부는 재판에 회부 된다고 해도 용서를 구하지 않을 것이다. 재판에 회부되지도 않겠지만.

그러나 데리다는 사이비 용서와 사이비 화해가 역사에서 부분적인 역할을 담당한다는 사실을 부인하지 않는다. 단지 임시로 구현된 평화일 뿐이지만, 사이비 화해를 부인하는 것보다는 전쟁과 폭력이 없는 편이 낫다. 타협하는 대신, 그는 다만 순수한 용서라는 불가능한 기준을 고집한다. 비합리적으로 들릴 것이다. 왜냐하면 순수한 용서란 역사에서 누적되어온 공포와 우리 자신의 개인적 책임에 부과된 지탱할 수 없는 무게만큼 무겁기 때문이다. 수백만 명을 학살하는 것은 가능한데 왜 순수한 용서나 공정한 망각은 상상할 수 없는가? 애초에 대량 학살이 불가능했어야 하는 것 아닌가? 바로 우리 잘못이다. 우리 영혼과 상상력의 한계를 탓할 수밖에 없다. 우리는 실용주의자와 부당 이득자들에게 굴복하고, 전쟁이 인간성 혹은 우리 정체성의 일부라고 주장하는 편집증 환자들에게 굴복했다. 그들은 반쯤 옳지만, 누구나 내면에 숨겨둔 비인간성을 인식하고 그것을 종류가 다른 현실주의로 전환하는 것까지 불가능하다고 믿는 것은 전적으로 잘못된 것이다. 아무리 불가능해 보여도, 그래도 반드시 평화를 생각해야한다고 믿는 현실주의가 필요하다. 전쟁이 영원히 지속되리라는 믿음이 비현실적이다. 영원한 전쟁은 광기이다. 관료들의 합리적 언어와 민족주의와 희생이라는 과장된 미사여구로 조작되고, 인류를 종말에 이르게 하는 캠페인으로 작동되는 미친 짓이다. 이러한 광기는 오직 영원한 평화와 순수한 용서에 대한 과도할 정도의 유토피아적 헌신으로만 대적할 수 있다. 그것으로 인류는 살아 남아야 한다. 우리가 살기를 소망한다면, 불가능한 현실주의가 필요하다.

마틴 루터 킹 주니어에게 감화를 받은 틱 낫 한은 '전쟁 혹은 또 다른 불의에 시달리는 나라의 상황'에 대해 또 다른 관점을 제시한다. 상대방이나 또 다른 쪽에 책임을 전가하기보다는, '분쟁에 휘말린 모든 사람이 피해자'라고 말한다. 이것은 자신을 피해자나 피해자의 후손이라고 생각하는 사람들이 채택하기 어려운 관점임이 분명하다. 그럼에도, "전쟁 중인 집단이나 혹은 반대편처럼 보이는 집단까지 포함해서, 그러한 고통을 지속시키고 싶어 하는 사람이 아무도 없음을 보라. 그 상황에서 비난을 받아야 하는 사람은 한 명도 아니고 단지 몇 명도 아님을 보라." 그러나 하나의 주체를 비난할 수 없다고 말하지만, 그렇다고 누구라도 비난하지 않으면 안 되는 상황을 벗어날 수는 없다. "그 상황은 이념에 대한 집착과 불공정한 세계 경제 체제 때문에 가능한 것이고, 무지와 그것을 바꾸려는 결심이 없는 이들이 유지하고 있는 것임을 보라." 더구나 분쟁 그 자체의 이중성, 전쟁과 증오의 양자택일성은 모두 망상이다. "분쟁 중인 양 진영은 사실은 반대가 아니다. 같은 현실의 두 가지 측면이다." 나날이 베트남과 미국은 같은 실체의 부분처럼 보인다. 한때는 분리된 냉전 체제의 상징이었던 두 나라는 이제 세계 자본주의와 군산복합체, 이익 정당들의 지배, 민족 국가의 생존, 권력을 위한 영속적 권력이 앞으로 나아가는 행진에 동참하고 있다. 그러면 전쟁은 도대체 누구의 이익을 위한 것인가, 그럼에도 결국 또 다른 전쟁이 일어날 것이라면? "가장 본질적인 것은 생명이고, 서로 죽이거나 억압하는 것으로는 아무것도 해결하지 못한다는 것을 깨달아라."[18]

자크 데리다와 틱 낫 한이 요청하는 것, 임마누엘 칸트와 마틴 루터 킹 주니어가 요청하는 것 모두 단순하지만 어렵다. 많은 이들이 쉽게 허용하는 전쟁과 폭력에 대한 이야기에 도전하기를 요구한다. 전쟁과 폭력에 대한 이야기는 우리에게 전쟁의 필요성과 고귀함까지 감수해야 한다고 말한다. 이제까지 전쟁과 폭력은 인간 정체성의 일부였던 게 틀림없다. 그러나 정체성은 타고나는 게 아니다. 변할 수 있다. 우리가 전혀 다른 이야기를 하거나 이야기들이 순환하는 생산 수단을 장악하면 된다. 불공정한 망각보다는 공정함을 예언하고, 공정한 기억과 순수한 용서를 중심에 두는 이야기를 하면 된다. 철학자 찰스 그리스월드Charles Griswold는 말했다. "원한은 스토리텔링의 정념이다." 이것은 용서가 이끌어내는 또 다른 스토리텔링을 통해서 수습될 수 있다. "용서는 원한에 찬 이야기가 변하기를 요구한다."[19] 그리스월드는 틱 낫 한처럼, "점검되지 않은 원한은 모든 것과 모든 사람을 소모해 버린다. 그 원한의 주인까지."[20]라고 주장한다. 다른 사람을 용서하고 원한을 내려놓는 것은 다른 사람과 자기 자신 모두를 위한 행동이다. 아비샤이 마갈릿은 다음과 같이 말한다. "용서하기로 결정하면 잘못된 과거를 곱씹는 일을 멈추게 된다. 그것을 다른 사람들에게 말하는 것도 그치게 된다." [21] 순수한 용서가 다른 사람들과 우리 자신에게 확대되어야만, 우리는 공정한 망각에 실제로 이를 수 있고, 새로운 이야기에 대한 희망도 가질 수 있다. 그런 이야기 속에서 우리는 다시는 부당한 과거로 돌아가지 않게 된다.

바로 그런 이유들 때문에 이 책의 주요 부분에서 구체적으로는 스토리텔링을, 일반적으로는 예술을 언급하는 것이다. 우리는 스토리텔링으로 전쟁 그리고 정체성과 전쟁의 관계에 대해 특별한 이야기를 할 수 있다. 이와 같이, 스토리텔링은 우리가 전쟁을 기억하고 망각하는 방식을 바꾼다. 감동적인 다큐멘터리 〈배신〉The Betrayal(Nerakhoon)은 배신과 분노를 어떻게 스토리텔링으로 풀어가는지 잘 보여준다. 영화는 전쟁 중에 아버지가 왕족과 미국 편에 가담해서 싸운 라오스 가족의 이야기를 담고 있다. 영화에서 배신은 최소 두 번 일어난다. 첫 번째는 미국인들이 라오스 동맹군을 배신하고 공산주의자들에게 그들을 남겨두고 떠난 것이다. 아버지는 재교육 수용소에 보내지고, 가족들은 난민이 되어 뉴욕의 빈민가로 탈출한다. 두 번째는 아버지가 가족을 배신하는 것이다. 재교육 수용소에서 풀려난 뒤, 아버지는 새로운 아내를 맞이한다. 두 번의 배신으로 첫 번째 부인과 자식들은 감정적으로 거의 파괴된다. 그들은 가난과 산산조각 난 가족 속에서 살아가야 한다. 그러나 장남인 타비숙 프라사바스Thavisouk Phrasavath가 젊은 영화감독 엘렌 쿠라스Ellen Kuras와 친구가 되면서, 함께 그의 가족 이야기를 영화로 찍는다. 이야기의 결말이 행복하지는 않다. 타비숙의 의붓동생, 즉 아버지와 두 번째 아내 사이의 아들이 라오스인 갱들에게 살해당한다. 살인은 장기간의 전쟁이 초래하는 부정적 영향 중 하나이다. 라오족들끼리 적대하면서 폭력을 행사하는 경우는 많았다. 그 일을 계기로 타비숙은 아버지와 깨지기 쉬운 화해를 한다. 아버지는 자신이 전쟁 때 비난받을 짓을 했음을 인정한다. 그는 미군에게 폭격할 지점을 알려주는 일을 했다. "진심으로, 내가 저지른 짓을 후회한다." 아버지는 진술한다. "내 나라를 구하기 위해 미국인들이 내 나라를 폭격하는 것에 협조했다. 외국인들이 나라를 쑥대밭으로 만드는 것을 도왔다. 그곳은 말로 다 할 수 없이 파괴되었다." 타비숙은 결혼을 했고, 아버지가 된다. 그리고 라오스를 방문해서, 어머니에게 '가장 무거운 슬픔'이었던 고향에 남겨진 두 여동생과 눈물겨운 재회를 한다. 그러나 그는 그들을 미국으로 데려갈 수 없다. "나는 무엇을 기억하고, 무엇을 잊어야 할지, 그 사이에서 우왕좌왕하고 있다. 우리나라 사람들이 말하지 않은 진실한 이야기를 찾아다닌다." 타비숙은 이야기한다. "과거의 라오스에서 멀어질수록, 우리는 꿈과 악몽 속을 들락날락하는 여행자가 된다. 우리나라에서 무슨 일이 일어났던 것일까, 고향이라고 부르는 그곳에서?"

〈배신〉은 전쟁이 남긴 고통스러운 상처를 모두 치유하지는 않는다. 그러나 이야기는 공정한 기억, 그리고 가족들 사이의 용서를 향하고 있다. 또한 그만큼 중요한 것은, 〈배신〉이 할리우드식 화려함이나 작가주의적 허영심의 유혹을 거부하고 있다는 것이다. 그 대신, 이 영화는 수십 년에 걸쳐 촬영한, 길고 참을성 있는 협동 작업의 결과이다. 프라사바스와 쿠라스에서 이루어진 인간관계는 신뢰와 증여가 토대가 되어야 가능한 것인데, 그것이 용서의 한 요소임을 우리는 알고 있다. 이 영화와 제작자들은 기억의 배신을 방지하기 위해 적극적으로 일한다. 그 영화는 관객에게 주는 선물이다. 의미 있는 예술 작품과 마주칠 때마다, 나는 뜻밖에도 아주 소중한 무엇을 선물로 받은 기분이다. 스토리텔링과 예술은 우리가 줄 수 있고 받을 수 있는 유일한 선물은 아니지만, 선물의 궁극적 형태이며, 호혜를 기대하지 않고 오는 것이다. 선물을 증여하는 것에 대한 이러한 생각은 영적이고 종교적인 이들 사이에 널리 퍼져 있다. 특별히 생명을 증여한 이들, 예수 그리스도에서 틱 꽝 득, 마틴 루터 킹 주니어에 이르기까지, 우리는 그들을 순교자로 여긴다. 하지만 선물은 작을 수도 세속적일 수도 있다. 이 책은 공정한 기억과 공정한 망각으로 향하는 한 걸음이 될 작은 선물을 연구하는 것이기도 하다.

영어의 '용서하다'forgive는 예전에는 증여와 인정의 의미가 포함되어 있었다. 현대의 용서에는 증여의 의미와 함께, 체념 혹은 더 이상 억울함이나 분노를 품지 않는다는 의미가 들어있다. 이러한 정의에서 항복은 패배가 아니며, 더 이상 싸우지 않는 것으로 전쟁에서 승리할 수 있음을 암시한다. '용서하는 것'은 또한 범죄를 사면하거나, 보상 청구권을 포기하거나, 채무자에 대한 권리를 포기하거나, 부채를 탕감한다는 의미다.[22] 증여와 용서에 대한 이러한 규정은 개인적이고 정서적이며, 영적인 의미일 뿐 아니라, 물질적이고 경제적인 의미도 있다. 빚을 탕감해줄 수 있지만, 그것 또한 주는 것이므로, 빚을 지는 것이 된다. 수혜자는 호의에 보답할 필요를 느낄 수 있고, 선물을 받는 것이 일종의 굴복이라고 받아들일 수 있다. 또한 선물에도 교환이나 상호호혜에 대한 기대가 들어있을 수 있다.

'백인의 의무'로 돌아가서, 서구인들은 비서구 지역 사람들의 짐을 떠맡으면서, 문명의 선물을 받은 사람들로부터 채무, 감사, 그리고 의무를 기대한다. 서구인들이 늘 그랬듯이, 채무를 탕감해 주는 것은 채무를 잊는 것이 아니다. 부채는 경제적 교류가 전제 되며, 자본주의 체제에서 불공정한 망각에 기반을 둔다.[23] 막스가 주장했듯이, 우리가 무척이나 사랑하는 상품들은, 그것을 만들기 위해 일했던 사람들을 망각하는 체제에 의존하여 생산 유통된다. 비인간적인 것이 인간 노동자보다 우리에게 훨씬 현실적이기 때문이다. 그래서 서구인들은 서구가 아닌 나머지의 장소에서 만든 물건들을 사랑하지만, 나머지 장소에 사는 사람들은 자주 잊는 것이다.

리쾨르는 증여와 채무의 비인간적인 순환에서 벗어나는 길은 상호호혜의 기대 없이 주는 것이라고 주장하면서, 누가복음 6:32~35를 인용한다. "네 적을 사랑하고, 선하게 대해야 한다. 그리고 어떠한 대가도 기대하지 말고 빌려 주어야 한다." 사랑과 용서라는 기독교의 선물은 개인이 공정하게 망각할 때 일어나는 일이다. 공정한 망각은 적으로부터 사랑이 돌아오는 것 말고는 아무런 이익도 기대하지 않고 과거의 원한과 증오를 흘려보낸다.[24] 용서는 또한 틱 낫 한이 제시하는 불교 수행의 핵심이기도 하다. 흥미롭게도, 세속의 퇴역 군인들이 제공한 예술작품에서도 이와 같은 사례를 볼 수 있다. 그들은 과거 적들의 나라를 방문하거나 글을 통해서 적들과 교류한다. 미국 작가 존 발라반John Balaban(천국의 얼굴을 기억하기), W. D. 에르하트W. D. Ehrhart(과거로 돌아가서), 래리 하인만Larry Heinemann(블랙 버진 마운틴), 웨인 칼린 Wayne Karlin(방황하는 영혼), 혹은 브루스 위글Bruce Weigl(한의 순환)의 경우들이다. 이러한 퇴역 군인들을 용서하는 것은 민족주의의 관점에서 그들을 기억할 필요가 없다는 의미이기도 하다. 민족주의적 요구는 암묵적으로 타자에 대한 적대감에서 나온다. 또한 나라를 위해 싸운 퇴역 군인들을 위해 세워진 추모비와 기념비의 숨겨진 대가이다. 그렇기 때문에 에르하트는, "나는 기념비를 원하지 않는다. …… 내가 원하는 것은 기념비가 사라지는 것이다."[25]라고 말한다.

놓아버리고 승복하는 증여와 용서의 모델은 한때 적이었던 이들이 주는 이와 받는 이라는 이원적 행동의 구조 속에서 평화롭게 어울리는 흐뭇한 그림이다. 그 모델은 칭찬할 만하나 쉽게 무너질 수 있다. 왜냐하면 이원적 구조에 맞지 않는 요소들을 간과하고 있기 때문이다. 나의 전쟁은 역사적으로 복잡하다. 그것은 단순히 베트남과 미국 사이의 갈등으로 축소될 수 없다. 라오스와 캄보디아, 남베트남인들, 이 모든 나라들의 다양성은 어떻게 되는가? 많은 이들이 (승리한) 베트남인들과 (패배한) 미국인들의 화해라는 이미지를 선호하기 때문에 그 전쟁에 관련된 이들의 다양성과 차이점들을 쉽게 간과한다. 두 적이 만나서 평화를 이루는 모델이 취약한 또 다른 이유는 호혜적 선물이 여전히 채무를 의미하기 때문이다. 선물에 대한 보답으로 무엇인가를 기대하는 것은, 심지어 사랑과 우정의 관계에서도 일어나는 일이다. 따라서 평화를 단지 전쟁이 없는 상태로 정의하지 않는 한, 베트남과 미국은 화해만으로는 평화에 이르지 못한다. 화해는 늘 그렇듯이 사업으로 복귀한다. 두 나라는 예전 인도차이나와 중국해 지역에서의 권력과 이윤을 협상하는 관계가 되었다. 자본주의와 군사주의에 투자하는 이들이 부패한 화해를 조종한다. 그런 화해는 두 나라가 자국의 이익을 교환하는 행위를 덮고 있는 가면일 뿐이다. 이러한 교환체제에서, 선물은 상품을, 평화는 현재의 이윤과 잠재적 전쟁을 위한 동맹관계를 의미한다. 진정한 평화, 순수한 용서, 공정한 망각을 바란다면, 우리는 상품을 만들어내는 노동을 기억해야 한다. 평화라는

아무것도 사라지지 않는다

가면 뒤에 숨어 있는 전쟁의 역사를 기억해야만 한다.

예술은 호혜를 기대하지 않고 증여하는 선물이다. 예술은 순수한 용서와 공정한 망각의 본보기이다. 증여를 단지 두 사람 혹은 두 실체가 참여하는 행위로 생각하지 말고, 많은 사람들이 돌아가면서 선물을 주는 순환의 한 부분으로 상상해보라. 선물을 받은 사람은 반드시 보답할 필요는 없지만 그 대신 주는 것 자체가 선물이므로, 동시에 다른 사람에게 선물을 주고 있는 것이다. 호혜와 기대라는 차원에서 주는 사람이 사라지는 것이다. 평론가 루이스 하이드Lewis Hyde는 예술 작품은 예술가들이 세상을 향해 보내는 선물이며, 사람들 사이로 전달되어 가는 것이라고 전제하면서, 다음과 같이 제안한다.

> 예술은 당파를 조직하지 않으며, 권력의 하인도 동료도 아니다. 오히려 그러한 정신을 충실히 표현한 예술 작품은 저절로 정치적 힘이 된다. 자아나 집단의 이미지를 창조하는 것이 정치적 행위이다. …… 정부가 아무리 거짓말을 하고 인민을 배신한다고 해도, 예술가가 진실을 말하고 있는 한, 그는 의도하든 안 하든 정치적 힘이 된다.[26]

순수한 증여는 세상을 용서하는 방법이다. 하지만 세상은 전쟁과 자본주의, 피와 채무의 불가피함을 받아들인다. 오직 베풀기만 바라는 사람들에게 그러한 세상은 용서할 수 없는 세상이 아닐까? 되돌려 받을 기대 없이 주려는 것은 기억을 비롯한 모든 삶 속에서 망각이 공정하게 이루어지고 정의가 실제로 구현되는 시대를 향해 나아가려는 노력이다. 진리의 정신으로 창조된 예술 작품은 정의의 신호이며, 정의를 가리키는 지표이다. 물질적이고 공정하지 않은 세상에서 선물은 사고파는 물건으로 변질되고, 그런 세상에서 예술이 완전히 벗어날 수 없다고 하더라도. 다른 사람들에게 선물을 하는 예술가는 자신도 다른 예술가들에게 선물을 받았다는 사실을 기억한다. 그래서 선물을 주고 그 사실을 잊는다. 빚진 사람은 아무도 없다. 진정한 예술가가 희망하는 것은, 원하는 사람들 모두 예술가가 되고, 베풀고자 할 때 베풀 수 있고, 한때 존재했던 불공정한 과거를 공정하게 잊는 시대에서 살아가는 것이다.

앞으로 나아가려면 정의가 실현되지 않아도 잊어야 한다고 다그치는 모든 이들에게 하고 싶은 말은, 비용을 치르지 않는 망각은 언젠가는 반드시, 혹은 다음 세대들이라도 비용을 치르게 된다는 것이다. 벗어나고 싶은 과거의 폭력과 불공정함은 언젠가는 돌아올 것이다. 아마도 예전처럼 변장을 한 채 혹은 영원한 전쟁의 또 다른 얼굴인 새롭고 기만적인 변장을 하고서 닥칠 것이다. 그렇다. 잊을 수는 있지만, 앞으로 나아갈 수는 없다. 공정한 망각은 공정한 기억이 선행되어야 일어난다. 이러한 기억은 불가능한 과제로 남아 있다. 역설적으로, 많은 사람들이 불공정한 짐을 내려놓기보다는 짊어지고 있고 싶어 하며, 그렇게 주저하면서 우리를 과거와 현재에 얽매이게 한다. 불가능해 보이던 공정한 기억의 순간이 모든 사람들에게 일어날 때까지, 어떤 사람들은 베풀고 용서하고, 홀로 노력하거나, 가급적이면 다른 이들과 연대하면서 공정한 망각이라는 과제를 수행해 나간다.

한편, 기억의 미래는 미지의 상태로 남아 있다. 가장 최근에 동남아시아를 방문했을 때, 나는 캄보디아의 끝까지 갔고 그곳에서 미래의 풍경을 흘깃 엿보았다. 내가 간 곳은 태국에서 13킬로미터 떨어져 있으며 크메르루주의 마지막 보루였던 국경 도시인 앤롱 벵Anlong Veng

아무것도 사라지지 않는다

이었다. 씨엠립에서 승용차를 타고 두 시간 가량 달리는 동안, 산길에 있는 크메르루주의 옛 기념물을 지나쳤다. 바위를 조각한 것이었다. 한때 자랑스럽게 늘어서 있었을 크메르루주 병사의 조각상 머리를 누군가가 잘라냈다. 그 기념물을 지나쳐서 안롱 벵에 도착했고, 계속 달려서 태국 국경을 넘었다. 그곳에서 내가 찾고 있던 것을 발견할 수 있었다. 도로 옆에 세워진 '폴 포트 화장장'이라는 표지판이 무덤을 가리키고 있었다. 자루와 방수포로 지은 천막촌에서 20미터쯤 떨어진 곳이었다. 천막촌에는 오래된 조니 워커 병에 담긴 휘발유 같은 것을 파는 빈민들이 살고 있었다.

폴 포트의 유해는 좁고 황량한 땅에 누워 있다. 방문객들을 막기 위해 밧줄을 둘러쳐 놓았지만, 경비원에게 1달러를 주면 넘어갈 수 있다. 지저분하고 방치된 무릎 높이의 무덤에는 낮고 녹슨 주석 지붕이 씌워져 있었다. 직사각형 둔덕에 둘러 친 울타리에 꽃 몇 송이가 서글프게 꽂혀 있었다. 여기에 인간과 비인간을 극단적으로 구현한 누군가가 잠들어 있다. 그는 빛의 도시 파리의 혁명력 0년을 캄보디아로 가져오고자 했던 이상을 품은 이상주의자였다.[27] 지금 그가 누워 있는 반反기념물은 그에게 완벽하게 어울리고, 그가 남기고 간 것만큼 흉물스럽다. 하지만 오직 그렇게만 머물기를 바란다. 고속도로를 가로질러 100미터쯤 떨어진 곳에 짓고 있는 카지노 건물의 그림자가 무덤 위에 드리워져 있었다. 내가 이 글을 쓸 때쯤이면, 카지노는 완공될 것이고, 폴 포트의 무덤과 가까워서 양쪽에 더 많은 관광객이 몰릴 것이다. 베풂도 용서도 그 자리에는 없을 것이다.

심하게 갈라진 붉은 흙길을 따라 몇 킬로미터쯤 이동하면, 관광객의 미래를 상징하는 건물이 나온다. '타 목Ta Mok의 집, 역사적으로

폴 포트 무덤, 안롱 벵 근처, 캄보디아

흥미로운 장소'라는 팻말이 붙어있다. 폴 포트의 마지막 동맹이었고 별명이 도살자였던 타 목이 거주하던 곳이다. 잡초와 덤불 뒤에 가려진 채 숨어 있는 집은 껍데기만 덩그렇게 남아 있고, 벽에는 타 목을 모욕하는 욕설들이 적혀 있다. 근처에는 방문한 사람들이 먹고, 마시고, 휴식을 취할 수 있는 식당과 방갈로들이 있다. 한 방갈로에는 젊은 커플이 산 아래 들판의 경치를 바라보며 다정하게 껴안고 있었다. 아마도 언젠가는 폴 포트의 무덤을 둘러싸고 술집들도 생겨날 것이다. 왜 안 되겠는가, 나 같은 사람을 상대로 돈을 벌 수 있다면. 작은 도시인 안롱 벵에는, 타 목과 관련된 또 다른 관광명소가 있다. 한때 그가 머무르던 군부대 자리이다. 승합차를 타고 온 크메르 관광객들 몇 명이 군부대 안의 황폐한 집들 사이를 돌아다니고 있다. 집안에 가구는 하나도 없지만 여전히 벽에는 앙코르와트 그림이 걸려있다. 아이들은 들판이 내려다보이는 야외 발코니에서 놀고 있다. 그곳

아무것도 사라지지 않는다

은 크메르루주의 원로 지도자들, 폴 포트, 키에우 삼판^{Khieu Samphan}, 이엥 사리^{Ieng Sary}의 집이 있던 자리다. 집은 이미 사라졌다. 폴 포트의 이동 라디오 방송국이었던 부서진 트럭이 앞마당에 널브러져 있다. 시멘트 연단 위에 지어진 정자의 그늘 아래, 예전에 죄수들을 감금했던 철망으로 만든 거대한 닭장이 있다. 타 목이 지배하던 시절에 그는 닭장에 갇힌 죄수들을 햇볕 아래 내버려두게 했다. 여자 하나가 손가락으로 닭장 문을 가리키면서 미소를 짓는다. 웃음소리도 나는 것 같다. 나는 여자가 이 장소를 재미있다고 생각하는 것인지 의심스럽다. 언론인 닉 던롭^{Nic Dunlop}이 대량학살에 대해 쓰면서 물었다. "엄청난 일이 일어나는 것을 마주할 때, 사람들은 어떻게 반응할까?"[28] 나는 여자의 사진을 찍는다.

눈물과 슬픔으로는 부족하다. 이런 장소와 마주치는 순간 미소를 짓거나 웃는 것은 정말로 웃겨서가 아니라 낯설어서일 것이다. 재기억에는 절망과 희망이 뒤섞여 있기 마련이다. 이러한 장소에서, 우리는 비극의 부조리함과 분리될 수 없다. 여기에 혁명에 목숨을 바친 두 사람이 있다. 프랑스와 미국에서 배운 방식으로, 나라를 구하기 위해 온 국민을 학살하려 했다. 이제 그들은 유령으로 거주하고 있다. 가난하고 상처 받은 나라, 불공정한 기억과 불공정한 망각의 힘이 공정한 기억의 힘을 능가하는 나라에서. 말 그대로 뼈만 남은 과거 위에 예측할 수 없는 미래가 세워질 것이다. 과거의 뼈들은 오직 광기에 저항해야 한다는 교훈의 역할만을 할 것인가? 혹은 무수히 많은 불공정한 과거와 광기를 초래했으며, 오늘날까지도 살아 남아 있는 빈곤에 반대하여 발언할 것인가? 과거는 그냥 잊힐 것인가, 아니면 과거를 공정하게 잊을 수 있을 것인가?

에필로그

이 책을 써나가면서, 부모님과 내가 태어난 곳, 고향이라고 불리는 그곳에 여러 번 가보았다. 사람들이 없다면, 고향은 그저 기원에 불과한 곳이다. 마을은 누군가의 아버지가 태어나고, 누군가의 아버지가 묻힌 곳이다. 나의 아버지의 아버지는 자신이 죽을 장소라고 여기던 곳에서 죽었고, 나의 아버지와 나는 그렇지 못할 것이다. 아버지는 가족묘가 있는 곳에서 태어났고, 그곳은 호찌민 탄생지에서 30분 거리에 있다. 그 지역은 강경파 혁명가들과 강경파 가톨릭 신도들을 많이 배출한 곳으로 유명하다. 나의 부모는 후자에 속한다. 혁명가들과 종교적인 사람들이 서로 가까운 지역에서 살았다는 사실이 새삼 놀랍다. 완전히 다른 전쟁을 유산으로 물려받았을지도 모르고, 내 인생이 완전히 다른 방향으로 흘러갔을지도 모르기 때문이다.

추모를 위해 아버지의 고향을 찾고서야 내 아버지의 아버지가 가

아무것도 사라지지 않는다

족묘에 묻히지 않았음을 알게 되었다. 흙덩어리와 향을 피운 자국으로 얼룩져 있는 가족묘는, 아버지의 아버지가 지은 복합 건물 근처에 자리 잡고 있다. 그 건물에서 여전히 삼촌들과 사촌들이 살고 있다. 내 아버지의 아버지가 세상을 떠난 날짜는 가족묘의 꼭대기에 새겨져 있었고, 그 바로 아래 두 개의 무덤이 있었다. 고모와 삼촌의 부인들이 잡초를 뽑으며 정리를 한 뒤, 향을 피웠다.

아버지의 어머니 무덤 위에는 슬픈 표정의 얼굴을 찍은 흑백사진이 있었는데, 어린 시절 우리 집 벽난로 위에 놓인 채 나를 바라보던 바로 그 사진이었다. 그러나 바로 옆 내 아버지의 아버지 무덤은 비어 있었다. 무덤을 덮는 판석도 없고, 이름도 새겨져 있지 않고, 시신도 없었다. 내 아버지의 아버지는 십 년 전, 수 킬로미터 떨어진 철로 옆 습지에, 인가에서 아주 먼 곳에 묻혔다.

나는 할아버지의 묘에 향을 피웠다. 나중에 나의 삼촌들도 집에서 할아버지의 사진 앞에 향을 피웠다. 나는 그에 대해 오직 내 아버지의 아버지라는 사실을 알 뿐이다. 내가 그를 알았다고 하더라도, 나는 결코 할아버지를 이름으로 부를 생각은 하지 못했을 것이다. 캘리포니아에 있는 집에 돌아왔을 때, 나는 내가 할아버지의 이름을 모른다는 사실이 갑자기 머릿속에 떠올랐다. 하지만 나는 부모님 집 벽난로 위에 놓인 사진 속 얼굴은 생생하게 기억하고 있었다. 베트남을 방문하고 몇 년이 지난 뒤에야, 그 이미지, 할아버지의 이미지는 아내 옆에 있는 그의 무덤 위에 놓일 수 있었다.

그 사진은 영화감독 크리스 마커Chris Marker가 언급한 그런 기억이 되었다. 내가 가장 매혹적이라고 여기는 기억이다. "이런 기억들은 아무것도 남기지 않고 오로지 기억만을 남겨 놓는다."[1] 나는 이런 기억들을 많이 물려받았다. 내가 자라난 난민 공동체로부터, 예절과 관습을 배운 미국인들로부터, 그리고 어머니와 아버지로부터. 자신들을 난민으로 만든 전쟁에 대해 말하는 일이 거의 없었지만, 언급하지 않으려 하는 기억의 힘은 항상 그들의 삶에 배어 있었다.

나는 어머니가 12시간 동안 근무를 끝내고 집에 돌아온 날, 집에서 해야 할 일이 훨씬 더 많이 쌓여 있던 때가 여러 번 있었음을 기억한다. 크리스마스, 부활절, 그리고 새해 첫 날을 제외하면 일 년 내내 쉴 새 없이 날마다 일했다. 거의 모든 것을 잃었기 때문에, 그들은 다시 일어서기 위해 죽을힘을 다해 일했다. 아버지 없이, 어머니가 나에게 차를 태워 달라고 부탁한 적이 있었다. 내가 열한 살이나 열두 살 때였을 것이다. 더 어렸을 수도 있다. 우리는 밤길을 조용히 달렸다. 열린 창문으로 시원한 바람이 불어왔다. 라디오는 꺼져 있었다. 나의 부모님은 자동차 안에서 라디오를 듣는 일이 없었다. 그때 어머니는 나에게 아무 말도 하지 않았을 것이다. 혹은 말을 했는데 내가 귀를 기울이지 않았거나 혹은 기억하지 못하는 것일 수도 있다. 어머니가 나에게 말을 걸었다고 하더라도, 나는 뭐라고 대답해야할지 몰랐을 것이다. 우리는 잠자코 언덕 사이를 달리다가 집으로 돌아왔다. 아마도 그것이 어머니가 나에게 손을 뻗는 방식이었을 것이다. 모국어를 잃은 소년, 혹은 입양된 혀를 위해 모국어를 잘라버린 소년에게. 아마도 어머니는 일로부터, 그리고 온종일 매 순간 보아야만 하는 나의 아버지로부터 잠시 떨어져 있고 싶었을 것이다. 어머니는 무엇을 생각하고 무엇을 떠올렸을까. 이제 나는 물어볼 수도 없다. 어머니의 기억은 사라지고 있고, 몸은 어머니에게 느리게 복종한다. 어머니는 전쟁으로 상해를 입은 사람처럼 보이지 않는다. 그러나 전쟁으로 인해 나라

아무것도 사라지지 않는다

와 재산과 가족과 부모와 딸과 마음의 평화를 잃은 사람을 달리 무엇으로 부를 수 있을까.

마커가 다음과 같이 말한 것을 떠올려 본다. "기억의 기능은, 망각의 반대가 아니다. 오히려 그 안감 같은 것이다."[2] 그렇다. 기억과 망각은 함께 얽혀서 이중 나선처럼 우리를 형성한다. 하나가 없는 채 다른 하나만으로는 이루어지지 않는다. 나는 기억하고 싶지만, 너무 많은 것들이 잊혔고 혹은 침묵 속에 사라졌다. 나의 개인적 기억은 불완전하다. 청소년 시절 내내, 남중국해 위에 떠 있는 우리 배 위에서 병사들이 다른 배를 향해 총을 쏘았던 기억을 간직하고 있었다. 그때 나는 네 살이었다. 일곱 살이었던 형은 배 위에서 총격전은 전혀 없었다고 했다. 어른이 되었을 때, 어린 시절에 어머니가 병원에 입원했던 일이 기억났다. 그리고 몇 년 전, 대학교에 다닐 때 썼던 비망록을 발견했다. 거기서 수년 전이 아니라, 바로 그 당시에 어머니가 병원에 입원 중이라고 내가 직접 쓴 기록을 읽었다. 어머니의 병과 주위에서 환자들이 중얼거리는 소리를 들으면서 나는 자신을 겁먹은 어린아이처럼 느꼈던 것이다. 그 느낌을 내가 기억하고 있었다.

아버지에게 과거에 관해 질문하는 것은 무의미하다. 적어도 내 앞에서는 과거란 그에게 무마해야 할 무엇이다. 그의 고향을 방문했음에도, 내가 태어난 도시에는 가보지 못했다. 그가 금지했기 때문이다. 그는 여러 번 나에게 경고했다. "절대로 그곳에 가면 안 돼!" 여전히 많은 이들이 그를 기억하고 있을 것이고 그래서 나를 박해할 것이라고, 적어도 아버지는 그렇게 믿고 있다. 나는 만화가 아트 스피겔만Art Spiegelman이 홀로코스트에서 살아 남은 자신의 아버지에 대해 했던 말을 떠올린다. "아버지가 자란 곳에 대해 나에게 이야기해 준 것들만으로는 도대체 그곳이 어디인지 찾을 길이 전혀 없었다. 아버지의 말은 거의 도움이 되지 않았다. 단지 그곳에서는 유대인을 죽이니까 가면 안 된다는 말밖에 하지 않았으니까. 그것도 늘 현재형을 써서 이야기 했다. '그곳 사람들은 유대인을 죽인다. 가지 마!' 그는 자식들을 위해 두려워했다.[3] 스피겔만의 아버지처럼, 내 아버지도 사라지지 않는 재기억, 치명적인 힘을 잃지 않는 위협적인 기억을 믿었다. 나는 여러 가지 일에서 아버지의 뜻을 따르지 않았지만, 그것만은 거역할 수 없었다.

아버지의 금지는 너무 강했고, 미지의 과거에서 온 망령은 너무 불안정했다. 그 장소에 대해 아버지는 무엇을 기억하고 있으며, 나에게 말하지 않은 것은 무엇일까? 그리고 만약 아버지가 옳다면? 이렇게 금지된 존재로 부재하는 것이 기억의 반대편에 있는 것이다. 어떤 일들은 결코 기억되지 않을 것이고, 그래서 오히려 잊히지도 않는다. 어떤 일들은 말해지지 않은 채 남아 있을 것이고, 그래서 늘 귀에 들린다. 아마도 아버지가 세상을 떠난 뒤에야 내가 태어난 곳을 찾아가 볼 수 있을 것이다. 하지만 그때는 아버지가 기억하고 있는 것이 무엇인지 알게 되기에 너무 늦었을 것이다. 재기억이 만료된 뒤니까. 이것이 과거, 트라우마, 상실, 전쟁, 진실한 전쟁 이야기가 지닌 모순이다. 알려지지 않은 것들은 끝나지 않고, 끝날 수 없는 것들만 얘기할 수 있다.

내 아버지의 아버지로 돌아가서 그의 유해에 무슨 일이 있었는지 생각해 본다. 베트남인들은 사람이 두 번 묻혀야 한다고 믿는다. 첫 번째는 집과 마을에서 멀리 떨어진 들판에 묻힌다. 땅이 살을 먹어치울 때까지 거기 있어야 한다. 두 번째는 살아 있는 이들이 유해를 발

아무것도 사라지지 않는다

굴해야 한다. 정확하게 시간을 맞추면, 오직 유골만 남아 있게 된다. 시간을 잘못 가늠하면, 살이 아직 남아 있다. 무엇이 남아 있든, 사람들은 직접 뼈를 깨끗이 씻어내야 한다. 그리고 이번에는 살아 있는 가족들과 가까운 곳에 한 번 더 매장한다.[4]

감사의 말

기억에 사로잡히는 일에 대한 책을 다 쓰고 나서, 나에게 도움을 준 사람들을 기억하면서 마무리를 하게 되다니 기쁘다. 우선, 여러 연구기관들이 자료를 찾고 책을 쓸 수 있도록 상당한 재정적 지원을 제공해준 것에 감사한다. 서던캘리포니아대학USC은 자료 조사를 위한 여행을 할 수 있도록 안식 기간을 허용하는 등 지속적으로 배려해 주었다. 래드클리프 고등 연구소Radcliffe Institute of Advanced Study의 수잰 영 머리 장학금Suzanne Young Murray Fellowship과 미국학회 평의회American Council of Learned Societies의 장학금 덕분에 어려운 주제들을 철저하게 연구할 수 있었다. 동남아시아 여름 학회 연구소Southeast Asian Summer Studies Institute는 메디슨의 위스콘신 대학에서 베트남에 관련된 연구를 할 수 있도록 기금을 마련해 주었다. 아시아 문화원Asian Cultural Council 으로부터 루스 재단 장학금Luce Foundation Fellowship을, 문화 개혁 센터Center for Cultural

아무것도 사라지지 않는다

Innovation로부터 예술 개혁 지원금^{Grant for Artistic Innovation}을 지원받아서 동
남아시아를 여행하면서 더 심도 있는 경험을 할 수 있었다. 또한 USC
의 국제 연구 센터에서도 지원금을 받았다. 창작 기금^{Creative Capital}과
워홀 재단^{Warhol Foundation}에서 제공한 예술 작가 지원금 덕분에 시각 문
화가 전쟁 기억에서 하는 역할에 대해 집필할 수 있었다. 일본-미국
우호 위원회^{Japan-United States Friendship Commission}는 내가 일본 청중들 앞에
서 초기의 논점을 제시할 기회를 제공했다. 긴 시간이 흐른 뒤에, 나
는 싱가포르 국립대학에 있는 아시아 연구소^{Asia Research Institute}의 선임
연구원으로 아시아로 귀환했고, 이 책의 마지막 판본을 공유할 수 있
는 고무적 환경을 제공받았다.

아시아 연구소에서와는 달리, 이 책을 주제로 한 나의 강연들은
대부분 아직 초기 형태의 개념에 대한 것이었다. 그러한 강연들을 너
그럽고 지적으로 몰입하여 귀 기울여준 청중들에게 감사한다. 가장
최근의 강연에서부터 가장 초기의 강연에 이르기까지, 나의 연구에
대해 토론하기 위해 초대해준 개인들과 연구소들은 다음과 같다. 엘
리자 노^{Eliza Noh}, 투-우연 응우옌^{Tu-Uyen Nguyen}, 그리고 풀러턴 캘리포니
아 주립대학, 워파 아짐^{Wafa Azeem}, 켄트 벡스터^{Kent Baxter}, 노스리지 캘리
포니아 주립대학, 프라센짓 듀아라^{Prasenjit Duara}, 아시아 연구소의 츄아
빙 후앗^{Chua Beng Huat}, 시트러스 칼리지의 브루스 솔하임^{Bruce Solheim}, 히
토츠바시 대학의 마유모 이노우에^{Mayumo Inoue}, 베이징 외국학 대학 중
미 문학 연구소의 일레인 김^{Elaine Kim}, 나고야 대학의 아키토시 나가타
^{Akitoshi Nagahata}, 홍콩대학의 오토 하임^{Otto Heim}과 켄들 존슨^{Kendall Johnson},
연세대학교의 박형지, 김영민과 한국 영어영문학 협회, 켄트 오노^{Kent}
^{Ono}, 고든 헌터^{Gordon Hunter}, 미미 티 응우옌^{Mimi Thi Nguyen}, 피오나^{Fiona I. B.}

Ngo, 어바나 샴페인 일리노이 주립대학, 씬야 황Hsinya Huang 과 선 얏-셴 국립대학, 친-밍 왕Chih-Ming Wang과 타이완 중앙 연구원의 유럽 미국학 연구소, 가이 보러가드Guy Beauregard와 타이완 국립대학, 로렌스 뷰얼Lawrence Buell과 하버드 대학, 유안 슈Yuan Shu와 텍사스 테크대학교, 비엣 레Viet Le, 민영순과 서울의 아르코 아트센터, 에드워드 파크Edward Park와 로욜라 메리마운트 대학, 프레데릭 얼더마Frederick Aldama와 오하이오 주립대학의 서사 프로젝트, 스테파노 카탈러니 벨뷰 예술 박물관Stefano Catalani Bellevue Arts Museum, 야수오 엔도Yasuo Endo와 동경대학의 태평양 미국학 중앙 연구소, 사토시 나카노Satoshi Nakano와 히토츠바시대학의 평화와 화해 연구소, 쥬리 아베Juri Abe, 일본 미국학협회, 릿쿄대학, 셀린느 파레나스 쉬미주Celine Parreñas Shimizu와 산타 바바라 캘리포니아 대학, 란 츄Lan T. Chu와 옥시덴탈칼리지, 아이리스 슈마이저Iris Schmeisser, 헤이커 폴Heike Paul과 에를랑겐-뉘른베르크대학, 산타 바바라 캘리포니아대학의 흑인 연구 센터, 찰리 버치Charlie Bertsch와 애리조나대학, 루스 마이어Ruth Mayer, 바네사 퀴네만Vanessa Künnemann과 하노버대학, 레이첼 리Rachel Lee와 UCLA이다.

이 책을 집필하는 과정에서, 토론을 위해 먼 곳으로 여러 군데를 여행하곤 했지만, 내 고향과 같은 USC 캠퍼스 안에서 대부분이 이루어졌다. 전쟁과 기억을 주제로 두 번의 세미나를 함께 했던 대학원생들이 나의 사유를 예리하게 벼려주었다. 나의 연구 조교들인 티파니 밥Tiffany Babb, 이벳 마리 츄아Yvette Marie Chua, 니나렌 이브라임Ninalenn Ibraim 그리고 캠 부Cam Vu(또한 하버드의 캐더린 헤일Kathleen Hale)가 크고 작은 일들을 보살피면서 매우 중요한 역할을 해주었다. 영문학과에서는 조셉 분Josep Boone이 훌륭한 친구로, 학과장으로 많은 도움을 주었다. 에밀

리 앤더슨Emily Anderson은 동료로서 내가 연구할 수 있는 공간을 공유해 주었다. 존 카를로스 로John Carlos Rowe와 릭 버그Rick Berg, 두 사람 모두 더 본질적으로 사유할 수 있도록 채찍질해 주었다. 내가 다니는 성당의 주임 사제 피터 먼콜Peter Mancall은 본문에 들어간 많은 이미지들의 사용료를 지불하기 위한 재정적 원조를 제공해 주었기에 책의 완성도를 높일 수 있었다. 책을 집필하는 기간이 오래 걸렸지만, 헤더 제임스Heather James와 도린 콘도Dorinne Kondo의 도움이 없었더라면, 더 긴 시간이 필요했을 것이다. 그들의 너그러운 조언 덕분에 장학금을 탈 수 있었다. 마지막으로 재닛 호스킨스Janet Hoskins와 공동 연구로 태평양을 횡단하는 연구에 대한 개념을 함께 발전시킨 것이 기쁘다. 그 연구의 상당 부분이 이 책에 담겨 있다.

프놈펜에서 많은 시간을 할애해 준 캄보디아 문서기록 센터의 콕-타이 엥Kok-Thay Eng에게 감사한다. 하노이의 리뷰 프로젝트에서 일하는 척 쓰어시Chuck Searcy와 동하의 노Ngo 쑤언 히엔Xuan Hien에게도 마찬가지의 감사를 드린다. 내가 베트남을 돌아다닐 때 짠 민 득Tran Minh Duc의 도움과 함께 사진을 찍으며 동행해준 샘 스위지Sam Sweezy 덕분에 훈훈한 여행을 할 수 있었다. 그가 찍은 사진 몇 장이 이 책에 실려 있다. 그것들을 사용할 수 있게 허락해준 것에 대해 감사한다. 사진을 사용하게 허락해준 다른 모든 예술가들과 언급한 모든 연구기관들에게도 감사한다. 특히 이 책을 출간하자는 제안을 해준 앤드류 키니Andrew Kinney와 하버드 대학 출판사의 직원들에게 감사한다. 탁월하게 편집해준 조에 루이스Zoë Ruiz에게도 감사한다.

상당히 긴 감사의 말이 이렇게 이어지는 것은 13년 동안 이 책을 집필하면서 누적된 빚이 반영되기 때문일 것이다. 그리고 그 이전에도 내가 전쟁, 기억 그리고 예술 창작에 몰입했던 오랜 세월이 있었다. 이십 년이 넘는 세월 내내, 나는 동남아시아와 그 디아스포라들에 대해 비슷한 사유를 하는 학자들과 예술가들의 공동체로부터 헤아릴 수 없이 큰 도움을 받았다. 추엉 추엉Chuong Chuong, 티파니 충Tiffany Chung, 옌 레 에스피리츄Yên Lê Espiritu, 딘 Q. 레Dinh Q. Lê, 비엣 레Viet Lê, 응우옌 뀌 득Nguyen Qui Duc, 이사벨 투이 펠로드Isabelle Thuy Pelaud, 티 푸Thy Phu, 캐시 슐룬드 비얼스Cathy Schlund-Vials가 그들이다. 이러한 학자와 예술가들 사이에서, 가장 중요한 대화 상대이자 공동연구자는 나의 아내 란 즈엉Lan Duong이다. 그녀의 인내와 지원 없이, 이 책은 존재하지 않았다. 우리의 아들 엘리슨도 마찬가지다. 내가 하는 일과 쓰는 글 모든 곳에 그 애의 삶이 남긴 미묘한 흔적들이 있다. 그 애가 전쟁이 없는 세상에서 성장하지는 않겠지만, 앞으로 평화를 위해 일하기를 바란다.

그 애의 할머니 할아버지인 나의 부모는 너무 오랜 세월동안 전쟁을 경험했다. 그들은 나의 형 텅Tung과 나를 위해, 또한 우리의 배우자들과 자녀들을 위해 엄청난 희생을 했다. 1930년대에 가난한 북베트남의 마을에서 태어난 그들은 고향에서부터 엄청나게 먼 거리의 시공간을 여행했다. 내가 가장 큰 빚을 진 사람들은 나의 아버지와 어머니일 것이다. 부족한 책일지도 모르지만, 이 책을 부모님에게 바친다.

Notes

프롤로그

1) 킹 King,《Beyond Vietnam》, 144.

2) 같은 책, 156.

3) 미국인들이 베트남 전쟁과 이라크 전쟁을 연관시킨 것에 대해 살펴보려면, 가드너 Gardner와 영Young이 편집한《Iraq and the Lessons of Vietnam 전집》과 덤브릴 Dumbrell과 라이언Ryan이 편집한《Vietnam in Iraq 전집》을 보라.

4) 킹King, 같은 책, 194~195.

5) 같은 책, 143. 논란의 여지가 있는 1967년 킹의 연설과 또한 프레데릭 더글러스 Frederick Douglass 그리고 두보이스W. E. B. DuBois 같은 흑인 지식인들의 반전운동 전통에 대해 더 알고자 한다면,〈Aptheker, Dr. Martin Ruther King, Vietnam, and Civil War〉을 보라.

6) 게바라Guevara,《On Vietnam and World Revolution》, 15. 마카레나 고메즈 배리스가 칠레의 정치범 카르멘 로하스Carmen Rojas를 인터뷰한 글에도 나와 있듯이, 이런 감정을 느낀 라틴 아메리카인이 게바라 혼자는 아니었다. 로하스는, 자신이 "반제국주의적 행진인 베트남의 투쟁에 동조하는 한 세대의 일원임을 몸으로 느꼈다."(《Where Memory Dwells, 99》)

공정한 기억

1) 전쟁과 기억에 관한 문학 및 학술 연구의 규모는 상당하다. 그러한 연구의 많은 부분이 책 전체와 주석에 인용될 것이다. 나는 여기에서 도움이 될 만한 다른 연구들을 많이 언급할 것이다. 애쉬플랜트Ashplant, 도슨Dawson, 그리고 로퍼Roper 의《The Politics of War Memory and Commemoration》, 윈터Winter의《From

Remembering War》 그리고 윈터와 시번Sivan이 편집한 《War and Remembrance in the Twentieth Century》에서 다음과 같은 에세이들을 참조했다. 메리데일 Merridale의 《War, Death, and Remembrance in Soviet Russia》, 윈터의 《Forms of Kinship and Remembrance in the Aftermath of the Great War》, 윈터와 시번의 《Introduction》, 윈터와 시번의 《Setting the Framework》.

2) 폭력과 국가 건립에 대해서, 르넌Renan, 《What Is a Nation?》을 보라.

3) 샤코치스Shacochis, 《The Woman Who Lost Her Soul》, 킨들 판, 196.

4) 미국과 베트남의 양쪽 관점에서 본 전쟁의 역사에 관한 유용하고 간결한 개요를 보려면, 브래들리Bradley의 《Vietnam at War》와 로렌스Lawrence의 《The Vietnam War》가 있다. 이 책을 쓰면서, 더 긴 역사를 조망할 때는 영Young의 《The Vietnam Wars》와 롱발 Logevall의 《Embers of War》를 참조했다.

5) 엄Um은 그녀의 논문 〈The 'Vietnam War': What's in a Name?〉에서 전쟁의 이름에 담긴 의미에 대해 비슷한 의문을 제기하고 있다.

6) 세계화 시대에 미국이 드리우는 그늘과 배타주의가 만연한 가운데, 학자 윌리엄 스패노스William Spanos는 베트남 전쟁을 중심으로 20세기의 미제국주의를 비판했다. 에드워드 사이드Edward Said의 눈부신 저작 《오리엔탈리즘》은 근동과 중동에 대한 유럽의 상상과 극동에 대한 미국의 상상을 연결시킨다. 사이드에 의하면, 동양은 20세기 중반에 태평양에 위치했던 미국의 적만을 포함하는 것이 아니다. 20세기 후반과 그 이후 새로운 적이 된 중동도 포함된다.

7) 두제크Dudziak, 《War Time: An Idea, Its History, Its Consequences》, 8.

8) 이 비율은 북부와 남부의 인구조사에 근거하여 내가 직접 베트남 사상자 수를 계산하여 작성한 것이다. 미국인과 베트남인, 라오스인, 캄보디아인 사상자에 대해 더 자세히 연구하고자 한다면, 털리Turley, 《The Second Indochina War》를 참조하라.

9) 긴츠부르그Ginzburg, 《A Place to Live》, 58.

10) 한국, 태국, 오스트레일리아, 필리핀 그리고 뉴질랜드에서 온 미합중국의 동맹군에 대한 내용은 블랙번Blackburn의 설명을 참조하라. 전쟁의 국제적 차원에 대한 논의는 브래들리와 영의 《Making Sense of the Vietnam Wars》를 참조하라.

11) 미합중국으로 이주한 이들의 기억 공간이 어떻게 제한을 받는지에 대한 설명은 베다드 Behdad의 《A Forgetful Nation》을 참조하라.

12) 집단 기억에 관한 중요한 연구들을 더 깊이 참조하려면, 올릭Olick의 《The Politics of Regret》, 그리고 립시츠Lipsitz의 《Time Passages》를 보라.

13) 영Young, 《The Texture of Memory》, xi.

14) 버코비치Bercovitch, 《Rites of Assent》, 1~67, 특히 19~22.

아무것도 사라지지 않는다

15) 쿤데라Kundera, 《The Book of Laughter and Forgetting》, 218.

16) 자신만을 기억하는 윤리와 타자를 기억하는 윤리에 대한 개념은 내가 예전에 발표한 에세이 〈Just Memory: War and the Ethics of Remembrance〉에 나와 있다.

17) 노스탤지어의 뉘앙스에 대한 설명을 더 깊이 알려면 보임Boym의 《The Future of Nostalgia》를 참조하라.

18) 1970년대 이래 폭발적인 기억 산업과 기억의 '열풍'을 조사하려면, 올릭과 비니츠키-서로시Vinitzky-Seroussi, 그리고 레비Levy가 편집한 《The Collective Memory Reader》에 실린 다음과 같은 에세이들을 참조하라. 로젠필드Rosenfeld의 〈A Looming Crash or a Soft Landing? Forecasting the Future of the Memory 'Industry'〉, 노라Nora의 〈From 'Reasons for the Current Upsurge in Memory'〉, 그리고 올릭Olick, 비니츠키-서로시 Vinitzky-Seroussi, 그리고 레비Levy의 〈Introduction〉.

19) 기억 산업과 권력의 관계에 대해서는 스터큰Sturken의 《Tourists of History》를 참조하라.

20) 젤리저Zelizer, 《Remembering to Forget》, 4.

21) 프로이트Freud, 《Remembering, Repeating, and Working-Through.》

22) 정체성에 대한 이러한 비판은 마이클스Michaels의 《The Trouble with Diversity》, 그리고 슐레진저Schlesinger의 《The Disuniting of America》를 참조하라.

23) 예를 들어 찰스 메이어Charles Maier는 자신의 논문 〈A Surfeit of Memory?〉에서 분열과 불만이 정체성 정치 혹은 '편협한 민족성'(444)의 숨길 수 없는 징후이면서, 미래와 개혁적인 정치를 향하는 방향성을 가로막고 있다고 비난한다. 그러나 아마도 개혁 정치를 향한 이러한 움직임이 과거의 상처를 적절히 다루지 못하고 있을 수도 있다. 또는 충분히 포괄적이지 못하거나, '좁은 민족성'에 시달리면서 개혁할 수 있는 능력이 제한을 받고 있는지도 모른다.

24) 기억을 연구하는 많은 학자들은 기억과 망각이 상호 구성적 관계를 이룬다는 주장을 해왔다. 두 가지 연구를 언급하자면, 커넡턴Connerton, 〈Seven Types of Forgetting〉 그리고 샥터Schacter, 〈The Seven Sins of Memory〉가 있다.

25) 리쾨르Ricoeur, 《Memory, History, Forgetting》, 57.

26) 니체Nietzsche, 《On the Advantage and Disadvantage of History for Life》, 10, 원문에 이탤릭체로 쓰여 있다.

27) 리쾨르Ricoeur, 《Memory, History, Forgetting》, 68.

28) 보르헤스Borges, 《픽션들》에 실려 있는 〈기억의 천재 푸네스Funes the Memorious〉, 107.

ETHICS | 윤리

1. 자신만을 기억하는 것에 대하여

1) 베트남이 전쟁 기억을 다루는 방식을 검토해 보려면, 타이Tai가 편집한《The Country of Memory》를 보라.

2) 오제Augé,《From Oblivion》, 473~474.

3) 쿤데라,《The Book of Laughter and Forgetting》, 217.

4) 사망한 혁명군 병사들을 추모하는 행사에 대해 더 자세히 알고자 한다면, 말라니 Malarney,《The Fatherland Remembers Your Sacrifice》그리고《Culture, Ritual and Revolution in Vietnam》를 보라.

5) 디디온Didion,《Blue Nights》, 13.

6) 마갈릿Margalit,《The Ethics of Memory》, 8.

7) 포스터Forster,《Aspects of the Novel》, 킨들 판 735~850.

8) 미국 전쟁을 기억하는 베트남의 관행에 대해 더 자세한 연구를 보고 싶다면, 슈웽클 Schwenkel의《The American War in Contemporary Vietnam》을 보라.

9) 《호 아저씨》에 대해 자세하게 알고 싶다면, 두이커Duiker의《Ho Chi Minh》을 보라.

10) 닌Ninh,《전쟁의 슬픔The Sorrow of War》, 232.

11) 같은 책, 42.

12) 같은 책, 57.

13) 트라우마와 그것을 반복적으로 기억해내는 것에 대한 설명은 카루스Caruth의 《Unclaimed Experience》를 참조하라.

14) 닌 Ninh,《The Sorrow of War》, 180. 끼엔의 폭력적 행동은 트라우마와 피해자가 반복적으로 폭력을 저지를 가능성으로 설명할 수 있다. 레이Leys의《Trauma》를 참조하라.

15) 닌,《The Sorrow of War》, 204. 일반적으로 강간의 충격은 트라우마가 남을 정도이다. 허먼Herman,《Trauma and Recovery》를 보라. 성적인 낙인의 수치심에 대해, 전쟁으로 갈가리 찢긴 한국에서 유사한 성적 충격으로 여성들이 받은 정신적 외상 사례에 대한 연구는, 조Cho,《Haunting the Korean Diaspora: on rape in the Vietnam War》, 위버 Weaver,《Ideologies of Forgetting》을 참조하라.

16) 닌,《The Sorrow of War》, 94.

17) 같은 책, 233.

18) 보Vo의《The Bamboo Gulag》(209)는 동상의 조각가 응우옌 타인 투Nguyen Thanh Thu에 대해 더 많은 정보를 제공한다.

19) 헤르Herr, 《Dispatches》, 330.

20) 닌, 《The Sorrow of War》, 88.

21) 같은 책.

22) 아퀼라 산 후안Aguilar-San Juan, 《Little Saigons》, 64.

23) 니 리에우Nhi Lieu, 《The American Dream in Vietnamese》.

24) 전쟁이 끝난 뒤 베트남에 대한 미국의 정책에 대해서는, 마르티니Martini, 《Invisible Enemies》를 참조하라.

25) 노라Nora, 《Between Memory and History.》

26) 젠Ch'ien, 《Weird English》 킨들 판 819에서 인용.

27) 보임Boym, 《The Future of Nostalgia, viii》, 41~48.

28) 데이비Davey, 《In Kansas, Proposed Monument to a Wartime Friendship Tests the Bond.》

29) 카길Cargill과 현Huynh, 《Voices of Vietnamese Boat People》, 151~152.

2. 타자를 기억하는 것에 대하여

1) 집회서 44장 8~9절, 킹 제임스 성경King James Bible. 이 전쟁을 기억하는 것과 종교와의 관계에 대해 더 자세히 알고 싶다면, 짠Tran, 《The Vietnam War and Theologies of Memory》를 참조하고, 특히 'the Vietnam Veterans Memorial(212~235)'을 보라.

2) 마야 린의 추모기념물 제작과 그를 둘러싼 논쟁, 그 미학적 힘에 대해 유용한 설명은 애셔브래너Ashabranner, 《Always to Remember》, 엣킨스Edkins, 《Trauma and the Memory of Politics》, 그리스월드Griswold, 《Forgiveness》, 해고피언Hagopian, 《The Vietnam War in American Memory》, 해스Hass, 《Carried to the Wall》, 휘슨Huyssen, 《Present Pasts》, 린Lin, 《Boundaries》, 메를링Marling과 실버먼Silberman, 《The Statue at the Wall》, 메넌드Menand, 《American Studies》, 션Shan, 《Trauma, Re(-)membering, and Reconciliation》; 스터큰Sturken, 《Tangled Memories》, 그리고 와그너-패시피시Wagner-Pacifici 그리고 슈워츠Schwartz, 《The Vietnam Veterans Memorial.》에서 찾아볼 수 있다.

3) 아이작Isaacs의 《Vietnam Shadows》은 전후 기간에 대해, 그리고 전쟁의 충격이 미국인의 기억과 삶에 미친 영향에 대해 많은 정보와 설명을 담고 있다.

4) 정치적 문화적으로 그 전쟁의 기억이 변화한 과정에 대해 간결하게 요약한 것을 보려면, 맥마흔McMahon의 《Contested Memory》을 참조하라.

5) 다우드Dowd, 《After the War.》

6) 애피Appy, 《American Reckoning》, 킨들 판 인용. 3689.

7)   애스먼Assman, 《From Moses the Egyptian》, 211.

8)   스워포드Swofford, 《Jarhead》, 5~6.

9)   린Lin, 《Boundaries》, 5:06.

10) 두보이스DuBois, 《The Souls of Black Folk》, 5.

11) 같은 책.

12) 테이텀Tatum, 《The Mourner's Song》, 9.

13) 닌Ninh, 《The Sorrow of War》, 180.

14) 마갈릿Margalit, 《The Ethics of Memory》, 87.

15) 리쾨르Ricoeur, 《Memory, History, Forgetting》, 496.

16) 2012년 3월 29일 베트남 참전 군인의 날에 오바마 대통령이 베트남에 미국이 개입한
     이후 50년이 지났음을 기념하는 〈대통령 선언〉의 연설 내용.

17) 기억에 관한 윤리와 도덕을 구분하는 마갈릿의 논의에 대해 알아보려면, 블루스타인
     Blustein, 《The Moral Demands of Memory》을 참조하라.

18) 리쾨르Ricoeur, 《Memory, History, Forgetting》, 82~83.

19) 즈엉Duong은 《Treacherous Subjects》에서 베트남의 가부장제의 모든 이념들이 얼
     마나 빈번하게 여성을 분노의 표적으로 삼았는지 보여준다.

20) 영Young, 《The Vietnam Wars》, 50.

21) 즈엉Duong, 《Novel without a Name》, 138.

22) 같은 책, 84.

23) 같은 책, 62.

24) 같은 책, 256.

25) 퍼셀Fussell, 《The Great War and Modern Memory》, 341.

26) 하인만Heinemann, 《Close Quarters》, 261.

27) 보드리야르Baudrillard, 《Simulacra and Simulation》, 59.

28) 충Chong, 《The Oriental Obscene》

29) 스터큰Sturken, 《Tangled Memories》, 62~63.

30) 같은 책, 82.

31) 레서Lesser, 《Presence of Mind》

32) 미합중국이 몽족 병사들을 어떻게 기억했는지에 대한 비판을 보려면, 뱅Vang, 《The
     Refugee Soldier》를 참조하라.

33) 무아Moua, 《Bamboo among the Oaks》, 61~62.

34) 리쾨르Ricoeur, 《Memory, History, Forgetting》, 89.

35) 길로이Gilroy, 《Against Race》, 115.

36) 같은 책, 114.

3. 비인간성에 대하여

1) 솔제니친Solzhenitsyn, 《The Gulag Archipelago 1918~1956》, 168

2) 연민과 감정이입의 차이에 대해 연구하거나 둘 중 하나 또는 두 가지 감정 모두의 힘과 문제에 대해 연구한 학자들이 있다. 베넷Bennet, 《Empathic Vision: Berlant, Introduction:Compassion (and Withholding)》, 가버Garber, 《Compassion》, 그리고 우드워드Woodward, 《Calculating Compassion》.

3) 전쟁에서 살아 남은 생존자가 가해 행위를 인정하지 않고 단지 피해자로 남으려 하는 사례에 대한 설득력 있는 연구들이 있다. 요네야마Yoneyama, 《Hiroshima Traces》를 참조하라.

4) 버틀러Butler, 《Precarious Life》, 150.

5) 충Chong, 《The Girl in the Picture》.

6) 터스Turse, 《Kill Anything That Moves》.

7) 남베트남 여성들이 미국인의 상상 속에서 어떤 역할을 하는지에 대한 설명은 스터Stur, 《Beyond Combat》, 17~63을 참조하라. 베트남 여성 자신의 기억에 대한 설명은 응우옌Nguyen, 《Memory Is Another Country》를 참조하라.

8) 레비나스Levinas, 《Totality and Infinity》, 23.

9) 같은 책, 51.

10) 같은 책, 47.

11) 레비나스는 "그러한 자유는 존재에 복종한 결과이다. 인간은 자유를 소유하지 못한다. 자유가 인간을 소유하기 때문"이며, 또한 "서양 철학 전체를 규정하면서 그 방향을 제시하는 것과 동일한 우선적 지위를 가지고 있고(45)", "그것이 자유의 정의이면서, 타자에 맞서서 자아를 유지하도록 하는 것(46)"이라고 말한다. 또한 "이러한 철학은 불의에 대해 질문하지 않는다. 그리고 권력과 제국주의적 지배, 폭정(47)"에 이르게 된다고 지적한다.

12) 무한 그리고 동일한 것과 다른 것의 관계에 대한 논의에 대해서는 같은 책, 26~27을 보라.

13) 같은 책, 225.

14) 소수민족과 타자의 위치에 대해 레비나스를 읽고 응용한 다른 책은, 파리크Parikh의 《An Ethics of Betrayal》이 있다. 총체성과 무한성에 있어서, 레비나스는 정의와 정의를 타자와 조정하는 것에 대해 이렇게 말한다. "정의는 타자 속에 있는 나의 주인을 인정하는 것으로 구성된다. 사람들 사이의 평등은 그 자체로는 아무 의미도 없는 것이다.

그것은 경제적 의미이며, 돈을 전제로 하는 것이고, 이미 정의에 기대어 있다. 즉 질서가 잘 잡히면, 정의는 타자에서부터 시작된다(72).", "정의는 말할 권리이다(298).", "정의 속에, 타자에 대한 선량함이 있다(302)."

15) 영화 〈데리다〉에서 데리다는 다음과 같이 말한다. "일반적으로, 나는 미래라 불리는 것과 '도래하는 것'을 구분하려 한다. 내일이나 나중이나 다음 세기처럼, 그냥 오는 미래가 있다. 예상할 수 있고, 프로그램되어 있으며, 예정된 것이고, 미리 볼 수 있는 미래다. 그러나 도래하는 미래는 전혀 예측하지 못할 사람이 찾아오는 것에 비유할 수 있다. 나는 그것이 진짜 미래라고 본다. 완전히 뜻밖의 미래다. 그들이 도착한다는 것을 내가 전혀 예상하지 못한 타자들이 온다. 따라서 만약 이미 알려져 있는 미래를 넘어서는 진짜 미래가 있다면, 그것은 도래하는 것이고, 내가 결코 예측하지 못하고 있을 때 모르는 사람이 찾아오는 사건이다. 그러나 이 책의 다른 부분에서 내가 문제를 제기했듯이, 타자는 정의의 징후일 뿐 아니라 공포의 징후이기도 하다".

16) 헤르Herr, 《Dispatches》, 20.

17) 희생자와의 거리가 살인자에게 미치는 영향에 대한 연구는 그로스먼Grossman의 《On Killing》을 보라.

18) 즈엉Duong, 《Novel without a Name》, 237.

19) 레비나스Levinas, 《Totality and Infinity》, 225.

20) 같은 책, 262.

21) 쿤데라Kundera, 《The Book of Laughter and Forgetting》, 4.

22) 푸코Foucault, 《The History of Sexuality》, 93.

23) 이것이 맥나마라McNamara가 모리스Morris의 영화 〈The Fog of War〉에서 첫 번째로 얻은 교훈이다.

24) 챈들러Chandler의 《Voices from S-21》은 그 교도소와 피해자들에 대한 강렬한 설명이다. 맥가이어Maguire의 《Facing Death in Cambodia》도 마찬가지다.

25) 베커Becker의 《When the War Was Over》는 이러한 역사를 이해하는데 유용하다.

26) 래트너Ratner, 《In the Shadow of the Banyan》, 277.

27) 판Panh과 바타이유Bataille, 《The Elimination》, 킨들 판 인용, 2110.

28) 같은 책, 418.

29) 마이클 패터니티Michael Paterniti, 《Never Forget,》 9.

30) 판Panh과 바타이유Bataille, 《The Elimination》, 킨들 판 인용, 678.

31) 같은 책, 3098.

32) 같은 책, 1298.

33) 같은 책, 2998.

34) 같은 책, 3004.

35) 같은 책, 2866.

36) 같은 책, 2164.

37) 같은 책, 1881.

38) 같은 책, 928.

39) 같은 책, 1736.

40) 같은 책, 2195.

41) 같은 책, 2202.

42) 던롭Dunlop,《The Lost Executioner》, 23.

43) 제발트Sebald는 슈워츠Schwartz의《The Emergence of Memory》, 591~593을 인용했다.

44) 판Panh과 바타이유Bataille,《The Elimination》, 킨들 판 1547.

45) 쿤데라Kundera,《The Book of Laughter and Forgetting》, 85~87.

46) 레비나스,《Totality and Infinity》, 303.

47) 같은 책, "타자는 신의 화신이 아니다. 신은 바로 타자의 얼굴로 환생한 것이며, 바로 그 높이로 현현한 것이다." (79).

48) 같은 책. 261.

49) 같은 책, 233.

50) 같은 책, 71.

51) 같은 책, 51.

INDUSTRIES | 산업

4. 전쟁기계에 대하여

1) 니체Nietzsche,《On the Genealogy of Morals》, 497.

2) 제발트Sebald,《On the Natural History of Destruction》, 89.

3) 헤르Herr,《Dispatches》, 260.

4) 로Rowe,《Bringing It All Back Home》197.

5) 그 앨범은 레이지 어게인스트 더 머신Rage Against the Machine이 밴드 이름과 동일한 제목으로 만든 데뷔 앨범이다. 그 록스타는 제인즈 어딕션Jane's Addiction과 레드 핫 칠리 페퍼Red Hot Chili Peppers의 데이브 나바로Dave Navarro이다. 여기에 해당되는 엠티비 크립스MTV Cribs 에피소드 동영상은 유튜브에서 볼 수 있다. :https://

www.youtube.com/watch?v=OXJVxwAdOUg.

6) 스터큰Sturken, 《Tangled Memories》, 8.

7) 파로키Farocki, 《Inextinguishable Fire》.

8) 북베트남 사진가들이 겪은 어려움과 그들의 작업에 대한 설명은 파스Faas와 페이지 Page가 편집한 《레퀴엠Requiem》에 실려 있다.

9) 윌리엄스Williams, 《Marxism and Literature》, 131~132.

10) 마르크스Marx와 엥겔스Engels, 《The German Ideology》, 64.

11) 이 전쟁에 있어서 기억의 테크놀로지에 대한 것은 스터큰Sturken, 《Tangled Memories》, 9~10을 참조하라.

12) 아이어Iyer, 《Video Night in Kathmandu》, 3.

13) 《Virtual Reality Exposure Therapy》(작자 미상)과 칼버리Calverley, 《Next Generation War Games》을 참조하라.

14) 베르그송Bergson은 《Matter and Memory》에서, "대상은 존재하지만, 언제나 가상 (28)"인 것에 대해 설명한다. 우리의 지각은 "기억과 맞물려 있는" 반면에, 기억의 존재 는 가상이라고 여겨지기 때문에, "기억은…… 그 속에서 미끄러질 수 있는 몸, 어떤 지 각이 가능한 몸을 빌려야 실제가 된다(72)."

15) 매크치Makuch는, "데스티니는 등록된 유저가 천육백 만에 이르고, 콜 오브 듀티의 독 점 사용권은 11억 달러에 달한다"고 말하고 있다.

16) 킨Keen의 《Empathy and the Novel》을 참조하라.

17) 그로스먼Grossman은 자신의 책 《On Killing》에서 비디오게임 때문에 아이들이 폭력 에 둔감해지고 있다고 비난한다. 비디오 게임에 대해 도덕적으로 분노하는 그의 태도 는 비디오 게임을 생산하는 것이 전쟁기계이며, 애국심, 민족주의, 모르는 타자라는 악 마, 수정헌법 2조의 신성함 등과 관련해서 평생 동안 쏟아져 들어오는 메시지들이 아이 들의 폭력을 조장한다는 가장 문제가 되는 현실을 모호하게 만든다.

18) 아포스톨Apostol, 《The Gun Dealers' Daughter》, 122.

19) 미국인과 다른 나라 관광객들의 반응에 대한 증거는 여러 박물관의 방명록에서 볼 수 있다. 박물관에서는 방문객들에게 감상과 느낌을 방명록에 남겨 달라고 요청하고 있 다. 전쟁유물박물관에 대한 미국인 관광객들의 반응을 보려면, 레이더맨Laderman의 《Tours of Vietnam》을 참조하라.

20) 이러한 여행에 대한 설명은 베커Becker, 《Pilgrimage to My Lai》을 참조하라.

21) 미국의 참전용사들이 베트남을 다시 방문해서 베트남인의 추모비와 기념물과 대면하 는 것에 대한 내용은 블리키Bleakney, 《Revisiting Vietnam》을 참조하라.

22) 맥카시McCarthy, 《The Seventeenth Degree》, 268.

23) 어윈Irwin, 《Viet Reparations Ruled Out》

24) 존슨은 '제국의 근거'라는 표현을 여러 차례 사용한다. 《The Sorrows of Empire》에서 전반적으로 그가 자신의 논의의 핵심 개념으로 삼고 있는 듯하다.

25) 1979년 칸느 영화제에서 코폴라가 이렇게 연설하는 장면이 그의 아내 엘레노어 코폴라 Eleanor Coppola의 다큐멘터리 Hearts of Darkness에 등장한다.

26) 보드리야르Baudrillard, 《Simulacra and Simulation》, 59.

27) 헤르Herr, 《Dispatches》, 160

28) 스워포드Swofford, 《Jarhead》, 6~7.

29) 애피Appy, 《Patriots》, 216.

30) 캐를린Karlin, 쿠에Khuê, 그리고 부Vu가 편집한, 《The Other Side of Heaven》, 11.

31) 《Fire in the Lake》의 368쪽에서 피츠제럴드Fitzgerald는 미국 군대의 통제 밖에 있는 지역을 '인디언의 땅'이라고 부르는 것에 대해 논의하고 있다.

32) 비릴리오Virilio, 《War and Cinema》, 26.

33) 트린Trinh, 《All-Owning Spectatorship》

34) 에스피리츄Espiritu, 《Body Counts》, 83.

35) 찐Chin과 짠Chan, 《Racist Love》

36) 워싱턴 D.C.의 호텔 윌러드에서 열린 베트남 오찬 회의에서 존 F. 케네디 상원의원이 행한 연설.

37) 아시아와 아시안계 미국인이 미국의 냉전과 냉전 정책에 어떻게 영향을 받았는지에 대해서는 김의 《Ends of Empire》를 참조하라.

38) 보드리야르Baudrillard, 《Simulacra and Simulation》, 60.

5. 인간이 되는 것에 대하여

1) 커밍스Cumings의 《The Korean War》에서 이 챕터의 역사적 정보를 얻었다.

2) 로스앤젤레스 폭동에 대한 자세한 정보는 구딩 윌리엄스Gooding-Williams가 편집한 《Reading Rodney King, Reading Urban Uprising》을 참조하라.

3) 로스앤젤레스에 거주하는 한국인 이민자들에 대한 더 자세한 설명은 에이블맨 Abelmann과 리의 《Blue Dreams》를 참조하라.

4) 야거Jager, 《Monumental Histories》, 390.

5) 문승숙은 군사주의적 근대를 남한과 관련지어 다음과 같이 설명한다. "군사주의적 근대의 핵심 요소에는 한국의 국가적 정체성을 공산주의와 전쟁 중인 반공산주의적 주체로 건설하는 것, 엄격한 훈육과 물리적 힘을 통해 반공산주의적 정치적 통일체의 일원이 되게 하는 헌법, 산업화된 경제와 병역을 서로 맞물리도록 하는 것이 포함된다. 반

공과 국가 안보의 이념을 중심으로 국가의 정체성을 군사주의화 하는 것이다. 즉 남한은 '최대의 적'인 북한에 대항하여 반공주의 국가로 세워졌다. 이러한 국가 건립의 이념은 근대 국가에 감시와 표준화를 빌미로 통제를 가능하게 했으며, 개인과 사회 집단을 개조하는 제도화된 폭력도 허용되었다. 또한 어떤 사회정치적인 문제보다 국가 안보를 우선시 하는 결과를 초래했고, 강력한 현대적 군사력을 갖추는 것과 남성들의 군복무와 경제 조직을 통합하는 것을 정당화했다."(《Militarized Modernity and Gendered Citizenship in South Korea》, 24.)

6) 커밍스Cumings는 그의 저서 《The Korean War》에서 한국 전쟁에 대한 한국의 정화된 기억과 이 전쟁에서 한국의 역할에 대한 정화된 기억을 연결한다.

7) 남한을 아제국으로 특징짓는 설명을 보려면, 리Lee의 《Surrogate Military, Subimperialism, and Masculinity》, 657를 참조하라. 동아시아 국가들, 특히 일본, 한국 그리고 타이완을 미국과 신식민주의 관계를 맺는 아제국주의로 보는 개념은 천Chen의 《Asia as Method》에서 나온 것이다.

8) 그 책은 1994년에 최초로 영어로 번역되었고, 2014년에 같은 번역자가 다시 번역했다. 나는 나중에 나온 판본에서 인용하였다. 이 소설의 의미에 대해 더 잘 알아보려면, 휴스Hughes의 《Locating the Revolutionary Subject》를 참조하라.

9) 한국 이름들의 로마자 표기 방식은 다양하다. 예를 들어, Hwang Suk-Yong은 서로 다른 판본과 평론들에서 Hwang Suk-Young 그리고 Hwang Seok-young으로 표기한다. 나는 작가, 감독 그리고 등장인물의 이름을 내가 인용한 텍스트, 표지 그리고 영화의 판본에 나타난 방식을 따랐다.

10) 황Hwang, 《The Shadow of Arms》, 65.

11) 같은 책, 66.

12) 박Park, 《Narratives of the Vietnam War by Korean and American Writers》, 76.

13) 황Hwang, 《The Shadow of Arms》, 137.

14) 문(Militarized Modernity and Gendered Citizenship in South Korea)과 최Choi(《The Discourse of Decolonization and Popular Memory》) 모두 남한이 서구와 서구를 대표하는 것들에 대해 애증이 병존하는 관계를 맺고 있다는 것에 대해 서로 다른 방식으로 논의한다. 문은 서구의 근대성을 받아들인 남한이 그것이 식민주의의 유산임을 은근히 의식하고 있다고 주장한다. 최는 남한이 미합중국과 맺은 신식민주의적 관계에 여전히 시달리고 있다고 주장한다. 이전에 식민지였던 나라가 이제는 미국이 다른 나라들을 식민지화하고 지배하는 것을 돕고 있다는 이러한 양가적 감정이 베트남인들에 대한 한국인의 태도를 형성하는데 영향을 미치고 있다.

15) 황Hwang, 《The Shadow of Arms》, 41.

16) 같은 책, 399.

17) 같은 책, 46.

18) 그 노래의 완전한 가사와 인기, 그리고 인기에 힘입어 제작된 영화에 대한 설명을 보려면, 류Ryu의 《Korea's Vietnam》, 106을 참조하라. 권Kwon, 《After the Massacre, vii》는 그가 전쟁 때 그 노래를 불렀음을 회상하면서, 노래의 인기를 확인해준다. 그 전쟁이 끝난 뒤, 한국 안에서 유행하는 대중문화 속에서, 한국의 참전 군인들은 '자랑스럽고, 뽐낼 만한 전설의 대한민국의 복제품' 혹은 대한민국 병사로 특징지어진다(류Ryu, 《Korea's Vietnam》, 102). 이것이 놀랍지도 않은 것은, 문에 따르면, 한국 대중들은 전쟁에 반대하지 않았고, 심지어 일본을 비롯하여 전쟁에 반대하는 세계의 움직임에 동참하지 않았다. 오히려 대중은 '대량 동원과 선전'이라는 국가의 노력에 따랐다. "베트남에서 복무하는 한국 병사들에게 위문편지와 물품을 보내도록 학생들을 장려했다. 대중 매체들은 날마다 전쟁에서 용감하고 맹렬하게 싸우는 한국 병사들의 신화를 이미지와 이야기로 만들어 과도하게 쏟아냈다."(《Militarized Modernity and Gendered Citizenship in South Korea》, 26.)

19) 황Hwang, 《The Shadow of Arms》, 67.

20) 병사와 매춘부의 존재는 리Lee가 '성적 프롤레타리아화'라고 부르는 것의 증거다. 한국은 가난한 농촌 남성들은 '군사적 노동'을 하도록 베트남으로 보냈고, 가난한 여성들은 '성노동'을 하도록 외국으로 내보냈다.(《Surrogate Military, Subimperialism,and Masculinity》, 656). 황은 한국 병사들이 고향으로 가전제품을 보내는 것에 대해《The Shadow of Arms》, 239에서 언급하고 있다.

21) 한국인들이 백인과 흑인을 대하는 태도와, 미합중국 그리고 그들의 군대가 남한에 주둔하면서 그런 태도를 형성하게 된 과정에 대해서는 김Kim, 《Imperial Citizens》를 참조하라.

22) 암스트롱Armstrong은 《America's Korea, Korea's Vietnam》, 539n22.에서 한국어 제목이 《하얀 전쟁》인 영화에 대해 설명하고 있다.

23) 안Ahn, 《White Badge》, 289.

24) 같은 책, 40.

25) 커밍스Cumings의 《The Northeast Asian Political Economy》와 우Woo의 《Race to the Swift》, 45~117을 보라. 그리고 전시의 한국 경제와 베트남공화국의 관계 그리고 그 결과 한국 경제가 발전한 것에 대해 상세하게 알려면, 우-커밍스Woo-Cumings의 《Market Dependency in U.S.-East Asian Relations》를 보라.

26) 안, 《White Badge》, 40.

27) 같은 책, 155.

28) 같은 책, 69. "굶주리고 가난한 그들은 자신의 남성성을 열심히 증명했다"라고 리는 말한다. 한국 병사들은 미국인들의 축소판이었고, "복수심에 불타 미국인들을 모방하는 짓을 반복했다." (《Surrogate Military, Subimperialism, and Masculinity》, 663~664.)

29) 안Ahn, 《White Badge》, 154.

30) 같은 책, 155.

31) 같은 책, 78.

32) 같은 책, 278.

33) 같은 책, 314.

34) 같은 책, 155.

35) 커밍스Cumings, 《The Northeast Asian Political Economy》, 129.

36) 소설을 더 세밀하게 읽고 영화에 적용한 것을 보려면, 윌리엄스Williams, 《From Novel to Film》을 참조하라.

37) 이 주제에 대해 좀 더 알고 싶으면, 스트링어Stringer의 《New Korean Cinema》를 참조하라.

38) 제퍼즈Jeffords, 《The Remasculinization of America, and Kim, The Remasculinization of Korean Cinema》.

39) 류가 문제를 제기했듯이, 복수심에 가득 찬 여성 유령은 한국인들이 뜻밖의 것들을 계속 발견하는 징조로 존재한다. 그것은 한국 병사들이 영화에서 암시하는 바와 같이 "입에 담을 수 없이 잔혹한 성적인 폭력"을 저질렀다는 사실을 암시한다. 즉 많은 병사들의 전쟁터 밖 현실은 강간에서부터 매춘, 베트남인 현지처와 자식을 버리는 것에 이르기까지 폭넓은 성범죄로 얼룩져 있었다는 것이다. (《Korea's Vietnam》, 111.)

40) 유령, 신들림, 그리고 트라우마의 주제가 베트남전에 관한 한국 뮤지컬, 〈블루 사이공〉의 표면에도 드러난다. 2002년 서울에 있는 국립극장에서 공연된 이 뮤지컬은 아마도 〈알포인트〉 제작자들에게도 알려졌을 것이다. 이 뮤지컬은 한국 부대원의 유일한 생존자인 김 병장의 후일담 같은 것이다. 그는 현대의 한국에서 미국인들이 살포한 에이전트 오렌지가 안긴 질병에 시달리면서 죽어가고 있다(인기 가요에 등장하는 검은 얼굴의 김 상사도 또 다른 사례이다). 김 상사의 딸 또한 아버지로부터 에이전트 오렌지의 피해를 물려받아 장애인으로 태어났다. 한편 베트콩의 첩자이면서 술집 여급이었던 여성에게서 태어난 김 상사의 아들이 한국을 방문하러 왔다가, 아버지의 현실을 보고 환멸을 느낀다. 김 상사는 죽어가면서, 자신의 침대 옆에 유령 같은 여성이 나타나 〈블루 사이공〉을 노래하는 것을 본다. 여러 방식으로 〈블루 사이공〉은 이 책에서 언급한 다른 작품들과 비슷한 범주의 기억을 점유하고 있다. 뮤지컬 내용의 요약과 제작자의 의도를 보려면, 커크Kirk, 《Confronting Korea's Agony in Vietnam》를 참조하라.

41) '우정의 총격'이라는 모티브는 키니Kinney가 《Friendly Fire》에서 보여주었듯이 미국의 전쟁 기억에도 널리 퍼져 있다. 전쟁을 소재로 한 한국 영화들은 이러한 할리우드의 주제들을 같은 목적으로, 즉 베트남인들의 전쟁이 아니라 한국인들의 전쟁으로 만들기 위해 끌어다 쓴다.

42) 야거Jager와 지율Jiyul, 《The Korean War after the Cold War》, 234.

43) 한국 병사들을 베트남어로 '박정희의 용병들(bọn lính dánh thuê Pắc Chung Hy)'이라고 부르기도 했다.

44) 키Ky는 다음과 같이 쓰고 있다. "많은 남한 병사들과 타이의 자원군들은…… 미군 PX에서 값싼 가전제품을 구입해서 집으로 보내 암시장에 내다 팔게 했다. 혹은 베트남인들에게 세 배의 가격을 받고 팔았다. 그러나 이 사람들은…… 가난하고 적은 임금을 받았다. 나는 그들이 왜 잘못을 저지르는지 개인적인 경험으로 이해했다."(Buddha's Child, 164.)

45) 브리검Brigham, 《ARVN: Life and Death in the South Vietnamese Army》, 60.

46) 미셸 레이Michèle Ray는 옴니버스 반전 영화 〈Loin du Vietnam〉(Far from Vietnam, 감독 요리스 이벤스Joris Ivens 외))를 잘라내어 (영화가 시작된 뒤 1시간 11분 지점에서) "베트남인들이 한국인들을 좋아하지 않고 두려워하는" 것에 대해 논의한다.

47) 헤이슬립Hayslip, 《When Heaven and Earth Changed Places》, 198.

48) 권Kwon, 《After the Massacre》, 29.

49) 류는 그 노래가 '메가 히트송'이라고 말한다.(《Korea's Vietnam》, 104.)

50) 한국 병사들의 기억과 그들의 행위들이 전쟁 뒤에 베트남 민간인과 베트남 국가 사이의 관계에 어떤 영향을 미쳤는지 보려면, 권Kwon의 《After the Massacre》를 참조하라.

51) 킹King, 《Address at the Fourth Annual Institute of Nonviolence and Social Change at Bethel Baptist Church》, 338.

52) 같은 책, 339.

53) 로스앤젤레스 폭동에 대한 한국계 미국인의 관점과 유일한 한국계 미국인의 사망에 대한 설명을 보려면, 다큐멘터리 〈Sa-I-Gu〉를 참조하라.

54) 나는 추모 기념물 연구에 대한 방향을 제시해 준 권헌익에게 큰 고마움을 표한다. 대학살 이후의 추모 기념물에 대한 그의 연구는 김Kim의 《Korea's 'Vietnam Question'》과 함께 내가 추모 기념물을 논의하는 것에 많은 정보를 주었다.

6. 비대칭성에 대하여

1) 야마시타, 《The I-Hotel》, 2.

2) 구스타프손Gustafsson, 《War and Shadows》, xiii.

3) 그 전쟁 때의 베트남 여성들에 대해 연구하려면 테일러Taylor의 《Vietnamese Women at War》, 그리고 터너Turner와 판Phan의 《Even the Women Must Fight》를 보라.

4) '평화 꿈꾸기' 행사에서 짧게 논평했다.

5) 이러한 라이터들을 수집한 이미지를 보려면, 부캐넌Buchanan의 《Vietnam Zippos》를 참조하라.

6) 지포 라이터에 대한 내용은 나의 논문 〈The Authenticity of the Anonymous〉에서 가져와 적용한 것이다.

7) 음베베Mbembe, 《Necropolitics》, 29.

8) 쿤데라Kundera, 《The Book of Laughter and Forgetting》, 30~31.

9) 사진의 물리적 상태에 대한 묘사는 호스트 파스Horst Faas로부터 2003년 6월 2일에 받은 사적인 이메일의 도움을 받았다.

10) 파스Faas와 페이지Page, 《Requiem》, 315.

11) 리쾨르Ricoeur, 《Memory, History, Forgetting》, 15~19.

12) 영Young, 《The Texture of Memory》, 5.

13) 연구에 의하면 죽은 사람들이 살아 있는 사람보다 15:1 정도의 비율로 더 많다고 한다. 스티븐슨Stephenson, 《Do the Dead Outnumber the Living?》을 참조하라.

14) 리쾨르Ricoeur, 《Memory, History, Forgetting》, 166.

AESTHETICS | 미학

7. 피해자와 목소리에 대하여

1) 이 챕터의 여섯 단락은 나의 에세이 〈Speak of the Dead, Speak of Viet Nam〉에서 가져와 적용한 것이다.

2) 바오 피Bao Phi, 《Sông I Sing》(11)에서 "당신은 내 안에서 베트남인을 끌어내지You Bring Out the Vietnamese in Me." 물론 여기 있는 사진들, 그리고 그것들과 죽은 이들과의 관계에 대한 나의 사유는 손택Sontag(On Photography, Regarding the Pain of Others), 바르트Barthes(Camera Lucida), 그리고 제발트Sebald(Austerlitz, among many of his works)의 영향을 받은 것이다.

3) 투이thuy, 《The Gangster We Are All Looking For》, 99.

4) 응우옌-보Nguyen-Vo, 《Forking Paths》, 159.

5) 킹스턴Kingston, 《The Woman Warrior》, 3.

6) 같은 책, 19.

아무것도 사라지지 않는다

7) 헤이슬립Hayslip, 《When Heaven and Earth Changed Places》, 15.

8) 고든Gordon, 《Ghostly Matters》, 187.

9) 에스피리츄Espiritu, 《Body Counts》, 23.

10) 솔로스Sollors, 《Multilingual America》

11) 인종과 민족의 구별에 대해서는, 다카키Takaki가 편집한, 《From Different Shores: Perspectives on Race and Ethnicity in America》와 오미Omi와 위넌트Winant의 《Racial Formation in the United States》를 참조하라.

12) 미국 문화 내부에서 전쟁의 의미에 대해 의견이 나뉘는 것을 학술적 저널리즘적으로 설명하는 이론은 많다. 여기에 뽑아 놓은 표본들은 단순히 제목만으로도 그 의미를 충분히 알 수 있는 것들이다. 앤더슨Anderson과 언스트Ernst가 편집한《The War that Never Ends》, 애피 Appy, 《American Reckoning》, 베이츠Bates, 《The Wars We Took to Vietnam》, 크리스토퍼Christopher, 《The Viet Nam War/The American War: Hellman, American Myth and the Legacy of Vietnam》, 로Rowe와 버그Berg, 《The Vietnam War and American Memory》, 터너Turner, 《Echoes of Combat》.

13) 펠로드Pelaud, "내가 선택할 수 있는 말은 이것뿐이다."

14) 이 챕터를 집필하는 동안, 현대의 다른 전쟁들과 관련해서 이 전쟁을 연상하게 하는 몇몇 기사들이 대중적 언론에 실렸다. 프리드먼Friedman, 〈ISIS and Vietnam〉, 로지발Logevall과 골드스타인Goldstein, 〈Will Syria Be Obama's Vietnam?〉, 패커 〈Obama and the Fall of Saigon〉과 같은 것들이다.

15) 베트남계 미국 문학에 대한 역사적 설명은 자넷Janette'의 《Mỹ Việt》을 보라.

16) 워터스Waters, 《Ethnic Options》

17) 레Le, 《The Boat》

18) 소수민족 문학에서 배신의 주제를 다룬 것은, 보Bow, 《Betrayal and Other Acts of Subversion》 그리고 파리크Parikh, 《An Ethics of Betrayal》

19) 웡C. Wong, 《Sugar Sisterhood》

20) 까오Cao, 《The Lotus and the Storm》, 킨들 판 80.

21) 응우옌Nguyen, 《The People of the Fall》. 비평가 미미 티 응우옌 Mimi Thi Nguyen 은 이렇게 감사와 배신이 서로 묶여 있는 것을 '자유의 선물'이라고, 같은 제목의 그녀의 책에서 말한다.

22) 비트겐슈타인Wittgenstein, 《Tractatus Logico-Philosophicus》, 89.

23) 에스피리츄Espiritu, 《Body Counts》, 101.

24) 베트남계 미국 문학에서 이러한 귀환을 연구한 것을 보려면, 왕Wang의 《The Politics of Return》를 참조하라.

25) 오코너O'Connor, 《Mystery and Manners》, 86.

26) 맥걸McGurl, 《The Program Era》.

27) 쯔엉Truong, 《Vietnamese American Literature》, 235.

28) 팔룸보 리우Palumbo-Liu, 《The Deliverance of Others》, 1.

29) 즈엉Duong, 《Treacherous Subjects》, 1~22.

30) 응우옌Nguyen, 《Pioneer Girl》

31) 키넬Kinnell의 시집 《The Book of Nightmares》에 실린 〈죽은 자는 썩지 않은 채 일어날 것이다The Dead Shall Be Raised Incorruptible〉에서.

32) 투이thuy, 《The Gangster We Are All Looking For》, 160.

33) 찐Trinh, 《Woman Native Other》, 7.

34) 같은 책, 98.

35) 딘Dinh, 《Love like Hate》, 킨들 판 113.

36) 홍Hong, 《Delusions of Whiteness in the Avant-Garde》

37) 딘Dinh, "Postcards from the End of America", http://linhdinhphotos.blogspot.com/.

38) 마틴 루터 킹 주니어가 1966년 CBS 기자 마이크 월레스Mike Wallace와 했던 인터뷰이다. http://www.cbsnews.com/news/mlk-a-riot-is-the-language-of-the-unheard/.

39) 피Phi, 《Sông I Sing》, 9.

40) 같은 책, 39.

41) 같은 책, 78.

42) 볼드윈Baldwin, 《No Name on the Street》, 167.

43) 손택Sontag, 《Regarding the Pain of Others》, 112.

44) 같은 책, 113.

45) 어코스타Acosta, 《Revolt of the Cockroach People》, 201.

46) 디아즈Díaz, 《The Brief Wondrous Life of Oscar Wao》, 4. 주디 쥬-춘 우Judy Tzu-Chun Wu는 진보적이고 급진적인 중국계 그리고 베트남계 공동체와 국제적 관계를 맺고자 하는 미국의 급진적 소수자들에게 역사적 맥락을 제공한다. 그것은 국제주의, 오리엔탈리즘 그리고 베트남 시대 동안의 페미니즘이다.

8. 진실한 전쟁 이야기에 대하여

1) 킹스턴Kingston, 《China Men》, 284.

2) 오브라이언O'Brien, 《The Things They Carried》, 76~77.

3) 헤이슬립Hayslip, 《When Heaven and Earth Changed Places》, 97.

4) 같은 책.

5) 같은 책, 15.

6) 제임스James, 《The Moral Equivalent of War》, 3.

7) 마일즈Miles와 로스Roth, 《From Vietnam to Hollywood》, 20.

8) 오브라이언O'Brien, 《Journey from the Fall》, 226.

9) 지젝Žižek, 《How to Read Lacan》, 47.

10) 힌튼Hinton 외, 〈Assessment of Posttraumatic Stress Disorder in Cambodian Refugees Using the Clinician-Administered PTSD Scale〉, 그리고 마샬Marshall 외, 〈Mental Health of Cambodian Refugees 2 Decades after Resettlement in the United States.〉

11) 지젝Žižek, 《How to Read Lacan》, 47.

12) 창Chang, 《Inhuman Citizenship》, 14.

13) 하인만Heinemann, 《Paco's Story》, 195.

14) 같은 책, 209.

15) 〈The Latehomecomers〉, 엔터테인먼트 위클리Entertainment Weekly.

16) 2008년 4월 16일 일리노이대 어바나샴페인 캠퍼스에서 개최된 "디아스포라 속의 동남아시아인들" 컨퍼런스의 예술가 좌담회에서.

17) 티엡Thiep, 《The General Retires》, 102.

18) 같은 책, 104.

19) 같은 책, 113.

20) 《꾼》에 대한 이런 내용들은 나의 에세이 〈What Is the Political? American Culture and the Example of Viet Nam〉에서 가져와 적용한 것이다.

21) 미쉬라Mishra, 《Why Salman Rushdie Should Pause Before Condemning Mo Yan on Censorship》

22) 사이드Said, 《Culture and Imperialism》

23) 미쉬라Mishra, 《Why Salman Rushdie Should Pause Before Condemning Mo Yan on Censorship》

24) 양Yang, 《The Latehomecomer》, 46.

25) 같은 책, 4.

26) 같은 책, 46.

27) 같은 책, 93.

28) 난민 캠프의 비위생적 환경에 대한 내용은 카길Cargill과 현Huynh의 《Voices of

Vietnamese Boat People》킨들 판, 1341과 1798도 참조하라.

29) 오브라이언O'Brien,《The Things They Carried》, 161.

30) 진Jin,《The Writer as Migrant》, 4.

31) 무아Moua,《Bamboo among the Oaks》, 10.

32) 바바Bhabha,《The Location of Culture》, 87.

9. 강렬한 기억에 대하여

1) 키플링Kipling,《Kipling》, 97~98.

2) 쩐Trinh,《Woman Native Other》, 10~11.

3) 슐룬드 비얼스Schlund-Vials는 자신의 훌륭한 연구 결과인 〈War, Genocide, and Justice〉에서, S-21 박물관이 방문객들에게 역사를 교도소 관료들과 간수들의 눈을 통해 보도록 하고 있다고 지적한다(43). 만약 그렇다면, 그래서 크메르인들이 박물관을 방문하고 싶어 하지 않는 것일 수도 있다.

4) 움Um,《Exiled Memory》, 832.

5) 리쾨르Ricoeur,《Memory, History, Forgetting》, 457.

6) 헤이슬립Hayslip,《When Heaven and Earth Changed Places》, xiv.

7) 같은 책, 365.

8) 같은 책.

9) 같은 책, xv.

10) 같은 책, 365.

11) 스토르Storr,《Dislocations》, 28.

12) 같은 책, xv.

13) 스카리Scarry,《The Body in Pain》, 131.

14) 어틀리Utley,《12 Reasons Why America Doesn't Win Its Wars》

15) 공감, 감정이입 그리고 연민에 대한 논의를 담은 참고자료들은 버랜트Beriant,《Introduction》, 에델만Edelman,《No Future》, 67~100, 가버Garber,《Compassion》, 킨Keen,《Empathy and the Novel》, 송Song,《Strange Future》, 87~90, 유이Yui,《Perception Gaps between Asia andthe United States of America》, 71 등이 있다.

16) 손택Sontag,《Regarding the Pain of Others》, 101.

17) 허쉬Hirsch,《From 'The Generation of Postmemory'》, 347. 또한 허쉬Hirsch,《Family Frames》을 보라.

18) 올먼Ollman,《Dinh Q. Le at Shoshana Wayne》

아무것도 사라지지 않는다

19) 코터Cotter, 《Two Sides' Viewpoints on the War in Vietnam》

20) 손택Sontag, 《Regarding the Pain of Others》, 70.

21) 레Lê에 대한 분석은 나의 에세이 〈Impossible to Forget, Difficult to Remember: Vietnam and the Art of Dinh Q. Lê.〉에서 가져와 적용하였다.

22) 모리슨Morrison, 《Beloved》, 44.

23) 세계시민주의에 대한 논평은 광범위하다. 몇 가지 자료들만 언급하자면, 아피아Appiah, 〈Cosmopolitanism〉, 아치부기Archibugi, 〈Cosmopolitical Democracy〉, 브레넌Brennan, 〈At Home in the World and Cosmopolitanism and Internationalism〉, 치아Cheah와 로빈슨Robbins, 〈Cosmopolitics〉, 클리포드Clifford, 〈Routes〉, 데리다Derrida, 〈On Cosmopolitanism and Forgiveness〉, 더지나Douzinas, 〈Human Rights and Empire〉, 길로이Gilroy, 〈Against Race and Postcolonial Melancholia〉, 홀린저Hollinger, 〈Not Universalists, Not Pluralists〉, 칸트Kant, 〈To Perpetual Peace〉, 캐플런Kaplan, 〈Questions of Travel〉, 누스바움Nussbaum, 〈Patriotism and Cosmopolitanism〉, 스리칸트Srikanth, 〈The World Next Door〉, 베르토벡Vertovec과 코헨Cohen, 〈Conceiving Cosmopolitanism〉 등이 있다.

24) 아피아Appiah, 《Cosmopolitanism》, 85.

25) 같은 책, 144.

26) 길로이Gilroy, 《Postcolonial Melancholia》, 59~60.

27) 스카리Scarry, 《The Difficulty of Imagining Other People》, 105.

28) 같은 책, 103.

29) 킹솔버Kingsolver, 《A Pure, High Note of Anguish》

30) 킹King, 《Beyond Vietnam》, 151.

31) 이 책의 충격과 인기에 대한 설명은 폭스Fox, 〈Fire, Spirit, Love, Story〉, 보Vo, 〈Memories That Bind〉, 브엉Vuong, 〈The Diary of Dang Thuy Tram and the Postwar Vietnamese Mentality〉와 같은 에세이들을 참조하라.

32) 쩜Tram, 《Last Night I Dreamed of Peace》, 27 and 111.

33) 같은 책, 114. 인용문은 그 일기의 영어판에서 가져온 것이지만, 내가 직접 베트남 판본의 원문으로 내용을 확인했다.

34) 같은 책, 158.

35) 같은 책, 83 과 47에서 각각 인용.

36) 같은 책, 96.

37) 같은 책, 83.

38) 같은 책, 86.

39) 같은 책, 104.

40) 누스바움Nussbaum, 《Patriotism and Cosmopolitanism》, 6.

41) 킹스턴Kingston, 《Fifth Book of Peace》, 227.

42) 이 챕터에서 다루는 연민과 세계시민주의, 그리고 평화에 대한 내용은 나의 논문 〈Remembering War, Dreaming Peace.〉에서 가져와 적용한 것이다.

43) 킹스턴Kingston, 《Fifth Book of Peace》, 61.

공정한 망각

1) 티엡Thiep, 《Don't Cry in California》, 602.

2) 같은 책Ibid., 599 and 600.

3) 한Hanh, 《Fragrant Palm Leaves》, 킨들 판, 1837.

4) 방Vang, 《Heirs of the 'Secret War' in Laos》

5) 몽족의 '이야기 천' 장르에 대한 통찰력 있는 설명은 킨커구드Conquergood, 〈Fabricating Culture〉와 치우-Chiu, 〈I Salute the Spirit of My Communities〉를 참조하라.

6) 차 가족의 '이야기 천'은 차Cha, 《Dia's Story Cloth》에서 볼 수 있다.

7) 이 단락은 나의 논문 〈Refugee Memories and Asian American Critique〉에서 가져와 적용한 것이다.

8) 월콧Walcott, 《The Schooner Flight》 시 선집, 330.

9) 월콧Walcott, 《The Schooner Flight》 시 선집, 334.

10) 데이비스, 《Vietnam 40 Years On》

11) 이러한 내용을 다룬 많은 논문들 가운데 핀커스Pincus의 〈In Iraq, Lessons of Vietnam Still Resonate〉가 최근에 내가 이 책의 바로 앞 챕터들을 집필하는 도중에 간행되었다.

12) 오라일리O'Reilly, 《Q&A: Doris Lessing Talks to Sarah O'Reilly about The Golden Notebook》, loc. 11316.

13) 데리다Derrida, 《On Cosmopolitanism and Forgiveness》, 31~32.

14) 같은 책, 27.

15) 같은 책, 31.

16) 같은 책, 33~34.

17) 같은 책, 39.

18) 한Hanh, 《The Miracle of Mindfulness》, 킨들 판, 741.

19) 그리스월드Griswold, 《Forgiveness》, 29.

20) 같은 책, 30.

21) 마갈릿Margalit, 《The Ethics of Memory》, 193.

22) '용서Forgive', 옥스포드 영어 사전Oxford English Dictionary.

23) 코너튼Connerton은 《How Modernity Forgets》에서 망각이 자본주의와 현대성에서 어떻게 필수적인 역할을 하는지, 강렬한 기억을 통해 선물이 그것에 어떻게 대항하는지 논의하고 있다(53).

24) 리쾨르Ricoeur, 《Memory, History, Forgetting》, 481.

25) 에어하트Ehrhart, 《The Invasion of Grenada》

26) 하이드Hyde, 《The Gift》, 258.

27) 쇼트Short의 〈Pol Pot〉는 크메르루주 지도자의 삶을 연구하는데 도움이 되는 자료이다.

28) 던롭Dunlop, 《The Lost Executioner》, 22.

에필로그

1) 마커Marker, 《Sans Soleil》

2) 같은 책.

3) 스피겔먼Spiegelman, 《Metamaus》, 60.

4) 에필로그의 일부분은 나의 논문 〈War, Memory and the Future〉에서 가져와 적용하였다.

Works Cited

Abelmann, Nancy, and John Lie. *Blue Dreams: Korean Americans and the Los Angeles Riots*. Cambridge, MA: Harvard University Press, 1997.

Acosta, Oscar Zeta. *Revolt of the Cockroach People*. New York: Vintage, 1989.

Aguilar-San Juan, Karin. *Little Saigons: Staying Vietnamese in America*. Minneapolis: University of Minnesota Press, 2009.

Ahn, Junghyo. *White Badge: A Novel of Korea*. New York: Soho Press, 1989.

Anderson, David L., and John Ernst. *The War that Never Ends: New Perspectives on the Vietnam War*. Lexington: University Press of Kentucky, 2007.

Apostol, Gina. *The Gun Dealers' Daughter*. New York: W. W. Norton, 2012. Kindle edition.

Appiah, Kwame Anthony. *Cosmopolitanism: Ethics in a World of Strangers*. New York: W. W. Norton, 2006.

Appy, Christian G. *American Reckoning: The Vietnam War and Our National Identity*. New York: Viking, 2015. Kindle edition.

———. *Patriots: The Vietnam War Remembered from All Sides*. New York: Viking, 2003.

Aptheker, Herbert. *Dr. Martin Luther King, Vietnam, and Civil Rights*. New York: New Outlook Publishers, 1967.

Archibugi, Daniele. "Cosmopolitical Democracy." In *Debating Cosmopolitics*, edited by Daniele Archibugi, 1–15. New York: Verso, 2003.

Arendt, Hannah. *Eichmann in Jerusalem: A Report on the Banality of Evil*. New York: Viking, 1963.

Armstrong, Charles K. "America's Korea, Korea's Vietnam." *Critical Asian Studies* 33, no. 4 (2001): 527–39.

Ashabranner, Brent. *Always to Remember: The Story of the Vietnam Veterans Memorial*. New York: G. P. Putnam's Sons, 1988.

Ashplant, T. G., Graham Dawson, and Michael Roper. "The Politics of War Memory and Commemoration: Contexts, Structures and Dynamics." In *The Politics of War Memory and Commemoration*, edited by T. G. Ashplant, Graham Dawson, and Michael Roper, 3–85. London: Routledge, 2000.

아무것도 사라지지 않는다

Assman, Jan. "From *Moses the Egyptian: The Memory of Egypt in Western Monotheism*." In *The Collective Memory Reader*, edited by Jeffrey K. Olick, Vered Vinitzky-Seroussi, and Daniel Levy, 209–15. New York: Oxford University Press, 2011.

Augé, Marc. "From *Oblivion*." In *The Collective Memory Reader*, edited by Jeffrey K. Olick, Vered Vinitzky-Seroussi, and Daniel Levy, 473–74. New York: Oxford University Press, 2011.

Balaban, John. *Remembering Heaven's Face: A Story of Wartime Rescue in Vietnam*. Athens: University of Georgia Press, 2002.

Baldwin, James. *No Name in the Street*. New York: Dell, 1972.

Bao Ninh, *The Sorrow of War*. New York: River head, 1996.

Barthes, Roland. *Camera Lucida: Reflections on Photography*. Translated by Richard Howard. New York: Hill and Wang, 1981.

Bates, Milton J. *The Wars We Took to Vietnam: Cultural Conflict and Storytelling*. Berkeley: University of California Press, 1996.

Baudrillard, Jean. *Simulacra and Simulation*. Translated by Sheila Faria Glaser. Ann Arbor: University of Michigan Press, 1994.

Becker, Carol. "Pilgrimage to My Lai: Social Memory and the Making of Art." *Art Journal* 62, no. 4 (2003): 50–65.

Becker, Elizabeth. *When the War Was Over: Cambodia and the Khmer Rouge Revolution*. New York: PublicAffairs, 1998.

Behdad, Ali. *A Forgetful Nation: On Immigration and Cultural Identity in the United States*. Durham, NC: Duke University Press, 2005.

Bennett, Jill. *Empathic Vision: Affect, Trauma, and Contemporary Art*. Stanford, CA: Stanford University Press, 2005.

Bercovitch, Sacvan. *The Rites of Assent: Transformations in the Symbolic Construction of America*. New York: Routledge, 1993.

Bergson, Henri. *Matter and Memory*. New York: Cosimo Classics, 2007.

Berlant, Lauren. "Introduction: Compassion (and Withholding)." In *Compassion: The Culture and Politics of an Emotion*, edited by Lauren Berlant, 1–13. New York: Routledge, 2004.

Bhabha, Homi. *The Location of Culture*. New York: Routledge, 1994.

Blackburn, Robert M. *Mercenaries and Lyndon Johnson's "More Flags."* Jefferson, NC: McFarland and Company, 1994.

Bleakney, Julia. *Revisiting Vietnam: Memoirs, Memorials, Museums*. New York: Routledge, 2006.

Blustein, Jeffrey. *The Moral Demands of Memory*. Cambridge: Cambridge University Press, 2008.

Borges, Jorge Luis. *Ficciones*. New York: Grove Press, 1994.

Bow, Leslie. *Betrayal and Other Acts of Subversion: Feminism, Sexual Politics, Asian American Women's Literature*. Princeton, NJ: Princeton University Press, 2001.

Boym, Svetlana. *The Future of Nostalgia*. New York: Basic Books, 2001.

Bradley, Mark. *Vietnam at War*. New York: Oxford University Press, 2009.

Bradley, Mark, and Marilyn B. Young, eds. *Making Sense of the Vietnam Wars: Local, National, and Transnational Perspectives*. New York: Oxford University Press, 2008.

Brennan, Timothy. *At Home in the World: Cosmopolitanism Now*. Cambridge, MA: Harvard University Press, 1997.

———. "Cosmopolitanism and Internationalism." In *Debating Cosmopolitics*, edited by Daniele Archibugi, 40–50. New York: Verso, 2003.

Brigham, Robert K. *ARVN: Life and Death in the South Vietnamese Army*. Lawrence: University Press of Kansas, 2006.

Brochure for War Memorial of Korea. Seoul, Korea: np.

Buchanan, Sherry. *Vietnam Zippos: American Soldiers' Engravings and Stories, 1965–1973*. Chicago: University of Chicago Press, 2007.

Bui Thac Chuyen. *Living in Fear*. Hanoi: Vietnam Feature Film Studio, 2006.

Butler, Judith. *Frames of War: When Is Life Grievable?* New York: Verso, 2009.

———. *Precarious Life: The Powers of Mourning and Violence*. New York: Verso, 2004.

Butler, Robert Olen. *A Good Scent from a Strange Mountain*. New York: Henry Holt, 1992.

Cao, Lan. *The Lotus and the Storm*. New York: Viking, 2014.

Calverley, Bob. "Next Generation War Games." *USC Trojan Family Magazine*, Spring 2002. http://tfm.usc.edu/spring-2002/next-generation-war-games.

Cargill, Mary Terrell, and Jade Ngoc Quang Huynh, eds. *Voices of Vietnamese Boat People: Nineteen Narratives of Escape and Survival*. Jefferson, NC: McFarland, 2001. Kindle edition.

Caruth, Cathy. *Unclaimed Experience: Trauma, Narrative, and History*. Baltimore: Johns Hopkins University Press, 1996.

Cha, Dia. *Dia's Story Cloth*. Denver: Denver Museum of Natural History, 1996.

Chandler, David. *Voices from S-21: Terror and History in Pol Pot's Secret Prison*. Berkeley: University of California Press, 2000.

Chang, Juliana. *Inhuman Citizenship: Traumatic Enjoyment and Asian American Literature*. Minneapolis: University of Minnesota Press, 2012.

Cheah, Pheng. *Inhuman Conditions: On Cosmopolitanism and Human Rights*. Cambridge, MA: Harvard University Press, 2006.

Cheah, Pheng, and Bruce Robbins, eds. *Cosmopolitics: Thinking and Feeling Beyond the Nation*. Minneapolis: University of Minnesota Press, 1998.

Chen, Kuan-Hsing. *Asia as Method: Toward Deimperialization*. Durham: Duke University Press, 2010.

Ch'ien, Evelyn. *Weird English*. Cambridge, MA: Harvard University Press, 2005. Kindle edition.

Chin, Frank, and Jeffery Paul Chan. "Racist Love." In *Seeing through Shuck*, edited by Richard Kostelanetz, 65–79. New York: Ballantine Books, 1972.

Chiu, Jeannie. "'I Salute the Spirit of My Communities': Autoethnographic Innovations in Hmong American Literature." *College Literature* 31, no. 3 (2004): 43–69.

Cho, Grace. *Haunting the Korean Diaspora: Shame, Secrecy, and the Forgotten War.* Minneapolis: University of Minnesota Press, 2008.

Choi, Chungmoo. "The Discourse of Decolonization and Popular Memory: South Korea." *positions: east asia cultures critique* 1, no. 1 (1993): 77–102.

Chong, Denise. *The Girl in the Picture: The Story of Kim Phuc, Whose Image Altered the Course of the Vietnam War.* New York: Viking Adult, 2000.

Chong, Sylvia Shin Huey. *The Oriental Obscene: Violence and Racial Fantasies in the Vietnam Era.* Durham, NC: Duke University Press, 2011.

Chow, Rey. *Ethics after Idealism: Theory-Culture-Ethnicity-Reading.* Bloomington: Indiana University Press, 1998.

Choy, Christine, and Dai Sil Kim-Gibson. *Sa-I-Gu.* San Francisco: CrossCurrent Media: Distributed by National Asian American Telecommunications Association, 1993.

Christopher, Renny. *The Viet Nam War/the American War: Images and Representations in Euro-American and Vietnamese Exile Narratives.* Amherst: University of Massachusetts Press, 1995.

Clifford, James. *Routes: Travel and Translation in the Late Twentieth Century.* Cambridge, MA: Harvard University Press, 1997.

Connerton, Paul. *How Modernity Forgets.* Cambridge: Cambridge University Press, 2009.

———. "Seven Types of Forgetting." *Memory Studies* 1, no. 1 (2008): 59–71.

Conquergood, Dwight. "Fabricating Culture: The Textile Art of Hmong Refugee Women." In *Performance, Culture, and Identity*, edited by Elizabeth C. Fine and Jean Haskell Speer, 207–48. Westport, CT: Praeger, 1992.

Coppola, Eleanor. *Hearts of Darkness.* Hollywood: Paramount Home Entertainment, 1991.

Coppola, Francis Ford. *Apocalypse Now.* Santa Monica: Lionsgate, 1978.

Cotter, Hollan. "Two Sides' Viewpoints on the War in Vietnam." *New York Times*, December 9, 2005, E35.

Cumings, Bruce. *The Korean War: A History.* New York: Modern Library, 2010.

———. "The Korean War: What Is It that We Are Remembering to Forget?" In *Ruptured Histories: War, Memory, and the Post-Cold War in Asia*, edited by Sheila Miyoshi Jager and Rana Mitter, 266–90. Cambridge, MA: Harvard University Press, 2007.

———. "The Northeast Asian Political Economy." In *What Is in a Rim? Critical Perspectives on the Pacific Region Idea*, edited by Arif Dirlik, 99–141. Lanham, MD: Rowman and Littlefield, 1998.

Dang Nhat Minh. Speech given at "Dreaming of Peace: Vietnamese Filmmakers Move from War to Reconciliation," University of Southern California, January 23, 2010.

Dang Thuy Tram. *Last Night I Dreamed of Peace.* New York: Harmony Books, 2007.

———. *Nhat Ky Dang Thuy Tram* [The Diary of Dang Thuy Tram]. Hanoi: Nha Xuat Ban Hoi Nha Van, 2005.

Davey, Monica. "In Kansas, Proposed Monument to a Wartime Friendship Tests the Bond." *New York Times*, August 2, 2009.

Davies, Nick. "Vietnam 40 Years On: How a Communist Victory Gave Way to Capitalist

Corruption." *The Guardian*, April 22, 2015.

de Palma, Brian. *Casualties of War*. Burbank, CA: Columbia Pictures, 1989.

———. *Redacted*. Los Angeles: Magnolia Home Entertainment, 2008.

Debord, Guy. *Society of the Spectacle*. Detroit: Black and Red, 1983.

Derrida, Jacques. *On Cosmopolitanism and Forgiveness*. New York: Routledge, 2002.

Díaz, Junot. *The Brief Wondrous Life of Oscar Wao*. New York: Riverhead Books, 2007.

Dick, Kirby, and Amy Ziering Kofman. *Derrida*. New York: Zeitgeist Films: Jane Doe Films, 2002.

Didion, Joan. *Blue Nights*. New York: Knopf, 2012.

Dinh, Linh. *Love like Hate*. New York: Seven Stories Press, 2010. Kindle edition.

Douzinas, Costas. *Human Rights and Empire: The Political Philosophy of Cosmopolitanism*. New York: Routledge-Cavendish, 2007.

Dowd, Maureen. "After the War: White House Memo; War Introduces a Tougher Bush to Nation." *New York Times*, March 1, 1991.

DuBois, W. E. B. *The Souls of Black Folk*. New Haven, CT: Yale University Press, 2015.

Dudziak, Mary L. *War Time: An Idea, Its History, Its Consequences*. New York: Oxford University Press, 2013.

Duiker, William J. *Ho Chi Minh: A Life*. New York: Hyperion, 2000.

Dumbrell, John, and David Ryan, eds. *Vietnam in Iraq: Tactics, Lessons, Legacies and Ghosts*. New York: Routledge, 2006.

Dunlop, Nic. *The Lost Executioner: A Journey to the Heart of the Killing Fields*. New York: Walker and Company, 2005.

Duong, Lan. *Treacherous Subjects: Gender, Culture, and Trans-Vietnamese Feminism*. Philadelphia: Temple University Press, 2012.

Duong Thu Huong. *Novel without a Name*. New York: Penguin, 1996.

Eastwood, Clint. *Gran Torino*. Burbank, CA: Warner Home Video, 2008.

Edelman, Lee. *No Future: Queer Theory and the Death Drive*. Durham, NC: Duke University Press, 2004.

Edkins, Jenny. *Trauma and the Memory of Politics*. Cambridge: Cambridge University Press, 2003.

Ehrhart, W. D. *Going Back: An Ex-Marine Returns to Vietnam*. Jefferson, NC: McFarland, 1987.

———. "The Invasion of Grenada." http://www.wdehrhart.com/poem-invasion-of-grenada .html.

Ellison, Ralph. *Invisible Man*. New York: Vintage, 1995.

Espiritu, Yen Le. *Body Counts: The Vietnam War and Militarized Refugees*. Berkeley: University of California Press, 2014. Kindle edition.

Faas, Horst, and Tim Page, eds. *Requiem: By the Photographers Who Died in Vietnam and Indochina*. New York: Random House, 1997.

Farocki, Harun. *Inextinguishable Fire*. Berlin: Deutsche Film- und Fernsehakademie Berlin (DFFB), 1969.

아무것도 사라지지 않는다

Fitzgerald, Frances. *Fire in the Lake: The Vietnamese and the Americans in Vietnam*. Boston: Back Bay Books, 2002.

Forster, E. M. *Aspects of the Novel*. New York: Harcourt, Brace, 1956. Kindle edition.

Foucault, Michel. *The History of Sexuality: An Introduction*. Translated by Robert Hurley. 3 vols. New York: Vintage, 1990.

Fox, Diane Niblack. "Fire, Spirit, Love, Story." *Journal of Vietnamese Studies* 3, no. 2 (Summer 2008): 218–21.

Freud, Sigmund. "Remembering, Repeating, and Working-Through." In *The Standard Edition of the Complete Works of Sigmund Freud*, 147–56. London: Hogarth Press, 1958.

Friedman, Thomas. "Isis and Vietnam." *New York Times*, October 28, 2014.

Fuller, Samuel. *China Gate*. Los Angeles: Twentieth Century-Fox Film Corporation, 1957 (Theatrical): Republic Pictures Home Video, 1998 (VHS).

Fussell, Paul. *The Great War and Modern Memory*. New York: Oxford University Press, 1975.

Garber, Marjorie. "Compassion." In *Compassion: The Culture and Politics of an Emotion*, edited by Lauren Berlant, 15–27. New York: Routledge, 2004.

Gardner, Lloyd C., and Marilyn Blatt Young. *Iraq and the Lessons of Vietnam, or, How Not to Learn from the Past*. New York: W. W. Norton, 2007.

Gilroy, Paul. *Against Race: Imagining Political Culture beyond the Color Line*. Cambridge, MA: Belknap Press of Harvard University Press, 2000.

———. *Postcolonial Melancholia*. New York: Columbia University Press, 2006.

Ginzburg, Natalia. *A Place to Live*. Translated by Lynne Sharon Schwartz. New York: Seven Stories Press, 2002.

Goldstein, Gordon M., and Frederick Logevall. "Will Syria Be Obama's Vietnam?" *New York Times*, October 7, 2014.

Gómez-Barris, Macarena. *Where Memory Dwells: Culture and State Violence in Chile*. Berkeley: University of California Press, 2009.

Gooding-Williams, Robert, ed. *Reading Rodney King, Reading Urban Uprising*. New York: Routledge, 1993.

Gordon, Avery F. *Ghostly Matters: Haunting and the Sociological Imagination*. Minneapolis: University of Minnesota Press, 1997.

Greene, Graham. *The Quiet American*. New York: Penguin, 2004.

Griswold, Charles L. *Forgiveness: A Philosophical Exploration*. New York: Cambridge University Press, 2007.

Grossman, David. *On Killing: The Psychological Cost of Learning to Kill in War and Society*. Boston: Back Bay Books, 2009.

Guevara, Che. *On Vietnam and World Revolution*. New York, Merit Publishers, 1967.

Gustafsson, Mai Lan. *War and Shadows: The Haunting of Vietnam*. Ithaca, NY: Cornell University Press, 2009.

Hagopian, Patrick. *The Vietnam War in American Memory: Veterans, Memorials, and the*

Politics of Healing. Amherst: University of Massachusetts Press, 2009.

Halbwachs, Maurice. *On Collective Memory.* Chicago: University of Chicago Press, 1992.

Hass, Kristen. *Carried to the Wall: American Memory and the Vietnam Veterans Memorial.* Berkeley: University of California Press, 1998.

Hayslip, Le Ly, with James Wurts. *When Heaven and Earth Changed Places.* New York: Doubleday, 1989.

Heinemann, Larry. *Black Virgin Mountain: A Return to Vietnam.* New York: Vintage, 2005.

———. *Close Quarters.* New York: Vintage, 2005.

———. *Paco's Story.* New York: Vintage Contemporaries, 1986.

Hellman, John. *American Myth and the Legacy of Vietnam.* New York: Columbia University Press, 1986.

Herman, Judith Lewis. *Trauma and Recovery.* London: Pandora, 2001.

Herr, Michael. *Dispatches.* New York: Vintage, 1991.

Hinton, Devon E., Dara Chhean, and Vuth Pich, M. H. Pollack, Scott P. Orr, and Roger K. Pitman. "Assessment of Posttraumatic Stress Disorder in Cambodian Refugees Using the Clinician-Administered PTSD Scale: Psychometric Properties and Symptom Severity." *Journal of Traumatic Stress* 19, no. 3 (2006): 405–9.

Hirsch, Marianne. *Family Frames: Photography, Narrative, and Postmemory.* Cambridge, MA: Harvard University Press, 1997.

———. "From 'the Generation of Postmemory.'" In *The Collective Memory Reader,* edited by Jeffrey K. Olick, Vered Vinitzky-Seroussi, and Daniel Levy, 346–47. New York: Oxford University Press, 2011.

Hollinger, David. "Not Universalists, Not Pluralists: The New Cosmopolitans Find Their Own Way." In *Conceiving Cosmopolitanism: Theory, Context, and Practice,* edited by Steven Vertovec and Robin Cohen, 227–39. New York: Oxford University Press, 2002.

Hong, Cathy Park. "Delusions of Whitenss in the Avant-Garde." *Lana Turner* 7 (2015) .http://arcade.stanford.edu/content/delusions-whiteness-avant-garde.

Hughes, Theodore. "Locating the Revolutionary Subject: Hwang Suk-Young's *The Shadow of Arms.*" Munbal-ri, Korea: Changbi Publishers, 2003.

Huong, Duong Thu. *Paradise of the Blind.* New York: William Morrow, 1993.

Huyssen, Andreas. *Present Pasts: Urban Palimpsests and the Politics of Memory.* Stanford, CA: Stanford University Press, 2003.

Hwang, Sok-Yong. *The Shadow of Arms.* Translated by Chun Kyung-Ja. New York: Seven Stories Press, 2014.

Hyde, Lewis. *The Gift: Creativity and the Artist in the Modern World.* New York: Vintage, 2007.

Irwin, Don. "Viet Reparations Ruled Out." *Los Angeles Times,* March 25, 1977, 1.

Isaacs, Arnold R. *Vietnam Shadows: The War, Its Ghosts, and Its Legacy.* Baltimore: The Johns Hopkins University Press, 1997.

Ivens, Joris, William Klein, Claude Lelouch, Agnès Varda, Jean-Luc Godard, Chris Marker, Michèle Ray, and Alain Resnais. *Loin du Vietnam.* Paris: Société pour le Lancement des Oeuvres Nouvelles (SLON), 1967.

Iyer, Pico. *Video Night in Kathmandu.* New York: Vintage, 1989.

Jager, Sheila Miyoshi. "Monumental Histories: Manliness, the Military, and the War Memorial." *Public Culture* 14, no. 2 (2002): 387–409.

Jager, Sheila Miyoshi, and Jiyul Kim. "The Korean War after the Cold War." In *Ruptured Histories: War, Memory, and the Post-Cold War in Asia,* edited by Sheila Miyoshi Jager and Rana Mitter, 233–65. Cambridge, MA: Harvard University Press, 2007.

James, William. *The Moral Equivalent of War, and Other Essays: And Selections from Some Problems of Philosophy.* New York: Harper and Row, 1971.

Janette, Michelle. *Mỹ Việt: Vietnamese American Literature in English, 1962–Present.* Honolulu: University of Hawaii Press, 2011.

Jeffords, Susan. *The Remasculinization of America: Gender and the Vietnam War.* Blooming-ton: University of Indiana Press, 1989.

Jeong, Ji-Yeong. *White Badge.* Costa Mesa, CA: Distributed by Vanguard Cinema, 1994.

Jin, Ha. *The Writer as Migrant.* Chicago: University of Chicago Press, 2008.

Johnson, Chalmers. *The Sorrows of Empire: Militarism, Secrecy, and the End of the American Republic.* New York: Metropolitan Books, 2004.

Kant, Immanuel. *To Perpetual Peace: A Philosophical Sketch.* Translated by Ted Humphrey. Indianapolis: Hackett Publishing, 2003.

Kaplan, Caren. *Questions of Travel: Postmodern Discourses of Displacement.* Durham, NC: Duke University Press, 1996.

Karlin, Wayne. *Wandering Souls: Journeys with the Dead and the Living in Viet Nam.* New York: Nation Books, 2009.

———. *War Movies: Journeys to Viet Nam: Scenes and Out-Takes.* Willimantic, CT: Curbstone Press, 2005.

Karlin, Wayne, Lê Minh Khuê, and Truong Vu, eds. *The Other Side of Heaven: Post-War Fiction by Vietnamese and American Writers.* Willimantic, CT: Curbstone Press, 1995.

Keen, Suzanne. *Empathy and the Novel.* Oxford: Oxford University Press, 2007.

Kellogg, Ray, and John Wayne. *The Green Berets.* Burbank, CA: Warner Home Video, 1968.

Kennedy, John F. "Remarks of Senator John F. Kennedy at the Conference on Vietnam Luncheon in the Hotel Willard, Washington, D.C." http://www.jfklibrary.org /Research/Research-Aids/JFK-Speeches/Vietnam-Conference-Washington-DC _19560601.aspx.

Kim, Hyun Sook. "Korea's 'Vietnam Question': War Atrocities, National Identity, and Reconciliation in Asia." *positions: east asia cultures critique* 9, no. 3 (2001): 621–34.

Kim, Jodi. *Ends of Empire: Asian American Critique and the Cold War.* Minneapolis: University of Minnesota Press, 2010.

Kim, Kyung Hyun. *The Remasculinization of Korean Cinema.* Durham, NC: Duke University Press, 2004.

Kim, Nadia Y. *Imperial Citizens: Koreans and Race from Seoul to LA.* Stanford, CA: Stanford University Press, 2008.

King, Martin Luther, Jr. "Address at the Fourth Annual Institute on Nonviolence and Social Change at Bethel Baptist Church." In *The Martin Luther King, Jr. Papers Project,* edited by Clayborne Carson. https://swap.stanford.edu/20141218225548/http://mlk-kpp01 .stanford.edu/primarydocuments/Vol5/3Dec1959_AddressattheFourthAnnualInstitut eonNonviolenceandSo.pdf.

———. "Beyond Vietnam." In *A Call to Conscience: The Landmark Speeches of Dr. Martin Luther King, Jr.,* edited by Clayborne Carson, and Kris Shepard, 133–64. New York: Warner Books, 2001.

Kingsolver, Barbara. "A Pure, High Note of Anguish." *Los Angeles Times,* September 23, 2001. http://articles.latimes.com/2001/sep/23/opinion/op-48850.

Kingston, Maxine Hong. *China Men.* New York: Knopf, 1980.

———. *The Fifth Book of Peace.* New York: Knopf, 2003.

———. *The Woman Warrior.* New York: Vintage International, 1989.

Kinnell, Galway. *The Book of Nightmares.* New York: Mariner Books, 1973.

Kinney, Katherine. *Friendly Fire: American Images of the Vietnam War.* New York: Oxford University Press, 2000.

Kipling, Rudyard. *Kipling: Poems (Everyman's Library).* New York: Knopf, 2007.

Kirk, Don. "Confronting Korea's Agony in Vietnam." *New York Times,* September 28, 2002.

Kong, Su-chang. *R-Point.* Seoul: CJ Entertainment, 2004.

Kwon, Heonik. *After the Massacre: Commemoration and Consolation in Ha My and My Lai.* Berkeley: University of California Press, 2006.

Kundera, Milan. *The Book of Laughter and Forgetting.* New York: HarperPerennial, 1996.

Kuras, Ellen, and Thavisouk Phrasavath. *The Betrayal (Nerakhoon).* Rockland, NY: Pandinlao Films, 2008.

Laderman, Scott. *Tours of Vietnam: War, Travel Guides, and Memory.* Durham, NC: Duke University Press, 2009.

Lam, Andrew. *Perfume Dreams: Reflections on the Vietnamese Diaspora.* Berkeley, CA: Heyday Books, 2005.

Larsen, Wendy Wilder, and Tran Thi Nga. *Shallow Graves: Two Women and Vietnam.* New York: Random House, 1986.

"The Latehomecomers." *Entertainment Weekly,* April 11, 2008.

Lawrence, Mark Atwood. *The Vietnam War: A Concise International History.* New York: Oxford University Press, 2008.

Le, Nam. *The Boat.* New York: Alfred A. Knopf, 2008.

le thi diem thuy. *The Gangster We Are All Looking For.* New York: Anchor Books, 2004.

Lee, Jin-kyung. "Surrogate Military, Subimperialism, and Masculinity: South Korea in the Vietnam War, 1965–1973." *positions: east asia cultures critique* 17, no. 3 (2009): 655–82.

Lee, Jun-ik. *Sunny.* Seoul: Tiger Pictures, 2008.

Lesser, William. "Presence of Mind: The Photographs of Philip Jones Griffiths." *Aperture* no. 190 (2008). http://www.aperture.org/jonesgriffiths/.

아무것도 사라지지 않는다

Levinas, Emmanuel. *Totality and Infinity: An Essay on Exteriority*. Translated by Alphonso Lingis. Pittsburgh: Duquesne University Press, 1969.

Leys, Ruth. *Trauma: A Genealogy*. Chicago: University of Chicago Press, 2000.

Lieu, Nhi T. *The American Dream in Vietnamese*. Minneapolis: University of Minnesota Press, 2011.

Lin, Maya. *Boundaries*. New York: Simon and Schuster, 2000.

Lipsitz, George. *Time Passages: Collective Memory and American Popular Culture*. Minneapolis: Minnesota University Press, 1990.

Logevall, Fredrik. *Embers of War: The Fall of an Empire and the Making of America's Vietnam*. New York: Random House, 2012.

Maguire, Peter. *Facing Death in Cambodia*. New York: Columbia University Press, 2005.

Maier, Charles. "From 'A Surfeit of Memory? Reflections on History, Melancholy, and Denial.'" In *The Collective Memory Reader*, edited by Jeffrey K. Olick, Vered Vinitzky-Seroussi, and Daniel Levy, 442–45. New York: Oxford University Press, 2011.

Makuch, Eddie. "Destiny Reaches 16 Million Registered Users, Call of Duty Franchise Hits $11 Billion." *Gamespot* (2015). Published electronically February 5. http://www.gamespot.com/articles/destiny-reaches-16-million-registered-users-call-o/1100-6425136/.

Malarney, Shaun. *Culture, Ritual and Revolution in Vietnam*. London: Routledge-Curzon Press, 2002.

Malarney, Shaun Kingsley. "'The Fatherland Remembers Your Sacrifice.'" In *The Country of Memory: Remaking the Past in Late Socialist Vietnam*, edited by Hue-Tam Ho Tai, 46–76. Berkeley: University of California Press, 2001.

Margalit, Avishai. *The Ethics of Memory*. Cambridge, MA: Harvard University Press, 2002.

Marker, Chris. *Sans Soleil*. Paris: Argos Films, 1983.

Marling, Karal Ann, and Robert Silberman. "The Statue at the Wall: The Vietnam Veterans Memorial and the Art of Remembering." In *The United States and the Vietnam War: Historical Memory and Representation of the Vietnam War*, edited by Walter Hixson, 122–48. New York: Garland Publishing, 2000.

Marshall, Grant N., Terry L. Schell, Marc N. Elliott, S. Megan Berthold, and Chi-Ah Chun. "Mental Health of Cambodian Refugees 2 Decades after Resettlement in the United States." *JAMA* 294, no. 5 (2005): 571–79.

Martini, Edwin A. *Invisible Enemies: The American War on Vietnam, 1975–2000*. Amherst: University of Massachusetts Press, 2007.

Marx, Karl, and Friedrich Engels. *The German Ideology*. New York: International Publishers, 1970.

Mbembe, Achille. "Necropolitics." *Public Culture* 15, no. 1 (2003): 11–40.

McCarthy, Mary. *The Seventeenth Degree*. New York: Harcourt Brace Jovanovich, 1974.

McGurl, Mark. *The Program Era: Postwar Fiction and the Rise of Creative Writing*. Cambridge, MA: Harvard University Press, 2011.

McMahon, Robert J. "Contested Memory: The Vietnam War and American Society, 1975–2001." *Diplomatic History* 26, no. 2 (Spring 2002): 159–84.

Menand, Louis. *American Studies*. New York: Farrar, Straus and Giroux, 2002.

Merridale, Catherine. "War, Death, and Remembrance in Soviet Russia." In *War and Remembrance in the Twentieth Century*, edited by Jay Winter and Emmanuel Sivan, 61–83. Cambridge: Cambridge University Press, 1999.

Michaels, Walter Benn. *The Trouble with Diversity: How We Learned to Love Identity and Ignore Inequality*. New York: Henry Holt, 2006.

Miles, Christopher, and Moira Roth. *From Vietnam to Hollywood: Dinh Q. Lê*. Seattle: Marquand Books, 2003.

Milliot, Jim. "The PW Publishing Industry Salary Survey 2015: A Younger Workforce, Still Predominantly White." *Publishers Weekly*, October 16, 2015. http://www
.publishersweekly.com/pw/by-topic/industry-news/publisher-news/article/68405
-publishing-industry-salary-survey-2015-a-younger-workforce-still-predominantly
-white.html.

Mishra, Pankaj. "Why Salman Rushdie Should Pause before Condemning Mo Yan on Censorship." *The Guardian*, December 13, 2012.

"MLK: A Riot Is the Language of the Unheard." *CBS Reports*, 2013. http://www.cbsnews
.com/news/mlk-a-riot-is-the-language-of-the-unheard/.

Mo Jo Sung. *Do You Know?*, 2000. http://www.youtube.com/watch?v=dOhAT45KZHk.

Moon, Seungsook. *Militarized Modernity and Gendered Citizenship in South Korea*. Durham, NC: Duke University Press, 2005.

Morris, Errol. *The Fog of War*. New York: Sony Pictures Classics, 2003.

Morrison, Toni. *Beloved*. New York: Knopf, 2007.

Moua, Mai Neng. *Bamboo among the Oaks: Contemporary Writing by Hmong Americans*. St. Paul: Minnesota Historical Society Press, 2002.

Nguyen, Bich Minh. *Pioneer Girl*. New York: Viking, 2014.

Nguyen Cao Ky. *Buddha's Child: My Fight to Save Vietnam*. New York: St. Martin's Griffin, 2002.

Nguyen Huy Thiep. *The General Retires and Other Stories*. New York: Oxford University Press, 1993.

———. "Khong Khoc O California." In *Tuyen Tap Truyen Ngan Nguyen Huy Thiep*. Hanoi: Nha xuat ban Phu nu, 2001.

Nguyen, Mimi Thi. *The Gift of Freedom: War, Debt, and Other Refugee Passages*. Durham, NC: Duke University Press, 2012.

Nguyen, Nathalie Huynh Chau. *Memory Is Another Country: Women of the Vietnamese Diaspora*. Santa Barbara, CA: Praeger, 2009.

Nguyen, Phuong. "The People of the Fall: Refugee Nationalism in Little Saigon since 1975–2005." PhD dissertation, University of Southern California, 2009.

Nguyen Qui Duc. *Where the Ashes Are*. Reading, MA: Addison-Wesley, 1994.

Nguyen, Viet Thanh. "The Authenticity of the Anonymous: Popular Culture and the Art

아무것도 사라지지 않는다

of War." In *Transpop: Korea Vietnam Remix*, edited by Viet Le and Yong Soon Min, 58–67. Seoul: Arko Arts Center, 2008.

———. "Impossible to Forget, Difficult to Remember: Vietnam and the Art of Dinh Q. Lê." *A Tapestry of Memories: The Art of Dinh Q. Lê*. Bellevue, WA: Bellevue Arts Museum, 2007: 19–29.

———. "Just Memory: War and the Ethics of Remembrance." *American Literary History* 25, no. 1 (2013): 144–63.

———. "Refugee Memories and Asian American Critique." *positions: asia critique* 20, no. 3 (2012): 911–42.

———. "Remembering War, Dreaming Peace: On Cosmopolitanism, Compassion and Literature," *Japanese Journal of American Studies*, no. 20 (2009): 1–26.

———. "Speak of the Dead, Speak of Viet Nam: The Ethics and Aesthetics of Minority Discourse." *New Centennial Review* 6, no. 2 (2007): 7–37.

———. "War, Memory and the Future." *The Asian American Literary Review* 1, no. 2 (2010): 279–90.

———. "What Is the Political? American Culture and the Example of Viet Nam." In *Asian American Studies after Critical Mass*, edited by Kent A. Ono, 19–39. Massachusetts: Blackwell Publishing, 2005.

Nguyen-Vo Thu-Huong. "Forking Paths: How Shall We Mourn the Dead?" *Amerasia Journal* 31, no. 2 (2005): 157–75.

Nietzsche, Friedrich. *On the Advantage and Disadvantage of History for Life*. Translated by Peter Preuss. Indianapolis: Hackett Publishing, 1980.

———. "On the Genealogy of Morals." Translated by Walter Kaufmann. In *Basic Writings of Nietzsche*, 437–600. New York: Modern Library, 2000.

Nora, Pierre. "Between Memory and History: *Les Lieux De Mémoire*." *Representations* 26 (Spring 1989): 7–24.

———. "From 'Reasons for the Current Upsurge in Memory.'" In *The Collective Memory Reader*, edited by Jeffrey K. Olick, Vered Vinitzky-Seroussi, and Daniel Levy, 437–41. New York: Oxford University Press, 2011.

Nussbaum, Martha. "Patriotism and Cosmopolitanism." In *For Love of Country?*, edited by Martha Nussbaum, 3–17. Boston: Beacon Press, 1996.

Obama, Barack. "Presidential Proclamation—Veterans Day." March 29, 2012. http://www .whitehouse.gov/the-press-office/2012/03/29/presidential-proclamation-vietnam -veterans-day.

O'Brien, Tim. *The Things They Carried*. New York: Mariner Books, 2009.

O'Connor, Flannery. *Mystery and Manners: Occasional Prose*. New York: Farrar, Straus and Giroux, 1969.

Olick, Jeffrey K. *The Politics of Regret: On Collective Memory and Historical Responsibility*. New York: Routledge, 2007.

Olick, Jeffrey K., Vered Vinitzky-Seroussi, and Daniel Levy. "Introduction." In *The Collective Memory Reader*, edited by Jeffrey K. Olick, Vered Vinitzky-Seroussi, and Daniel Levy,

3–62. New York: Oxford University Press, 2011.

Ollman, Leah. "Dinh Q. Le at Shoshana Wayne." *Art in America* 88, no. 2 (February 2000): 136.

Omi, Michael, and Howard Winant. *Racial Formation in the United States.* 2nd ed. New York: Routledge, 1994.

Ondaatje, Michael. *The English Patient.* New York: Vintage, 1993.

O'Reilly, Sarah. "Q&A: Doris Lessing Talks to Sarah O'Reilly about *The Golden Notebook.*" In Doris Lessing, *The Golden Notebook.* New York: Harper Perennial, 2013. Kindle edition.

Packer, George. "Obama and the Fall of Saigon." *New Yorker*, September 10, 2014.

Palumbo-Liu, David. *The Deliverance of Others: Reading Literature in a Global Age.* Durham, NC: Duke University Press, 2012.

Panh, Rithy. *The Missing Picture.* Paris: Arte France Cinema, 2013.

———. *S-21: The Khmer Rouge Killing Machine.* Paris: Arte France Cinema, 2003.

Panh, Rithy, and Christophe Bataille. *The Elimination.* Translated by John Cullen. New York: The Other Press, 2013. Kindle edition.

Papageorge, Tod. *American Sports, 1970: Or How We Spent the War in Vietnam.* New York: Aperture, 2007.

Parikh, Crystal. *An Ethics of Betrayal: The Politics of Otherness in Emergent U.S. Literature and Culture.* New York: Fordham University Press, 2009.

Park, Jinim. *Narratives of the Vietnam War by Korean and American Writers.* New York: Peter Lang, 2007.

Paterniti, Michael. "Never Forget." *GQ*, July 2009. http://www.gq.com/news-politics/big -issues/200907/cambodia-khmer-rouge-michael-paterniti.

Pelaud, Isabelle Thuy. *This Is All I Choose to Tell: History and Hybridity in Vietnamese American Literature.* Philadelphia: Temple University Press, 2011.

Pham, Andrew X. *Catfish and Mandala: A Two-Wheeled Voyage through the Landscape and Memory of Vietnam.* New York: Picador, 2000.

———. *The Eaves of Heaven.* New York: Broadway Books, 2009.

Phan, Aimee. *We Should Never Meet.* New York: Picador, 2005.

Phi, Bao. *Sông I Sing.* Minneapolis: Coffee House Press, 2011.

Pincus, Walter. "In Iraq, Lessons of Vietnam Still Resonate." *Washington Post*, May 25, 2015.

Poeuv, Socheata. *New Year Baby.* San Francisco: Center for Asian American Media, 2006.

Ratner, Vaddey. *In the Shadow of the Banyan.* New York: Simon and Schuster, 2012.

Renan, Ernst. "From 'What Is a Nation?'" In *The Collective Memory Reader*, edited by Jeffrey K. Olick, Vered Vinitzky-Seroussi, and Daniel Levy, 80–83. New York: Oxford University Press, 2011.

Ricoeur, Paul. *Memory, History, Forgetting.* Chicago: Chicago University Press, 2004.

Robson, Mark. *The Bridges at Toko-Ri.* Los Angeles: Paramount Pictures, 1954.

Rosenfeld, Gavriel D. "A Looming Crash or a Soft Landing? Forecasting the Future of the Memory 'Industry.'" *Journal of Modern History* 81 (March 2009): 122–58.

Rowe, John Carlos. "'Bringing It All Back Home': American Recyclings of the Vietnam War." In *The Violence of Representation*, edited by Nancy Armstrong and Leonard Tennenhouse, 197–218. London: Routledge, 1989.

Rowe, John Carlos, and Rick Berg. "The Vietnam War and American Memory." In *The Vietnam War and American Culture*, edited by John Carlos Rowe and Rick Berg, 1–18. New York: Columbia University Press, 1991.

Russ, Martin. *The Last Parallel: A Marine's War Journal*. New York: Rinehart, 1957.

Ryu, Youngju. "Korea's Vietnam: Popular Culture, Patriarchy, Intertextuality." *The Review of Korean Studies* 12, no. 3 (2009): 101–23.

Said, Edward. *Culture and Imperialism*. New York: Vintage, 1994.

———. *Orientalism*. New York: Vintage Books, 1979.

Scarry, Elaine. *The Body in Pain*. New York: Oxford University Press, 1985.

———. "The Difficulty of Imagining Other People." In *For Love of Country?*, edited by Martha Nussbaum, 98–110. Boston: Beacon Press, 1996.

Schacter, Daniel L. *The Seven Sins of Memory: How the Mind Forgets and Remembers*. Boston: Houghton Mifflin, 2001.

Schlesinger, Arthur M., Jr. *The Disuniting of America: Reflections on a Multicultural Society*. New York: W. W. Norton, 1998.

Schlund-Vials, Cathy. *War, Genocide, and Justice: Cambodian American Memory Work*. Minneapolis: University of Minnesota Press, 2012.

Schwartz, Lynne Sharon. *The Emergence of Memory: Conversations with W. G. Sebald*. New York: Seven Stories Press, 2007. Kindle edition.

Schwenkel, Christina. *The American War in Contemporary Vietnam: Transnational Remembrance and Representation*. Bloomington: Indiana University Press, 2009.

Sebald, W. G. *Austerlitz*. New York: Modern Library, 2001.

———. *On the Natural History of Destruction*. New York: Modern Library 2004.

Shacochis, Bob. *The Woman Who Lost Her Soul*. New York: Atlantic Monthly Press, 2013. Kindle edition.

Shan, Te-hsing. "Trauma, Re(-)Membering, and Reconciliation—on Maya Lin's Vietnam Veterans Memorial." In *Landmarks in American Literature: History in the Making*, edited by Isaac Sequeira, Manju Jaidka, and Anil Raina, 161–77. New Delhi: Prestige Books, 2007.

Shawcross, William. *Sideshow: Kissinger, Nixon, and the Destruction of Cambodia*. New York: Cooper Square Press, 2002.

Short, Philip. *Pol Pot: Anatomy of a Nightmare*. New York: Henry Holt and Co., 2007.

Sirk, Douglas. *Battle Hymn*. Los Angeles: Universal International Pictures, 1957.

Sollors, Werner. *Multilingual America: Transnationalism, Ethnicity, and the Languages of American Literature*. New York: New York University Press, 1998.

Solzhenitsyn, Aleksandr. *The Gulag Archipelago 1918–1956*. New York: Harper and Row, 1973.

Song, Min Hyoung. *Strange Future: Pessimism and the 1992 Los Angeles Riots*. Durham, NC:

Duke University Press, 2005.

Sontag, Susan. *On Photography*. New York: Picador, 2001.

———. *Regarding the Pain of Others*. New York: Farrar, Straus and Giroux, 2003.

Spanos, William. *American Exceptionalism in the Age of Globalization: The Specter of Vietnam*. Albany, NY: SUNY Press, 2008.

———. *America's Shadow: An Anatomy of Empire*. Minneapolis: University of Minnesota Press, 2000.

Spiegelman, Art. *Metamaus*. New York: Pantheon, 2011.

Srikanth, Rajini. *The World Next Door: South Asian American Literature and the Idea of America*. Philadelphia: Temple University Press, 2004.

Stephenson, Wesley. "Do the Dead Outnumber the Living?" *BBC News Magazine*, February 3, 2012.

Storr, Robert. *Dislocations*. New York: The Museum of Modern Art, 1991.

Stringer, Julian, ed. *New Korean Cinema*. New York: New York University Press, 2005.

Stur, Heather Marie. *Beyond Combat: Women and Gender in the Vietnam War Era*. New York: Cambridge University Press, 2011.

Sturken, Marita. *Tangled Memories: The Vietnam War, the Aids Epidemic, and the Politics of Remembering*. Berkeley: University of California Press, 1997.

———. *Tourists of History: Memory, Kitsch, and Consumerism from Oklahoma City to Ground Zero*. Durham, NC: Duke University Press, 2007.

Swofford, Anthony. *Jarhead: A Marine's Chronicle of the Gulf War and Other Battles*. New York: Scribner, 2003.

Tai, Hue-Tam Ho, ed. *The Country of Memory: Remaking the Past in Late Socialist Vietnam*. Berkeley: University of California Press, 2001.

Takaki, Ronald, ed. *From Different Shores: Perspectives on Race and Ethnicity in America*. 2nd ed. New York: Oxford University Press, 1994.

Tatum, James. *The Mourner's Song: War and Remembrance from the Iliad to Vietnam*. Chicago: University of Chicago Press, 2003.

Taylor, Sandra C. *Vietnamese Women at War: Fighting for Ho Chi Minh and the Revolution*. Lawrence: University Press of Kansas, 1999.

Thich Nhat Hanh. *Fragrant Palm Leaves: Journals, 1962–1966*. New York: Riverhead, 1999. Kindle edition.

———. *The Miracle of Mindfulness: An Introduction to the Practice of Meditation*. Boston: Beacon Press, 1999. Kindle edition.

Tran, GB. *Vietnamerica: A Family's Journey*. New York: Villard, 2011.

Tran, Ham. *Journey from the Fall*. Orange County, CA: Old Photo Film, 2006.

Tran, John. *The Vietnam War and the Theologies of Memory: Time and Eternity in the Far Country*. Malden, MA: Wiley-Blackwell, 2010.

Trinh, T. Minh-ha. "All-Owning Spectatorship." In *When the Moon Waxes Red: Representation, Gender, and Cultural Politics*, 81–105. New York: Routledge, 1991.

———. *Surname Viet, Given Name Nam*. New York: Women Make Movies, 1989.

————. *Woman Native Other.* Bloomington: Indiana University Press, 1989.

Truong, Monique. *The Book of Salt.* New York: Houghton Mifflin Harcourt, 2003.

Truong, Monique T. D. "Vietnamese American Literature." In *An Interethnic Companion to Asian American Literature,* edited by King-Kok Cheung, 219–46. New York: Cambridge University Press, 1997.

Turley, William S. *The Second Indochina War: A Concise Political and Military History.* Lanham, MD: Rowman and Littlefield, 2008.

Turner, Fred. *Echoes of Combat: The Viet Nam War in American Memory.* New York: Doubleday, 1992.

Turner, Karen Gottschang, and Thanh Hao Phan. *Even the Women Must Fight: Memories of War from North Vietnam.* New York: John Wiley and Sons, 1998.

Turse, Nick. *Kill Anything That Moves: The Real American War in Vietnam.* New York: Metropolitan Books, 2013.

Um, Khatharya. "Exiled Memory: History, Identity, and Remembering in Southeast Asia and Southeast Asian Diaspora." *positions: asia critique* 20, no. 3 (2012): 831–50.

————. "The 'Vietnam War': What's in a Name?" *Amerasia Journal* 31, no. 2 (2005): 134–39.

UN News Centre. "UN Warns of 'Record High' 60 Million Displaced Amid Expanding Global Conflicts." (2015). Published electronically June 18. http://www.un.org/apps /news/story.asp?NewsID=51185-.VZBiO-1Vikp.

Utley, Jon Basil. "12 Reasons America Doesn't Win Its Wars." *The American Conservative,* June 12, 2015. http://www.theamericanconservative.com/articles/12-reasons-america -doesnt-win-its-wars/.

Vang, Ma. "The Refugee Soldier: A Critique of Recognition and Citizenship in the Hmong Veterans' Naturalization Act of 1997." *positions: asia critique* 20, no. 3 (2012): 685–712.

Vang, Mai Der. "Heirs of the 'Secret War' in Laos." *New York Times,* May 27, 2015.

Vertovec, Steven, and Robin Cohen, eds. *Conceiving Cosmopolitanism: Theory, Context, and Practice.* New York: Oxford University Press, 2002.

Virilio, Paul. *War and Cinema: The Logistics of Perception.* New York: Verso, 1989.

"Virtual Reality Exposure Therapy." http://ict.usc.edu/prototypes/pts/.

Viswanathan, Gauri, ed. *Power, Politics and Culture: Interviews with Edward W. Said.* New York: Random House, 2001.

Vo, Hong Chuong-Dai. "Memories That Bind: Dang Thuy Tram's Diaries as Agent of Reconciliation." *Journal of Vietnamese Studies* 3, no. 2 (Summer 2008): 196–207.

Vo, Nghia M. *The Bamboo Gulag: Political Imprisonment in Communist Vietnam.* Jefferson, NC: McFarland, 2004.

Vuong, Tri Nhan. "*The Diary of Dang Thuy Tram* and the Postwar Vietnamese Mentality." *Journal of Vietnamese Studies* 3, no. 2 (Summer 2008): 180–95.

Wagner-Pacifici, Robin, and Barry Schwartz. "The Vietnam Veterans Memorial: Commemorating a Difficult Past." *American Journal of Sociology* 97, no. 2 (September 1991): 376–420.

Walcott, Derek. *Collected Poems: 1948–1984.* New York: Farrar, Straus and Giroux, 1987.

Wang, Chih-ming. "Politics of Return: Homecoming Stories of the Vietnamese Diaspora." *positions: asia critique* 21, no. 1 (2013): 161–87.

Waters, Mary C. *Ethnic Options: Choosing Identities in America.* Berkeley: University of California Press, 1990.

Weaver, Gina. *Ideologies of Forgetting: Rape in the Vietnam War.* Albany, NY: SUNY Press, 2010.

Weigl, Bruce. *The Circle of Hanh: A Memoir.* New York: Grove Press, 2000.

Williams, Raymond. *Marxism and Literature.* Oxford: Oxford University Press, 1977.

Williams, Tony. "From Novel to Film: *White Badge.*" *Asian Cinema* 13, no. 2 (2002): 39–53.

Winter, Jay. "Forms of Kinship and Remembrance in the Aftermath of the Great War." In *War and Remembrance in the Twentieth Century*, edited by Jay Winter and Emmanuel Sivan, 40–60. Cambridge: Cambridge University Press, 1999.

———. "From *Remembering War: The Great War between Memory and History in the Twentieth Century.*" In *The Collective Memory Reader*, edited by Jeffrey K. Olick, Vered Vinitzky-Seroussi, and Daniel Levy, 426–29. New York: Oxford University Press, 2011.

Winter, Jay, and Emmanuel Sivan. "Introduction." In *War and Remembrance in the Twentieth Century*, edited by Jay Winter and Emmanuel Sivan, 1–5. Cambridge: Cambridge University Press, 1999.

———. "Setting the Framework." In *War and Remembrance in the Twentieth Century*, edited by Jay Winter and Emmanuel Sivan, 6–39. Cambridge: Cambridge University Press, 1999.

———. *War and Remembrance in the Twentieth Century.* Cambridge: Cambridge University Press, 1999.

Wittgenstein, Ludwig. *Tractatus Logico-Philosophicus.* Translated by D. F. Pears and B. F. McGuinness. New York: Routledge.

Wong, Sau-ling Cynthia. "'Sugar Sisterhood': Situating the Amy Tan Phenomenon." In *The Ethnic Canon: Histories, Institutions, and Interventions*, edited by David Palumbo-Liu, 174–210. Minneapolis: University of Minneapolis Press, 1995.

Woo, Jung-en. *Race to the Swift: State and Finance in Korean Industrialization.* New York: Columbia University Press, 1991.

Woo-Cumings, Meredith. "Market Dependency in U.S.–East Asian Relations." In *What Is in a Rim? Critical Perspectives on the Pacific Region Idea*, edited by Arif Dirlik, 163–86. Lanham, MD: Rowman and Littlefield, 1998.

Woodward, Kathleen. "Calculating Compassion." In *Compassion: The Culture and Politics of an Emotion*, edited by Lauren Berlant, 59–86. New York: Routledge, 2004.

Wu, Judy Tzu-Chun. *Radicals on the Road: Internationalism, Orientalism, and Feminism during the Vietnam Era.* Ithaca, NY: Cornell University Press, 2013.

Yamashita, Karen Tei. *The I-Hotel.* Minneapolis: Coffee House Press, 2010.

Yang, Kao Kalia. Artist's talk at the "Southeast Asians in the Diaspora" Conference,

University of Illinois, Urbana-Champaign, April 16, 2008.

———. *The Latehomecomer: A Hmong Family Memoir*. Minneapolis: Coffee House Press, 2008.

Yoneyama, Lisa. *Hiroshima Traces: Time, Space, and the Dialectics of Memory*. Berkeley: University of California Press, 1999.

Yoon Je-kyoon, *Ode to My Father*. Seoul: JK Film, 2014.

Young, James. *The Texture of Memory*. New Haven, CT: Yale University Press, 1993.

Young, Marilyn Blatt. *The Vietnam Wars*. New York: HarperCollins, 1991.

Yui, Daizaburo. "Perception Gaps between Asia and the United States of America: Lessons from 12/7 and 9/11." In *Crossed Memories: Perspectives on 9/11 and American Power*, edited by Laura Hein and Daizaburo Yui, 54–79. Tokyo: Center for Pacific and American Studies, The University of Tokyo, 2003.

Zelizer, Barbie. *Remembering to Forget: Holocaust Memory through the Camera's Eye*. Chicago: University of Chicago Press, 1998.

Žižek, Slavoj. *How to Read Lacan*. New York: W. W. Norton, 2007.

Credits

P. 39. Truong Son Martyrs Cemetery. Photo by Sam Sweezy

P. 52. Ho Chi Minh City Martyrs Cemetery. Photo by Sam Sweezy

P. 53. Mourning soldier, statue, Ho Chi Minh City. Photo by Gregory Farris

P. 55. Defaced tombstone, National Cemetery of the Army of the Republic of Vietnam. Photo by Sam Sweezy

P. 75. *Vietnam Veterans Memorial Wall,* Maya Lin. Washington, DC. Photo by Viet Thanh Nguyen

P. 80. *The Three Soldiers,* Frederick Hart. Washington, DC. Photo by Viet Thanh Nguyen

P. 81. *Vietnam Women's Memorial,* Glenna Goodacre. Washington, DC. Photo by Viet Thanh Nguyen

P. 123. Photographs of faces, S-21, Phnom Penh. Photo by Viet Thanh Nguyen

P. 126. "No laughing" sign. S-21, Phnom Penh. Photo by Viet Thanh Nguyen

P. 131. Defaced photograph of Duch. S-21, Phnom Penh. Photo by Viet Thanh Nguyen

P. 133. *The Missing Picture,* film still, dir. Rithy Panh. © CDP/Bophana Center

P. 141. Pens and necklaces supposedly made from American bullets. Photo by Viet Thanh Nguyen

P. 169. Rusted tank, Doc Mieu firebase, near the demilitarized zone. Photo by Sam Sweezy

P. 181. Helicopter diorama, War Memorial of Korea, Seoul. Photo by Viet Thanh Nguyen

P. 193. *R-Point,* film still, dir. Gong Su-chang. 2004 CJ Entertainment / Cinema Service

P. 194. *Sunny,* film still, dir. Joon-ik Lee. 2008 Tiger Pictures / Achim Pictures

P. 203. Ha My Memorial, near Hoi An. Photo by Sam Sweezy

P. 211. Dien Bien Phu Martyrs Cemetery Memorial. Photo by Viet Thanh Nguyen

P. 212. Mosaic, Cu Chi tunnels. Photo by Viet Thanh Nguyen

P. 213. Russian jet, B-52 Victory Museum, Hanoi. Photo by Viet Thanh Nguyen

P. 216. Thich Quang Duc's car. Photo by Sam Sweezy

P. 217. *Dien Bien Phu of the Air*, Military History Museum, Hanoi.
Photo by Sam Sweezy

P. 218. Nancy Rubins, *Chas' Stainless Steel, Mark Thomson's Airplane Parts, about 1,000 lbs.*
of Stainless Steel Wire & Gagosian's Beverly Hills Space at MOCA, 2002. Airplane parts,
stainless steel armature, stainless steel wire cable,
25 x 54 x 33 feet. Collection of the Museum of Contemporary Art, Los Angeles,
purchased in honor of Beatrice Gersh with funds provided by the Acquisition and Col-
lection Committee; the Broad Art Foundation; Linda and Bob Gersh; David, Susan,
Steven, and Laura Gersh; and Eugenio López. © Nancy Rubins. Photo by Brian Forrest

P. 221. Frieze, Dien Bien Phu Martyrs Cemetery, 2009. Photo by Viet Thanh Nguyen

P. 225. Diorama, Con Son Island Prison Complex, Con Dao Islands. Photo by Viet Thanh
Nguyen

P. 228. *Commemoration*, Nguyen Phu Cuong. Photo by Sam Sweezy

P. 229. *In Every Neighborhood*, Dang Duc Sinh. Photo by Sam Sweezy

P. 231. Zippo lighters, Ho Chi Minh City Museum. Photo by Viet Thanh Nguyen

P. 235. Vinh Moc tunnels, 2009. Photo by Viet Thanh Nguyen

P. 239. The Dinh's only surviving photo. Courtesy Viet Nam News Agency (VNA) Photo
Department. F.8420

P. 244. Tham Phiu Cave, Plain of Jars, Laos. Photo by Viet Thanh Nguyen

P. 275. Graphic novel excerpt from *Vietnamerica: A Family's Journey* by G. B. Tran, copy-
right © 2011 by Gia-Bao Tran. Used by permission of Villard Books, an imprint of
Random House, a
division of Penguin Random House LLC. All rights reserved.

P. 279. Homeless man, Philadelphia. Photo by Linh Dinh

P. 291. "Cleaning the Drapes," from the series *House Beautiful: Bringing the War Home*, c.
1967–1972. Martha Rosler

P. 299. Photo, in *American Sports, 1970: Or How We Spent the War in Vietnam* (Aperture
Press, 2008), Tod Papageorge. Yale University Art Gallery.

P. 325. "The White Man's Burden (Apologies to Kipling)," Victor Gillam. The Ohio State
University Billy Ireland Cartoon Library & Museum.

P. 331. Choeung Ek stupa skulls. Photo by Viet Thanh Nguyen

P. 339. *29 Palms: Night Operations III*, 2003–2004. © An-My Lê, courtesy Murray Guy, New
York

P. 343. *Small Wars (sniper I)*, 1999–2002. © An-My Lê, courtesy Murray Guy, New York.

P. 347. "Untitled Cambodia #4," *Cambodia: Splendor and Darkness*, Dinh Q. Lê

P. 363. Story cloth, Chue and Nhia Thao Cha. All rights reserved. Bailey Archive, Denver
Museum of Nature & Science

P. 384. Pol Pot tomb, near Anlong Veng, Cambodia. Photo by Viet Thanh Nguyen

아무것도
사라지지 않는다

- 베트남과 전쟁의 기억

제1판 1쇄 발행   2019년 5월 26일
제1판 2쇄 발행   2019년 7월 5일

지은이   비엣 타인 응우옌
옮긴이   부희령
펴낸이   김덕문

기획   노만수
책임편집   손미정
디자인   블랙페퍼디자인
마케팅   이종률
제작   백상종

펴낸곳   더봄
등록번호   제399-2016-000012호(2015.04.20)
주소   경기도 남양주시 별내면 청학로중앙길 71, 502호(상록수오피스텔)
대표전화   031-848-8007   **팩스** 031-848-8006
전자우편   thebom21@naver.com
블로그   blog.naver.com/thebom21

ISBN 979-11-88522-42-2 03900

한국어 출판권 ⓒ 더봄, 2019